U0067247

中學校長的心情故事

林文律 主編

主編小檔案

　　林文律（阿律），國立臺北教育大學教育經營與管理學系副教授。1951年出生於台中市郊區的農村，從小務農，嫻熟農事，並養成吃苦耐勞、堅忍不屈的精神。

　　自 1963 年就讀初中開始，即偏愛英文。大學及碩士班（語言學及英語教學雙碩士）均主修英文，並以在大學從事英語教學為職志。1977 年開始在大學執教英文，1979 年初次在大專校院接觸學校行政工作。1982 年底首度留美回來，開始對領導發生濃厚興趣，心中產生的好奇與疑問是：領導是什麼？領導有何作用？1987 年決定再度赴美。這次轉換領域，到美國賓州州立大學就讀教育行政博士班，並且開始關注校長學；心中的好奇與疑問更加聚焦於校長：校長是什麼？校長如何能為學校與學生帶來正向的作用？1990 年獲得教育行政博士學位，回到臺灣之後，在國立臺北教育大學及另一所大學同時任教教育行政與英語教學相關學科。

　　由於鍾情於校長學，因此持續對校長學保持高度關注。2001 年在國立臺北教育大學創設台灣第一個「中小學校長培育與專業發展中心」，並舉辦一系列大型的校長學與校長專業發展國際學術研討會。2005 年邀請了台灣本土 95位中小學校長撰稿，完成了《中小學校長談校務經營》（上、下冊）之艱鉅主編工作，交由台灣的知名出版社——心理出版社，於 2006 年 1 月正式出版。2009 年 9 月至 2010 年 8 月，將近一年期間，歷經各種辛苦，多方一再嘗試邀稿，終於成功邀請到 83 位校長（包括 12 位高中職校長、18 位國中校長，以及 53 位國小校長）撰寫校長的心情故事，分別編成《中學校長的心情故事》與《小學校長的心情故事》兩本書，並再次商得心理出版社之同意，慨允出版。這第二套校長學專書，一方面對台灣本土校長學的發展與推廣做出不可忽略的貢獻；另外，也為有志於從事台灣本土校長學實務研究的人，再次增添了一批珍貴的校長學參考材料。

序

　　《中學校長的心情故事》與《小學校長的心情故事》這套由心理出版社所出版的第二輯校長學系列專書（第一輯為《中小學校長談校務經營》上、下冊，於 2006 年 1 月出版），所呈現的是中小學校長在擔任校長的歷程之中，所經歷過的學校領導歷程的酸甜苦辣之心情點滴。要了解這套校長學專書編輯與出版的緣起，容我簡單介紹一下我對校長學產生興趣的開端，以及對於校長學關切的重點所在。

　　自從 1979 年我在高雄市立海事專科學校（後來改制為國立高雄海洋科技大學）擔任英語教學，並兼任出版組主任及校長英文秘書這兩項行政工作以來，我首度接觸到學校行政工作。1982 年的年底從美國留學回國後，我就很喜歡觀察學校領導者的作為與不作為。1987 年，我到美國賓州州立大學就讀教育行政博士班，修習教育領導相關課程。在所修習的課程中，我對「校長學」最感興趣。在這門課以及相關的課程中，我初步接觸到美國中小學校長的工作內容、所面臨的法律責任，以及所被期望的績效責任（或稱「問責」）（accountability），同時也接觸到美國各州有關中小學校長證照的相關規定，包括校長養成的內容，以及從培育、遴選、入職（導入）到專業發展等校長職涯不同階段所需經歷的各種試煉。

　　在逐步認識「校長學」這個領域的過程中，我開始產生一些根本的疑問：校長是什麼？學校要校長做什麼？校長從何而來？他（她）們的教育思想、教育領導思想、學校行政與管理思想從何而來？如何逐步形成？這些思想如何成為造就一個校長的基礎？校長能為學校帶來什麼不同？為什麼校長的表現，人人有所不同？為何有的校長能帶給學校正向的改變，但有的校長在帶動學校進步上，似乎看不出來有什麼太大的作用？如果校長不能帶給學校進步，尤其是在全體學生的有效學習上帶來進步，我們為什麼需要校長？先不論校長任用的相關法規上有何規範，但是否人人都可以當校長？校長的發揮空間有多大？為何有些校長可以堅持一些該做、值得做的事，而且堅持得了？為什麼校長看問題的角度有很大的不同？在大約同樣的法律、政治、經濟、社會與文化等相關

因素的背景之下，為什麼有些校長看到的盡是機會，盡是學校發展的契機，也盡是可供他揮灑的空間？而有些校長看到的卻是荊棘滿布，處處充滿限制與掣肘？在經費不足、法規限制，與校園內外各種政治力互相角力的險惡情況之下，為什麼有些校長仍然能夠擋得住各種挫敗，乘風破浪、堅忍不拔，繼續帶領著學校前進？而有些校長卻在心靈上飽經風霜，在內心中早已打定主意，一動不如一靜，不想有任何積極作為？

簡而言之，每個不同的人擔任校長，卻可以為學校帶出不同的風貌來。身為學校經營與教育領導的觀察者，我最感興趣也最在乎的就是：校長要有怎樣的特質、資質、知識、能力、決心、方法與判斷力，以及要有怎樣的一番作為，才能帶給學校進步？校長要如何能為學校帶來正向的改變？校長所能為他所領導的學校帶來的正向改變，是否有最大的極限？這些問題約略構成了我想進一步認識中小學校長內心世界與外部表現的最大動力。

自1990年代中期以來，台灣的中小學教育環境產生了重大的變化，四一〇教育改革聯盟的出現、《教師法》與《教育基本法》相繼誕生，而《國民教育法》經歷多年的重大修正，使得中小學校長的產生從派任制改為遴選制。由於教育的各種利害關係人對於教育（學生學習）的內涵、提供方式均極為關切，而且對教育提供者（教師）以及教育經營者（比如校長）的權利與義務，均局部修正或重新界定，教師對於教學專業自主的呼聲也日益高漲。各類教育利害關係人組成的團體有如雨後春筍，不只創造了相當多元的教育議題，其所提出的訴求與主張紛至沓來，力道也愈來愈強。隨著各種教育改革的浪潮接踵而至，中小學的教育生態也產生了急遽變化。在此教改浪潮與民意洪流高漲，以及各種教育利害關係人多元議題持續加溫的巨大壓力之下，中小學辦學突然變得非常辛苦，處處充滿了艱鉅的挑戰，校長經營學校也充滿了太多的無奈與辛酸。因應此種教育生態的巨大變化，有的校長選擇急流勇退，尋找生涯第二春；但也有的校長選擇繼續留在教育領導的崗位上，堅持原來的辦學理想，堅苦卓絕，乘風破浪而前進。

有鑑於在當今教育改革的洶湧浪潮之下，每一位中小學校長在教育經營與領導的歷程中，深刻體會了各種酸甜苦辣的心情轉折，也基於我個人對校長在經營學校時的內心世界充滿好奇，2009年9月我決定向臺灣的中小學校長邀

稿，請其講述經營學校酸甜苦辣的深刻感受（邀稿函請參見本書附錄）。邀稿其實一開始是針對榮獲教育部「校長領導卓越獎」的得主，但後來因為稿源不足，因此邀稿對象才擴大為所有的校長。這樣其實也很符合我一貫的信念：只要是校長，其經營學校必有可觀之處。不過，邀稿的歷程其實並不是非常順利，有許多校長考慮得比較多，不方便把經營學校的心事提供出來。經過我努力再三，到了 2010 年暑假，總算邀集到了足夠數量的稿件，可供出版。這種結果令我非常雀躍，也非常感謝願意撰稿的校長。

　　這套「中小學校長的心情故事」專書，分為中學部分與小學部分：中學部分收錄高中職校長的作品共計 12 篇，國中校長的作品共計 18 篇；小學部分收錄小學校長的作品共計 53 篇。所有的文章均依照作者的校長服務年資排序。這套書是繼 2006 年 1 月心理出版社所出版的《中小學校長談校務經營》（上、下冊）之後，再次由心理出版社推出的校長學重要巨作。

　　感謝心理出版社董事長洪有義教授慨允出版，也感謝總編輯林敬堯先生大力協助，使得「中小學校長的心情故事」這套探討臺灣本土校長學實務的編輯巨作得以問世。本套書出版之後，預料對於華人教育界有志於探討臺灣本土校長學實務的人士，以及對於所有關心臺灣中小學教育發展與學校經營的人士而言，這套書無疑將提供非常珍貴的研究與參考材料。

林文律

2010 年 10 月 16 日於

國立臺北教育大學教育經營與管理學系

目次

Contents

高中職部分

1	孔建國	也無風雨也無晴 ………………………………………	003
2	郭孚宏	一位教育老兵的心路歷程 …………………………	015
3	洪明財	酸甜苦辣總是情 ………………………………………	033
4	黃義虎	辛苦耕耘　快樂收割 ………………………………	053
5	李慶宗	我的心情點滴 …………………………………………	073
6	施溪泉	平凡中的平凡 …………………………………………	081
7	蔡炳坤	我的校長歷程──一個持續追求的夢想 …………	091
8	曹學仁	悠遊人生，精彩加值 ………………………………	109
9	郭乃文	追求單代演化的生命力 ……………………………	117
10	吳榕峯	感恩與師生共同成長的歲月 ……………………	133
11	李世文	心靈點滴 ………………………………………………	153
12	李玉美	第一年的校長告白 …………………………………	171

國中部分

1	吳啟騰	校長生涯記實──營造友善創意新校園 …………	187
2	吳友欽	七彩映青春　賢才登龍門──記我在七賢國中服務的日子	199
3	陳今珍	多變的環境，不變的執著 ………………………	215
4	薛春光	校長生涯的使命與承擔 ……………………………	233

5　蔡慧嬌　烙印乙張幸福的執照 ……………………………………… 253

6　尤玉莞　回首那段真生命 ………………………………………… 263

7　簡貴金　紫蝶飛舞茂林情 ………………………………………… 275

8　丁文祺　驀然回首來時路 ………………………………………… 291

9　許淑貞　校長的考驗 ……………………………………………… 303

10　謝校長　年年陌上生秋草　日日樓中到夕陽 ………………… 315

11　吳國裕　心懸教育　再造風華 ………………………………… 327

12　張梅鳳　艷陽天 ………………………………………………… 335

13　游玉英　新手校長的關懷行與教育愛 ………………………… 345

14　楊尚青　燃燒光與熱，引爆光榮的豪氣與熱情 ……………… 357

15　劉淑芬　一位國中女校長經營偏遠學校的心情故事 ………… 371

16　李立泰　相信可能　就會可能 ………………………………… 385

17　高松景　無限學習機會，個個都是品牌──「全人發展」的教育
　　　　　　理想與實踐 …………………………………………… 395

18　何瑞枝　舊瓶新裝──黑杆仔裝醬油，就是要不一樣！ ……… 405

附錄　「中小學校長的心情故事」專書邀稿函（含撰稿要點）……… 417

高中職部分

1. 也無風雨也無晴

國立彰化女中校長　孔建國

 ## 之一、絃歌梅岡

> 「山光秀色，喬喬皇皇。梅岡之上，絃歌正悠揚。」

苦心志、勞筋骨 ◎◎◎

1994 年 8 月 1 日，我奉派到楊梅高中，這是我教師生涯的結束，校務行政工作的開始。之前，我只要把書教好、把教務做好便可，此後責任加重，必須把整個學校經營好，這的確是苦心志、勞筋骨的事。

楊梅高中與我有一段小淵源，創校的史振鼎校長，便是我念基隆一中時的校長，我能接續他留下的棒子，也是一種榮幸。史校長能說會寫，做事有魄力，延攬好老師，對教育十分投入，對學生關愛有加，是我學習的典範。

首度面對人事問題 ◎◎◎

第一次當校長，首先面對的是人事問題。當時總務主任陳老師一再表明辭意，我親自到他桃園家裡拜託，他不為所動，只好另謀他圖。訓導主任黎老師，是我大學同學，央請他改兼總務。而訓導主任，經徵詢各方意見後，咸認周老師是不二人選。周老師原在北縣某大型國中擔任訓導主任，學養豐富，訓輔有方，以校為家，行軍床就擺在辦公室，大小場面都見過，軟硬咸能應付，只是後來轉到楊梅高中，便淡出行政，潛心佛法，與世無爭。我約見他，他被我的誠意打動，答應加以考慮。他前腳才出校長室，尚未回到家，我馬上打電話到他家裡給他夫人，他夫人也是楊梅高中的老師，我請她幫忙遊說，請以大局為重，學校正是用人之際，有他出馬，訓導問題迎刃而解。周老師終於首肯，我心上的石頭放了下來。主任輔導教師出缺，商請吳老師幫忙，其餘主任慰留。行政人員底定之後，各司其職，各盡所能，充分發揮團隊精神。

解決火車站至學校交通問題 ◎◎◎

接下來亟待解決的包括學校至火車站間交通、員生社餐廳外包、教師對校務冷漠、同儕間異質性等問題。

楊梅高中地處高山頂上，學生通學除仰賴中壢客運專車外，大多乘坐火車。學校至火車站一公里多，徒步需 20 分鐘，上學時又較費勁，好漢坡等著迎接學生，因此很多老師、家長建議要開學校—火車站間的交通車，經由我們與新竹客運多方懇談之後同意行駛，給學生帶來莫大便利。

餐廳老闆打退堂鼓 ◎◎◎

員生社餐廳外包，不符當時法令規定，經由員生社理事主席、經理對外包商曉以大義，再加上總務主任及前任理事主席從中斡旋，終於使餐廳老闆打退堂鼓，員生社業務從此納入正軌，每年縣府考評優異。

你是圈內人 ◎◎◎

教師對校務的冷漠，令人憂心忡忡。剛來時教師對我投以懷疑的眼光，經由溝通、觀察、了解後，情況才獲得改善。記得那年第一次校務會議我特別期勉同仁：「都進到圈子裡來，不要在圈子外背著手說話。學校是大家的，學校的事大家要關心、要參與；不要置身事外，在背後講風涼話；不必把行政人員當螃蟹，而抱著『但將冷眼觀螃蟹，看他橫行到幾時』的心理。梅岡的事，是圈子裡的事，你是圈內人，你不關心誰關心？」

學生的異質性 ◎◎◎

楊梅高中有普通科、職業科、體育班、補校自給自足班、實用技能班，學生的異質性很高，有時會摩擦而生不快，職業科師生常有學校重視普通科、輕視職業科的成見。我一再告訴師生：「手心手背都是肉。」不管日校、補校，不分普通科、職業科、體育班，只要是楊梅高中的學生，我們都一視同仁，給予相同的照顧與關懷。職業科安排第八節輔導課、加強技能練習與檢定、充實實習材料及設備、改善實習工廠環境等，在在顯示學校對職業科的重視。

揭示辦學重點 ◎◎◎

　　1994 年 9 月 2 日開學典禮，我向師生揭示六項辦學重點：推行校園倫理，營造溫馨的梅岡；倡導讀書風氣，建立書香的梅岡；追求自我實現，培育信心的梅岡；提升校園文化，落實文化的梅岡；加強生活常規，達成禮貌的梅岡；注重品質管制，實現精緻的梅岡。這是基於對學校內在文化和外在環境了解之後，才提出來的，我認為很切合當時的需要。

掌聲和鼓勵 ◎◎◎

　　經過一段時間努力之後，學校終於獲得了一些掌聲和鼓勵，陸續辦理一些大型活動，譬如桃園區高中聯招、桃園縣中小學運動會、北區高中職學生成長營、臺灣省教育人事主管會報等。教師的認真教學，導師的全心投入，行政支援教學，以及積極赴國中宣導等，使得國中師生和家長祛除對楊梅高中的疑慮，願意把子女送到學校，學生素質和升學率逐年提升。

學生自傷事件 ◎◎◎

　　在楊梅高中有兩件事，一直讓我耿耿於懷：一是學生自傷，另一是聯考成績處理失誤。幸好都能妥善處理，化險為夷。

　　某日午休時分，有學生跑來向教官室報告，稱運動場看台有重物墜下的聲音。教官急赴現場，發現一學生墜樓，奄奄一息，趕緊送到鎮上醫院救護，接著轉送長庚，同時通知家長。事後了解該生於上午因為收繳班級費用事宜被教官約談，該班同學將費用交給總務股長的他，他沒有全數繳到出納組，於是出納組通知導師，導師請教官協助了解。約談一段時間，該生向教官要求上廁所，該生走出不久，教官就心生警覺，馬上在校園找人，也開車到附近尋覓，均不見人影，直至有學生通報，才處理後續事宜。校園發生學生墜樓事件，當然引起一陣騷動，緊急召開全校導師會議，說明原因及處理方式。該生家境清寒，父為年邁的退伍軍人，母為原住民，生活清苦，因此不追究費用短絀，以免再衍生不良後果。同時發動教師捐款，幫助這位學生，而輔導室及導師則續加追蹤、關懷。由於該生平素身強體健，雖然四肢嚴重骨折，還好沒有腦震盪及內傷，在醫師照拂下逐漸恢復健康，而家長對學校的處理，除了感激之餘也

沒有其他異議。這位學生後來努力向學，考上了國立大學。

聯考成績處理 ◉◉◎

　　楊梅高中承辦桃園區高中聯招，我擔任主任委員，過程非常順利。成績單寄出後，有國中老師反映學生的成績有問題，平常在校內成績不錯的居然考不好，成績差的竟然考很好，要求複查成績，經調出試卷，才發現癥結所在。當時聯招採用大彌封，每一試場試卷號碼都是 01～50，只有封面「試場編號」作識別而已。某一高中考場在裝訂封面時，居然陰錯陽差，把兩個試場號碼弄顛倒，以致兩個試場一百個學生成績有問題，及時更正後，重新寄出一百份成績單，當然掀起一陣波瀾。我們召開說明會，有的家長說收到成績單，看分數可以穩上明星高中，已經宴請親朋好友，公告周知，現在接到更正後的成績，考不上了怎麼辦？有的說要增額錄取，有的說要加分。我均不為所動，說明事實真相——監考老師及管卷人員一時大意，才造成這樣的後果，請大家諒解，最後在驚濤駭浪中，全身而退。

　　我在梅岡度過 1,095 個日子，這是一個有情、有義、有緣的地方。

 ## 之二、於穆員中

> 「員林學府，於穆員中。碧海橫西，層巒邐東。」

轉換跑道，任重道遠 ◉◉◎

　　1997 年因緣際會，我幸運地調到家鄉附近的員林高中服務，當時的心情，一方面感到自責，另一方面感到安慰，再一方面則感到惶恐。

　　自責的是：楊梅高中這三年正在努力衝刺、向上爬升，我卻臨陣脫逃，心裡難免忐忑不安。

　　安慰的是：我從 1972 年開始住在員林，我內人也一直在員林高中服務，對員林的環境、員林高中的老師，不至於太陌生。

　　惶恐的是：員林高中是一所歷史悠久的學府，前一陣子才過完它 60 歲的生日，有許多傑出的教育家在此耕耘過，例如：羅旭升先生、熊惠民先生、王成荃先生、潘星照先生、郎致運先生，尤其卸任的簡蒼調校長，在他六年半任

期中，交出一張又一張漂亮的成績單，揮出一支又一支滿壘的全壘打，要想接下這麼完美的一棒，那真是任重而道遠的事。

有耕耘，有收穫 ◎◎◎

在員林高中七年，有甘有苦，有耕耘有收穫。剛接掌時，國中校長、老師及學生家長還不太放心把孩子送到學校來，經過一段時間努力，升學率逐年提高後，國中基測成績不到 PR 90 以上的學生恐怕也進不來。尤其難能可貴的是校園的和諧溫馨，「大炮」老師偃旗息鼓，意見領袖兼任行政，教職員工每月認捐小額金錢幫助清寒學生，家長會的資源不虞匱乏，對師生的傑出表現多所獎勵，因此校譽不斷提升。

校長，我要念書 ◎◎◎

員林高中每年畢業七百多個學生，七年超過五千多人，我印象最深、最感不捨的是住線西的黃同學。他是個憨厚善良、力求上進的好青年，可是命運偏愛捉弄人。2001 年 3 月 24 日在上完第八節家政課時，身體不舒服暈厥，急送秀傳醫院，經電腦斷層掃描，醫師判定為血管畸型病變，腦部已有血塊，動或不動手術都有危險，最後在家屬同意之下，動了腦部手術，術後昏迷很久，醫生護士都不太看好，家人盡人事之餘，到處求神拜佛，孩子生命力堅韌無比，從鬼門關走了回來，之後，便是漫長而辛苦的復健，他的手腳如同中風般不方便，但他憑無比的毅力，加上父母的愛心，每天咬緊牙關、不畏辛苦地從線西到彰化復健，終於從舉步維艱，到步履蹣跚，到自由成行；右手無法寫字，便練習用左手，從一開始的蝌蚪文，到最後工整清晰的正楷，比正常人寫得還漂亮。由於腦部動手術的關係，他的智力受損，退回到小學程度，在輔導老師及彰師大特教系學生個別輔導之下，持續進步當中。說話也從講一個單字、一個詞語，到一個完整意念的表達。2004 年夏天他畢業了，學校頒給他一個堅毅獎。他一心想要上大學，可是學科能力測驗、指定科考成績不理想，沒能如願以償，但他還是堅定地告訴我：「校長！我要念書。」、「我要當醫生，將來可以醫治跟我有同樣病症的人。」他家境不算富裕，父母卻非常有愛心，平常做很多善事。發病時，學校發動師生捐款，送到醫院時家人不肯收，後來送到家裡勉強收下，不久又寄了匯票到學校，裡面的金額比原先又多了好幾萬，畢

業之後，又捐了幾萬說要幫助貧困學生。這樣一個盈滿愛心的家庭，這樣一個力求上進的孩子，上天是該要多給予眷顧的。

挑起聯招命題印卷重擔 ◎◎◎

　　在員林高中承辦過許多活動，其中最能考驗團隊精神的便是 1998 年臺灣省高中聯招命題印卷工作。這個工作原是前任簡蒼調校長接下的，他和教務處楊仁志主任已連續入闈多次，積累了豐富經驗，他榮調之後，工作仍跟著學校，加上教育廳認為我還可以勝任，於是就挑起這個重擔。還好臺灣省高中聯招命題印卷工作已有一套良好的機制在運作，加上楊主任事前規劃縝密，以及老天的疼惜，總算圓滿達成。事前有資深校長對我說：「你從來沒有入過闈，居然敢接這麼重大的工作。」事後也有校長對我說：「你真是好運，沒有碰到颱風，沒有碰到停電，也沒有人生病，試題也沒有惹出爭議。」我只能訕訕地說：「傻人自有傻福，冥冥中自有貴人相助。」

小黑事件 ◎◎◎

　　員林高中任內發生過一件違反《動物保護法》的事，說來這也是值得警惕。校園裡的流浪狗，有的師生喜歡餵養、逗弄，有的極端厭惡、害怕，學校在處理時很棘手，打電話請清潔隊來幫忙，又緩不濟急。有時清潔隊員來，狗兒很機伶地跑個一空，抓也抓不到。而師生不時來抱怨，一條黑狗會追摩托車騎士，女老師驚慌，不小心撞到停放路邊的車而摔倒，不但皮肉受傷，還得賠償車主撞壞的後照鏡；學生晚自習聽到狗吠聲，也會心生恐懼。總務處不得已採取圍捕的方式，終於把黑狗抓到了。養過狗的就知道，臺灣土狗強壯有力，尤其黑狗，當牠眼露凶光、口張惡牙的時候，任誰看了都會心驚膽戰。現在牠被抓到了，使出全身力氣，露出猙獰的面孔，想要掙脫束縛。處理人員一時情急，怕被咬傷，隨手拿起工具往牠頭部打了下去，誰知下手過重，黑狗不幸往生，整個過程被部分學生看到，於是上網加以撻伐，處理人員一時成了眾矢之的。第二天，報紙加以報導，電視媒體也來採訪，大家都在關注這個話題。這一天我剛好參加彰化師大的一場生命教育研討會，會中我擔任一分組討論的主持人，也發表一篇小文章，面對這樣的情境，真讓人無地自容，我不能逃避，不能隱瞞，面對媒體只好據實以對，說明前因後果。因為《動物保護法》剛立

法通過，以致遭到當地政府依法罰鍰。這一件事給我們很大的教訓，以後處理類似事件要更小心謹慎。

我在員林高中服務滿七年後，經由校長遴選機制，不捨地離開員林高中。

 ## 之三、峨峨彰女

> 「巍巍八卦山，峨峨彰女中。絃歌聲應，化雨春風」

第一位男校長 ◎◎◎

彰化女中，一個求真、求善、求美的讀書場所，位在彰化市的心臟地帶，儘管校門前的光復路「車如流水馬如龍」，進入校園之後，花木扶疏，高聳入雲的椰子樹迎接賓客的到來，欖仁樹訴說傳奇故事，大榕樹展現旺盛生命力，蓮花高雅聖潔，桂花迎風飄香，光復橋上論辯魚樂，紅樓留住青春往事。興致好一點，還可以在光復亭來個魏晉清談；感傷的話，也可以折柳送別；難怪小鳥枝頭鬧，連黑冠麻鷺也來築巢。

2004 年我到彰化女中服務，算是一個異數，光復以來第一位男校長，記者問道：「你身為彰化女中光復以後第一位男校長，有何感想？」我回答說：「男校長、女校長不重要，重要的是做個好校長。」只要是個好校長，何必管他性別呢？

打破刻板印象 ◎◎◎

過去彰化女中給人的刻板印象是社會組強、自然組弱，國中老師指導學生如果要念自然組最好到臺中，我們成立數理資優班之後，情形有了改觀，國中優秀女生就近就讀本校，在老師認真指導、學生勤奮學習之下，締造了很多個全國第一，如第 46 屆全國科展團體冠軍、2006 年全國指考二、三類榜首、第七屆全國高中臺灣人文獎語文組第一名、2007 年全國奈米科技應用創意競賽第一名、2007 年全國高中組數學作文競賽金牌獎、2007 年十分黑琵生態人文獎全國第一名、2008 年全國語文競賽字音字形第一名，2007 年以來每年都有學生學測 75 級分，其他二、三名獎項及縣賽、區賽得獎者更不計其數。考上醫學系及台、成、清、交的人數每年增加，台大醫學系、成大醫學系都有學生

考上，國中老師及家長紛紛把學生留在彰化。

跑道更新 ◎◎◎

　　學校歷史久遠，有些建築及設備老舊，加上精省的關係，經費較拮据，汰舊換新往往心有餘而力不足。86週年校慶時，教育部杜部長剛好來彰化視察，排定到我校指導，我引導他到運動場司令臺對師生做一番勉勵，而後我向部長報告，學校運動場跑道陳舊破損，學生賽跑時容易跌傷，曾經有家長向學校抗議，如果學生受傷要向學校申請國賠，我向部長說：「這個跑道比國中還不如。」他說：「不對，比國小都不如。」其後在申請更新跑道時，部長給予經費上的挹助，使本校有新的運動場可供學生使用。

登玉山，小臺灣 ◎◎◎

　　我到彰化女中時原有體育班，其後經由校務會議通過停招。體育班存續期間，每年都辦理移地訓練。2006年在體育組老師鼓吹召集之下，把攀登玉山和移地訓練相結合，計有師生34人（師11人、生23人）參加，我擔任領隊，商請救國團彰化縣團委會協助，7月10日至12日成行。這次玉山之行能夠順利登頂成功，彷彿若有神助。出發前一天，全臺受西南氣流影響，有間歇性豪大雨。出發當天，有颱風成形的消息。第二天發布海上颱風警報，第三天趁陸上颱風警報未發布前搶登玉山。下山在白木林休憩時，國家公園警察不斷催促我們趕快下山，我們跟老天搶時間，圓了人生美夢。不登玉山不知臺灣之美，不登玉山不知臺灣之壯。在玉山主峰上不但見識到高山之美、雲海之奇，感受到大自然的威力和陰晴變化的快速，也看見了平生僅見的奇蹟，只見西邊天際出現了兩個圓形彩虹（俗稱觀音圈），中間有個觀音影像端坐其間。玉山歸來，記者訪問一位學生登山心得，該生回答說：「登玉山那麼艱難的事，都可以做到，今後還有什麼做不到呢？」真是不虛此行。

臺灣一級棒的女校 ◎◎◎

　　2007年5月28日，我帶領師生154人第四度赴日本教育旅行。第二天中午參訪姬路西高校，利用上午空檔參觀姬路城。車行途中，有學生詢問下車是否帶樂器練習下午交流表演的節目。依我的看法，學生在學校已排練、預演好

多次，出國當天又加演一次，水準已經足夠，不妨讓學生放鬆一下，下午會表演得更好，因此我告訴學生不必攜帶樂器。不料到了姬路城，學生還是不嫌麻煩地帶著樂器，找空地練習起來，後來受限於時間，無緣登上天守閣最高層，同學也不以為意，那種爭榮譽、負責任、不服輸的拚勁，令人印象深刻。同時間也發生一件事，我感到與有榮焉。姬路城地勢險要，占地廣袤，登臨天守閣，必須穿越六、七道山門，到達天守閣登樓時，必須依規定換下皮鞋，穿上閣方所提供的拖鞋，皮鞋則裝在塑膠袋用手拎著，旁邊二、三個工作人員，不停地摺疊塑膠袋、收拾拖鞋，送往迎來，看盡訪客千姿百態，其中一個工作人員與導遊有一番對話：

「這是臺灣來的一級棒女校吧？」

「怎麼說呢？」

「你看這麼多學生來，穿著整齊，安靜守秩序，有紀律又有禮貌，當她們取用塑膠袋、拖鞋時，都跟我道謝，我好感動，我看過很多的訪客和學生團體，包括我們日本國，沒有一個團體能夠比得上。」

「本來我對人生已經感到絕望，每天重複卑微的工作，現在由於她們道謝的激勵，肯定我的工作價值，重新燃起我對人生的希望。」

「是的，她們是臺灣一級棒的女校。」導遊如實回應。

之四、也無風雨也無晴

上天愛開玩笑 ◎◎◎

上天是很愛開玩笑的，有時祂會讓你先跌入谷底，然後再讓你躍上雲端；有時祂會讓你先喜上眉梢，然後再讓你載不動許多愁。

1993 年 11 月上旬的一個黃昏，我和同事在學校活動中心打球，上天居然跟我開了一個大玩笑，當我後退打一個球時，右腳發出只有我自己聽到的巨大聲響，頓時癱坐在地上，同事起先以為是扭傷，忙著要按摩，我只覺情形不對，請同事趕緊送到鄰近診所，醫生診斷為右腳跟骨韌帶斷裂，轉送彰基治療。翌日，動手術縫合，第一次嘗到「人為刀俎，我為魚肉」的滋味。

手術過後，右腳打上石膏，一舉一動都需要他人扶持照顧。平常擔任教務工作的我，一向習慣於忙碌，突然清閒起來，初時還不能適應，只好看書度

日，《星雲說偈》、《身心安頓》都成了當時止痛療傷的良方，學生送的兩本《雙響炮》也成了苦中作樂的妙藥，心情慢慢放寬後，想起12月下旬的高中職校長甄試，剛好趁此餘暇準備，於是邊看書邊作筆記，姑且試一試。

筆試、口試都拄著拐杖應試，偏勞同事載送，錄取名單揭曉之後，我僥倖名列其中，一時竟不敢相信這是事實。1994年8月1日承乏楊梅高中（三年），歷經員林高中（七年）、彰化女中（進入第七年），其中喜怒哀樂，陰晴風雨，難以說盡。

一路遇貴人 ◉◉◉

不論在楊梅高中、員林高中、彰化女中，一路上都遇到貴人。家長會長、校友會長出錢出力，行政同仁密切合作，教師認真教學，學生勤奮讀書，校譽提升，贏得社會的肯定。猶記得我從楊梅高中轉換跑道到員林高中時，員林高中的家長會長在會餐時開玩笑地說：「當我們知道你要來接員林高中時，差一點要揪人到教育廳舉白旗抗議。」因為員林高中前任校長表現可圈可點，而我孔某人何德何能？我只有全心投入，戮力辦學，以實際成果證明我也不差。到彰化女中的第二年，一學生破天荒地贏得指定科目考試二、三類榜首，考上台大醫學系；彰化女中在六〇年代曾出過文組榜首，以後不曾有過，而台大醫學系也不容易考上，因此造成很大的轟動。一位員林高中前校友會長來探訪我時揶揄地說：「你真是遇到貴人，到彰化女中不久就出了榜首，很有福氣，如果去買樂透，一定會中大獎。」

法、理、情 ◉◉◉

校長是生活在不確定中，你不知道明天，甚至不知道下一分鐘，會發生什麼事。這件事處理完，又有下一件事，永遠有做不完的事。有些事是例行公事，行禮如儀；有些事十分棘手，必須費心撙酌；有些事急如星火，要明快處理；有些事環環相扣，必須抽絲剝繭。一百件事只要有一件做不好，人們便指摘你做不好的那件事，忘了你做好的九十九件，能不戰戰兢兢嗎？

在事情的處理上，我是遵循「法、理、情」的順序，把「法」擺在前面，有時難免被人誤解為不通人情世故，然而公務人員如果太講情，難免流於違法失職，自找苦吃。譬如教師甄選、資優學生鑑定、招生、招標、重要公務處理

等，都要依照法的規定，毫無講情餘地。「橫眉冷對千夫指，俯首甘為孺子牛」，心中那把尺絕不能丟掉，否則自陷於萬劫不復的境地。

校長三權 ◉◉◎

我輩校長同仁常常開玩笑說，現在的校長有新三「權」：有責無權、赤手空拳、委曲求全，這話或許說得重了一點，不過也有一點真實。學校的一切，不管好壞，都要概括承受。好的，你與有榮焉；壞的，你芒刺在背，也要勇敢面對。處理行政不可能無闕失，偶有思慮不周，教師不滿、學生不快、家長不悅，甚至找到記者。這時最好的策略就是誠實，說明事情的前因後果，以及所採取的補救措施，馬上修正，及時止血。

兼職意願低落 ◉◉◎

以往新聘教師都先做專任，表現好才當導師；導師當的不錯，才兼組長；組長表現不俗，拔擢為主任；主任俟機考校長，經營一所學校。現在很多主任看校長那麼辛苦，遴選時又備受煎熬，毫無尊嚴與倫理，因此欠缺強烈動機考校長。主任難覓，只有動之以情，三顧、四顧，請稱職的資深老師來幫忙。乏人當導師、組長之下，只好請新聘教師擔任。教師視行政為畏途，行政與教學關係緊張，終非教育之福，如何讓行政受到尊重，大家願意擔任，這是一個很嚴肅的課題。

無風無雨也無晴 ◉◉◎

校長是人，是有情緒的，有時面對無理的指摘，莫須有的罪名，不當的肢體語言，不公的評價，難免也會心情低落，或者為五斗米只好折腰，或者大嘆不如歸去，或者明哲保身，或者韜光養晦，我看還是學學蘇東坡的豁達吧：「回首向來蕭瑟處，歸去，也無風雨也無晴。」

孔建國校長小檔案

　　孔建國，從小家境不好，上無片瓦，下無寸土。初中時愛打球，讀書不認真，被老師揶揄「孔建國，你想建國，我看連建家都有問題。」高中就讀基隆一中，校長史振鼎先生認真辦學，延聘好老師。1967 年僥倖考上當時甫成立的國立高雄師範學院國文系，享受公費生待遇，才得以完成大學學業。其後至政治大學中文所進修，進修期間在員林家商教書，開始與中等教育結緣。碩士畢業入伍服役，役滿續在員林家商服務，前後 20 年，曾擔任教學組長 2 年、教務主任 14 年。1994 年考上臺灣省高中校長，歷任楊梅高中（三年）、員林高中（七年）、彰化女中（第七年），迄今將屆 17 年。接觸的學生有資優班、普通班、體育班、美術班、職業科、補校生、延教班、實用技能班；經營的學校有綜合高中、社區高中、優質高中；其中有男女兼收的學校，也有專收單一性別的女校；始終秉持「隨緣盡分，無風無雨；適性培才，有義有情」的精神辦學，期使每一學生達到「人要做好、身要練好、書要讀好」的三好境界。

2. 一位教育老兵的心路歷程

國立臺中高級農業職業學校退休校長　郭孚宏

（榮獲 2005 年教育部「校長領導卓越獎」）

緒言——求真、求善、求美

　　從古至今，教育一直有兩大目標：一是學習成人的角色；另一是傳遞文化的價值。要的是教導下一代知道如何扮演社會中成人的角色，和將社會的核心價值傳遞給下一代。教育的首要工作，就是將一個文化對真與假、善與惡、美與醜的看法傳遞給下一代的孩子。因此，身為學校的領導者要切記，我們的責任就是要讓善良的文化傳遞下去。要讓我們的學生，能成功的扮演促進社會繁榮與進步的角色。而這些任務大部分都需要我們在學校中完成，當然我們也要尋求家長的支持與社會的認同。

　　學校教育主要任務是教導知識和真理，灌輸文化價值，識字與語言表達，以及教導各種學科的思考，以達成傳遞文化及社會角色扮演的教育目標。同時以美德為導向，教導孩子對一個文化中真、善、美價值的判斷。學校教育的內容，包含教育目標、課程、教學、環境及老師與學生互動等重要因素，是一種師生共同參與的複雜活動。學校領導者的任務，是要帶領老師從事教學。其目的是要讓下一代的年輕人，具有豐富心智的人生觀，能開發廣泛興趣與知能，培養終身喜愛學習的習慣。成為一個具有智慧的人（intelligent agent），以為社會所用。

　　學校領導者，必須時時提醒老師，我們的工作是和孩子們在一起。孩子來自不同的家庭，每一個都是不相同的。但我們一定要有信心，相信每一個孩子在這個世界裡，總有一個地方是他們立身所在。在教學的過程中，我們將會發現每一個孩子有著不同的需要。我們的責任就是協助他們，為達成他們的需求做準備，以應付未來的日子。我相信教育的作用，是在幫助孩子如何思考、如何理解以及如何信仰。老師必須每天，對每一個孩子用不同的方法施教。相信孩子們複雜的心靈會慢慢起變化，他們一切的思維是為了適應未來需要。老師

的任務就是要求自己要忍耐，要求自己信任孩子，更要求自己要有信心，教導孩子學習適應未來的社會的知能。

人本思維信守大愛——無私的人生觀與人格特質，談教育本質

教育的目標是學生，我們應以人本的思維來看待教育這一份工作。教育責任雖然要由學校負擔，但也要家庭、社會與企業共同協助承擔。因為學生的問題往往發生於家庭，醞釀於學校，顯現於社會，影響於企業。學習是人類身心靈相互交錯複雜的活動。新世紀的教育思維——教育是屬於全人類。學者們也以人本主義的觀點，思考教育的發展。總而言之，我們期待孩子能平安快樂成長，找到人生的方向。有能力面對未來社會變遷，能成功的扮演好成人的角色，成為一個好公民。

我們知道每一個孩子都各有特色，可是我們卻往往走錯方向。原來我們不知不覺地忘了，孩子誕生時那單純無條件的愛。因此，我們應該回到生命原點思考教育，以「愛」的理念，陪伴孩子成長，讓孩子活出生命力。這也許是一個艱難的任務，但我相信這種以人為本的思維，是 21 世紀的教育主軸。我們像是一滴滴清淨的水，以愛注入所有孩子的生命長河中，讓我們共同支持愛的教育，以成就每一個孩子的生命。讓愛心回到教育原點，愛孩子原來的模樣，讓他做他自己，才能看到每一個生命存在的目的與尊嚴。多給孩子一點寧靜思考的空間，讓他身體健康、心靈平安。讓孩子少背一點書，使他成為一個身心靈均衡發展的個體。讓孩子成為靈活而有創意，終身喜愛學習的人。老師不應以學科考試論英雄，讓孩子獨立思考，肯定多元價值的機制。少指揮孩子，讓孩子們能多發揮他們的潛能。創造自由開放的成長空間，讓孩子們成為具有完整人格的好公民。

新世紀我們期望臺灣的孩子，能不隨波逐流，具有獨立自主的心靈，有健康的身心，能欣賞任何美的事物。了解自己，自信發展，具有創造思考、批判自省及適應變遷的能力。能肯定自己，欣賞別人，做一個自律而樂觀進取的人。所以，老師們要認清未來的學習，是一個跨領域的終身學習。要培養孩子能了解知識的重要性，決定哪些是值得學習的。這四十多年教育生涯中，我本

著以人本情懷、民主素養，重視統整能力、鄉土意識及國際觀，落實於我服務的學校。我的教育理念是：以本土文化為根基，融合多元文化，建立孩子具有互助共榮的自由平等觀念。以民主法治的觀念，促進學生因應民主化社會的素養。以多元智能的理論，培育學生成為具有能力的世界公民。更期望的是，臺灣的大人們不要為了升學，讓我們五百萬的下一代，失去了正常的成長與學習。不要因為我們大人的觀念難改變，使得教育無法成功。我們要以「愛」為基礎，來幫助我們的孩子。我認為如果我們大人的觀念再停滯不前，我們的孩子，還會有未來嗎？

回首過往充滿感恩——教育工作的心路歷程，投身教育的機緣

　　回想起從事教育工作四十多年，內心充滿感恩與懷念，前半段時間除教書外，兼任行政工作，有幸是在校長的領導下，協助教育部、廳，完成工職教育改進計畫的推動，職業學校五年發展計畫的擬定，職業學校群集式課程改革，規劃國中技藝教育及延教班（實用技能班）實施辦法，訂定課程綱要及教材編撰，推展能力本位教學方案的實施，推動教師教學媒體的製作與應用，改進各科教學，新生入學考試命題及入闈作業的改革等。這些工作的磨練，使我能精熟各類學校的設校規模與師資，教學設備、課程、教材規劃及教學方法改進。我必須感謝過去領導我的校長和部、廳長官。因為有師長的栽培，才能帶給我後來擔任校長領導校務的幫助。

　　記得第一次參加高中職校長遴選，非常幸運的獲派到羅東高工。當年東部地區交通較不方便，東部地區的職業學校發展受到許多限制。但幸運的是我獲得老師們的支持，從校園環境整理，實習設備維修，改善實習教學方法，加強推動技能檢定與競賽，第一年我們就有顯著成績表現。師生信心增強，接著我們著手調整設科與課程改革，從改善教學設施及教材改進等方向努力，帶動學生學科學習意願，第二年明顯提升了學生升學成績。由於老師們發揮團隊合作精神與愛心，學校受到家長的肯定，羅工終於在短短兩年內創造出新契機。在羅工三年半，我們創造了宜蘭龍舟賽老師組三連霸，學生技能檢定合格率提升到九成，升學率也達七成，完成第一期實習工廠興建，校園整潔與環境美化，

運動場、活動中心等運動環境改善等。學校長期發展計畫也在老師的共識下順利完成，開啟羅工校史的新紀元。

因當時教育廳的命令，我離開羅工調派埔里高中。埔里民風樸實，學校學生除少數為埔里地區的子弟，大部分來自外鄉鎮。因此，住校學生多是一大挑戰。而且學校是一所附設職業類科的高中，又有進修學校，班級數是職業類科多於高中，比例約為二比一。入學成績不高，學生數也無法招滿。為了改進這些問題，我和同仁研商尋求改進辦法。優先調整學生作息齊一職業科與高中部上課時間，並徵得家長協助全面增加輔導。另一方面改進教材加強作業評量，調整高中部學習壓力，增強職業科學生學習意願。第一年高中部及職業科學生升學的表現，初步顯示成效。大學升學率提升至 20%，高職開始有學生投入升學，技專錄取率也有 15%的表現。因此，第二年新生入學成績提高，報到人數增加不得不請求教育廳增加高中部一班。此後，學生學習發展趨於正常，六年後，高中職升學率已達到八成五的成績。為了使學生能有一個溫馨的學習環境，在原有茂密樹林，處處青草香，時有鳥語的美麗校園中，增添花卉。並分年改善教學設施，以提升教學品質。調整圖書館配置，增加圖書及閱讀空間。改善輔導室環境，增強輔導功能。學校圖書館與輔導室，終於被評選為示範學校。其次，增設射箭場地發展特色運動，改善運動場減少運動傷害，增建學生宿舍及餐廳設施，以提升學生生活、休閒與運動的品質。

興建學生宿舍時，發現學校校地是二千多年前臺灣史前文化「大瑪璘文化遺址」所在地。因此，埔中幸運的成為推動文化保存教育的第一所學校。學校與文化界取得共識，尋求與國立自然科學博物館合作，在校內規劃文化遺址現址展示館。適逢九二一大地震，埔里地區遭受了空前的災難，埔中也無法倖免。當我第一時間想盡辦法從高雄連夜趕回臺中，帶了家中所有急救藥品與二十多萬元現金，搭上救難直升機衝回學校，下機後第一眼看到是眼神無助的鄉民，轉頭一看學校部分校舍已嚴重受損。但幸運的是全體住校師生安然無恙，他們正配合救難直升機起降，在操場忙著護送傷患、搬運救災物質。我們見面時，彼此擁抱相視而泣。師生聚集在校園中，衣服上沾滿受傷同胞的血。老師們帶領學生，勇敢的協助搬運傷患與救災物質。此情此景使我畢生難忘，更無法用筆墨來形容。學校也即刻成立救災中心，分組投入救災。初期，學校提供師生及災民三餐伙食；協助政府災害指揮中心，接受各界救災物質並分類轉送

各災區；負責學校附近民舍環境消毒；協助安排各級長官勘災及各項救災會議之召開，時間長達一個多月。後期，清點救災剩餘物質，轉交相關單位或慈善機關；協助辦理多場心靈重建法會及晚會。全體埔中師生投入救災，盡了我們一分愛鄉愛民的心力。當時各界對埔中師生讚譽有嘉，同學的表現獲得社會的肯定，並獲頒好人好事楷模。

災變中全體師生投入搶救教學設備，災後即時拆除受損辦公大樓、專科教室及學生宿舍各一棟。空出之校地先行整平，即刻灑上油菜花籽快速綠化，以維環境生態增加生命活力。並先行補強教室兩棟，調整上課教室及辦公空間。一週後，學校開始恢復正常上課。老師除了重整自己家園外，仍然回校教學，安慰學生輔導心靈重建。災後半年師生組隊，協助災區重建，辦理心靈重建活動。由於這一次的災變，驗證埔里高中學生在危急中堅強的應變能力，也證明老師平時教學的成功。這段過程的記憶永遠留在我 43 年公職生涯裡，也最值得回憶。

六年的埔中生活充滿感恩。幸運的獲得長官的肯定及臺中高農師生與家長的認同，遴聘擔任二任的校長。臺中高農是一所歷史悠久、學風良好、師資優良、校地廣闊、全國最優質的農業職業學校。其辦學治校是我要面臨的另一個新挑戰。到任後，我以中農歷任校長與師長精心擘劃、辛苦經營與傳承的基礎下，秉持立校精神「誠、實、勤、簡」的校訓精神，並因應時代的變遷，配合國家教育政策、兼顧時代潮流及人才培育的需求，將學校經營定位為以生物產業技術為主、多元發展的高級職業學校為目標。培養中農學生良好的讀書風氣，建立中農青年好學樂善風格。讓學校成為一所具有優良校譽的技職菁英學校，成為臺灣農業技術基礎人才培育的重地。

中農校園處處存有歷史與歲月的痕跡，行政大樓於 1921 年建成，實習旅館建於 1961 年，是臺灣第一所教師會館，二棟大樓已列入臺中市歷史建築。其他校舍建築，伴隨著臺灣教育發展的歷史軌跡而建，校園中可見證到臺灣技職教育發展各年代的特色。2001 年經由農委會無償撥用大肚山 100 公頃的實習林場，校地廣達 110 公頃，可稱為全國最大的中等學校。首先，配合政府預算，重新規劃校園總體發展：校本部規劃為行政、教學、實驗、實習與研究為中心的教學區；二校區規劃為自動化植物工廠及新興花卉育種、改良、栽培的生物科技園區；三校區規劃為育林、造林及生態保護為中心的低海拔生態保育

教育園區。其次，修定學校教育目標，以農業技術人才培育為基礎，朝向培育生物產業人才發展，期望能再度賦於農業教育新的契機。

　　配合農業現代化、科技化、國際化與企業化，以及農業教育環境的變遷和改變。擬訂教學目標，朝提升教學品質及學生素質的方向努力。先以科技與人文整合的觀念，教導學生具備農業及維護生態的科技知識，提升生活品質。其次，在農業技術方面，以生物科技精緻農業發展，自動化控制設施栽培、飼養、加工，組織培養及休閒服務性等為目標。在人文素養方面，以人文學科教學及布置富於人文氣息的校園為目標。並以專精與博雅兼顧的教育，奠定學生適應、創造、發展之基本能力。加重語文、數學、生物、物理及化學等基礎科學的份量。增加社會科學及音樂、美術課程。提升學生因應變遷及再學習的能力。建立農業學能與終身學習的觀念。因經貿發展趨向全面開放、國際化及自由化。農業產品消費型態高品質化。學校教育目標是要培養「現代化的農業經營人才」。為因應農業人才需求的改變，學校以企業經營整合的精神與新世代人才培育的觀念做努力。依學校區域特性，配合課程修訂，運用學校特色，調整科班課程，建立多元化辦學特色。加強辦理推廣教育，發揮社會教育的功能。強化專業證照取得，促進職業教育正常發展。推展產學合作尋求與業界合作，如委託研究、委託加工、委託栽培、生物技術指導等，成為學校發展的特色。鼓勵教師進修，有效增進教學效能及輔導學生的能力。

　　學校本位管理（SBM）是一種學校自主化管理的觀念，是西方國家對學校經營的新理念，也是近代教育改革的新方向。因此，我們應用學校本位管理的精神推動校務。與學校運作和發展有直接關係的預算、人事、課程與教學等事務，由校長領導老師、家長、社區人士組成具有高度參與及決定權威的組織來決定。成敗的責任由校長與全校同仁共同承擔。在我兩任的任期中成績顯著，成果說明如下：就學生升學而言，進入技職校院的升學率從到任時63%到卸任時已達95%。其中錄取國立科技校院占60%以上。中農學生每年錄取國立屏東科技大學、國立高雄餐旅學院均為全國之冠。就技能檢定而言，也從初期的53%，提升到107%以上，也就是每一位學生畢業時都能有一張丙級以上的證照。以學生行為與才藝表現而言，學生在校內外生活表現，普獲家長及社會人士的肯定。社團、體育及學藝表現亦屢獲全國之優良成績。每年農科及餐旅類技藝競賽，屢次獲得冠軍與優勝之獎勵。棒球、網球、跆拳、擊劍等體

育運動，名列全國高中前三名。國語文、音樂、書法及美術等競賽，屢有優秀成績表現。再就校際合作與社會資源應用而言，與國立雲林科技大學、建國科技大學、國立高雄餐旅學院、南開技術學院、修平技術學院等校結盟共享教學資源。與日本岡山興陽高校締結姐妹校，訂定交換學生及修學旅遊計畫。經由國際扶輪社進行國際學生交換到本校研習。接受日僑學校學生申請就讀本校。透過國際獅子會總會，輔導學生組成的中農少獅會，帶動學校走向國際社會。就教師進修而言，學校老師 80%以上已經取得碩士學位，另有二十多位進修博士，其中有十位已經取得博士學位。

　　以上成果是師生共同努力，結合家長、校友及企業支持下達成，值得肯定與欣慰。因個人的生涯規劃，在尚有一年半任期前提早退休，畫下了我公職生涯的句點。退休時在學校全體師生和校友家長近三千多人的祝福與歡送中，卸下我一生鍾愛的教育工作，我除了感謝所有教導我的恩師、指導我的長官、同甘共苦的同仁以及一群充滿希望和活力的學生。也要感恩老天給我這份任務和家人的支持。

　　過去這四十多年的教育歷程，我始終秉持犧牲與奉獻的精神為國家社會培育人才的觀念。時時謹記前人建校蓽路藍縷的艱辛，戮力為師生打造優質的學習環境。期使我所服務的學校，能成為教育體系中兼顧傳統與創新、連貫理論與實務的閃亮之星。每當在校園裡，我看到老師辛勞的背影，以及同學們的純稚歡笑。就讓我深深體認教育的成功，必須靠老師努力打拼和學生的努力不懈才能完成。目前臺灣教育環境正快速變遷中，教改的精神已由過去的自由與鬆綁，朝向教導學生獨立自主、創造思考及終身自我學習的目標邁進。未來國家競爭力取決於具有「核心就業能力」的國民，人才培育需要有優質老師。為了讓孩子能因應未來的競爭，我們必須教導現在的學生，具有能力投入目前可能還不清楚的工作，也許還是一個目前不存在的工作。甚至還要使用現在根本還未發明的科技，去解決從未想像過的問題。因此，思考「如何因應未來，教學該怎麼教」以及「如何培養學生獨立與探索的能力」，將是老師們刻不容緩的教育使命。

真誠領導帶出活力——領導的省思與回顧，行政甘苦談

　　我的教育生涯中長達20年兼任各項行政工作，協助校長推動校務。16年擔任校長，領導同仁推展校務。秉持教育的基本精神「愛與榜樣」，讓學生在充滿教育愛的環境，自我發展潛能。以「真誠與關懷」鼓勵老師進修研究參與校務行政。以「鼓勵與關心」肯定每一位學生均能學習，培養學生良好讀書習慣，養成好學樂善的風格。督促老師隨時掌握教育目標，落實於每科目的教學活動中。以學校本位管理的方式，組成具有高度參與的團隊共同決定辦學方針並確實執行。因此，過去服務的學校臺中高工、羅東高工、埔里高中（今國立暨南國際大學附中）以及臺中高農，都能獲得老師、同學與家長的認同與肯定。以下是個人擔任教育行政職務過程中，與同仁相處的一些回顧。提供給各位教育先進參考，並請指正。

　　我認為校長領導，首先要能堅定執行教育政策，重視學校教育與教學目標的達成。有效督促校務行政，提升組織效能。另一方面，校長應重視人際關係的維持。校長為人要謙和，並有通暢的溝通管道。記得時常激勵老師士氣，要能與老師、家長、社區及業界人士保持良好連繫與互動。校長的領導是在引導與啟迪同仁，並要以身示範，且有能力指導。校長的領導更是影響力的發揮，也是團隊的互動的核心。所以，校長領導是學校行政的結合體，更是辦學績效與藝術的展現。

　　整體學校領導是要把學生帶好，把校務做好。因此，校長待人要人性化，透過老師、同學的反應省視自己。校長對待老師和學生要像對待自己親人一樣，這是一種愛的教育典範。在要求老師和學生前，先要求自己。處處以身作則，事事推己及人。每一件校務的推動與決定要合理，依民主公開程序尋求認同。能充分授權，擴大參與。實事求是竭力落實，情理法兼顧，校務推動才能卓越完美。校長領導有三大本領：認人、用人、管人。校長個人要有三大能力：做人、做官、做事。把握權責的三大藝術：掌權、用權、放權。行政推動的四大手段：魅力、定力、魄力、耐力。最後，校長領導還要有四大技能：公關、口才、演講、寫作。校長的言行是師生的表率，務必言行一致，身教與言教並行。所以，校長應扮演訊息的傳播者、溝通者。校長是師生的榜樣，更是

最具影響力的角色。校長是學校高層領導者，必須是一位卓越領導者。具體而言，校長是問題的解決者也是協助者。更是政令的實踐者與倡導者。

　　校長往往也會受到家長、老師或學生的抱怨。因為落實教育目標的許多要求，有些顯然不受歡迎。因此，受到抱怨往往能了解師生及各方想法，也是診斷組織運作的最佳利器。如何妥善利用這項資源，是領導者不可或缺的技能。不論校長怎麼心存善念，奉獻自己勤奮工作，但老師與學生需要是有參與感，所表現的能被肯定與賞識。如果把角色互換一下，想一想您和師生的互動關係如何？校長是學校的大家長，要時時存有您喜歡和自己共事嗎？您喜歡有個和您一樣的人來做頂頭上司嗎？有了這些想法您將會發現為什麼會被抱怨。因此，師生的抱怨，是校長無價的建言。校長也會常常受到學校裡，口耳相傳的抱怨而生悶氣。但更要擔心與憂慮的是，老師與學生感到不滿卻不願提出抱怨。如果有這種現象發生，您必須靜下心即時省思。透過溝通說明取得共識，調整做法尋求同仁的合作，以達成您的期望。總而言之，校長領導的基本理念，是以尊重先於權威，身教先於言教，讚賞先於指責，指導先於要求，參與先於獨斷，服務先於監督，權變先於固著。若能以此原則帶領同仁，相信學校一定會充滿溫馨與活力。

　　環境蛻變的衝擊，21 世紀是比智慧的時代。領導者必須不斷進修研究、通權達變、調適自己、才能贏得這場競賽。請記得領導無捷徑，也沒有所謂的最佳領導。因此，唯有真誠和民主人性的領導，才是時代所趨。校長的工作終將結束，所以本身也要做好生涯規劃。如何彩繪自己的人生與規劃願景，擬訂人生的夢想清單，這是一件重要的事。全方位規劃人生繽紛生活，快樂工作與豐富學習。未來漫長的生涯之路要即早規劃。規劃的步驟要量己之力，尋找策略，衡情於外，訂好目標即時反省。另外我們的人生也要有品管，要自求：學力、能力與實力，要奮求：定力、努力與毅力，也要他求：支力、拉力與借力。更要常懷企圖心，重新執掌自我。將會使您增加活力，等於為您啟動一個新的良性循環。真正的衰退不在白髮皺紋，而是停止了學習與進取。

📚 精熟專業分享同仁──學識與教育專業的精進分享,以專業信心服人

學校經營管理,要秉持教育理想。以健康寬廣的心接納學生,時時想到學生,處處照顧同仁。體察教育的發展趨勢,使學生能得到適性發展充分發揮潛能。為求學校永續發展,我堅持以下十項理念與大家分享:

◎以學生為學習主體,培養勤學向上的學風。提供有利的學習環境,協助適性發展。

◎肯定每一位學生均能學習,尊重生命及其存在價值。給予每一位學生有機會發展自己的潛能,充分獲得受教權。

◎依法行政、謹守公權。依法建立制度,法有明文規定者,必須勇於執行與負責。有效推動校務,並為學校建立良好典章規範。

◎尊重老師專業自主,提升教學品質。建立教師良好的專業形象,從課程與教學、師資素質、教育研究、教學評鑑及教育資源運用為重點。鼓勵老師以做好「經師與人師」為榮。

◎善用資訊科技,增進教學效能,提高行政效率。藉由資訊技術掌握和運用來彌補行政不足,以提升校務運作的效能。

◎營造民主、溫馨、和諧與安全的校園氣氛,讓老師、學生與家長產生「生命共同體」的共識。身為校長,唯有充分的尊重和體諒,多方的關懷和照顧,才能讓全體成員同舟共濟,一起為學校的成長奉獻心力。

◎發揮專業團隊功能,造福學生。教育核心工作在結合老師、行政人員與家長等,建立協調合作機制,使學生得到最佳的照顧與學習機會。

◎結合社區與家長建構夥伴關係,學校與社區資源密切結合,形成共同體以達成雙贏的局面。

◎注重行政績效,確立行政支援教學的理念。掌握工作重點,建立績效責任之指標,適時進行評鑑,作為改進學校行政措施之參考。

◎校長應具有高度關懷心,激勵組織成員的使命感,賦予成員自主力與革新變革的動機。

校長治校,就學校行政言,是要使教學工作更為落實,老師角色更為清

楚，使校際水準更為平衡，行政管理更為健全，教學內容更合需要，教學資料
更為充實。對學生學習而言，是要能提供良好的學習環境，適性的課程和生動
活潑的教學方法，適應學生的個別差異，使學生獲得更多的幫助，學得更實在
更好，更能主動學習。因此，校長治校必須教學與行政並重，積極達成目標，
創造學校願景。

　　課程設計的基礎，是課程選擇。任何課程均應包括社會文化、學科知識的
學習內容與學習經驗。其選擇來源是來自社會文化的內涵，以及各學科知識技
能的學習內容。課程給學生的內容，是指學習經驗或如何進行學習的心理操作
歷程。因此，選擇的準則，應注意內容的有效性、重要性與可學習性，適合學
生的需求與興趣，廣度與深度的平衡，能達到範圍寬廣的課程目標。課程內容
亦應與社會演化相互呼應。選擇應考慮的問題，是在學校的學習情境下，課程
要提供學生那些學習經驗。學生應該學習到什麼範圍的學習經驗，應該提供什
麼程度的個別差異，應該採用何種程度的最低標準。決定何種課程內容、素材
與形式。學習的方法應當標準化到什麼程度。如何提供教學與訓練。

　　課程設計的要點，包含終身學習的課程、未來導向的課程、新興需求的課
程、多元文化的課程、兼顧方法的課程、無縫學習的課程、適性教育的課程、
學生建構的課程、整體規劃的課程、長期研發的課程、開放系統的課程、多元
參與的課程、學校中心的課程、實施準備的課程、評鑑回饋的課程等 15 項設
計要點。學校本位課程，是以學校本身和課程使用者需求為起點，強調學校對
課程探討與尋求解決方案建構的主體性。因此，應以問題解決為導向，包括課
程發展過程與結果，以及改革推動歷程與手段。內容可以是新穎理念或新制度
的建立，也可以是舊理念與制度的重建。學校本位課程，除了是課程方案的改
革，也兼具教育系統的改革。目的在於提升學校的教學品質，因此需要有計畫
的慎思歷程。

　　教學是課程設計的實踐。好的教學策略，是以自律式的管教方式，讓學生
主動且悅樂的參與學習。以安全舒適的學習環境，激發學生的學習動機與多元
潛能。最終的目的是，滿足學生學習慾望。而教學方法的改革，先要揚棄學科
本位（subjects based）課程的概念和知識傳遞（knowledge transmission）的教
學方法。利用課程統整（curriculum integration）的理想和知識建構（know-
ledge construction）的教學理念。學校的傳統教學，因課程、教材、設備及成

續評量方式未盡妥善，以致學生畢業後未能達到預期的水準。因此，校長必須帶領老師做好教學革新，改善教學方法提升教學品質。

教學革新的重點在老師。老師應明確認清學校教學目標，了解教學目標的層次，是兼顧個人需要及國家人力需求。教學包含理論與技能的學習外，並應注重職業道德與文化的陶冶。因此，課程強調統整，實用並注重分化。老師應積極改進教學方法，注重教學設計，目標分析及課前準備工作。注重教學資料的蒐集與教學內容的適時補充。有計畫製作及使用教學媒體，靈活運用教學技巧。加強教學評量的有效實施，重視命題技巧的改進，隨時針對學生個別需要實施補救或增廣教學。校長應積極提升師資素質，尊重教師專業自主權，將教師定位為專家身分。開放更多的空間，敦促教師研究發展。鼓勵教師參與相關在職進修，促進團體共同合作成長，解決實際問題，使教學更有效率。定期辦理校內教師專業知能與輔導知能研習，鼓勵教師從事行動研究，落實各領域教學研究會功能。成立課程研究發展小組，運用團體動力，共同達成學校發展目標。營造良好師生關係，應用民主的程序營造和諧的校園文化。

學校教學品質的提升，可從發展學校本位課程著手。以基礎學科為核心，依學生能力及發展潛能，提供升學與專業領域課程，規劃完整的模組化選修課程。培養學生能獨立自主發展的能力、協助學生適性發展。採取有效的自我管理與評鑑，提升教育與教學服務品質。以部頒學校課程綱要基礎，依學校特性規劃適合學生需求的課程。藉由老師的指導，使學生習得專業能力，並達成未來適應社會變遷的能力目標。落實教學方法改進，發揮老師專長，達成適才適所教學。教學評量多元化與個別化方式實施，以達成教學－評量－再教學之完全教學理念。落實老師教學專業評鑑制度，經由教學研究會、教師會、教評會及學者專家組成評鑑小組，以達成相互回饋的功能。

校長的責任是，促進學校優質教學，建立學生良好的公民責任、人際關係及自我實現的目標，以發揚優良校譽。肯定、關懷、成長及尊重人性尊嚴，支持學生適性發展。發揚學校優良形象，吸引優秀學生入學。重視生活與品德教育，培養誠實、負責和禮貌的態度，以及整潔和惜物的習慣。培養師生運動習慣與充實休閒生活內涵，分享生活品味，增進師生身心健康。豐富社團活動，訓練學生才藝和發展良好人際關係。重視生命教育，透過體驗，感受生命的珍貴。推動師生閱讀計畫，分享心得。學校發展成為社區總體營造之一部分，學

校教學成就，乃社區居民之榮耀，應與社區共同分享。建立社區人力、物力資料檔，結合民間社團，支持學校發展。加強親職教育，充實家長的家庭教育知能。邀請社區參加學校活動或協助社區辦理各項活動。鼓勵師生參加社區公益活動，體認服務、奉獻的真諦。推廣終身學習的理念，導引社區民眾提升生活品質。結合社區資源，開發就學就業安置支持系統。組織社區義工，協助學校推動一般公共事務。

追尋理想迎向未來 ── 懷抱理想搭築教育美夢，人人成為好老師

　　學習環境的布置，不應只重視校舍建築的量。重要的是如何規劃提供一個安全永續的學習空間，也就是要建構一個永續的校園。校園是學生學習活動的大本營，是情境教育的核心。人類與自然原本就是一個密不可分的關係，如何營造一個與自然環境和諧發展的空間，以發揮教育的功能，這就是校長必須去思考的要務。過去學校建築總是以量取勝，校長們為了任期中突顯校務推動的績效，往往以校舍建築做為指標。事實上學校建築應以永續建築（Sustainable Building）的觀念做為規劃基礎。永續發展的概念是從地球環境變遷切入，轉化為社會發展層面的問題，更是教育必須面對的問題。永續建築自身需具有合宜的生態性、社會性、經濟性、科技性及廣泛人文精神等五個特色。永續建築具備有降低環境負荷、與自然的親和性及健康與舒適等三個條件。未來學校校園規劃，應考量省能、自然資源活用、有效資源再循環、周邊生態環境的容入及健康舒適安全的建築環境等因素為基礎，規劃適合學生學習、融入生態、經濟節能與具文化深度的校園與校舍建築，才能發揮學校建築的教育功能。

　　教育理想的實踐在校長和老師。老師的工作是擔任傳道、授業、解惑的責任。因此，教育工作者必須先了解未來是什麼樣的社會？面對未來教育有何挑戰？依據《美國之挑戰》一書指出，1980 年代後的社會，將具有三大特色，也就是世界性的都市化、工業上的自動化，以及技術革命的形成。上述三項特色對於從事教育工作的我們是一項挑戰，也是嚴肅的使命。世界性的都市化，必定是國際教育時代所來臨。我們必須知道，更多我們所服務社會外的世界。工業自動化，更多人需要接受教育，更多的時間需要我們為其安排。技術革命

的形成，教育需要更有效能，被教育者更需要接受有用的教育。這些是未來教育的挑戰，讓我們用努力、勇氣及信心來面對未來。

教育理想的達成唯有從每一位老師自覺自律，自動自發的做起，教學革新才有希望，才有績效。我相信只要有教育的大愛，人人都可成為好老師。尤其一位合格的老師，在接受專業教育的時候，應該已經把自己的知識化為自己人格的特徵。在實際教學工作時，認同那些該認同的人。排除那些阻礙從事教育工作的行為，隨時檢討改進，這就是成為好老師的重要途徑。現代教師不僅要做經師，更要做人師。校長要協助老師成為一個好老師，好老師要會評分，但是不能以評分為目的，要知道協助的角色重於評鑑的角色。老師給學生評分，要有相關配套措施協助評分結果的處理。老師要知道分數代表什麼？它一方面代表學生表現好壞的評定，一方面代表著師生關係，也代表老師把學生看成一個怎樣的人。當老師運用權威時，一定要同時運用影響力，有權威並有影響才是好老師。要能評分，並根據評分來知道學生的程度，然後針對學生個別需要予以補救。所以評分只是工具，補救才是目的。要知道如何生氣，但不能常常生氣。為什麼要生氣？因為不生氣，學生不知道，你不喜歡他的表現，學生不知道你不贊成他這件行為。因為老師影響學生，學生不對的時候，該生氣就要生氣。一般性的生氣，是沒有目的的生氣。專業性的生氣，是溝通道理的，是有目的的生氣。生氣在改變學生的行為，生錯了氣要隨時檢討勇於認錯。要處分學生，但不能打罵。要愛護學生，但不能溺愛。關愛的行為不能類同於學生，而是維持適當的教師地位。要了解學生，但不能成為學生同儕團體的一份子。要研究進修，但不能因為研究進修而忽略教學。要研究否則沒有希望，老師的研究工作有兩種：一是創新發明的研究；二是研究人家創新發明的成果，加以推廣應用。研究是讓一個老師教學有新的東西，最後目的還是要傳授給學生。對學生要有適當的教育期望，但不能偏心。老師對每一位學生須公正，一視同仁，你先要了解每位學生，了解他現在為什麼有這種行為。如果你不喜歡他的樣子，有一天你把他改正，那就是個了不起的老師。要參與學校行政，如果大家不參與，學校的功能就不能發揮。老師要注意各種影響教學的因素，認真教學而不單教書。老師不能孤僻必須參與社會改革，必須注意社會上發生的事情。所以一位好老師，應是社會的守信者，人人尊敬他，他有豐富的知識，崇高的理想，他不但有目標，而且有達成目標的能力和理想。老師要關心自己

社會地位，唯有肯定自己付出愛心，工作才會順利愉快。

影響老師教學期望的因素，最重要的有兩項：一是學生的衣著；二是學生的言行。目前學校不僅有正式課程，還有潛在課程，也就是老師的態度，當老師在教導學生時，所傳出來的眼神、言談、肢體動作……等。教學革新過程中，老師立即可以做的事情，是要培養自我角色的實踐，具有徹底檢討評鑑結果的意願，一面肯定自我成就，一面檢討錯失策勉改進。具有主動積極的意願，追求成就的強烈動機，以自我期許做一個成功受歡迎的老師。時時檢討任教科目的教學內容，目標是否偏離？內容是否陳舊？逐一進行單元目標分析，蒐集資料增輔內容新知，按教學單元順序分段製作教學媒體，使教學生動活潑。要受學生歡迎，更要不斷研究進修，養成讀書的好習慣，才不會成為時代的落伍者。

薪盡火傳樂在教育——傳遞熱愛教育的火種，與終身學習有約

教育是我終身喜愛的工作，我要感謝的是求學過程所有老師的教導，特別要感謝我高中時期的科主任王宇老師，他開啟我工程專業的知能，給了我自由開放的學習環境，奠定我從事教育的信心。也要謝謝我在臺中高工任教時的歷任校長，恩師陳為忠校長教導我公正清廉、嚴謹處事態度。徐景達校長給了我充分授權、獨立處事的行政歷練。孫鴻章校長給了我課程與設備規劃、計畫撰寫能力訓練。最後傅元湘校長教導我人際互動與給我校務運作的歷練與提攜。我才能很順利的將所學，應用在爾後 16 年的校長生涯。更幸運的是我有許多傑出的學生，投入社會貢獻所學，尤其在教育界擔任校長，有聯合大學李隆盛校長、板橋高中張輝政校長、霧峰農工洪玉水校長、頭城家商詹光弘校長、內埔農工鄭越庭校長等，他們均能秉持教育的大愛，熱心辦學成果輝煌，這把教育的火矩終於能傳遞下去。

新世代的來臨，知識的競爭已經展開。隨著科技的發展，知識與技術的快速推陳出新，未來的社會是一個急遽變遷，充滿挑戰與競爭的世界。因此，人們必須透過不斷學習知識與技能的增長，才能有更好的競爭能力。然而，學習並非只是培養求知的習慣，更應該是一種開闊的人生觀和生活態度的陶冶。學

習的歷程，除了充實生涯發展所必須的知識與技能外，更應該能幫助個人成長，促進自我的實現。擁抱知識主動學習，創造自我終身的能力，將成為新時代的主導。

想到芬蘭之所以能摘下世界教改桂冠正因為它把「公平與人權」視為教育的核心價值，「一個都不能少的平等精神」貫穿整個改革脈絡，芬蘭的成功經驗，確實值得讓長期重視菁英教育的我們，重新去思索教育的本質。別忘了！愛那些「看起來就討人喜歡」的孩子很容易。若要老師們去愛那些「看起來似乎一無是處」的孩子，起初可能會比較困難。然而，老師們如果能做到去愛他們，那才是接近偉大。我深信只有老師們同心協力，站在趨勢的前端，每一位同仁的表現都是學校成功的契機。換言之，老師在教學研究、教學準備、教導學生、家庭訪視、輔導學生進路等方面的努力，都是為學校與學生成就大業所做的貢獻，更是臺灣教育成功的關鍵之所在。

聯合國教科文組織（UNESCO）前主席狄洛（Jacques Delors）曾說：「要創造一個新的明日世界，必須廣泛支持具有彈性、多元化且隨時隨地可以展開學習的機會。」臺中市光大社區大學，在星雲大師的支持下創辦，秉持著終身學習的理念，提供國人能有隨時隨處學習的地方而設立。大師一生志立於人間佛教的傳法，也正是希望世人能實踐終身不斷學習的願景。美國《商業週刊》舉證：「知識與技能，將拉大人們的工作機會與收入的差距。」

當本世紀人類進入知識經濟的年代，競爭已跨入腦力競賽的時候，愈來愈多的人，必須透過終身學習，激發創造力超越自我的巔峰。此刻，請大家即時張開學習的風帆「與終身學習有約」。智慧的海洋就在我們前方，我們齊向自然學習、向書本學習、向自己學習、更向佛法學習；讓大腦動起來、讓雙手也動起來、讓心也能感動；不論我們是獨自探索或與群體分享，我們必須共同展開全面知識的探險，將知識轉換成能力的建構，一起走入多彩多姿的知識寶庫，快樂的學習。

🔲 結語──鐵肩擔教育

在未來多變的世界裡我的期望是，要教導我們學生懂得與自己相處，也要懂得和他人相處與溝通。能發揮團隊合作與樂於助人精神，會尊重不同的習

俗、文化和意見，熱忱而有理想發揮人道精神並尊重弱勢。協助學生習得基本知能培養學以致用的能力，將知識轉化為因應各種生活挑戰和工作所需的關鍵能力。協助學生規劃多元學習的終身教育，教育不再只偏重知識的傳授，而是培養不斷學習成長的能力。我認為學校只是教育體系裡的一環，每一個人均可以隨時隨地，在不同的地點，向不同對象學習。因此，建立多元學習的環境，讓校園保持永續安全愉快的教學情境，是學校領導者應有的責任。帶領老師以居於輔導地位督促學生學習，讓學生自動自發發表創意。學校經營應以經濟有效的方法教導學生，從生活領域找出學習的事物。對學生要注重學習的歷程與過程的表現，而不計較表演的好壞。教育應以學生為中心考量，適度將教育政策鬆綁。才能讓每個年輕學生都能適性發展，成為不同領域中的人才。

　　未來人類面對的，是一個急遽變遷的社會，一個腦力密集的時代，一種無國界的競爭。迎向新世紀的臺灣，無論是國家競爭力的提升、社會的和諧凝聚、自然環境的永續發展、人民能力素質的提升，和生活品質的改善，成功的關鍵都在教育。協助個人有尊嚴地成長，社會有秩序的進步也要靠教育。邁向21 世紀，我們期望下一代的青年學子，都能學以致用自信且快樂地學習、成長和生活。期望教育能有更大的自主空間，讓老師樂在教學，讓社會充滿關懷與希望。讓學校能與家庭和社會連結成為相互支援的學習體系，讓教育成為一個追求終身學習的理想。相信投資於教育，就是投資國家的未來。校長的卓越領導，老師的鐵肩擔負起教育的重任，必定會在這塊充滿熱忱的教育園地中開花結果。

　　附記：本文是我 43 年半教職生涯的回憶，文中許多對教育的看法和對學校經營與老師教學的期盼，是我擔任教職的心得與感觸，文中有些內容係任職期間與老師互勉或演講的摘錄，敬請指正。

郭孚宏校長小檔案

郭孚宏，臺中市人，生於 1943 年，家中排行老大，自小喜歡繪畫對機械特別有興趣。太太是護士。育有四個傑出女兒，研究專長分別為社區護理、癌細胞分裂、奈米醫學、自然資源管理。高中放棄就讀臺中一中轉讀高職，畢業後考取土木建築特考。18 歲開始擔任公務員。1964 年以績優保送進入國立臺灣師範大學工業教育學系，並於國立彰化師範大學取得碩士學位。

1962 年特考分發臺北縣政府擔任二年課員。1966 年應聘回母校臺中高工擔任教職，先後兼任組長、科主任、秘書、處主任等職，長達 25 年半。其間二次回國立臺灣師範大學完成學位及修畢研究所四十學分。1992 年首次獲選擔任羅東高工校長服務三年半。1995 年調任埔里高中校長服務六年。2001 年獲聘臺中高農校長服務六年半。於 2008 年 2 月提早一年半退休，服務公職長達 43 年半。公餘在聯合大學與修平科技學院講授機械設計與工程製圖課程。

擔任公職期間，因多次推動教育改革有功，獲得歷任部長嘉勉。先後獲頒特殊優良教師、工職教師楷模獎、師鐸獎、杏壇芬芳錄、工職教育學術研究及服務獎及技藝教育績優獎。2000 年因九二一地震救災有功獲頒好人好事榮譽狀。退休前更獲教育部「校長領導卓越獎」（2005 年）。著有機械設計與製圖、高中教師合理授課時數研究、職校學校評鑑與學校效能研究、臺灣農業教育發展等十餘種著作。

3. 酸甜苦辣總是情

國立水里高級商工職業學校校長　洪明財

在「校長」的這條路上，也許我算得上是個特殊案例。

20 年來，歷經國小、特教及高職等三種不同型態的學校，帶領和面對三個不同屬性的工作團隊，遍嘗酸甜苦辣，箇中滋味真是點滴在心頭……。

年輕，不應該淪為校長的原罪

最年輕的校長 ◎◎◎

曾經，我也是彰化縣最年輕的國小校長。

1990 年，我 35 歲，初任校長，卻要面對多位等待退休的資深老師。大概「嘴巴無毛，辦事不牢」就是他們慣常的認定，同時，他們也有一種「看你怎麼弄」的看戲心理。

但是，我很清楚、也警惕自己：「年輕不應該淪為校長的原罪！」我也知道：年輕，除了熱忱之外，一定要讓人家覺得你有料！何況這是我生命中的第一次，只許成功不能失敗。我廣泛上網搜尋各校網頁，拜讀校長們經營校務的真知灼見；我真誠拜會校長前輩，吸取他們推動校務的策略心得，或者請教校務運作實際問題的具體建議，期以在最短的時間內把自己裝備起來，促使自己臻於「成熟」。

打拼要呼朋引伴 ◎◎◎

我也深切了解：不能孤軍奮戰！我在主管和行政會報中，宣揚教育理念、引導建構學校願景，凝聚向上提升的力量；並積極整合家長會，融入社區，成為他們的一份子（加入社區發展協會；也帶著太太參加社區土風舞團；並出席村民大會等），才上任一年，我欣喜的發現奧援十足，行政人員從服務角度出發，充分滿足教師和學生的需求；社區及家長對學校投注更多關懷的眼神，不但挹注學校活動和設備，對教學品質更形成一種無形的監督力量。

年齡不是問題 ◎◎◎

　　誠如當年老鄉長說的：「少年人只要肯做，嘛袂卡醜」（台語），《佛光菜根譚》也說：「老人，不是年齡，而是心境。」教職生涯中，遇見很多資深教師的教學和服務，深刻覺得：年齡真的不是問題！很多老師即便已年過花甲，卻仍精神抖擻、神采奕奕的備課、帶班，熱忱參與學校規劃的任何活動，那種堅持到底的執著、敬業、專注、配合行政的精神，令人感佩與敬重！相反的，有部分教師年紀輕輕，卻選擇了安逸、失去了鬥志，抗拒對安穩現狀的任何改變，倒令人對教育前景捏一把冷汗！

　　所以，年輕不是原罪；年老也不是累贅。

　　所以，年齡不是問題，關鍵在態度，在心念，在使命感，在價值觀，在人生意義的追求和體現。

 ## 初任理髮師就遇上癩痢頭

你不知道這裡是動物園嗎？ ◎◎◎

　　我上任的前兩所學校，好像都不被看好。

　　第一所是小學。我剛到任的第一天，才發現教導主任是太太同學的老公。因著這層關係，他放膽半開玩笑的問我：「你不知道這裡是動物園嗎？」誠心徵詢之後才恍然大悟，原來所謂的「動物園」，指的是「這一所學校裡，虎、豹、獅、象（各種角色人物）都有」。頓時一陣錯愕，腦中隨即浮現分發現場教育局長官神秘的微笑和詭譎的眼神，這使我警覺到「挑戰」正要開始，但我堅強地告訴自己：「既來之，則安之。」也開始積極思考該如何成為專業的「馴獸師」？

那裡是惡魔島，你真的要去嗎？ ◎◎◎

　　第二所是特教學校。參加校長遴選過程中，就有熟悉特教學校生態的長輩提醒：「那裡是惡魔島，你真的要去嗎？」那位長輩轉述惡魔島內種種驚濤駭俗的過往行徑和故事，我心理明白：過程肯定精采，未來值得期待！

　　我一直記得，也奉為圭臬的一個信念，那是 1990 年，我在「板橋教師研

習會」接受國小校長儲訓時，研習會主任（現在的教育部長）吳清基先生告訴我們的一句話：「你們結訓後，不要抱著尋找一所好學校去分發的心理，而是要擁有經營一所好學校的壯志。」

誠然！任何學校能夠在自己的引領和經營下，更上一層樓，甚至脫胎換骨，那是多麼有成就感的事！而在我的認知中，任何學校都值得開發，不是嗎？

光怪陸離的思維和教學模式 ◎◎◎

我無意在此刻意描述「動物園」和「惡魔島」內的種種特異言行，只是信手拈來約略呈現一些園島內的異象，以記錄我在其中所經歷的淬練和成長，並作為其蛻變前後的註腳：

◎導師不必參加升降旗，也不必親臨清潔區域督導學生打掃（認為那是訓導處或導護的事）。

◎利用公務電話和股票市場連線，大刺刺的進行各項交易買賣。

◎只因昨晚喝多了，必須靜養休息，今天每一節都是「自習課」。

◎約請老師到校長室來對談一些想法或事情，常常會讓你「等無人」。

◎認定學校的剋星就是上級、就是督學，任何不如己意的大小事，一紙以「熱愛學校的一群教師」名義撰寫的匿名狀，就寄出了。

◎抄在聯絡簿的國語和數學回家作業，竟是：「新詞十行」、「數學計算二十題」，並沒有明確指定，而是由學生任意挑寫（此乃為尊重學生、自由學風或有寫就好？）

◎月考前，認真的實施「考前復習」，學生的成績一定要好看，一定要掩蓋平時上課的不足（哪管什麼「透過評量以了解學生的吸收程度或診斷學生學習的盲點」？）

◎作業的批改，永遠只有「打勾＋閱」，國語錯字連篇、數學答案錯誤，依然照打（勾）不誤。

◎體育課，節節躲避球（或某一球類），老師甚至可以不必在場。

◎書法課等，宣稱「先寫完的，可以先出去」（很少學生會專心的寫）。

◎美術課，整個學期都是「自由畫」（沒有進度，沒有繪畫技巧指導）。

改變的勇氣與力量 ◉◉◉

在這樣的校園環境中，沒有自怨自艾的權利，也沒有自暴自棄的空間。

選擇「勇敢面對」是必然的心理建設；而「改變」則是唯一的出路！

當然！每一個改變都會牽動現有的權利結構，都會剝奪他們既有的安定和舒適，也都一定會招致反彈和抵制，但是既然選擇「面對和改變」，只有全力以赴！這樣的情況，「置個人死生於度外」其實不是一句玩笑話。

這是一個嚴肅而不容逃避的課題：我要為了連任的可能來妥協（遷就、討好），一起墮落、浮沉，還是依著自己的教育理想和良知來帶動改變？基於我所受的養成教育和責任心、使命感，沒有經過太多、太久的考慮，我選擇了後者。

改變（改造、改革）需要勇氣、決心與毅力。我承認在帶動改變的過程中，校長之路確實比其他校長夥伴走得辛苦，也要付出比別人更多的時間和心力，但也因而獲得更多的成長（經營功力大增？）。帶領先後兩所學校期間，都有校長夥伴挖苦式的調侃：「經歷了這所學校以後，任何學校就難不倒你了。」

不信初心喚不回 ◉◉◉

有時候，自己也難免迷惘和感嘆：只不過是要求「正常化」（不敢奢望「卓越」）而已，有那麼難嗎？有的老師甚至不能理解也不能諒解，為何你要那樣要求？

但是我始終相信人性本善，面對懶散、沒有鬥志、刁難抗拒的同仁，我抱持審慎樂觀的態度，執著一個認定：不信初心喚不回！

初心，當初之所以選擇投身教育的心志。我相信，每個選擇踏上教育大道的夥伴，一定有他對教育最根本的憧憬，對美好未來最熱衷的盼望。也許，歲月更迭物換星移；也許年齡增長俗務纏身，使得他慢慢忘卻了最原始的初衷；慢慢淡化了最單純的感動。但是，那份奉獻教育、提攜學生的雄心壯志，應該都還牢固地埋藏在內心深處。而我，只需引導他們「發現和看見」而已。

改造與進化 ◎◎◎

也許，人心是肉做的；也許，努力的人必得天助。

我在校園中的辛勤耕耘，雖說不上遍地璀葉燦花，倒也堪稱枝葉茂盛。我從人性切入，從尊重出發，營造家人榮辱與共的親密感，終而欣慰的發現：改變雖然不容易，但卻是可能。

◎我做到，也期待同仁：真誠的對待每一個人，善意的解釋一切。

◎凡事說清楚、講明白，減少猜忌、疑慮以及謠傳空間。

◎動之以情，比凡事論法、講理，會有比較美好的結果。

◎尊重校中大老：徵詢看法，交換想法；獲得其等支持，校務運作自然順暢。

◎讓每個人：有話找得到人說；有事可獲得解決；有建議可獲得接納。如此這般，他們就不必去當「無名作家」（寫匿名信告御狀）。

◎讓他們相信：鄉下學校也能嶄露頭角，也有特色領域的一片天；消除對外界活動或比賽慣常的冷漠感，激發參與的意願和信心。第一所小學，陸續參加全縣的詩詞吟唱、兒童劇、演講和合唱等比賽，很多都是他們的第一次哩！

◎調查了解學校同事中，家族或姻親組合及各次級團體，正視及留意其連鎖護航的威力；並有效掌握各群組的「帶頭者」，並多與之溝通互動。

◎改變（不言整頓）不能被孤立，積極結合、匯聚校中相同理念與目標的熱心同仁、家長、社區人士，甚至長官，厚實人脈及後盾。

◎讓督學（長官）知道你在做什麼？且因何而做？

◎行所當行，為所當為：建立公正嚴謹之行事風格，並依法行事，自能立於不敗之地。

◎勸慰年輕同仁，淡看資深家人的安逸想法和緩慢步伐：「他們年輕的時候也努力過、付出過，現在腳步放慢，不再熱烈參與校務，應該給予關心和體諒。」並且要年輕人本著心中那把尺，全力、放心的「行所當行」，不受旁人（如上所述的資深家人）影響。

上述的「改造」點滴，過程辛苦，今日回味卻是甜美。安慰的是，正如預期的為所謂的「動物園」和「惡魔島」帶來「質」的改變！如今，那些光怪陸

離的思維和行事，都已隨著歲月飄逝遠離，留下的只是更多教育的啟發和提醒……。

我的教育理念，我的人

我的教育理念 ◎◎◎

回顧走過的路程和服務的經歷，任憑時空轉換、人事遷移；不管一般或特殊學校；不論國小或高職，不變的是內心對教育的執著和信念。我把這三個理念印在名片背面，一來讓初次見面的人進一步認識我的想法；二來也藉此宣揚教育的信念，大部分的人都會有所感覺。

教育的基本前提——尊重生命

◎「尊重生命」的唯一理由：「因為他是生命！」
◎尊重其三權：生存權（每個生命都具有價值）；教育權（有教無類——零拒絕；因材施教——個別化）；人格權（擁有尊嚴，自己就是主體）。

教育的基本信念——每個孩子都可教

◎每個孩子都可教，朽木未必不可雕——何況「他們」並非朽木！
◎永遠相信遠方，永遠相信夢想；凡事只要相信，相信就會實現！

教育的基本精神——整體性

◎每個學生都是個案；每個教職員工都是輔導人員。
◎慧心擁仁懷，提煉教育愛；資源要整合，大家一起來！

我的人生座右銘 ◎◎◎

人的一生中，常常受到一兩句銘言的精神導引而終生受用，我也不例外。以下所列舉的三個精句，出處雖已不可考，但它們卻真實的在導引著我的為人處世，也深刻的在我的校長生涯中發揮作用，甚至成為我所帶領的行政團隊的教化指標，特錄與大夥分享。

因為我不能做所有的事，所以我不會拒絕我能做的事

◎只要人家開口，做得到的事情，都會接納、成全和滿足。包括機關團體

對學校的請求支援（例如：紙風車劇團及長榮交響樂團借用演藝廳表演；鄉運借調學生導引單位進場；縣政府邀請本校熱舞社做活動開幕表演等）。

◎人家向我們開口，表示看得起我們，認為我們可以把委託的那件事做好，何不就敬謹的接受囉！

◎人家願意提供給我們表現的機會，感激都來不及了，何來拒絕？

◎換個角度看，人家會開口表示遇到困難，又怎能袖手旁觀？

付出是最美的收成；生命永遠在出發

◎在校長崗位，為學校發展、為教職同仁權益、為學生福祉，我樂於不求回報的付出（但回報常出乎意料）。

◎成長不會中斷；發展沒有終點。生命永遠在任何階段的起點，神采奕奕的重新出發！

◎這是學校致贈來賓伴手禮包裝紙上，我最常張貼的精句。

◎本句與上一句，是我在參加校長遴選時，呈給遴選委員的資料表下方加註的精句，委員必然會有感受。

彩虹之美，在於多色共存；人生之美，在於多人共榮

◎紅、橙、黃、綠、藍、靛、紫，七種顏色調和展現了彩虹的美麗。

◎人生的美麗，也唯有在一群人共同成就的境況下才能達成。

◎佛光山星雲法師多年前的春聯題字：「共生吉祥」；財經大師金偉燦與莫伯尼共同著作《藍海策略》等，均有異曲同工之妙。

哭點很低的校長 ◉◉◎

在同事的心目中，我是個哭點很低的校長，常常在主持會議中，為了一個人、為了某件事，哽咽中斷，無法言語。也許這是天生個性，很難刻意壓制，只能順其自然。也許，每一次的哽咽落淚，都述說著一個校長的心情故事……。

◎同仁喪父，前往喪宅拈香慰問，同仁無助的依靠在我的肩膀哭泣，我輕拍著他的肩膀，靜靜地陪著落淚……。

◎前往醫院慰問高齡流產的一位女老師，她不發一語堅定的握著我的手，

面對她心中的苦痛和失望，一陣心疼潸然淚下……。

◎學生受傷躺在醫院病床，等待安排開刀治療。痛苦的表情勉強擠出：「校長，謝謝您！」我握著他的手，猛點頭，卻說不出一句安慰鼓勵的話。

◎家有身心障礙孩子的媽媽，哭訴老天爺對她不公平：平時鋪橋造路、樂善好施，也參加慈濟功德會，為什麼給她這種需要加倍辛苦照顧一輩子的孩子？安慰之餘，我總苦其所苦的忍不住鼻酸。

◎同仁調職或榮退的歡送會上，聆聽其他同仁祝福的話語以及致贈紀念品後的握手或擁抱，總忍不住淚珠打轉。

◎有時候，在校務會議上報告時，想到部分同仁不能體認當前情勢，不能支持學校行政為更美好的未來發展所做的規劃，不禁傷心難過哽咽。

◎平時視為麻吉朋友的同事，卻在公開會議場合發表對學校（甚至對我個人）的負面談話，引發的難過情緒，久久不能平息……。

◎每有同仁、家長表達肯定、讚美之詞（不論對學校或對我個人），也會因感動感謝而溼了眼眶。

◎畢業典禮會場，面對畢業生懇切的致答辭，想到他們就要靠著自己的能力投身複雜的未來世界，不捨之情油然而生……。

嗨！親愛的夥伴們！想對你說……

在實務運作上，身為一個校長，想要有效的、順暢的經營一所有效能的學校，必須兼容並蓄的把相關的人員和組織納進他的支持系統當中，其中包含行政團隊、第一線的教師們和教師會、教育事業的合夥人（家長和家長會）以及親密的家人。

校長主持校務的過程，俯仰作息都和上列人員息息相關，心情也必然受他們牽動和影響。以下乃從我個人的深刻感受出發，分別向各位親愛的夥伴，娓娓道來校長的心情，訴說校長想說的「心內話」。

要讓被服務者感覺良好（對行政人員說）◎◎◎

◎行政的細膩度，對外，代表學校的水平；對內，會讓被服務的教職員工

感覺良好（最起碼不要讓他們有零零落落的感覺）。所以，提供及時的、符合人家期待的「感心」服務，是要念茲在茲，時刻思考的。

◎很多理念的東西，靠別人轉達或轉述，是很難得其精髓的。所以，應該排除萬難參加行政會報，親自聽取報告與分享。

◎「行政無師父，多打聽就有。」沒有人是天生注定來當行政人員的，只要抱持虛心就教的態度，多方請教有經驗的前輩或上各校網頁搜尋相關業務，必定能夠很快成為該領域的專家。

◎如果你要推動某項經辦業務的改變，請記得：改變是為了更好（如果沒有或不會更好，為什麼要改變？）

◎你要深刻體察時空背景的變化。請別問：「以前不必，為什麼現在要（這麼做）？」或者：「以前可以，現在為什麼不可以？」

◎也許，你對我諄諄提醒的嘮叨感到不奈，但也請你體察：終有一天我必須離開，我不想讓接任者搖頭嘆息的說：「上一任校長怎麼沒教好？」

心中天平常在（對教師說）◎◎◎

◎我認同也容許部分資深教師如你，因著體力或所謂「彈性疲乏」的理由放慢腳步，或漸行漸休息。但期望你對於有意願、有想法、有活力的年輕同仁，多給予鼓勵打氣，而不是「怕被比下去」而澆他冷水。

◎我不會因人廢言，我會真誠的、專注的傾聽你的各項訴求，即使大家認為你專門找碴，不值得理睬，但我也絕不輕忽，仍然心存感謝你的建言或獻策。

◎當你聽到有人說話老喜歡冠上「校長說……」時，提醒你養成面對傳言進行求證的習慣，否則校長會常常「被暗殺」而不自知。

◎親愛的老師啊！當你們透過教師會來表達訴求時，除了感謝，我也要提醒各位要讓「心中天平常在」：教育工作者心中永遠都要放著一副天平：一邊是教師同仁自身的權益和福利；另一邊則是學校的發展和學生的福祉。二邊應力求平衡。

◎有人說，教師會是來監督行政的。也許你會否認，其實這也無可厚非，以我來說，有人從旁監督著，何嘗不是一樁好事？問題是：那由誰來監督教師會？教師會可以舉著監督行政（特別是校長）的旗幟發言或發送

問卷，但如果教師會有逾越分寸、尺度或校園倫理時，誰來提醒？又有
誰可規範？

◎我總覺得，不論行政團隊或教師會，大家希望學校更好、更棒以及同仁
權益、同學福祉更受保障的目標都是一致的。大家要理性攜手，站在同
一陣線，共同合辦活動，雙方力量相乘，學校必能蒙福！

◎分享一份我在「新進教師研習」的報告，也是一個校長迎接新加入的教
育夥伴的心情：

初 心 與 終 志

莫忘初衷：念茲在茲，選擇初心；真誠面對，終身志業。

安身立命：虔誠投身，長治久安；做好準備，永續規劃。

裝備知能：鑽研教材，熟悉教法；專業勝任，研究發展。

為生親師：視生猶親，疼惜關懷；善盡師責，循誘善導。

奉諸心尺：依循良知，為所當為，止所當止，俯仰無愧。

與人為善：和諧共事，多所請益，廣結善緣，服務至上。

嗨！親愛的合夥人（對家長說）◎◎◎

我要分享一篇我在開學前所舉辦的「親職教育座談會」上，向家長報告的
書面資料，那也代表我對家長的殷殷期盼心情：

嗨！親愛的合夥人

在我服務教育界的近三十餘年中，不管擔任的職務是導師、主任或校
長，和家長保持良好的互動關係以及交流聯繫，一直是我所看重和在乎的。

事實上，教育本身是樹人的百年事業，而家長就是教育事業的合夥人，
無法也不能置身事外。那麼，家長應該如何適切的扮演「合夥人」角色？

其一，共同關心孩子的起居作息和學習情況：並且和老師保持密切的聯
繫，交換教學與輔導的看法和想法。

其二，留意孩子的情緒和心理：從孩子的神情臉色和肢體語言的表現
中，察覺出他所要透露的任何訊息，並著手進行關心和處理。

其三，參與孩子的教育計畫：包括開學之初、學期中以及期末的檢討修

訂，和學校及老師充分配合。

其四，提供學校發展相關建言：站在促進校務發展的角度和立場，提出興革意見，供學校制訂政策時之參考。

其五，支援學校人力及物力：就本身之專長與能力，加入學校義工行列，或提供教學設備與經費等資源。

所以，家長和學校是孩子健全發展的生命共同體；所以，家長投入孩子的學習過程愈深入，孩子的學習效果就愈顯著；所以，家長關心校務發展的態度愈積極，學校的未來就愈可期。所以，親愛的合夥人，期盼大家發揮「合體共生」的理想和精神，成為學校發展的好夥伴，以及孩子成長的守護者。

校長　洪明財

家人永遠是最有力的支撐力量（對家人說）◎◎◎

◎自從成為「校長」以後，幾年的校長生涯走來，我知道在陪伴時間上、在休閒旅遊的安排上，我虧欠你們。但我相信：當我努力在為別人的孩子付出和服務時，自己的孩子也必將受到別人的照顧。

◎為因應星期假日仍須參加活動，我想到一個變通的解決方法：「既然不能陪你們，那就讓你們來陪我吧！」這樣我們家人一樣可以擁有相處的時光，而你們也能清楚的看見我都在忙些什麼。更何況你們來，我的心裡會顯得篤定、踏實許多（不必擔心被我晾在家裡的你們的感受，更不必操心回家解釋或安撫的問題）。

◎我知道也一直記得：「如果晚上不能回家吃晚餐，一定要在下午5點半太太下班前告知，避免太太去買了菜，甚至下廚了，才通知。」只是，很多時候是抓不準的，例如：來賓突然在傍晚拜訪；偶發事件正在討論處理；出席的會議正在進行中……等，這些都無法預估是否能在約定的「5點半」順利告個段落。所以，請保留更大的心靈空間，生活就會更自在。

◎家人永遠是校長生涯最有力的支持者和支撐力量，也是最值得珍惜的寶

貝。但請不要拿「家務」和「校務」孰輕孰重來做比較，兩個都是我在意和關心的，即便常常需要投注較多心力在校務運作上，也不會減低我對家人應有的關愛。

酸甜苦辣的心情故事

感動的、得意的、難忘的故事 ◎◉◎

校長，我媽怎麼還沒回家？

當年接掌的茄荖國小，有很多早年失學的阿公阿嬤，我為他們申請辦理「民眾識字班」。考量晚上上課，不好勞煩太多老師，且自己也想藉機多和社區長輩接近，於是自己也成了識字班的任課老師之一。

有一天晚上上課中，一輛車子開進校園並且環繞著，我趨前探視，原來是一位他校的校長夥伴，詢問之後才知道他是為了下一任的調動先來探路的（那一年，我的任期剛好也是可以調動的第四年）。

回到教室，阿公阿嬤學員們紛紛問起剛剛的情況，我只好把可能調動的訊息告訴他們。當天晚上9點如常下課，送走他們後回到二樓校長室整理相關資料，約9點半，聽到摩托車聲，我下樓探視，是其中阿嬤學員的兒子，他焦急的問：「校長，我媽怎麼還沒回家？」學校和社區很近，通常9點放學，十來分就會到家。接著陸續來了幾輛車，也是相同的問題，一樣的不安情緒。這下我也開始擔憂，這會是什麼情況？心中默求別有什麼事才好。

我請那些焦急的家人分頭去找，有什麼狀況一定要向我回報。大約10點鐘，消息進來了，原來阿公阿嬤們相約一起到村裡香火鼎盛的信仰中心「永清宮」去燒香祈求上帝公：「不要讓校長調動成功！」

不安的心頓時化為激動、欣慰的淚水……。

焚燒「捐贈紅榜」稟告神明

一般而言，民眾對廟宇功德的捐獻比學校建設熱心得多，原因是他們認為對廟宇的捐獻，神明知道、看見，一定可以獲得庇佑。

基於這樣的心理，我透過茄荖國小家長代表大會以及學校通訊刊物等管道，告訴社區家長及民眾：「對學校的任何捐贈（包含金錢、物品、設備），

學校將一一書寫在紅榜上，然後在永清宮上帝公生日當天，向神明稟報後焚燒上達，讓神明知道哪些村民對教育的熱心和貢獻，請神明庇佑捐贈者健康平安、家庭幸福、事業發達賺大錢。」

結果當年社區民眾對茄荖國小的捐贈，熱心而踴躍，大大超越往年，令人感動稱慰。

全村停伙來校共進午餐

適逢茄荖國小 50 週年校慶，家長會決議動員村婦來校烹煮大鍋午餐，並事先邀請全村村民共進午餐。

校慶當日早上，我再透過村裡的廣播系統邀請，只見全村村民扶老攜幼來到學校參加開幕典禮、參觀表演及藝文、教學成果展覽，然後再共同享用午飯，好一幅大團圓景象，場面壯觀感人，連觀禮來賓都為之動容！事隔 10 來年，每次回到村裡，都還是村民津津樂道的話題哩！

眾志成就匯心台

我服務的臺中啟聰學校，原來的紅土跑道，每遇秋冬季風吹起，全校便會籠罩在塵土中。經向上級申請改建操場及 PU 跑道，補助的經費卻未含拆除和重建司令臺，但若司令臺沒有配合重建，將來跑道完工後，就沒有通道可以進出施工，而且新操場、新跑道和舊司令臺並存，也會很突兀。

基於「司令臺非做不可」的信念，又礙於公務預算無法支應的窘境，全校教職員工發起捐獻運動，不到一個月，所需的款項就籌足了。只是捐款的事被上級知道了，通知即刻停止，並須發還所有捐款，重點是：上級同意全額補助司令臺的拆建費用。

為了紀念大家齊心協力籌建司令臺的這段溫馨過程，而且也想消除司令臺給人的威權感覺，我特別辦理了徵求命名活動，再從中選取幾個公開投票，結果定名為「匯心臺」。臺上正面全幅藝術浮雕也由黃文乾、張琛中兩位美工科老師義務繪製，使匯心臺更突顯其意義和價值。直到今天，匯心臺仍是學校流傳的一段佳話呢！

在文化中心舉行的校慶晚會

臺中啟聰學校的 50 週年校慶系列活動之一，就是熱鬧的辦一場校慶晚會，

而且要對外公演。這是一項巨大的挑戰：一來，老師們願意動員起來全力準備節目嗎？二來，可以順利借到優良的表演場地嗎？

有道是：信念決定成就。我樂觀的看待上述兩個問題，而且認定那根本不是問題！果不其然，晚會的構想在每月一次的「教職員朝會」宣達後，全體同仁即熱絡的、積極的彼此激盪出節目的形式、型態、類別和演出人員（我也參與教師合唱表演）等，而學務處也積極協調演出場地，最後敲定藝文氣息濃厚、平時即不太容易排得上的文化中心。

這是中聰的榮耀！在謝幕的當下，我和許多同仁眼中都有晶瑩的淚珠打轉著。大家都有共同的感覺：這一晚，我們讓廣大的民眾更進一步看見中聰的美好；這一晚，全體中聰家人的心靠得更近，從此情感也更為濃密了。

形塑境教與美的藝術校園

我完全認同和追求境教的功能，我也絕對相信藝術的力量和影響。有願就有力，即使在有限的經費下，校園的公共藝術仍然一件一件的設置或矗立著，默默地在發揮教化的功能。

在茄苳國小，製作了「大鵬展翅」的大型馬賽克壁畫；在臺中啟聰學校，先後設置「愛無礙」（手語「我愛你」）雕塑、天然斜坡「心手相連」花草藝術、教學資源中心前「親子共讀」雕塑、大門口前「團結互助」意象彩雕、女生宿舍外牆陶板彩繪；在水里商工，引進三座雅石慶15週年、利用補強工程機會製作十面陶板藝術牆、邀請藝術家走入校園揮毫留下高水準書畫……。

我相信在全校師生，甚至家長、來賓，每天進出來回當中，或調和情緒；或感動啟發；甚至從其根本變化氣質；在在顯示身歷其境的人們都會受到耳濡目染的潛在影響。這種長遠教化的設置，每一次回顧，都覺得欣慰而值得。

校長，就是要您留下來！

在臺中啟聰學校服務滿四年時，教育部中部辦公室依照慣例寄來一張「留任或調任」的調查表。老實說，這也是一項需要靜心長考的重要課題。

很快的，在正式回覆中辦前，主任們聯袂到校長室來見我，獻上一張折疊後仍是 A4 的大卡片，原來是學校教職同仁們的「慰留卡」。

「校長，就是要您留下來！」、「中聰正在起飛，您不能丟下我們！」、「我們的緣分未了，還要續緣。」、「期望在下學期的校園中，仍然可以看見

您的身影。」、「未來可能的困難或問題，您要帶領我們一起度過。」……一句留言，表達一份真摯的情感；一個簽名，蘊含一段難忘的情誼。淚光閃爍中，我毅然在調查表上的「留任」欄打了一個大大的勾。

難過的、辛酸的心情故事 ◎◎◎

「如果校長都要這麼忙，辭掉算了！」

初任校長是在茄荖國小。因為是生命中的第一次，所以特別在乎、也格外投入。尤其小學就在社區內，是屬於社區的一部分，為了獲得更多的社區資源，協助學校充實設備和活動經費，下班後常常還須拜會社區人士（尤其家長會會長、副會長、常委和委員等），遇社區中的婚喪喜慶更不能缺席。

當然，「時間」對每個人都是公平的，在對學校、對社區投入更多時間的同時，回家吃晚餐的次數少了；陪伴家人的時間少了；而且天色很晚還要獨自開車回家，讓家人擔心；回家後還要處理學校的公務……。日積月累的「校長生活」模式，內人忍不住開口了：「如果校長都要這麼忙，辭掉算了！」

這是一聲悶雷，讓我儆醒！「悔叫夫婿考校長」應是內人心裡最無奈的吶喊，而我也為自己擔任校長以後，對家庭的輕忽感到難過和自責。

「飛鳥盡，良弓藏；狡兔死，走狗烹」的指控

每次參加校長遴選時（不論初任或調動），難免會接觸到一些所要去的學校的熱心同仁，有的只是很單純的基於歡迎立場來相挺，但有的卻帶有其他特殊目的或期待。

當我順利通過遴選進來學校後，後者即以「輔佐有功人員」及「校長身邊紅人」自居，對其他同仁態度傲慢（恃功而驕）；對自身工作鬆散或期待享有特殊待遇、特權，汲汲營營爭取擔任重要職位；意見不被採納時，不被重用時，便顯得「心灰意冷」，意興闌珊。這些行徑嚴重影響整個團隊的和諧和發展，我當然不能坐視不管。

於是，部分主任、組長被調整下來了；於是，部分同仁成為首當其衝被告誡的對象和案例。於是，「飛鳥盡，良弓藏；狡兔死，走狗烹」（校長忘恩負義）的指控，便在校園裡流傳。

聽聞這種缺乏自省的聲音，感到特別難過，總覺得真正的相挺，其實是要

當先鋒、當橋樑的，對於學校任何措施的配合永遠衝在最前線；對於校內其他同仁的疑慮雜音，他也要勇於溝通排解。

您的一票決定學校的命運

教育部積極推動試辦「教師專業發展評鑑」，但大前提是必須校務會議通過後，才能提出。近年來，配合「優質化」的推動，更特別規定：未試辦「教師專業發展評鑑」的學校，不補助「優質化」經費（視計畫內容，每年約五百萬元）。

覺得茲事體大，乃召開臨時校務會議說明並投票，期許教師同仁為了有機會獲得那固本保命、屹立發展的巨額補助，願意支持通過試辦「教師專業發展評鑑」。茲摘錄當天投票前的報告重點如下：

您的一票決定學校的命運

◎為何大家不想要試辦？

◎不贊成的「理由」會是什麼？（賭氣？抗議政策綁標？擔心和考績掛鉤？擔心為教師分級鋪路？細項繁瑣，增加額外工作負擔？還沒準備好接受任何改變現狀的措施？還是……？）

◎我們真的甘心屈居各校之後？我們真的願意拱手放棄那顧元保命的一千五百萬（一年五百萬，延續三年）？

◎通過「試辦」真的很好！

今日通過試辦

→獲得申請優質化補助的門票（入場券）

→學校有機會全面提升、起飛（充實教學設備、改善整體環境、建構學校特色）

→因著品牌魅力吸引更多「生源」

→校務基金收入相對增加

→寬裕支應各項必要開銷

◎如果試辦……

★行政自當挺您：最多的協助、支持；最少的壓力。

★尊重您的意願：如果您還沒做好心理準備，絕不勉強加入那20人的試辦教學團隊。

★學校不會淪為「二等學府」，矮人一截。

★不致於成為全國少數須勞動「中央輔導群」到校輔導的學校。

★不會眼睜睜的看著他校逐年發展，而我們卻只能原地踏步。

★現在，您只需投票支持目前願意試辦的 20 位同仁，而您沒有任何負擔……。

◎關鍵時刻，我們正在寫歷史……又或者歷史將怎樣論斷今日的我們？

將來，您要在學校留下什麼名？您要人家、要後輩怎麼形容和看待我們？

現在，不是行政人員和教師同仁的對決；更不是對校長的信任投票。

而是……我們共同為學校更美好未來的見證時刻！

即使我這麼費心誠意的說明和提醒，投票的結果，依然票數懸殊，反對試辦「教師專業發展評鑑」的同仁仍居多數。

為此結果，我著實難過了好一陣子，自認是身為一校之長的一大挫敗。想不透同仁們的思維模式，也不敢揣測他們對教育價值（學校發展 vs.自身安適）的認定。唯一耿耿於懷的是：同仁們對我這個掌舵者的信任度不足，我還有很大的努力空間……。

棘手的心情故事 ◎◎◎

「後進先出」是最好的超額處理方式？

因應少子化及學生來源減少的趨勢，學校轉型、退場以及超額教師的處理模式，已經成為各級學校傷腦筋、也傷感情的頭痛問題。

一般來說，「後進先出」是最普遍被提出來的解決方式，單純而最沒有爭議。但是，就一個學校的整體發展考量，卻也有很大的商榷空間。以行政的立場來看，後進者，因為年輕，比較有朝氣有活力，也有較創新的點子；資深者，因為資歷豐富，對教學現場掌握和拿捏，都比較駕輕就熟。

各有所長，也都各具特色。比較合理的衡量思維，應是：經歷年資和服務績效並列（討論適當配分比例），才能避免折損年輕力量，同時又能保障服務品質。

適得其所的主任調整

新到任的校長，面對「前朝」的主任大都會沿用，請熟悉校務運作的他們繼續留下幫忙；或者，到任一年後，商請部分同仁出任某處室主管。

不論沿用的、或自己商聘的，都難免遇上「不適任」的人選。這時候，如何平和圓滿的調整其職務（包括從主管調整到一般教師），也是件須小心處理的棘手事件。在過去的服務歷程中，我個人就曾經因為著眼學校的整體發展，先後把幾位主任調整下來，結果與之結下樑子，個人身陷永無止境的反彈或報復風暴中。

幾年的經歷，體悟到比較妥切的作為是：調整之前，深切懇談；之後，仍借重其專才；君子絕交（其實沒這麼嚴重），不出惡言，校務會議宣布調整主管人選時，特別感謝其貢獻，嘉許其能力，只因生涯規劃或家庭需求，暫別行政團隊，短暫休養生息之後，期待也歡迎他再回來。

想對即將成為校長的教育夥伴說

樂觀勇敢的面對「傳言」 ◎◎◎

好傳八卦或是「語不驚人死不休」的煽動謠言，是人的本性。面對我們即將要去的學校，自然會有「好心人」熱忱的傳送該校相關的訊息。當然，其中也有真正關心我們的長輩，居於關愛的立場，諄諄告誡和提醒那所學校存在的問題和特異現象。

我親身經歷的心得是：虛心了解真實狀況，勇敢前往面對，而且樂觀看待未來。所謂的「動物園」沒有那麼可怕；「惡魔島」也並不恐怖。不要被以訛傳訛的傳言或根深蒂固的偏見所矇蔽了。

相信人性的良善 ◎◎◎

人性本來就是良善的，人也並非頑石枯木，不論我們分發何處，只要真誠對待每一個同仁、認真在校務經營上付出，一定會獲得相對等的善意回饋──最起碼可以獲得自己內心的平安和喜樂。

建置並熟悉單位所屬的議事規則 ◎◎◎

　　校長必須推動建置屬於自己學校的一套「議事規則」，以作為各項民主會議依循的準則。

　　另外，學校中最常主持會議的首推校長了，其若要篤定自若的、有效率的掌握及帶動會議之順利進行，更應該熟悉議事規則，並以正確的方式處理會議過程中所有的偶發狀況。

　　尤其當現下各校教師會大力在校園推動議事規則、辦理講習之際，校長本身若不跟著同步成長，將來主持學校各項會議時，恐將形成一個外行（不懂議事規則）的主席面對一群內行會眾的窘境。主持會議者（校長）能不惕勵乎？

永遠保持向前的姿勢 ◎◎◎

　　為了與時俱進，為了比同仁更融入當今的教育現場，校長應該保持學習的狀態，以掌握教育的新知與動態，也就是說，校長要永遠保持向前的姿勢，邁開成長的腳步。

　　校長和「土軍閥」最大的差別是：言之有物，言之成理，實在而有料。如此，自然能獲得全校同仁的敬重和信服；如此，才能帶領學校團隊走正確的道路。

成為學生的貴人 ◎◎◎

　　校園是一個最大、最好的功德道場，每一個學生都是我們著力的對象。

　　校長要激發和引領全體教職員工，盡最大的努力，成為學生的貴人——「在學生的需要上，看見自己的責任。」這不只是形容詞，而是動詞！

洪明財校長小檔案

1961 年 8 月，玩伴紛紛入學，我也吵著要提前上學。1966 年，我五年級，學校實施升學與就業分班。當時家境並不容許我升學，我很識相的自動到所謂的「放牛班」去。吳華碩恩師卻「慧眼識英雄（？）」的把我從「放牛班」拎到「升學班」，我就這樣狠狠的被惡補了二年。惡補限制了生理的發育，卻給了我知識成長的養分，只因當年補後根基鞏固，其後枝葉才可能繁茂。

1967 年小學畢業，仍因家境因素未能升學。乃到臺中車站前的餅店當學徒，每天看著背書包經過店門的學生，心強烈嚮往之，暗誓定要重返學校。1968 年九年國教，學費普及，我終於如願以償，依賴獎學金讀完國中，並考上免學雜費的臺東師專。

師專畢業後，依著世俗自我實現的追求，一路從國小教師、主任，終而考取校長分發彰化縣茄荖國小；接著在四年後辭去校長，投身彰化啟智學校擔任主任；有幸在七年半之後通過遴選成為臺中啟聰學校校長；而因緣際會的在六年半之後轉任水里商工校長。在課業上，也始終保持向前的姿勢，陸續進修國立彰化師範大學輔導系、特殊教育及教育學研究所四十學分班、國立中正大學教育學研究所。

萬般都是「緣」，緣起就不滅。此生相遇的每一個人、每一件事，都是善緣，都值得珍惜和紀念。

4. 辛苦耕耘　快樂收割

國立大里高中創校校長　黃義虎
（榮獲 2008 年教育部「校長領導卓越獎」）

　　我接受傳統的師範教育，服務過小學和高中，計達 41 年。

　　籌設一所新學府的機緣是在 1997 年初，通過省立高中職校長甄試，12 月奉命前往臺中縣大里市文高八學校預定地籌備新高中。籌校工作包羅萬象，從土地徵收、整地、校園規劃設計、校舍興建、教師延聘、辦理招生等。由於籌備期間巧逢精省、九二一大地震、政黨輪替等重大衝擊，設校過程一波三折。市區建校，寸土寸金，動輒得咎，歷程尤其艱辛。2001 年核准招生，但校舍建築工程才剛啟動，只好暫借中興大學雲平樓上課。萬事起頭難，校務啟動，慘澹經營。第一年，率先招收十個班級，麻雀雖小，五臟俱全。但「黃埔建軍，拓荒精神」，師生懷著強烈的使命感和企圖心，同舟共濟，士氣如虹。四百多位學生，參加校際各項競賽，成績亮麗，尤其科學展覽、語文競賽、藝能活動等，樣樣嶄露頭角，引人刮目相看。第二年搬移至新校區，雄偉的建築，師生勤奮不懈的校風，逐漸建立了口碑。四年校長任期屆滿，學校排行榜擢升到中投區第二志願，同年，我全票通過連任。第七年，因建校卓然有成、校舍溫馨美麗、師生團隊素質整齊、校園氣氛和諧、創新推動遠距視訊等多項教學措施，及全國音樂藝能比賽、科學展覽等校務推動傑出，榮獲教育部「校長領導卓越獎」。2009 年，學校通過優質化高中獎助，校長任期八年屆滿，順利完成薪傳交棒。合併籌校年資，任職高中校長共計 11 年 8 個月。回首來時路，篇篇故事可歌可泣，沒齒難忘。

📚 公費又有工作　決定選讀師範

　　自小，我出生在一個農村裡。爸爸婚後仍與祖父母、叔叔、嬸嬸們住在一起，過著大家庭式的生活。由於耕地小，家人多，儘管大家辛勞耕作，節衣縮食，依然捉襟見肘，入不敷出。父母親未曾受過正規的學校教育，又沒有其他謀生技能，在鄉間僅憑雙手打天下，命定一生窮苦困頓。但因工作勤奮，待人

真誠樸實，贏得鄰里稱頌讚揚。為了生活，爸爸每天早出晚歸，下工後還必須到店家去蒐集飯後的廚餘，用以餵養家禽和小豬。農閒之際，也兼做蔬果小生意，以求家人溫飽。唯一的期盼，希望多一些收入，教育孩子，將來才有機會改變現狀。畢竟爸媽平日僅接觸簡易瑣碎的農間雜事，沒有特殊專長，暗地羨慕村子裡的理髮師、裁縫師、泥水匠、木工、油漆等師傅們，他們有一技在身，生活不虞匱乏，卑微的等待與期許，我們四個小孩長大後，也跟著學點「功夫」。最後事實證明，僅大哥留在村子裡，傳承家業，其他三位兄弟都接受大學教育，負笈他鄉。我當老師，大弟當會計師，么弟也幹公務員，都遠比當初爸媽的想像與預期要好得多。

在我上小學之前，因家中小孩多，生活擔子重，父母原計畫將我送給村裡的一位豬肉零售商當養子。這位富貴人家，為人豪闊，但傲氣十足，在村子裡風評不佳。我幼小心靈充滿恐懼，真想逃避。而是否送養的事，糾纏了好幾個月，引發左鄰右舍討論，後來阿公出面，因捨不得一位乖孫子離開黃家，堅決反對，才救回我的命運。

我天生勞碌命，做任何事都全力以赴，不會推辭或偷懶。就學前，所有輕便的農事，如飼養雞鴨、拾稻穗、撿甘藷、餵牛羊等，樣樣不缺席。上小學後，功課較為忙碌，但例假日或平日放學後，依然要協助除草、噴藥、犁田、插秧、收割等工作。辛苦的童年生活，歷經歲月的磨練，陶冶出我更堅忍的意志，也較懂得珍惜自己所擁有的一切。我體認到，要改變命運必須靠「讀書」。當時農村裡的小孩子幾乎都國小畢業後就居家幫忙，自然而然，我家的叔叔嬸嬸等長輩們也都期待我們兄弟不要升學，趕快前來幫忙農事，增加人手，減少開銷。但父母愛子心切，獨排眾議，以我的學業成績優異為藉口，提議讓我繼續升學，且承諾若考不上理想的學校就要自動留在村裡種田或當學徒。小學時期，我就面臨天人交戰，在升學與就業間掙扎，最後，我決定認真唸書。「皇天不負苦心人」，果然，我幸運考上了省立嘉義中學初中部，三年後順利錄取臺南師範學校，從此，開始與「教育」結下不解之緣。省嘉中是優秀的學府，全大林鎮每年大約僅能錄取三至五位；而師範學校更是誘人，全公費，畢業後又可當老師，難怪鄉間孩子趨之若鶩。當時，萬一我「出錘」，考不上這些名校，勢必就接受當隔壁木工師的學徒，命運就完全改觀了。

師範生，八、九成來自於中南部窮鄉僻壤，僧多粥少，窄門不易擠進。班

上有 11 位保送生，幾乎都是初中成績佼佼者，甚至於是全校第一名畢業，才獲得保送機會。這些各地區來的佼佼者，個個勤樸好學，循規蹈矩，且潛力無窮。同窗三年，住宿在校，一天 24 小時相處在一起，感情深篤。上課齊聚一堂，學習基本而淺顯的教育理論，為將來國小老師做準備，多數同學認為課程淺顯，抱怨大材小用，紛紛私下許宏願，將來要跟高中生競爭，擠大學窄門，較具挑戰性。這股不服輸、力爭上游的意念，蔚成風氣，且根深蒂固，成為傳統師範教育的核心價值與校園文化。

鄉間小學教師　邁向高中校長

　　師範學校畢業生，必須面臨分發實習的過程。當時媽媽鼻癌病情嚴重，為了就近照顧家庭，我鼓起勇氣陳請縣府長官，恩准分發在住家附近，得予略盡孝道。真幸運，沒有達官貴人的說情推薦，光憑卑微的哀求，竟然也被接納而得予在鄰近的國小當代課老師，兩個月後，碰巧有位同仁因升學辭職，才有機會改派為正式老師。初為人師，執教鞭的滋味，深感風光，也最讓鄉下人羨慕。大林國小是鄉鎮中心國小，資源豐沛，師資優異，堪稱人才濟濟，欲學習請益，環境不錯。但當時智育掛帥，升學競爭激烈，家長望子成龍，望女成鳳心切，因而，許多中年級班級都開始上「輔導」課，高年級則有「補習」課程，班班發條上緊，鮮少例外。我原打算堅守教育理想，發揮偉大的教育愛，強調五育均衡發展，卻也經不起外在環境之壓迫及影響，久久陷入無奈與拿捏困難之痛苦深淵。最後，我遂向現實低頭，參與課後補習之行列。天天在狹小的空間，暗淡的燈光，填鴨式教學，嚴格要求孩子們反覆練習，且分分計較，這是典型的「惡補」。最恐怖的是，為了讓學生多考幾分，不惜罰寫或籐條體罰，甚至於執行「錯一分打一下」非正規的教條。而根據後來學生描述，我的班級經營格外嚴苛，天天神經緊繃，對學生的要求標準高。撫今追昔，走過這條「陰暗」的路，內心充滿著虧欠與內疚。倘若當時我堅守教育理想，貫徹創造思考與啟發式教學，付出更多愛心與耐心，重視適性發展，或許會遭家長反彈或同僚排斥，但相信一定可以教出更聰明、活潑、快樂、健康的下一代。國小學童，天真無邪，顆顆寶玉，實在不應該被升學主義之洪流所吞沒！

　　小學教師的生活一天天過去，我發覺自己逐漸變得幼稚、淺薄、渺小，開

始覺悟「教學相長」之意涵。白天教書，課餘我趕往嘉義補習班聽課，用心準備大學入學考試。不諱言，重拾高中課本，內心深感委屈，生活也覺得忙碌、艱辛。幸運的是，當時師範生保送大學之體制猶存，跳過升學考試窄門，我以優秀的師範學校在學成績，申請保送國立臺灣師範大學英語系就讀，從此離開了國民教育圈。由於當年師範教育與高中教育目標不同，課程不在為大學教育做準備，缺乏英數基礎課程，欲升學，必須自求多福，孤軍奮鬥。難怪，師範生選讀理工科或外文系者，寥寥無幾。我的英語根基中等，就讀一般大學科系，綽綽有餘，但欲主修外文，應存有「奮鬥到底」的心理準備。記得大一英文選，每一課生字將近兩百個，真是吃不消。但「勤能補拙」，我還是撐了下去。一、二年級幾乎天天熬夜，甚至於抽不出空檔回宿舍休息，應急之道，裹著棉被在教室過夜，直至天亮。此情斯景，歷歷在目。四年寒窗苦讀，順利拿到畢業文憑。透過學長介紹，我接到竹山高中聘書。

　　光陰荏苒，在竹山高中任教，一晃，25年教師生涯終成過去。第一年，我奉派擔任補校導師，班上大半學生年齡比我大，社會經驗比我豐富，但積極好學、尊師重道，恪遵校園倫理之行儀，令人永誌不忘。夜校三年，師生交流互動，我的收穫滿籮筐，歷練快速成長。調到日校兼任設備組長，我初嚐兼職滋味，負責管理全校教學設備、專科教室、實驗室和圖書館，工作繁雜，責任艱鉅。行政工作與專任教師不同，苦樂參半，但生活刺激，有挑戰性，體驗良深。轉任教學組長後，角色扮演更難，我開始尋找充電磨練的機會，選擇暑期進修政治大學教育行政，暑修第四年，打鐵趁熱，我毅然報考出國留學甄試，幸運過關，奉派前往美國進修研究。在極短的時間內，以「職業學校設校規劃之研究」專題，榮獲美國匹茲堡州立大學工業教育碩士學位。返國後，受聘擔任教務主任，展開新的生命史頁。鄉下高中，教師充滿熱忱，以校為家，全體員工生一條心，認真為學校打拼，因而，校園氣氛和諧，師生企圖心強烈，校務蒸蒸日上。我除了全心全力協助校長推動校務外，並且忙裡偷閒，蒐集整理許多教育有關之資料，訂閱期刊、筆記重點、剪貼簿冊等，並熟記各種教育理念，同時，我加強與同仁間之互動，視工作夥伴如兄弟，對待學生如子女，釋放出偉大的愛心與耐心，終於得到了全體師生與家長的支持與愛戴。1995年，以辦理跨科選修暨輔導優秀國中畢業生留鄉就學有功，獲得教育部特殊優良教師「師鐸獎」。翌年，參加高中職校長甄試，幸運金榜題名。欣逢大里市準備

成立高中籌備處，各方資深教育先進，預知這所新學府之發展潛力，報名角逐籌備主任者多，人事競爭空前激烈。幸賴陳英豪廳長大公無私，提出明智的解決方案，以榮獲校長甄試「第一名」之頭銜優先派任，而擺平諸多爭議。這是我由教學轉向校務領導的起點，是校長生涯的開端。

無中生有最艱辛　創校歷程難忘懷

　　臺中大屯地區，包括大里、太平、烏日、霧峰，人口近 50 萬，公立高級中等學校卻僅霧峰農工一所，學校分布顯然不均。因之，本校之籌設，格外急迫。早期，都市土地重劃，文高八位居人口稠密之地段，占地一萬坪，校地徵收頗為困難，而財團介入，處心積慮要變更地目，移作住宅或商業用途，終因有識之士，重視鄉土文化傳承，拋頭顱，灑熱血，勇敢捍衛保住這塊美麗的校地。據護校人士說，他們群集文高八，夜宿校地，發動抗爭，並多次前往教育廳門口示威，才保住了珍貴的校地。

　　「萬事起頭難」，學校之籌設，歷程艱辛。首先遭逢精省，省立高中職瞬間歸併中央，直屬教育部，改制為國立高中，但因升格改制事出突然，中央預算全無設校經費之編列，為了因應籌備處開銷及工程發包，在經費奧援斷絕而走投無路下，必須四處奔波，不得已的情況下，我委請民意代表協助爭取建校經費，不料，長官震怒，嚴厲斥責：「你急什麼？怕校長當不成嗎？」其實，我早已是籌備處主任了，職等與一般校長相同，只因設校招生規劃時辰早已過去，社區人士與媒體窮追猛打，惟恐政府失信於民，耽誤莘莘學子就學之機會，才如此急迫。1999 年，遭逢九二一百年大震，大里歸列為強震一甲區，建築物抗震係數標準提高，校舍設計必須再加強，負責規劃的營建署，雖同屬政府機構，等不到撥款，按兵不動；翌年，政黨輪替，新政府不認舊帳，要求「設校案」重新評估審查，建校時程再度延宕。好事多磨，困難衝擊不斷，設校時辰遙不可及，弄得我渾身是傷，身心挫敗。最後，喜從天降，突然小額工程款撥下，設校之「審查案」也勉強過關，校舍工程終於可以順利發包奠基了。

　　籌校之前，教育行政機關曾經委託文華高中研究，報告指出：大里文高八土地方正平整，天候地質佳，自然及社會環境優良，交通便捷，堪稱文化樞

紐,尤其鬧中取靜,地勢平坦,但校地僅 3.2 公頃,太過於狹小,不適合設校,建請由既有的縣立大里國中升格為完全中學。省教育廳最後的裁示,依然維持原計畫案,同意在文高八新設高中一所。轉折原因為何,我也渾然不知。

籌備處成立初期,校地荒廢一片,商家八間、釣蝦場、垃圾場、夜市場、棒球場、農作物、墳墓等。幾經溝通協調,以「自動搬遷獎助辦法」為誘因,催促農作物提早收割,商家搬離校區,祖墳遷移。校地清理後,隨即著手簡易圍籬及地質鑽探等工作。設校指導委員會及規劃小組,建議校園整體規劃及第一期工程委由營建署負責辦理。因考量校地狹小,班級數多之因素,校舍必須向上發展以符合轄區內眾多國中畢業生的求學需求。又遵照主管教育機關首長指示,新設省立高中將配合社區需求,提供運動場地下興建公共停車場,以服務社區。此「土地多功能使用」之法令,費盡九牛二虎力量去突破。此外,由於配合運動場地下興建公共停車場,狹小的校地從事校園規劃及校舍配置,工程倍感艱辛。

大里是新興的城市,人口稠密,但傳統的建築物缺乏停車空間,民意要求公共建築要協助社區解決停車問題。本校遵照前省政府教育廳長陳英豪先生的指示,率先陪同在地林耀興立委及簡肇棟市長前往交通部爭取經費,碰巧政府推動興建示範停車場方案,順利獲得撥款。當時市民代表原有意接手興建本工程,但因簡市長的堅持才由校方接手承建。儘管當時籌備處人手少,經驗不足,仍毅然接下此重責大任,主要之考量在於:若學校負責規劃興建,可以堅守教育目標及學校未來發展之需求,把握新建校舍景觀的整體性,維護師生安全及進出之動線,避免不當的設計和施工品質而影響學校教育的功能。抑有進者,由於學校提供校地及籌建之勞苦,爭取 26 座停車空間,另外,本校每年也將獲得營運所得利潤的二十分之一,充為清寒優秀獎學金,這些請求全部獲得市民代表會的同意在案。如今,公共停車場竣工營運,多年來天天車位客滿,生意興隆。一座美侖美奐,堪稱國內設計最精美,優雅的公共建築,令鄉親眉開眼笑,讚不絕口。

本籌備處工作同仁,對建築非專業,懷著戰戰兢兢之心,多方請教,並走訪參觀各地區優良校舍,印象最深刻的,包括羅東高中圖書館、四維高中學生宿舍、臺南一中科學館廢氣排放系統、臺中一中科學館、豐陽國中直排輪滑道、南投康壽國小圍牆及教室配置、大安高工校園地下公共停車場等,皆是本

籌備處學習取經的對象。歷經二次指導委員會和規劃小組聯席會議，18 場專家學者諮詢座談會，二場社區設校說明會等，研究主題包羅萬象，其中是否興建游泳池和學生宿舍等尖銳議題，贊成及反對者針鋒相對，爭議最為激烈。透過集思廣益，腦力激盪的過程，關建了一所最現代化、理想化、前瞻性的新學府。

　　籌校過程中，最先發生的爭議風波是校門之位置。設校說明會席上提出原草擬的校園規劃方案供大家討論議決：首先，曾考量校門若設在東邊的益民路上，優點是人口較稀疏，便利師生進出，但操場必須安排在西邊的東榮路，恐公共停車場出入將妨礙車輛流通，且東西向教室弊病多；另一方案，若校門設在東榮路，教學大樓呈南北向，冬暖夏涼，且校地長方形，校門至穿堂間，有大的迴旋空間，師生進出動線良好，彰顯校舍氣勢磅礴。權衡各種利弊得失，全體委員一致偏愛第二方案，認為人車分道，校園動靜分明，且便利於校園為社區開放，出入動線暢通等多功能效益。惟因居民穿鑿附會，媒體熱烈炒作，民代興風作浪，尤其本地里長，誤會最深，動作不斷，遂引發大里市民代表大會及臺中縣議會搬出檯面熱烈討論，激起益民路數十住戶人家嚴重抗爭等諸多事端。幸賴我工作夥伴坦然面對，低調處理，排解眾怒，透過有線電視說明，並親赴市民代表大會溝通協商，爭議才逐漸化解。

　　校門風波平息了，不料，後面一波巨浪更可怕。民眾堅決反對在益民路旁興建資源回收室。暴力的行為包括投書總統府，群眾聚集工地抗爭，並威脅不惜自殺或暴力解決。社區對學校毫不信任，對立的態度接踵而至。可能原因是益民路商店住家爭取不到校門，始終懷恨在心，目睹學校東側，正要動工興建一處準備堆積垃圾的空間，難怪暴跳如雷。其實按照建築師原設計的現代化資源回收室，是兩層樓建築，頂樓陳列藝術造景，二樓為師生休閒聯誼中心，一樓實施環保教育，教導學生垃圾分類，並擺放兩部子車，輪流拖離，這是建築師精心設計，巧奪天工之作。無奈，鋼筋剛上架，建築結構未成型，五十多個住戶已經包圍工地現場，以斗大的白布條，痛罵籌備主任「毫無良心」，必須「即刻下台謝罪」等白布條標語。事情愈演愈烈，我只好請立法委員、縣議員、教育部中部辦公室主管科長官、建築師、社區代表等人士蒞臨協助溝通。費盡九牛二虎之力，仍無轉圜空間，最後決定讓步割愛，而當場宣告工程減項，才平息眾怒。但推動環保教育聲中，獨缺專用資源回收室，的確是最大的

缺憾。

創設新學府，由硬體到軟體，校徽之選定委請竹山高中美術教師，朝陽科大兼任講師，目前在本校任教的陳志和老師主導設計，強調「大」鵬展翅，前程萬「里」的基本理念。以書本做為基本造型，從書本中可以學習豐富的知識，也說明了從書本中得到智慧及資訊的重要性。造型「V」字象徵勝利，飛行意謂向上提升及飛黃騰達，又看似小樹苗，比喻學生經過學校的薰陶、灌溉，必然可成為社會的棟樑。選定校徽之過程，採用民主方式，透過媒體廣徵圖樣，召開諮詢座談會議，經過多次修改才定案。

校服之選定採取民主模式，過程嚴密公開。先由實習老師沈惠菁小姐負責主導規劃。沈老師係國立彰化師範大學藝術研究所畢業，大學就讀私立輔仁大學服裝設計系，對布料材質和服裝造型，學有專精，處理該項業務，駕輕就熟。其過程是彙整廠商送來之貨樣，請十名新生充當模特兒，當眾以走台秀方式呈現，由第一批報到之新生票選決定。票選之結果擇定夏季制服淺灰白色系，男生為工作服上衣外擺，灰色打折褲，女生A字型箱折裙和平面正筒褲。冬季制服則是西裝配領帶，暗紅色背心。就各方之反應，本校制服，端莊優美，樸實大方，深獲師生家長喜愛與稱讚。也讓學生充分感受到學校做事的積極用心與民主化之可貴。

校訓之思考起自籌校期間，費盡思量，才決定以「真善美」為校訓。因「真、善、美」三字較通俗淺顯，易於領會，可以把學校辦學的方向與理念闡述清楚，指引出教育的理想與目標，也說明了學生學習課程內容。「真」字不虛假意涵，代表教育在追求真理的過程中要表裡如一，具客觀性與科學性。因之，學生學習態度，務求甚解，追根究底，以深入了解知識的實質意義。「善」，強調德育的表現，一個品德高尚的人，樂善好施，願為社會國家奉獻付出。再說，善本為吉祥美好之事物，隱惡揚善，嘉善而矜不能。星雲大師常說：「存好心，說好話，做好事。」在學術、自然、科技、人文社會之領域上，強調環保、熱愛地球、關懷弱勢、積德行善、廣澤眾生，是為善的終極目標。「美」，原指本色氣味等一切事物的美好。校園美化，旨在賞心悅目，發揮境教功能。美亦指生活修養，如增進美術創作能力，擴展審美認知，以及涵養美的情操，培養音樂、美術鑑賞能力，充實幸福美滿人生。再者，「真、善、美」各具有其深遠的意涵，同時它們亦呈現「三體合一」之狀態，如本校

創校時，曾花費四百萬元珍藏美術作品真跡 37 幅，除了做為「美」術欣賞教學功能外，藉以陶冶全校師生具「善」行之人格特質。同時，由書畫集冊或藝術複製品追溯到原作，是求「真」的務實表徵。

　　本校校訓之由來與下列二件事情有關：其一，它源自音樂電影名片「真善美」，一個人具備了真善美的素養，即是人格完美的最高境界；其二，本校的代表植物「酢漿草」，不高貴，不爭寵、不耀眼，但它落地開花，生命力強，黃紫色花瓣，浪漫而優雅，散發文學的含蓄之美。三片葉子，恰好意指本校校訓「真、善、美」之教育目標，又因全株帶有淡淡甘酸味，如青少年，內心裡充滿著「有點酸又有點甜」的小秘密般心事，是為賦新詞強說愁的文藝少年最佳代言人。這是本校校訓的另一詮釋。

　　校歌之歌詞，由我親自動手擬稿，文字淺顯易懂，旋律曲調優美，節奏活潑輕快，熱情洋溢，迎合年輕人品味，堪稱是上等之作。歌詞為「大里高中，優良學風。青春熱情洋溢，校園祥和溫馨。塑造清新品味，風格獨特。師生朝夕相處，其樂融融。勤於事，敏於學，熱愛新生命；求真求善求美，群策又群力。積極樂觀進取，潛能開發；純樸活潑自然，快樂成長。大鵬展翅，前程萬里，前程萬里，大里高中」。歌詞之本意，希望學生唱校歌時能飲水思源，知道感恩惜福，領會學校經營理念。歌曲之來源委請臺中教育大學音樂教育學系主任張炫文教授譜曲，經徐惠君老師改編為藝術版，加添輕快拍掌，手舞足蹈，學生樂此不疲，甚至於在校園各角落，或在校外各場合都喜歡高歌一曲。猶記得學生多次光臨校長室，只為唱校歌與我分享。學生愛唱校歌，成為學校一大特色。

🔖 美麗校園增氛圍　優秀師生創佳績

　　一進校門，先映入眼簾的是拱型建築的高樓大廈，具大學氣派與濃厚的學術味，校區動線分明，校舍規劃配置用心獨特，景觀處理及植栽選擇，無不費盡思量。正門廊下，兩顆羅漢松，雌雄異株，雄花呈穗狀，雌花單生。聰明的您，試請來分辨公與母。希望這兩顆珍貴的校園植物，孕育全校師生新文化，作育英才數千百年。此外，臺灣欒樹充滿校園各角落，欒樹又名苦苓舅，黃花紅果，是絕佳的乘涼處。升旗臺前的日晷，用日影來測定季節、月份與時間，

巧思安排，令人讚美。學校一草一木，一石一景，皆用心規劃，充分具備潛移默化的境教功能。

內政部營建署承辦的公共建築非常多，經過仔細評估後，推薦本校新建校舍工程參加第三屆的金擘獎選拔，在九件傑出而重要建築中，本校能入圍確實意義非凡。百年大地震之後，中部災區抗震係數標準提高，在建築結構方面，樑柱接頭，箍筋，繫筋彎勾，搭接長度，混凝土澆置等，皆有嚴格管制，尤其本校校舍主體建築結構規劃格外細膩，且闢建地下室，採「目」字型建築，安穩度高，今後遇到超級大地震，當可安枕無憂，且可充為社區的避難所。

校舍建築的特色，可從本校教學區、行政區、休閒活動區、運動區、住宿區，依不同功能性區隔動態與靜態兩層面，因之，學習、休閒與生活作息之相互干擾可減至最低。再者，本校教師辦公室以學科類別來區分，設置在各樓層或角落，旨在促使全校師生打成一片。最值得一提的是本校有如麻雀般，形體雖小，但五臟俱全。其中科學實驗室、電腦語言教室、活動中心、天文氣象館、專科教室、視聽教室、四人套房宿舍、演藝廳、健身房、溫水游泳池、直排輪滑道、師生休閒中心等，設計新穎漂亮，最為e世代青年學生喜愛，未來亦可能成為現代化校園的基本設施。

首屆招生頗令各界刮目相看，媒體喻之為「一炮而紅」當之無愧。師資陣容，以2.6%之超低錄取率，在高度競爭下脫穎而出者，個個皆是菁英，年輕熱忱。許多人感到驚訝不解的是：首屆招生，仍看不到校舍和師資，卻已擠破頭，成為中部地區莘莘學子最嚮往而熱門的學府，真是奇蹟。

教務處林主任曾在本人《回首來時路》一書裡寫著：「我的任務很單純，就是招收新生、協助校長建立一些制度及聘請第一屆新進老師。在籌備期間，感謝校長經常協助我到中投地區各國中宣導，上山下海，完全沒有校長的架子，進到國三班級，與學生交換意見，並鼓勵學生選擇就讀大里高中；在這段籌備期間，除了臺中縣的和平國中因屬地震災區，交通不便外，我跟隨校長踏遍了中投區各國中，有時必須利用晚上前往，有些學校甚至去了兩三趟；相信第一屆學生，對黃校長都留有深刻的印象！校長如此不辭辛勞，風塵僕僕為學校爭取家長、學生認同的辦學精神，真是值得肯定與尊敬！」

延攬新的工作夥伴，一向秉持公平、公正、公開，嚴密辦理教師、職員、工友遴聘等艱鉅任務。設校之初，巧逢精省過度時期，省屬單位人事大精簡，

本校成為最熱門的去處，推薦者多，角逐者眾，堪稱盛況空前。尤其中央民代和上級長官關說之困擾，確實也付出相當大的代價，久久才化解而平息。猶記得，一位高級主管的公子前來應試數學教師，由於僧多粥少，未能錄用。惱羞成怒，遂聯合兩位考核委員算帳修理。建校最艱苦的一年，我的考績被評為乙等，造成服務杏壇 41 年來唯一的缺憾。相對於友校，設校辛勞，功績卓著，校長記大功一次，真是天壤之別。我沒有因為考績差而被擊倒，事實證明，因為本著大公無私、用人唯才之原則，使得學校未來人事問題單純化，沒有大的爭議或弊端發生。換來的，是一支堅強、幹練、工作士氣高昂的團隊。

　　設校招生後，新校舍才剛動工，情非得已，洽借國立中興大學招生上課，其主要考量如下：第一，它是唯一的選擇，鄰近的公立學校中，霧峰農工校舍因九二一之震災倒了三棟，光榮國中及成功國中近年來學生數暴增，沒有多餘教室；光正國中原有剩餘空間，震災後提供塗城國小及瑞城國小學生借急使用，亦愛莫能助。最後決定轉向國立中興大學求助，這也是唯一的選擇。其次，它是理想的選擇，本校發出三千份問卷，調查青年學生對借校舍招生的意見，從鄰近國中、公立高中及國立中興大學等三項選擇中，有 92%贊同借用國立中興大學招生上課，且認為在大學校園裡，可以訓練自己更獨立、較有寬宏的氣度、且具學術研究之氣息等優點。再者，它是學術的交流，國立中興大學是中臺灣最高學府，大學科系和研究所多，人才濟濟，占地 54 公頃，位居臺中市中心，交通便捷，而大里高中緊鄰該校，就短程與長程目標，本校教師在職進修、學生請教名師、科學實驗、實習等，皆有實質上的便利與功效。最後，它是最佳的互動，封閉的社會已經過去，單打獨鬥的時代不復存在，合縱連橫的學校經營模式成為辦學的主流。教育要向下札根，向上發展，走出校園甚至國際舞臺，是必然的趨勢。雖然高中與大學原屬不同層級，但互通有無，同舟共濟，永遠有大的合作空間，值得重視與開發。興大出借校舍的過程，曾在其校務會議中引發教授和學生代表不少討論，部分興大師生擔心高中生生活習性不佳，行為不檢，恐會損傷國立中興大學之校風。最後幸運有教務處張秘書的穿針引線，劉主秘、顏教務長、張院長、呂主任等的大力支持推動，終獲如願。持平而論，興大校園寬闊美麗，但雲平樓屬老舊建築，尤其地下室顯得封閉陰暗，但「室雅何須大」，一年時間，全校師生生活在這狹小的空間，不僅毫無怨言，猶能甘之如飴、謹守分寸、知足常樂，真是難能可貴。

　　猶記得各位拓荒者，在雲平樓陰暗而密閉的地下室，沒有集合場，運動和活動空間亦嚴重不足，學生品嚐各種酸甜苦辣等滋味。記得有一次體育課，因為籃球場筐架不足，在爭搶球場時，同學們被興大學生趕離出場，大孩子表明球場是國立中興大學的，不是國立大里高中的，弄得大家哭成一團，此情斯景讓人難以忘懷。而在此物資條件不足之情境下，大家依然水乳交融，情同手足。常在狹小的空間裡，一個班級上烹飪課，全校師生都有甜美菜餚品嚐。平日相互送卡片、糖果，蔚成風氣。下課了，成群結隊在大辦公室裡唱歌和說笑，在校長室呼口號或唱校歌，這些點點滴滴，歷歷在目，讓人回味無窮。

服務參與新領導　和諧互動組團隊

　　我的出身背景和受教育過程，塑造我純真樸實、善解人意、不怕辛苦之個性，升任校長後，亦始終恪遵身教言教、自尊尊人，愛心耐心之領導風格，或許因為這些特質而贏得全體師生、家長和社區人士的信任與支持，校園呈現一團和氣，溫馨祥和，團隊凝聚力強，師生一致愛這個大家庭。

　　配合教育改革的推動，我以「快樂學習，健康成長」為校務推動之主軸，秉持著「全人教育，五育均衡發展」之理念，落實「資訊教育，外語教學」之領域，兼顧「科學教育，人文關懷」之理想，以達到充分發揮潛能，邁向國際舞臺。抑有進者，在課程安排方面，我們將發展學校本位課程，重視社團活動，強調生命教育，推動終身學習，使學生成為術德兼備，文武合一的現代國民。因之，我們格外重視辦理各種議題的大師講座、生活體驗營、社團成果發表等活動。

　　時代變遷了，領導之涵義不同於往昔。強勢領導或放牛吃草式，早已不合時宜。學校團隊的領導人，尤須設身處地，身體力行，參與服務。任何人，必須尊重、體貼、溝通；任何事，必須重視、了解、協商，團隊才能上下交心，具備前進的動力。建校以來，我盡量住宿學校，看管校園；若返家過夜，亦早出晚歸，留校十個小時以上，以謙虛、親和、關懷之態度。「鐵肩擔教育，笑臉朝師生」，面對全體莘莘學子與家長，付出無限的愛心、耐心與關懷，諄諄教誨，循循善誘，務期全校師生潔身自愛，勤奮上進，嚴守本分，自然校園裡散發出一股溫馨和諧、積極向上的氣勢。

不可否認，人的存在與價值應予尊重與關懷，教師必須擔負承先啟後，開發學生潛能與激勵向學的責任。校長是學校的經理人，更須扮演共同參與、熱忱服務、關懷倡導、走動協助、溝通協調之角色，肩負團體成敗之責任。多年來，全體同仁循規蹈矩，相互尊重，謹言慎行。所有工作夥伴亦都懷著強烈的使命感，願意為校犧牲奉獻，同甘共苦。例假日，我請全體行政同仁輪值；晚間全體教師輪流督導晚自習，推動適性輔導課程。這股全校總動員，團結的氣氛，形成校園文化，亦是學校進步的原動力。

　　如同各種團隊一樣，總有弱勢孩子問題。學校的原住民生、貧寒學生、特殊學生不少。我盡量跟他們接近、聊天，關懷他們的功課和家庭生活，設法安排他們工讀。逢年過節，慷慨解囊，自掏腰包，施於濟助，從不間斷。另外，我鼓吹籌組教育基金會，希望可以幫助更多急難學生。當我獲悉黃○○同學家母生病，紀○○母親過世，同學的親戚石○○學童，父親服刑，媽媽離家出走，唯一家庭支柱的奶奶罹患乳癌，情況值得同情，立即捐助，並發動全校師生，熱烈響應，發揮人飢己飢，人溺己溺的同理心與仁愛情懷。

　　每逢同仁生日，我一定親自書寫卡片，連同生日蛋糕，當面致贈，表達慶賀與感恩，從未延誤或中止。許多同仁對溫馨的賀詞及慰勉，深為感動。遇同仁婚喪喜慶，或同學有急難，就親臨關懷或協助處理。曾經本校一位主任夫人遭逢車禍，亟需一筆數百萬元之金額處理，同仁聞悉，立即集資，充分發揮「同是一家人」的精神，在短時間內迅速湊足，令該同仁感動不已。

　　學校如大家庭，必須多互動，以增進情誼。我一向參與師生各項活動，中午盡量與老師和同學共進午餐，聊心事。除此之外，參與校內外進修學習、休閒旅遊、各項展覽、師生球賽、成果發表、聯誼等活動，從不缺席。八屆每次校慶運動會的最後一項壓軸師生接力賽，我總是下場，負責跑最後一棒，忘記衰老，增添熱鬧場面，贏得如雷掌聲。又每週一、四的瑜珈導引班，全體學員清一色是女性同仁，唯獨我是男士。畢竟我抱定「坐而言不如起而行」，推動校務本來就要有健康的身體，同時親臨參與學校團隊，可以帶動風氣，體驗個中滋味。唯有「身歷其境」「以身作則」，才是領導團隊的不二法門。

　　師生相處，亦師亦友。學校同仁間之互動，以透過例行會議或教學研究會，或個案專題研討會議來執行議決。本人習慣透過各種溝通管道，陳述教育理念，包括口頭講述、專文寫作、書函連絡、網路平臺等方式，鼓勵全校師生

與家長，要「用心、堅持、創新、突破」，開創亮麗的未來。至於教師們的休閒團隊，像登山社、音樂欣賞會、羽球隊、網球隊、桌球隊、籃球隊、親師合唱團，以及師生籃球對抗賽等，非常熱絡。此林林總總之活動，足以證明本校校園氣氛之融洽。

創新教育建體制　追求理想造願景

八年前，學校剛設立時，我就與全體師生討論如何提高教學績效之議題，大家很有默契的一致贊同實施「教學回饋」機制。首先，採行民主方式，透過全體教師之參與，共同擬定教學回饋單，決定評鑑內容。學期末，學生可以任意表達對各科教學的反映意見，經統計之後，擇優表揚，教學上尚待改進者，則私下提出意見，建請該教師參考改進。實施多年來，運作極為順暢，而教學品質也大大提升。

為提升行政績效，採取教學評鑑之精神與模式，請人事單位、教師代表、社區公正人士共同擬定行政評鑑之方式與內容，讓師生家長表達對行政團隊業務推動之意見，藉此提高行政績效。

為響應政府政策，本校率先推動「民間參與公共建設」，所推之室內溫水游泳池OT案，獲選為全國示範單位，全國高中職最成功的案例，所擬「合約書」充當全國各機關單位辦理招標之範本。除了接獲行政院獎金一萬元及小功一次之獎勵外，在委外經營之體制下，學生游泳課有安全保障及專業教練，學生水上運動成績進步神速，學校亦定期每月收取二萬五千元以上的回饋金，社區人士得享用學校設施，廠商也因營運而獲取適當利潤，堪稱三贏策略。

為提升學生學習能力，實施「適性輔導」，此措施有別於課後補習，學生遇有疑難問題，可於下課後，自行依照個別需求，報名選讀多元的夜間輔導課程，接受良師輔導。若臨時有某方面之疑惑者，亦可以在放學後前往科辦公室，請教執勤教師。師資來源則由學校教學優異，較受學生喜愛之名師，擔任輔導課程或督導晚自習。實施多年來，獲益學生多，制度值得推廣。

在英文科施玫玫老師的指導下，本校已實施三十多場國際視訊交流活動。透過網路連線，與美國、日本、澳洲、加拿大等國，同步實施座談及發表性活動：舉凡鄉土文化分享、科學探討、教育問題研究、藝能表演等，效果奇妙無

比。再說，跨國學術交流，進軍國際舞臺，運用外語溝通，既緊張又刺激，教學生動活潑，有挑戰性。這種突破而創新的卓越教學模式，可以訓練學生多元性的能力，如語文學習，國際視野，自信心增強，學習興趣提升等。今後，學校將逐年添購精密設施，並突破時差困難，諒必會成為學校教育的主流。

　　普遍各國中國小皆有志工隊，且活動熱絡，為學校人力之不足增添力量。但高中職有志工隊的學校，仍然鳳毛麟角。本校目前志工隊員計 76 人，業務由輔導室負責辦理。其組織健全，分工細密，工作士氣高昂。平日協助圖書館業務、行政、園藝、監試、督導自習、支援各處室業務、服務社區、協助學校其他行政工作等，無怨無悔付出，精神令人感佩。

　　為了發揮同儕學習力量，安排學生自行報名選擇配對，讓不同程度或讀書習性不同的學生雙雙編成隊，相互腦力激盪，若學業或品德有所進步，學校頒給獎狀或獎金，並不惜記功或嘉獎。多年來發現到，同儕間相互切磋，合作學習遠比單打獨鬥要好。也在全體師長的鼓勵與獎賞下，蔚成風氣，參加的學子逐漸增加，估計每年四百多位學生受惠。

　　社區對學校的支援力量不足，主因創校歷史短，與社區的關係仍待加強；學校同仁亦年輕，經濟基礎未穩固；校友們也都在大學或研究所肄業中，沒有能力回饋母校。為彌補上述缺失，我急著成立教育基金會，希望藉由利息所得，及持續之捐款，以濟助貧窮孩子，幫助他們度過求學之難關。幸有家長會長陳明和先生加入團隊，其樂善好施，率先高額捐款，慷慨解囊之義舉，帶動風氣，使得成立基金會之美夢早日成真。我捐出 20 萬元，拋磚引玉，期盼有更多善心人士跟進，也期待教師同仁和學生共襄盛舉。當前之基金已超過六百萬元，在極短之時間內籌募而來，是許多歷史悠久學校所望塵莫及的。同時，本基金會也承辦美國黛安娜基金會發放獎助學金之代理業務，每學期由海外匯款回國發放之基金總額超過五百萬元。雖然基金會資格審查與發放作業繁瑣，但造福無數莘莘學子，意義深遠，功德無量。

　　學校是社會的中心，負責帶動社區發展。本校的社區服務工作包括：提供運動場地下興建大里市公共停車場，並協助籌募經費，辦理招標興建工程，驗收完畢後才移交給大里市公所管理使用，全面解決社區交通及停車之問題。其次，利用學校交通便利之條件，協辦社區大學，開辦太極拳、泳訓班等，推動社會教育。學校社團定期發動社區大掃除、訪問老人院、孤兒院、醫院病患服

務，參與社區各種表演活動等，深入民間，帶動社區整體發展，功不可沒。這
三年來，我兼任臺中縣教育會理事長，辦理教育基金會獎學金發放、籌辦教師
進修與休閒聯誼活動、在職喪亡補助弔慰金發放、教育論壇、愛心模範教師表
揚、發行多種文刊等，連續多年榮獲省教育會業務評鑑特優第一名。

時下青年，在升學主義掛帥下，偏重智育，輕忽生活及道德教育。為扭轉
時弊，本校特別慎選藝能科教師，鼓勵全校師生參加校內外各種競賽。學校經
費預算之分配，力求各科並重，完全達到公平合理之目標；課程規劃，貫徹正
常教學。經過多年來嚴密的管理，確實發現到，學生在學業成就、藝能表現、
生活習性以及內在涵養等各方面，能均衡發展，達到術德兼備，允文允武的優
質境界。此外，學校提供多元的益智性社團活動，造就了許多科技人才；音樂
社團則是學校最出色的項目，尤其合唱團，揚威海內外。徐惠君老師犧牲許多
休閒時光，用心指導，僅短短幾年，就揚眉吐氣，榮獲全國音樂及鄉土歌謠比
賽特優第一名之頭銜。2009 年 7 月，受邀蒞臨上海市參加「迎世博千人歌
會」，美麗的歌聲傳播海內外。其他管樂、絲竹室內樂等，也都獲獎，引人刮
目相看。

成功的喜悅，背後隱藏不少辛酸。記得創校之初，我發現音樂科徐惠君老
師學經歷背景優異，滿懷熱忱，因此校務經營方向選定發展音樂特色，期望她
籌組合唱團，果然她欣然應允配合。惟都市化高中，升學意味濃厚，校際競爭
激烈，終日課業繁忙，找不出適當時間練唱，只好利用短暫的中午休閒時段救
急，結果學生下午課打盹，任課教師氣急叫罵，導師冷言冷語抱怨，家長憂
心，孩子茫然。徐老師找我訴苦，提到平日自己課程已夠繁重，中午猶不能休
息，例假日也常要蒞校團練，丟棄幼小孩子在家給老母帶，全心為學校打拼，
卻落得哀聲載道，四面楚歌。「為誰辛苦為誰忙？」說到傷心處，泣不成聲。
我鼓勵她再接再厲，她也咬緊牙根，試著再支撐看看。果然「皇天不負苦心
人」，學生不服輸，學會珍惜寶貴時光，專心向學，歌唱技巧也突飛猛進。翌
年，榮獲全國音樂競賽第一名，辛酸困境終成過去。

🔖 薪火相傳不間斷　校務經營永續推

不可諱言，今日學校教育受到升學主義影響，以及政治文化衝擊，校園環

境，失去了既有的目標與功能，而遭受各方的批評與責難，令教育工作者同感憂心無奈。其實，教育除了開發潛能，培養學術基礎外，更應該強調學習態度，生活習性與人格養成。回首來時路，個人一生受到國家師範教育公費栽培，教育性格堅強穩固，如今，午夜夢迴，心安理得，同時也慶幸自己過去曾做了最明智的生涯選擇，而擁有一生為人師表的風光歲月，甚感欣慰！

在我校長任期即將屆滿，準備交棒之際，許多同仁擔心校務傳承脫節，也惟恐和諧的校園氣氛變質，遂倡導籌組教師會，以維護既有的校園文化。本人忝為創校先驅，對學校未來領導人的遴選，抱持著深切的關注。對於每一位國立大里高中的人，乃至校園一磚一瓦、一草一木、一石一景，始終情深與不捨；對於接棒者的人品操守，及辦學態度，尤其在意。

首先，我認為校務要永續經營，接任的校長必須德高望重，行事風格沉著穩定，若太躁進，或突兀的改變，恐全校師生會適應不良，影響校園氛圍。校務推動必須循序漸進，思想眼光靈活敏銳，才能走出舊有的窠臼。領導統御之理論繁多，模式多樣化，是否一定要採行強勢領導，見仁見智。但大體而言，本校校風單純，師生素質整齊，自主性高，以權變式領導，尊重專業，服務支援，具宗教家精神，最為貼切。

其次，校長要有好的人格操守，寬闊的氣度，善於溝通協商。行政團隊適才適用，有服務熱忱；教學團隊是學校的核心力量，應具專業素養及慈悲胸懷。而校長之職責在於貫徹教育理想，激發師生士氣，發展教育專業，協助師生、家長了解學校發展的目標與辦學方向，提升學校效能。

此外，校長必須以身作則，事事身體力行，並參與師生的活動。遇同仁生日或婚喪喜慶，必須親臨關懷。多年來，我參加學校瑜珈班、網球、羽球、桌球、游泳等，所有活動從不錯過，不意謂我全能，唯一希望是藉機融入團隊，增進情誼，或與同仁閒聊校務或話家常，了解全校師生心聲，何樂而不為？

最後，我期待新校長是位積極有作為的領航員，對學校懷有深厚的感情與使命感，喜愛接近老師和學生，能以校為家，願意全心為學校奉獻心力。

平凡如我，將近半個世紀的教師生涯中，品嚐過各種酸甜苦辣，服務的對象，包括小學、高中到大學，歷經教師、組長、主任到校長，我始終無怨無悔，鍥而不捨。平日除忙碌於校務，業餘喜歡打球運動或投稿寫作，進修研究，或重視養生，生活美滿而充實。殷切的期盼，接棒的校長，才能遠勝於

我，是個新世紀的超人。

在嚴密的高中職校長甄選制度下，游校長源忠先生以優異的人格特質與領導才華，在眾多競爭者中脫穎而出，真是可欣可賀！他是農村子弟，年輕樸實穩重，教育理念清新，學習成長過程完備，家庭生活幸福美滿；曾經唸過國防大學醫學系、國立臺灣師範大學數學系，目前在職進修國立彰化師範大學工業教育博士班，學識淵博有智慧；歷任過溪湖高中教務主任及總務主任等職，對校務熟悉，有創意，善於溝通協調。接棒一年以來，孜孜矻矻，以校為家，展現積極有作為之態度，使校園裡呈現一股欣欣向榮的氣象，各界預期國立大里高中將再邁向新的里程碑。

當我準備在職場畫下句點時，撫今追昔，發現到要感謝的人實在很多。爸媽養育之恩，昊天罔極，尤其生活困頓，借錢繳交學費，家人相依為命的情景，永難忘懷。成長的歲月中，許多貴人攜手相助，讓我在學習與工作領域上，尚感心滿意足。尤其初任校長，面對籌備處繁雜、艱鉅之業務，無不戰戰兢兢，戒慎恐懼。舉凡校園規劃、招商、採購、團隊延聘、招生等，都引發不少爭議，幸賴革命情感之夥伴，曾官主任、坤燦主任、運泉組長等，以真誠、耐心來化解，扭轉乾坤，銘感肺腑。

任職國立大里高中，校長生涯長達 11 年 8 個月。「創業維艱」，一路走來，工作具挑戰性，但吉人天相，校務推動尚稱順利，學校形象逐漸建立，僅短短數年就贏得口碑。當然，要感佩所有同仁辛勞付出，儘管每個人角色不同，任務有輕重，但強烈的使命感，勤奮不懈的精神是一致的。行政與教學團隊裡，人人有專業的素養與態度，樂意付出，以校為家。為了孩子，許多同仁犧牲一切，早出晚歸，還聽說有不少同仁每月定額捐給弱勢孩子當零用金，展現了最珍貴的慈悲心與教育愛。科展、藝文競賽、運動、遠距視訊、社團、升學輔導等表現，成績亮麗，但背後隱藏的辛酸勞苦，篇篇是精彩感動的故事。冀望未來，全體同仁一本初衷，持續奮鬥，且自立自強，表現更謙沖自牧，主動積極，學校必然再創高峰。

其次，要感謝同學們的爭氣。歷屆學長姐，發揚母校真善美與樸實的優良學風，勤奮好學、熱情洋溢，潛能發揮，相繼在各大學發光發熱。韋禮安同學就讀國立臺灣大學外文系，功課響叮噹，父母皆是國立大學教授，這得天獨厚的家庭背景與民主教育氛圍下，他無師自通，會作曲，會彈會唱，才華橫溢，

代表國立臺灣大學參加校園歌喉賽，榮獲全國大學校院總冠軍，目前出版個人專輯，南北開演唱會，儼然已成為年輕人崇拜的新偶像。其他傑出的校友，傳聞不斷，如金玉苾、廖旻瑜金嗓子，國防醫科四條好漢，及陳彥霖、林洪異、陳嘉瑜、陳博志、林政翰等，學業表現傑出，寫下國立大里高中輝煌燦爛的史頁。

最後，我要感謝所有提拔、支持、協助我的人，您們指引我人生方向，恩賜我生命活力，無論稱讚或苛責，同樣助我良多。另外，默默陪伴我的家人，尤其賢內助，心地善良，樂善好施。平日含辛茹苦，為家庭、為學校，無私奉獻。學校草創期間，自知人手不足，充為快樂志工隊長，穿上工作服，在校園走動，不畏風吹日曬，不計汗流浹背，令人感佩！對新學府之闢建與成長過程，確實付出良多，功不可沒。

校長有任期，而校務推動卻永無止境。「不在其位，不謀其政」，雖然我卸下重責大任，但猶然時刻關懷教育上的一切動靜，心繫母校的成長。最近看到新聞媒體及學校網路上報導，知道學校參加全國音樂比賽、學測及國際視訊遠距教學等領域，表現傑出，名揚四海，甚感欣慰！緬懷創校歷程之艱辛，工作夥伴辛勤付出之情景，心中百感交集！今後，校務領導仍須勵精圖治，企圖邁向更輝煌燦爛的新里程。祝福國立大里高中，校務蒸蒸日上，學校更上層樓！

黃義虎校長小檔案

從 Google 或 Yahoo 搜尋「黃義虎」，詳列出不少筆網路資料，儼然是位偉大或傳奇人物。其實，我的出身低微，教學及校務領導不突出，談不上豐功偉業。生命平凡如沙灘上一粒細砂，海洋裡一小滴水。但以顯微鏡透視，我經歷過的事不少，吃過的苦也較常人多。

我 19 歲初為人師，服務於鄉間小學三年，後因升學而辭職。任教高中期間，在職進修，赴美國專題研究，獲得碩士學位。兼教務主任時，獲得教育部特殊優良教師師鐸獎。52 歲奉派籌備國立大里高中，萬事起頭難，戰戰兢兢，步步謹慎，對學校無中生有，成長茁壯過程，懷抱著強烈的使命感。校園角落、大小校舍、每位師生，都有著深厚的感情。多年來，在讚賞、感恩、批評、責難聲中，我堅守方向，務求坦誠樸實、公理正義、服務至上，終因校務蒸蒸日上，我幸運榮獲 2008 年教育部「校長領導卓越獎」。

許多學生和教育工作夥伴們常說我不像校長，太平易近人，親切耿直。我認了，但我依然疑惑不解的，難道今天還有校長高高在上，不苟言笑，威風凜凜，或傲氣十足嗎？時代改變了，今天領導人的角色，是服務群體的僕人，是團隊事務的推動者、參與者、管理與仲裁者，是問題的解決人，唯有行事風格低調，積極倡導，熱心關懷，才能被接納；若一意孤行，或過於政治化、怠惰，必遭淘汰。

去年夏天，校長任期屆滿，我卸下公職，無事一身輕。但永不忘懷的：教育是神聖而偉大的使命，是不能等待的。教育工作者必須盡忠職守，全力以赴，自然水到渠成，幸福快樂跟著來。

5. 我的心情點滴

臺北市立大同高中校長　李慶宗

　　林文律教授向我邀稿，要我談談校長的心情故事。雖然我已選定題材，卻再三猶豫，因為內容牽涉到較敏感的話題；但經過反覆思考之後，我還是選擇忠於自己最原始的感受，說出我的心情故事。因為文章內容有提到現在還在檯面上的人士，必須姑隱其名，也因此我用最嚴謹的態度，真實呈現文中所述說的每一件事；萬一當事者也看到這篇文章，希望能體諒我當時的感受。

　　寫這篇文章的此時，我的心情是較為放鬆的，因為這幾天剛好完成學校明年度預算的審議。一所高中一年的預算經費大約二、三億，其中絕大多數（90%以上）編列於用人費用，包含現職教職員工的薪資，退休教職員的退休金等，其他如：教學設備費、業務費、維修費、其他修建工程費等，林林總總合計不過一千萬左右，而且幾乎都是根據一定的比例定額編列，非但不能多編，也不能少編。

　　學校預算的性質，是屬於教育局主管的「附屬單位預算之分預算」，臺北市議會要求各學校在預算審查期間，每個學校的校長、總務主任、會計主任必須親自列席備詢。年度預算審議通常排定在接近年底11月、12月，因為校長需親自列席備詢，所以臺北市教育主管單位，通常會提早在10月份就通命全市校長，在這段時間不得出國、不得遠行。除非是有很特殊的理由，否則必須留在學校待命隨時等候備詢。有此一說：校長因故不能親自列席預算審查會議，預算是絕不會過關的。

　　今年比較特別，9月底就完成了預算審查。原因是今年議會改選，議員們要提早完成今年的預算審議，盡快結束這個會期，拚選舉去，畢竟這是攸關議員們延續政治生涯的要務。因此校長們私下耳語流傳，每四年就會有一年的預算審查是比較輕鬆過關的，那就是選舉年。一方面是議員較忙，一方面也不願節外生枝，總是不希望因小事而影響選情吧！雖然這只是校長間的趣談，並沒有得到議員們的親口印證，不過對照事實狀況，似乎也差距不遠。

　　學校年度預算，均是依上級單位所規定的固定標準編列，其實沒什麼可審

可刪，也可能是議員諸公特別重視教育、禮遇學校單位，所以年年審，年年均照原編列通過。只聽說過幾年前，有一位前輩校長因某些原因，觸怒了某一位議員，被刪了一半特別費，大概是因為其他費用沒有什麼可刪，所以就以刪特別費的方式以示薄懲吧！

雖說「預算審查」幾乎百分之百全數通過，少有被刪，但是對校長而言，仍然很有壓力，要小心翼翼，如臨大敵。因為不知道過去的這一年間，有沒有因為在不知情的情況之下，觸犯了哪一位議員，或招惹了他的椿腳，如果有的話，少數議員會利用此機會算總帳，特別「關心」這位校長。最常見的方式是將該校預算直接「暫擱」，問都不問，審都不審，一旦遭「暫擱」，校長就知道事態嚴重，急忙透過各種管道了解原因，然後必須趕緊找這位議員報告說明，希望能得到諒解。

有一年預算審查會上，某兩行政區幾乎所有的高中，年度預算全被「擱置」，造成很大的震撼，大家透過各種管道去追查原因，最後終於找到被擱置的理由。原來是因為當年度有一位該選區選出的新科年輕議員，為了這兩行政區校長沒有親自登門拜訪，讓這位新科議員覺得不被尊重，因此以「擱置」預算來提醒校長們──「太不懂人情世故」。了解原因之後，校長們紛紛親自登門拜訪請罪，聽取訓示後，預算才終於通過。這事件讓校長們學會了一堂和市議員間「待人接物」、「為人處事」的禮節課程（還好這樣的議員不多，不然校長豈不⋯⋯）。

值得一提的是，這次事件唯一未受波及的是一所女子高中，是因為審查教育預算中的一位議員力挺，才免遭受擱置的命運，原來這位議員是這所學校的畢業校友，因此在議場中極力爭取，務必讓自己母校通過，看來這所學校的教育辦得很成功，連畢業多年的校友仍對母校充滿感情，當然也讓我們其他學校羨慕不已。

議堂中雖然多數是嚴肅緊張，但是偶爾也有輕鬆溫馨的一面，教育小組的議員，普遍是重視教育、關心學校的，對學校也有一定程度的了解，所以在議堂上，常常有議員主動為學校發聲，為學校爭取更多的資源。所以經常會聽到「這位校長很認真」、「這是我選區的學校」、「這是我的母校」、「這是我太太的母校」，所以請大家不要為難，全力「護航」，也做足了面子給校長，不過這些學校多數是比較知名，比較菁英的學校。

　　對校長們來說，預算審查雖然頗有壓力，但是在排隊等候審查前的空檔，卻是忙碌工作中難得的聯誼時間，大家可以相聚聯絡情誼、交換工作心得。此時經常見到校長們，三三兩兩聚集在議堂外，有些坐在等候室、有些站在外面走廊、有的到地下一樓休息；不過座位有限，議會並沒有為等候審查的校長們安排足夠的座位，所以多數校長、主任都要站著等候，幾小時下來，其實是很累人的，況且很少一次就會完成，通常被前面單位一耽擱，大約下午 6 點前後，所有校長就會被通知明日再來。一般而言，一個年度的預算審查，跑個兩、三次是很平常的；往好的方面想，大家平日都忙碌於公務，幸好有議會審查促成我們有這個難得的相聚時刻，雖然辛苦，我們還是要「心懷感謝」的。

　　這些年來，學校的家長會，積極參與校務，對學校的每一項業務細節都非常關心，也都很深入了解。預算是學校年度主要經費來源，家長當然都很關心，校長代表學校，也都有絕大多數家長的支持擁戴（否則早就陣亡了），因此，家長對年度預算審查這件大事也很關心，關心預算通過沒？關心校長有沒有在議堂中被議員「修理」了？這麼多家長的關心，應該對議員也會造成很大的壓力吧！合理的審議、必要的監督是議員的天職，大家都可以接受，但是議員在議堂中的表現，必然也是要接受檢驗的。

　　我十多年的校長生涯中，曾有兩次預算被暫擱的經驗，每次都引來家長高度的關切，甚至引起社區地方人士、里長的介入，積極協助溝通，當然最後還是得到議員的諒解，很快就通過了。藉此也要和校長同儕共勉，平常治理學校兢兢業業，禁得起考驗檢視，每件事的處理都站得住腳，即便遇到這些為難阻礙，也必能化險為夷。

　　有時我們也必須體諒，議員有他的立場、壓力，尤其要對選民、樁腳有所交待，所以不得不做出一些偏離常理的舉動，有時甚至要訓誡「校長」給他的選民、支持者與樁腳看，讓他們出氣。我這麼說，不是空穴來風，而是許多校長親身的經歷，我也曾有過這樣的遭遇，實在是很難堪、很無奈、很沒有尊嚴。

　　這件事發生在數年前，開學之前，學校因為某學科一直招不到理想的代理教師，於是一直辦理到第三次代理教師公開招聘，此次招考也只有一位應考者報名，雖如此學校還是依規定進行試教、口試，結果發現這位應試者並不是很理想，但是眼看開學在即，再招聘不到老師，課務馬上就會面臨開天窗的窘境

了，甄選委員衡酌現實需要，於是就錄取了這位應試者擔任代理教師。沒想到這一念之仁，卻衍生出許多麻煩與困擾。這位老師雖然具有合格教師資格，但是教學基本知能卻顯然不足，口語表達能力欠佳，與學生互動不良，學科知識低落，經常有教錯或「掛黑板」的情事發生。上課不到兩週，就陸陸續續接到學生、老師、家長的反應、抗議。嚴正表示這是一位「不適任」教師，希望學校能立即處理、撤換，以保障學生的學習權益。我接獲這樣的反應，深知事態嚴重，馬上召集相關人員研商，隨後組成不適任教師的處理小組，依據教育主管機關公布之不適任代理教師之處理相關規定著手處理，成立觀察輔導小組，入班觀察輔導，希望透過有經驗的資深教師入班觀察、了解問題、給予必要之輔導協助，這樣做主要目的是希望經過我們的輔導協助，讓這位代理教師盡快適任，發揮教學效能，當然也是提供客觀公正且正確的訊息，以作為後續處理的參考。可惜過了觀察輔導期，這位代理教師仍然沒有任何改善，甚至因為學校的積極介入處理，引來這位老師更多違反教學倫理的言行，造成學生、家長更多的困擾，於是觀察輔導小組為保障學生的學習權益，不得不做出解聘的建議，而經教評會充分討論之後，也作成解聘的決議。

其實解聘老師不僅事前必須有嚴謹的程序，事後師資人力的遞補、所遺留課務的銜接、學生的輔導適應等，都是很繁瑣的事，尤其臺灣是講人情的社會，解聘老師總是得罪人、傷感情的事，還可能引發一些事端，因此，非到一定的程度，通常不輕易做這樣的決定。這是一般學校處理不適任教師最困難之處，容易得罪人，又可能吃官司，所以不如得過且過，能拖就拖吧，學生學習權益就暫時擺一邊吧，這也是一直最受到家長詬病抱怨的。果然，解聘事件發生不久，馬上就有議員大人關切，原本我還以為我在這事件處理得很有效率、且有道德勇氣、願意做別人不願意做的事、積極解決家長的困擾、為了學生的學習權益不怕得罪人，應該得到議員肯定嘉勉吧。我真是太天真，太自以為是了！不僅不是如此，而且還讓我經歷了一場災難、折磨。

我被召喚到議員辦公室，受盡責難、羞辱、謾罵、誣蔑，這是我一生難以磨滅的屈辱，時間長達五個小時以上，即使是議員有事離開，都不准我離去，過程中沒有接受我任何的解釋，甚至多數時間是不願聽我的說明，議員訴求很簡單，「立刻收回解聘之決定，回復原職」。他為達此目的，過程中也召來教育局人事室主任、臺北市教師會幹部到議員辦公室，希望能透過他們找到學校

違法解聘老師的任何可能，但始終都不能如願，可以說找不到任何瑕疵。因此轉而責罵我沒人性、沒良心、沒同情心……沒有體諒這位代理老師，質疑學校連他的薪水都要追回（學校薪水是月初發放，解聘後的薪資，依規定必須繳回，總數約一萬一千餘元）。於是議員命令我須於限期內，自掏腰包（言明不得由任何人代付），把收回的薪資親自送到被解聘代理教師家中，並向其本人與父母親致歉（他家在外縣市，距離臺北來回約三個多小時以上車程），我懷著心不甘情不願，百般無奈、滿腹委屈的心情之下，拿出一萬二千元，親自完成這件議員大人交付的使命，於是事情總算落幕。

　　到現在我還是不知道，這位普遍被認為處事條理分明、議事深入認真、深得選民愛戴的議員，為何會對一位被多數學生家長檢舉，嚴重教學能力不足，且經學校依法定程序解聘的不適任代理教師，做出這些超乎尋常的動作？是選民託付、樁腳壓力、還是……？我實在不得而知啊！

　　還有一位高中校長，被議員要求讓一位基測成績未達標準的該校國中部學生直升高中部，這位學生年幼時雖曾有些特殊狀況，但卻完全無法取得任何可以加分優待的證明，家長也曾經因此事向長官陳情但都不得要領，可見校長絕對沒有權力也不能違法同意讓他直升。結果這位校長被議員叫到辦公室，不停訓斥，甚至以最沒愛心、教育界之恥等字眼斥責。就我所知，有過同樣遭遇的校長不少，有些甚至還慘，這要是過去年代，恐怕多數人會選擇「不為五斗米折腰」掛冠求去吧！近年來，許多校長五十出頭就急流勇退、不願戀棧，不知是否與此相關？

　　許多校長遭遇這種情況，多數只能耐住性子、忍氣吞聲、有理難伸，其實也找不到任何支持依靠，我們的長官恐怕比我們更怕議員，雖然家長會多數是支持校長，但是校長們還是不想擴大事端，抱著多一事不如少一事的心情，選擇息事寧人，極力安撫家長，深怕萬一再度觸犯了議員，以後日子就更難過了，唉！

　　其實也有許多議員真心為地區服務、關心學校，主動為選區學校爭取經費，改善教學環境與設施、積極走入校園、關懷學子、鼓勵師生、解決學校困難，甚至私人捐贈學校清寒獎學金，幫助弱勢學生，流露溫馨的一面，讓人感動。

　　議員平日公務繁忙，分身乏術，還好都有幾位幹練的辦公室主任、助理，

協助處理選民服務工作，這些辦公室主任、助理，就像是議員分身，大家也都會對他們特別的禮遇，甚至「見助理如見議員」，對助理所託咐交辦之事，也都以最高規格處理，深怕得罪分身，而觸犯了本尊。我所遇到的絕大多數助理都是熱心親切，為「主子」累積許多政治資源，但是也有極少數助理，打著議員的名號，仗著「官員怕議員」的心理，盛氣凌人，濫用特權，有些時候姿態擺得比議員還高，口氣比議員還強硬，這樣的助理，恐怕也會讓「主子」流失許多支持者，甚至我懷疑，有許多人根本不是正式的助理，只是跟議員熟識些或是議員的支持者、樁腳，卻打著「議員助理」的名號在外招搖，一副高高在上的姿態，令人無法苟同，不知道我們的議員們知不知道，這會大大折損您的好形象，恐怕也會大大的傷及您的選票！

2010 年是選舉年，年底即將改選市長、市議員，根據媒體報導，市議員參選爆炸，許多人對議員這個頭銜很有興趣，積極爭取擔任為民服務的機會。如果就現實社會之中，議員所享有的權力、地位、福利等，確實是很令人心動，雖然其中或許也有很多不為人知的甘苦，但是權力是很迷人的，享有對官員呼之即來、揮之即去的絕對權力，應該很過癮！每逢大選，許多校長也有困擾，平常時有往來、特別關心學校，或是和學校有淵源的議員候選人，在競選過程中，校長到底要不要送花、捐款、到場祝賀等，假使完全沒有表示、沒有任何動作，好像不近人情、不知感恩。但是若採取了一些動作，又恐陷入行政不中立，違反相關法令，例如：去了甲候選人的競選總部，卻未到乙候選人的場子，也會給人「大小眼」之議，恐怕會在選舉過後給自己帶來困擾。還好，多數議員候選人，尤其有經驗的議員，都能體會校長們的難為，設身處地了解校長的立場。對於這些議員，在嚴守行政中立的前提之下，校長必定心懷感謝，私下打氣、默默祝福，更期待他能高票當選，繼續關心學校、為民服務。從歷年的選舉看來，臺北市選民真的很成熟、很有民主素養、有是非判斷能力，透過選舉、去蕪存菁，展現高度成熟民主社會的風範。

有人問我，退休後最想做的是什麼事？我常半開玩笑的回答：「寫文章」、「選議員」！很震撼吧？第一個答案應該是確定的，我要把我教育生涯中，親身經歷或所聽到、看到的，很特別的人、事，完整忠實的寫出來，其中包括許許多多對教育無私奉獻的感人事蹟，當然也會包含那些比較敏感的話題，在我校長任內有所顧忌不敢寫的事情。第二個答案不會成真，那通常只有

在受氣之後脫口而出的一時衝動。有一句玩笑話說：「如果要害一個人，就鼓勵他出來選舉吧！」我很確定，沒有人會害我！

李慶宗校長小檔案

　　許多人問我：是不是從小就立志要當校長？對一個四年級前段班、從小生活在煤礦場的鄉下礦工子弟而言，能夠教書就已經是很心滿意足了！因此在國中求學時，立志考師專，從此和教育工作結下緣分。至於當校長，並不在我的生涯規劃中。

　　時間過得真快，一晃眼三十多年就過去了，從國小、國中老師到高中老師，從老師、組長、主任到國中校長、高中校長，每一個階段、每一個角色，都那麼的讓我著迷而難以忘懷。

　　這十年來，校園民主化思潮風起雲湧，受到最大最直接衝擊的就是校長，我躬逢其盛，成為新制國中校長遴選制度的第一批。臺北市是首善之區，社會、家長對教育無比重視，此時此地，學校經營當然需要更多的用心、更大的包容及更寬廣的思維，易言之：校務經營的難度增加了！其中尤以外部政治力量的介入，外行領導內行，最易讓教育專業的堅持產生動搖。

　　我始終樂於我的工作，只因為一路走來，每天都可以親近學生，看著他們成長進步；看到許許多多良師，默默為教育付出，個個是我學習的典範；也結交許多真心關懷的朋友，無私的奉獻，在最困難的時候，情義相挺，深覺社會是溫暖的，人性是光輝的。想到此，那些工作中的挫折險阻，也就不值一提了。

6. 平凡中的平凡

國立南投高級商業職業學校校長　施溪泉
（榮獲 2007 年教育部「校長領導卓越獎」）

 前言

　　人生的發展，很難明確預知下一步應如何走才是正確？也無法確知下一階段的自己會怎麼樣？面對困難時是要另謀出路？還是堅持到底？遭遇挫折時是該勇敢面對？還是知難而退？太多的問號容易使人墜入沉思，甚至迷失在不切實際的幻想思維之中，沉迷此境況裡，對於自身除無任何助益，亦於事無補。個人覺得，人生的道路上，實不宜高估自己，因會使人過於理想化也容易教人有懷才不遇的失落；亦不應看輕自己，這也會使自己沒有勇氣面對困難與挫折，其中尺寸之把捏，實是一念之間；至於，如何讓自己在人生路途中突破困境，發現自我也發展自己，才是實事求是，才能實踐理想。每個人都會有自己的想法與策略，謹以「平凡中的平凡」聊述自我生涯，願見先進嚴評。

懵懂的幼年

　　初讀國小時，看到鄉間的石頭路上，稀疏來往的汽車（以現今角度看來）那是輛引擎聲大、尾冒黑煙、人手旋轉起動、且外形粗獷跑得很快的四輪機器；它可以在很短的時間內把人送到想去的地方，因此，在「我的志願」的作文裡，寫的是想當汽車「司機」，當很多人還在用雙腿走路，頂多是騎著笨重的腳踏車時，我可以很威風地開著汽車雲遊各地，會很開心、很幸福！然而當參加生平第一次遠地旅遊時（從嘉義到臺北），又覺得司機只能送別人到目的地，卻沒有沿途解說美景之所以為美的機會，頂多只能自己去感受，難以與人分享，那時，我又想當「導遊」，不但可以賺錢養家、雲遊美景，也可以與人分享各地的美；可是每當夜深人靜，又覺得世代務農子弟，那種志願是一種幻想、是遙不可及的夢，還是找間工廠做工比較實在，在當時，工廠裡最受尊重且薪水很高的職位是「工程師」，他不但有專業權威，有朝一日說不定還可以

開工廠當老板賺大錢，甚至也可以為國家賺外匯；天馬行空，一切的一切，說是兒時天真的幻想也好，或是個人性向的探索也罷，當今的我，好像與當初想的，似乎不太一樣。

 求學生涯

　　為了一圓當工程師的夢想，國小畢業考初中，放棄了知名度頗高的中學，就讀「省立嘉義工職」初級部化工科。那是一所美麗的學校，老師教導學生嚴而不苛，愛心耐心十足，而且學經俱豐，學歷傲人，有多位老師至今仍令我懷念感恩且成為日後我力爭仿習的偶像。初中的三年，就在如此溫暖的學校求學，深受師長的疼愛與教導，不僅培育了自我信心，且回憶滿懷。初三畢業以剛好過關的成績攀上直升行列，進入高級部化驗科，為了能與「工程師」的夢想更接近，決心努力用功想當大學生。雙親寵愛，免我在烈日下揮汗農耕，准我與牛伴讀；為不負親恩，深夜星晨，手不離書，三年寒窗苦讀，終於同時錄取「國立臺北工專二年制化工科」（現今的國立臺北科技大學）和「國立臺灣師範大學工業教育學系」，此時又再度面臨人生道路上的關鍵抉擇，雙親見識不多，向來尊重兒意，只好寫信求助師長，告知夢想成為一位「工程師」的我，是該就讀畢業後工作易得，薪資數倍於高職教師的臺北工專，還是去讀臺灣師大，日後作個兩袖清風的高職教師，心想，老師應能深解我心，會鼓勵我去讀臺北工專，豈料教師的箴言是：「想當工程師，讀臺灣師大也可以，多讀幾年書應是好的選擇。」一向聽從師長教誨的我，毅然選讀臺灣師大，那時是唯一的一所師範大學，既有公費免父母經濟負擔，畢業後又有教職，薪資雖微薄，倘能得英才而教之，也是人生樂事。

　　深知世代鄉間務農，先祖既非公侯亦無伯爵，且無萬貫家產，欲更上一層樓，唯有白手戮力，瘦弱之身只能往書中求，忝為人師雖為我所愛，但久居同職並非我所願，升讀研究所追求更高學力與學歷，是我不變的目標，亦為宿昔之願望；在此理念的敦勵下，完成了進修國立清華大學化學工程研究所、國立彰化師範大學工業教育研究所碩士、美國肯薩斯州立匹茲堡大學人力資源發展（HRD）研究所碩士，最後取得國立臺灣師範大學工業教育研究所的博士學位，一路雖辛勞，但也樂在其中，即使無樓可上，內心也極為踏實，深覺應可

無愧雙親與師長的養育和教誨，所幸於 1997 年榮登高中職校長的榜末，雖苦等至九二一大地震的當年 8 月 1 日才上任，但也初達心願。

校長生涯

初歷其境 ◎◎◎

　　初掌校璽，當熱鬧風光的交接和歡喜祝賀的迎新送舊落幕收場後，面對的是錯綜複雜的校務經營，前任的豐功偉蹟令我倍感壓力沉重，奈何此為我自取，事事得自我面對並設法解決，昔日上有人頂天，下有人代勞的生涯已成過去。

　　在省立彰化高商擔任教務主任十餘年，身處的是歷史悠久，校譽極高，傑出校友遍及各地商界和政界，當然，教師同仁是優秀且認真為學生付出的良師，學生們更是資質優異，乖巧用功的好學生，無論升學或就業均極受各界所歡迎的標竿學校，心想，西螺農工雖地處較為偏僻的鄉鎮，其素質和環境應相去不遠，何況往昔曾在相同屬性的桃園農工任教 12 年之久，且勝任愉快。然而，事與願違，所看到的是校園裡煙蒂處處有，上課時間卻有身背印著西螺農工書包的學生在校外遊蕩，老師們嘶聲吶喊的課堂教學卻有相當比率的學生在睡覺或看漫畫，在辦公室亦常接到鄰近校區的民眾埋怨電話，抱怨學生的機車擋住出入門口或在馬路奔馳急速呼嘯而過的猖狂行徑；學生評量成績更是慘不忍睹，提供多次補考機會，即使採用相同題目，分數卻一次不如一次；夜深人靜，苦思良策，卻常惡夢連連。

　　深信古訓：「人之初，性本善。」面對青年學子的孤僻行為及違乎常理的言詞，只怪罪他們不受教不學好是無濟於事的。嘗試激發其善性，視同己出、不厭其煩的叮嚀與教導，提供良好的教學設備與環境，依其特質及能力，開拓學生的未來進路，讓學生有尊嚴且有信心地為自我前途打拼，讓家長也很放心地將孩子交給學校，並樂意付出且願意與學校配合，共同為兒女的幸福人生而努力。我們一致希望，不能讓孩子在大人們藐視的眼神和辱罵聲中長大。

維護孩子的尊嚴 ◎◎◎

　　失去尊嚴的孩子，難有自我信心，在校勢必無心向學，終日混混沌沌，若

能給予強有力的尊重，堅信其為社會有用之才，提供最好的設備和學習環境，從小處的關懷做起，仍然有機會讓他們感動不已，至少孩子們不會懷疑學校的照顧與關心。向來堅信人性本善只是未善教焉的古訓。比馬龍效應雖為神話一篇，但也提供學校行政者的策略思維；有太多的事情要做了，會牽一髮動全身的措施則先暫緩，幾經思量，嘗試從整理廁所做起。設法除其異味、美化空間、裝設免費衛生紙，此一措施，遭到多數同仁的質疑，定有學生將衛生紙藏為己用或帶回家用，心想，物品所費不多，倘能讓其感受到師長們對他們的尊重與信任，違規行為應會日漸減少，取為私用的現象終有改善的一日。事實證明，孩子的本性是善良的、是能受到感化的、是可以薰陶的、是能明辨是非對錯的，此一策略不但減少門鎖的維修，預期會有不明原因衛生紙大量浪費的現象亦不多見；從學生的言談和表情中，逐漸現出清純的笑容與天真活潑的談話聲，校園氛圍逐現祥和，內心寬慰良多，真是花小錢做（大）對的事，也印證了始終堅信的信念：教育雖然不是萬能，但卻有無限可能。

不能只怪孩子 ◉◉◎

　　人性的理論學派雖分有性善說、性惡說、非善非惡說、及無善無惡說等，論點雖各異其趣，但均認為須接受教導才能得知道理，經過學習始能熟練其技巧，是不變的論調。孩子不會、孩子不懂、孩子做錯，當然有其應負的責任，但不能只檢討孩子，不能只怪孩子。「不教而戰，帥之過」。沒教就要求孩子做對和做好顯有過當，教過後孩子還不會亦不能只怪孩子，教師是否因才施教？是否活用教材教法？是否了解孩子的學習模式？是否知道難教的孩子背後常有一篇不為人知的故事？師長的職責只在講述學習內容之後其責任就完成了嗎？教學不僅要有技術，更要有針對問題審慎思維的能力與責任。

學校行政的核心何在？ ◉◉◎

　　校長在校時間通常不只是「朝八晚五」，幾乎終日沉浸在忙碌的行政工作之中，公文處理、會議討論、家長建議的辦理、學生事件的處理、上級交辦工作的執行等等，難道校長帶領學校的團隊，就如此日復一日地過，是為提高學生的升學率？或建設美輪美奐的房舍？學校的目標是什麼？學校行政的核心為何？到底為何而忙？如此的多頭馬車，似應先確知，且達成共識，始能捨棄雜

瑣事務而專注核心工作的貫徹。然而，學校行政核心工作是什麼？是課程的規劃？是人力資源的妥適安排？是教學品質的提升？是學習環境的建構？恐會因人而有不同的思維，也可能因學校特性及時空的差異而有不同的構想；然而，學校既然以提供學習環境為主，那麼，一切的行政作為，個人認為宜以課程規劃為核心且為優先，相關的工作亦以達成課程目標為目的，當然，所謂課程應不僅限於部頒課程綱要為範圍，學校設施的境教、校外課程的安排、各項競賽及活動的辦理，均得視為課程規劃的範疇。

學校本位課程（school-base curriculum）是當今學校課程規劃最適切的課程規劃模式之一，旨在依學校的特質、目標、及願景等因素妥善安排課堂教學的科目和學分數、慎重排列學習順序、適度調整教學綱要、審慎選擇教材教法、並整體考量課程的搭配等等，然而多數學校認為升學為其目標，增加升學科目的學分數應是天經地義的，因而窄化學生學習的範圍，更使學習內涵僵化而了無趣味。學生只為考試而讀書、只為分數而背誦，是難以激發學生的思維和創意，其無限的潛力未能充分的開發，實非培養現代青年的教育良策，縱使錄取名校，倘對自己所學沒有深厚的興趣，其未來難有傲人的成就，讓學生考取好大學只是手段，目的在使學生能在合宜適性的學校系所中，發揮其最大的潛能，造就創意無限的優秀人才。

學校教育的價值何在？ ◎◎◎

就讀高中似乎目標很單純，就是考取好大學，然而，高中教育的目標是在提升人文、社會與科技的知能；加強邏輯思考、判斷、審美及創造的能力……；學校倘以升學率為學校績效的唯一指標，實為輕忽學校教育的功能與價值。當今的高職學校，有著角色模糊的憂慮：其一，畢業後直接就業者，被視為是無力升讀科技大學（或技術學院）者；其二，高職教育的功能因以升學為主要目標亦逐漸高中化；其三，以培養各行業基層就業人才的高職教育價值，在升學潮流的衝擊下，高職畢業學生立即投入職場工作者，早已寥寥可數，一年少於一年了。

人人稱羨的「明星學校」各有不同的定義，多數人認為能招收到高分群的優質英才，且能讓很多學生能考上國立大學甚至醫學系的學校，就是人人爭搶就讀的明星學校，從輸入面（input）及產品面（products）而言，這應是讓人

心服的說法。然而，倘終日苦讀，整天考試講解，將活潑的青少年華僅圈套在教科書中渡過，恐有失人生真正的意義；倘能讓學生在溫馨的校園，享受師長的關懷與教誨，並能與同儕快樂的共處與學習、沐浴在青春活力的氛圍中喜悅成長，睡夢中含帶微笑，清晨醒來期待學校生活，愉快上學，有著師長和同學們的陪伴，三年的學習定能豐富圓滿，在自己適性的進路上，邁向幸福美好的人生，這看似如常的校園學子生活，卻也是極難達成的理想目標啊！教育工作本來就應懷抱著理想盡力而為，沒有堅持理想是容易被現實所淹沒，也禁不起歷史考驗的。

動腦總比動怒好 ◎◎◎

　　主事者總是期待所有的共事同仁均能全力以赴，善盡自我的職責，然而，人各有志，想法做法亦不可能完全相同，況且人皆有惰性，伺機偷懶恐在所難免，更有或因懷才不遇而為反對而反對，或因性喜守舊排斥革新。是故，學校行政工作的推動，屢遭挫折，心中鬱悶道訴無益只能自我排遣，冷暖自知。當超越耐性的極限，難免動怒，然而，人在怒氣中其思維是混沌不清的，所行之事亦常脫離理性，對事務的推動毫無助益，此時，何不轉念再思？是否先前的決策仍有設想不甚周全而還須改進之處？是否同仁的反對或反抗尚有其道理所在？思慮愈周圓策略應愈具體可行，推動也將愈順暢，績效勢必愈卓越，這似乎是恆真的道理，其成敗繫於是否執行貫徹，與其動怒不如冷靜動腦。

掌聲的感受 ◎◎◎

　　喜歡為別人鼓掌而不慣別人為我鼓掌的個性，每當掌聲向我時總覺受之有愧，因為那不全是我一個人的榮蹟表現，況且一定還有值得檢討改進的地方，至少應該還有相當程度的進步空間，所以那些掌聲是否來得太早。回想 1985 年獲頒資深優良教師的師鐸獎，當時那是許多校長、主任及教師夢寐以求的榮耀，年僅三十餘歲，初當教務主任未滿二年，何能有此榮幸受此殊榮；2007 年獲得的教育部「校長領導卓越獎」，這應是身為校長者最高榮譽與肯定，不但名額極少，而且獎金最高。領獎途中雖有多位同仁陪行，但仍不時陷入沉思，腦中浮現國立西螺農工八年期間的種種影像，那可愛而充滿潛力的團隊裡，我領導了什麼？團隊有因我而成就了什麼？領導我的應是學生的行為和表

現、家長的期待和建議、同仁們的激勵和汗水、縱有卓越應屬學生的乖巧與努力、應歸同仁誨人如志業的精神、家長及社區朋友的「力惡其不出於身也不必為己」的無私胸懷與贊助，乍然驚醒時，對未來的使命內心是何等的沉重；但對得此最高榮譽的肯定，又是無以名之的感激，此獎勵是和我一同奮鬥、工作八年的西螺農工全體師生、家長們所共有共享的，在此致上最深的謝意。

病床上的退思 ◎◉◎

　　原以為山腳下小型的商職學校，可稍事休閒，靜養身心，做好臨退職場的前置調整，奈何勞碌的本命，加上自我要求高及事必親躬的性格，殊不自知年歲漸老已不復當年梟勇，2009 年初，自覺健康狀況不甚舒爽，體檢醫師囑咐應速復檢，也許是公務在身無暇兼顧的藉口，終在 3 月 4 日病倒在床。當下情況十分危急，猛爆性肝硬化需即刻換肝才有挽回一命的生機，愛女爾雅毫不猶豫冒著生命的威脅，勇敢忍受刀割之苦痛，捐肝救父；其間，未曾向我訴苦，亦未當面哀訴喊痛，心中實有百般不忍與憐愛，父女情深亦難以言述。所幸過程順利，愛女雖留下疤痕，但也還保有青春活潑的笑容，內心稍感寬慰和無法說出的謝意。

　　自省，為何會有如此重大的病痛？是遺傳的 B 肝帶原而未及時修復？是自國小畢業即就讀職校化工科，求學過程均與化學藥劑為伍？或是長年任教於職校化工科，前後二十餘年，長期浸泡在藥品煙霧中而致肝臟受損？亦或餐席中不知嚴控的飲酒傻氣，致使肝臟受傷害？或是自認體力過人，事務來者不拒？也許都是，也許都不是，但總須勇敢面對。

　　病床上深思，此時是該職涯的結束，把未來的時日留給老妻和兒女，亦或這是人生的重新計時（renew），再來一次南征北討、叱吒職場，說是奉獻心力也好，或是了卻宿願也罷，似乎又一次人生道路的抉擇。回想求學路上，一路是公立學校甚至公費完成大學學歷、留薪赴美進修、回臺又在職攻讀博士學位；這十數年間，不論就學、進修或工作上，深受政府的栽培和長官的提攜，如今，倘有餘力理應鞠躬盡瘁，何能有推託之辭！感謝愛妻的體諒准允和同仁們努力分擔勞務，至今尚能繼續留在校園裡靜聽孩子的讀書聲和歡樂聲，期能在小心維護下直到屆齡而退。

鄭部長的蒞校 ◎◎◎

2009 年 6 月初，突接教育部長官來電，請協助安排部長行程，鄭瑞城部長要來南投高商參加畢業典禮。放下電話心想，也許部長另有重要行程，路過中部順道選校參加畢業典禮，關懷山腳下孩子的學校生活，然而，詳細了解之後始知，部長是專程從臺北到南投高商參加他一生所參加的第三次高中畢業典禮，這是除部長自己和他女兒的畢業典禮之外的第三次，如此意外及感動之情無以復加。部長一見面就關心我身體近況可好？在驚訝、感謝、及感動之下，內心波濤洶湧，一時竟不知如何回應。平易近人的鄭部長，典禮中處處散發出真摯的親和力，對學生們慈祥的鼓勵與關懷，更令師生難以忘懷如沐春風。部長公務何其繁重，舟車勞頓專程到南投參加南投高商的畢業典禮。部長如此關心和鼓勵，只能以努力辦學來報答鄭部長的關愛。

提升績效的原動力 ◎◎◎

當今的學校教師，均經過嚴格的培育和甄選機制，其專業知能不容置疑，且多數也能認真教學，展現愛心教導和關懷學生，實不宜作過度的挑剔。然而，為何還不能滿足部分家長的期待？學生亦未能快樂且豐富的學習，屢見行為乖張、不服管教、不努力用功、甚或中途輟學遊蕩街頭鬧事者，亦時有所聞。也許責任不應完全由學校及教師來承擔，但恐亦有自省之處：對學生的教導準則是否為他們可以接受的？對學生的關懷方式是否為他們所需要的？對學生的獎懲是否是他們所能了解的？教學方法是否能激發學生的學習動機又是否為能延伸學生的學習興趣？少子化時代裡，家長對學校有較多的寄望，社會對學校教育也有較高的要求。在如此變高、變重、變多的期待下，學校行政及教學工作應日新又新且精益求精，不斷地自我要求以更進一步的往前邁進，期能達更卓越的績效；行政與教學的融合，不僅需要技術與技巧，更應視為是一種藝術，永無止境地追求理想，讓學生發自內心的感動而自發向上，讓家長感動而願全力配合學校的各項措施。因為感動，能使人頓悟、使人覺醒、也使人堅定決心，真正感受到老師們的愛心甚至苦心，讓學生明瞭對師長們最好的回報就是努力用功，鼓舞其積極向學的信心和毅力，激發其無窮的潛力和善性，朽木倘能順其性而善雕，假以時日，成為人人稱羨的奇木當是指日可待的。對教

育工作者而言，學生的傑出成就，是師長無上的喜悅，感動實為彼此的原動力。

無悔的教職生涯 ◎◎◎

　　曲指而數，自 1973 年臺灣師大畢業後進入教職，走上教職生涯的人生道路，寒暑更替，至今已進入第 37 個年頭了。同班同學多數已經退離教學或行政崗位，少些還有第二春在另一職場服務，我尚堅守教職。忝為校長之職亦至今已有十數年，也該思考走下舞臺，讓人才輩出的後進有展現才華的空間。回憶當年，未選擇進入叱吒產業界的臺北工專就讀之事，曾有長輩數落是一次無知的抉擇；在國立清華大學化工研究所公布欄旁，也曾駐足沉思許久，到底應否轉向薪資數倍於教職的產業界開拓幼時夢想的美麗人生？或是走向毫不知悉的職校教職？沒有太多的猶豫和掙扎，選擇了青少年時期受教的職業教育，進入了我喜愛的職教領域，踏上無悔的教職生涯，至今雖言清風兩袖，卻也桃李遍地，衷心喜愛滿心喜悅。

喜愛的職業教育 ◎◎◎

　　1963 年，以還算優異的入學考試成績，放棄同儕認為理想學府的普通初中，而進入省立嘉義工職初級部化工科，為的是要探究千變萬化的化學變化為何能用在日常生活中，因好奇而產生興趣，因興趣而樂於學習，因樂於學習而成績屢占鰲頭。由於長年學習和經歷，對職業教育略具心得，願將四十餘年的所見所知，分享給後進才俊，期能縮短其摸索學習時間，掘取菁華再向前探究新知，亦願將此論述應用於職業學校的辦學實務，造就產企業界基層人力，為國家經建發展，聊盡棉薄之力。

　　高職教育傳統上是國中畢業生的第二甚至是第三選擇，排序在高中及五專之後，教育部亦曾積極政策導引，設法提升高職教育的地位與功能，讓高職學生有一片美麗的藍天；然而，士大夫觀念的深植，多數學生寧追求「動筆」工作，而不願尋求「動手」工作，高職教育雖有所提升，但仍未臻理想，這不僅是職業教育的缺失，亦是國家社會和年輕學子的損失。個人持續熱情的投入本著堅信職業教育仍為國家經建發展的中流砥柱之一，亦為個人所喜愛的領域，理想在即，懇求同業共同努力。

📚 結語

　　平凡，不是無所事事不知進取、亦不是不知創新思維尋求突破新局、更不是萬事麻木以對或是是非不明，而是實事求是不圖虛表、不高估自我、不勉強求取、不阿諛強顏、不力攀權貴裙帶，依願行事、憐愛同屬和弱小、重格輕姿、寧拙勿巧、細聽評判而自求己身、無怨無悔；自覺深受古文薰陶和訓示，讀聖賢書所學何用？人生不苦長短善用為美，願以此文共享互勉之。

📋 施溪泉校長小檔案

　　成長於南部的務農世家，雙親深知烈日下揮汗農作的勞苦，在他們的寵愛下，我得以無憂無慮順利完成國立臺灣師範大學的學業。原以為樂在其中，終日不悔的教書工作會是我的終身志業；這一路走來，幸運的遇到良師益友的教導及協助、長官、前輩的提攜與關照，終在完成博士學位後，順利地考上高職校長。十餘年來，工作雖偶遇滯礙，但始終以不逃避、面對挑戰的勇氣及擔當，總也能一一化解困局。

　　在讀書求學階段，曾長期寒窗苦讀；在教學和行政工作中，也常閉門苦思良策；然而，這些難關都遠不及身體病危時，含淚接受愛女的捐肝之痛。當下，真不知道人生成功的定義是什麼？當然，這般父女之情，我很感恩也很知足。

　　教學工作實可逐級進至藝術的境地，讓學生如沐春風，並能化作甘霖、滋養大地；行政工作也能盡己所能以服務為樂，且能力求突破，讓教育因愛心的齊發而致社會井然，使教育的良善與成效能一代、一代地傳承下去，十年、百年的永續向上發展。

　　乍然回首，不知屆齡已近，數年後將卸甲歸田。衷心感謝父母的栽培、教育先進的照顧及後生晚輩的勞務分擔，感恩所有一切的一切，讓我在「平凡中的平凡」，走到當下的人生。

7. 我的校長歷程——
一個持續追求的夢想

臺北市建國中學校長　蔡炳坤

（榮獲 2007 年教育部「校長領導卓越獎」）

📚 前言——生命的熱情、正義與價值

　　有一本書廣受矚目，是由 Rhonda Byrne 所編著的《秘密》（The Secret），全書以 24 位神奇的「導師」經由生命秘密（吸引力法則）的現身說法，而製作探討了神奇的生命故事。緊接著，該書影片的製作人 Paul Harrington 深受啟發，亦著手寫就《秘密》（青少年版）（The Secret to Teen Power）一書，讀後感動之餘，也激發了我敘寫生命歷程的動機。青少年的「秘密」是什麼？我認為是「生命的熱情、正義與價值」。有熱情，會讓心動化為行動；有正義，會讓行動產生律動；有價值，會讓律動帶來感動。提高生命的熱情、正義與價值，對青少年而言，格外具有意義，因為青少年，擁有更多社會的關注與期待。青少年還可以進一步將熱情分享給朋友、將正義感悟給同儕、將價值傳承給他人。這不僅是生命教育的議題，更是生命本質的探討，是以，走過人生半百的我，也願以自身的成長經驗提供分享與傳承，期對青少年朋友有所激勵。我，只是個微不足道的小小人物，雖然和多數人一樣，都曾經走過屬於自己的生命歷程，都曾經歷過挫折與挑戰，也都持續在工作與家庭中盡一己之力，然而比較特別的是，身為教育工作者，自我期許多了一份對教育的愛與對生命的尊重，而這樣的自我期許就建立在一個持續追求的夢想上。

　　2000 年我以不惑之齡成為臺中一中首位經遴選產生的校長，兩任八年期間，與全體師生同仁、家長、校友們共同打拼，一場場理性的討論，都是成長的力量；一次次感性的溝通，盡是情義的相挺，真讓我感動不已。每一個計畫的推出，都是同仁智慧與心力的結晶；每一回競賽的佳績，盡是師生共同努力的成果，真讓我感佩不已。「得天下英才而教育之」固然值得慶幸，「讓每一

個英才都能得到潛能的充分發展」更是令人期待。「追求優質卓越」本是教育的目標,「優質緣於生命的體認、卓越來自多元的實踐」才是一條漫長的路、一段不斷努力的過程,也是一個持續追求的夢想。

一個持續追求的夢想,似乎沒有因為我在臺中一中八年任期的屆滿而暫告一段落,是命運的安排,也或許是上帝的考驗,在所有的不可能中成為可能,在因緣際會(因緣巧合、風雲際會)的 2008 年,我再度成為建中首位經遴選產生的校長,接下建中百年印信,這是個不曾想過的生涯歷程,連做夢都沒有過,一切宛如在夢中。接下「百年建中、世紀紅樓」歷史傳承的一棒,我以「歡喜做、甘願受」的謙卑心情、「集眾志、合群力」的積極態度,期許和建中師生同仁、家長、校友們共同打拼,經由多元學習、適性發展、通識能力、全人教育的校園學習環境之建構,藉以孕育出兼具「人文關懷」與「宏觀視野」的「有品建中人」。我深切地了解,這是一個持續追求的夢想,而這樣的夢想就植基於生命的熱情、正義與價值上。

「生命活力、優質卓越」中一中

臺中一中:一所歷史傳承的學校 ◎◎◎

「吾台人初無中學,有則自本校始」創校紀念碑巍巍聳立於校園右側,臺中一中的誕生,已列入臺灣百年大事 1915 年的重要記事。時為日治時期,臺籍仕紳為喚醒臺人民族意識及文化覺醒,期待臺灣子弟有受中等教育機會,於 1914 年公推林烈堂、林獻堂、林熊徵、蔡蓮舫、辜顯榮等五先賢為創立委員,積極籌劃臺灣人設置中學之舉,並以林烈堂先生為創立委員長。設校土地一萬五千坪係林烈堂先生所慨捐,設校經費共募集 24 萬 8 千餘元,而於次年 5 月,全台第一所培育臺灣青年子弟的中學「臺灣公立臺中中學校」於焉誕生。深具教育文化價值的是,在日治時期,相對於各地「一中」專供日本人就讀,且於臺灣光復後更改校名的殖民地無奈,唯有臺中一中自始至終以招收臺灣子弟為主,且未曾被更改校名,說臺中一中是臺灣教育發展史上驕傲的一頁,並不為過。因此,日本學者矢內原忠雄在其《帝國主義下之臺灣》一書中,稱此臺灣人民爭取教育平等運動為「臺灣民族運動之先聲」。

中一中開啟新世紀的四年（2000～2004）◉◉◉

　　2000 年 8 月，本人因緣際會，以不惑之齡有幸接下臺中一中歷史傳承與光榮延續的一棒（臺灣光復後第十位校長，也是第一位經遴選產生的校長），深知「景前賢而思賢，毋負今日；光吾校而恢皇，傳承龍族」之使命與不易。又逢世紀交替、多元競爭之際，無時不思考著學校發展的方向，無刻不心繫於學校競爭力的提升。首任四年（2000～2004），以學生第一、教師專業、家長參與、行政效率為辦學理念，以推動全人教育、培植基本能力、提倡多元智能、傳承菁英教育、教師專業自主、健全教評組織、健全教師組織、運用社會資源、健全家長組織、授權學校行政等為學校經營目標。

中一中發展新願景的四年（2004～2008）◉◉◉

　　2004 年 8 月，本人幸獲連任四年（2004～2008），得到了與臺中一中再續四年情緣的機會，深刻了解所面臨的挑戰只會更多，未敢絲毫鬆懈。在辦學理念方面，隨即增修為五項：以「學生適性發展」取代「學生第一」、以「教師專業成長」強化「教師專業」、以「家長支持參與」強化「家長參與」、以「行政服務效率」強化「行政效率」，並增加「學校堅守中立」乙項。期透過學生、老師、家長、校友的共同努力，打造本校「生命活力、優質卓越」的願景：生命的真相是「德育之美」，是一種長期而持續的累積過程，人生的自我追尋（包括對生命的尊重與生涯的規劃）是一生一世的任務，生命真相的了解，旨在導引同學們成為「統整有成」的人。生存的活力是「體育之美」，是活在當下有熱情，活出未來有願景，生存不該只是活著，要活出健康，健康才有熱情；要活得有意義，有意義便是願景。優質的生活是「智育之美」，是兼具科技知能與人文素養的人生品味，作為 21 世紀的現代人，生活要有品味，品味來自智慧。卓越的人生是「群育之美」，是讀一流的書，做一流的事，與一流的人相處，成為一流的人，卓越的人生是卓爾不群的人生，是自尊尊人，不隨波逐流，堅持自己的原則。生命之德、活力體能、優質之智、卓越群倫，盡在「美育」中。除此之外，尚有兩項重要的配套措施：一是人文與科技的對話；二是永續經營的校園——打造優質的教學空間與學習風氣。

「大漠駝客、紅樓才子」的有品建中人

建中：一所培育菁英人才的學校 ◎◎◎

　　建中創始於 1898 年，為臺灣最早之公立男子中學，迄今已有 112 年的悠久歷史，畢業校友遍布海內外近 11 萬人，多為各行各業舉足輕重之要角與領導者。由於創設最早，歷年來校際比賽表現傑出，升學率長期居全國之冠，故成為全國最優秀之中學。1984 年成立數理資優班，2004 年成立人文社會資優班及體育班，2009 年成立科學班，使本校成為培育多元性向資優學生之重點學校。橄欖球隊（黑衫軍）及樂旗隊，技冠群倫，享譽國內外，與百年紅樓相互輝映，蔚為學校傳統精神之象徵，「紅樓才子」之美名不逕而走。因為自由的學園，因為民主的校風，因為活躍的社團活動，因為輝煌的成績表現，讓百年建中的光環依然亮麗耀眼。

　　本校每年招收新生 31 班（內含數理資優班 2 班、人文社會資優班 1 班、科學班 1 班、體育班 1 班），全校合計 93 班，學生有 3863 人。學生來源以大臺北地區（包括臺北市、臺北縣、基隆市）為主，跨區學生遍及全臺各縣市。本校設有特教資源班，92 位身障學生分散於各班，校園無障礙設施提供了安全方便的環境空間。本校並設有臺北市資優教育資源中心，為全臺北市各級學校各類資優班及特殊才能班提供豐富的資源與服務。本校並於 2006 年獲頒臺北市優質學校「整體金質獎」。

百年建中、世紀紅樓

　　本校位於舊臺北城門小南門附近，與自然人文資源豐富的南海學園（植物園、歷史博物館、藝術教育館、教育廣播電臺）為鄰，並與總統府等重要政府部會同屬於博愛特區。附近二二八紀念公園、重慶南路書街、國家音樂廳、國家戲劇院等，均為建中學子提供了延伸學習的便捷環境。本校占地五萬七千四百餘平方公尺，擁有市定古蹟「紅樓」，始建於 1908 年，迄今已有 102 年歷史，哥德拜占庭風格的紅樓，由紅磚及木材建構而成，外觀宏偉典雅，已成為建中精神之象徵。除紅樓外，本校還有明道樓（1961 年）、致知樓（1966 年）、格物樓（1967 年）、正誼樓（1975 年）、科學館（1975 年）、莊敬樓（1977 年）、自強樓（1981 年）、活動中心（1984 年）、綜合資源大樓

（1994 年）等主要建築物，以及正在興建中的教學綜合大樓（為地上七層、地下三層，融合古典與現代、外有紅樓語彙、內有科技意涵之建築，預定2011年8月落成啟用），為師生提供了最佳的教與學環境。

　　「百年建中」的傳統，不只是勤樸誠勇，更多的是多元學習、適性發展、通識能力與全人教育；「世紀紅樓」的精神，除了紅樓才子、沙漠駝客、黑杉軍，更重要的是自由學風與恢宏格局。詳言之，「百年建中」最被關切的議題至少有二：一是建中的價值；二是建中人的意義。建中的價值在於多元學習、適性發展、通識能力與全人教育；而建中人的意義則在培育具備「人文關懷」與「宏觀視野」的國家社會菁英。至於「世紀紅樓」所呈現的精神至少有三：一是自由的學風（自由的學園、民主的風氣——自主自律的自由學習風氣）；二是優良的傳統（活潑的社團、輝煌的成績——最多的學習機會與最少的環境限制）；三是恢宏的格局（中學的教育、大學的格局——人文與科技整合、通識與資訊並重）。

大漠駝客、紅樓才子

　　深化百年來的優良傳統及「全人教育」核心的教育精神，在「學生第一，教師為先」的前提下，本校以「關懷」、「卓越」、「創新」、「宏觀」為教育理念，來開創「中學教育，大學格局」的願景。因此除了積極延聘優良師資，充實教學設備之外，更以創新的教育作為，提供學生開放、多元、自由的學習機會，例如：結合大學夥伴關係，開設大學選修課程；提供學生適性發展及多元能力的充實式課程；開設第二外語選修（包括日、韓、德、法、俄、西班牙、拉丁語等），參與國際交換學生計畫，進行國際交流活動；舉辦紅樓系列講座及各項藝文活動；推動公共服務課程及多元社團活動；鼓勵師生研究，著書立說，以全面帶動優質學風；推動資優教育，培養具備人文關懷與宏觀視野的菁英人才。

　　本於「中學教育，大學格局」的目標，教師們對課程採互動式的教學型態，以活潑多樣的教學方式，達到經驗分享、教學相長的績效，並經常指導學生參加校內外及國際性的各項競賽，成績斐然。此外，也以學習型成長團體，透過教學研討會的方式，交換教學經驗心得，互相提攜、相互成長，並將研究所得，著書論作，內容涵蓋文藝創作、自然科學、人文科學及教育輔導等多

類。另每年定期出版「建中學報」，提升學術研究風氣，其內容豐富精實，足見教師們學有專精，才華內蘊。

本著「做什麼像什麼」的期許，學生們動靜分明、允文允武、才華橫溢，除了課業表現傑出，年年大學錄取率幾近百分百，令他校望塵莫及之外，參與任何競賽活動，更有「捨我其誰」的豪情；自1992年至2010年參加國際奧林匹亞數理競賽已獲得171面金銀銅牌，亞洲物理與亞太數學競賽合計也獲得79面金銀銅牌，這項傑出的成績，不但占全國總獎牌數一半以上，也寫下國際數理奧林匹亞競賽史上，單一學校獲獎最多的亮麗紀錄，可說是冠絕群倫，稱雄世界；而全國科展上的出類拔萃，也屢獲全國第一名；享譽國內外的樂旗隊其精湛的演出更贏得音樂比賽的大獎；聞名體壇的橄欖球隊（黑衫軍）是銳不可當的常勝軍，六十餘年前成立時，在塵土飛揚的操場中大顯身手，猶如沙漠中的駱駝般堅忍不拔、堅持到底，大漠駝客之名油然產生，至今年年奪冠，叱吒風雲。此外，國語文競賽、英語文競賽，紅樓文學獎的佳文及第二外語成果的表現，都令人讚賞，刮目相看。

今日我以建中為榮、明日建中以我為榮

「進入建中不參加社團，猶如不是建中人」，這比喻，從過去、現在到未來，都將是每一個建中人朗朗上口、耳熟能詳的傳承。眾多的社團、蓬勃的活動，讓已有百十年歷史的校園，時時刻刻都充滿生機盎然的新氣象。本校學生社團以追求多元、自主、精緻、創新的經營方式，提供同學表現才藝、開發潛能、促進人際互動、社會關懷及生涯探索的機會，更在自由、開放的學風中，培養管理自治、行為自律、思想自覺的能力，來強化自我的成長。80個學生社團蓬勃發展，社團屬性從學術性、音樂性、體育性、服務性到休閒娛樂性，活動型態從靜態研習到動態演練。各社團的自辦成發、班聯會主辦的聯合成發到校際聯合成發，展現出靈動的生命力；在國際性的競賽交流活動中表現出旺盛的企圖心，每一個場景、每一次演出，都充分展現了建中人的橫溢才華，以及紅樓才子的文采風流及傲骨狂狷。

「展書風簷歷文章，游藝寰宇閱千帆」，每年從建中畢業的紅樓才子，或置身於人文、藝術學科的悠悠領域，或潛研於自然、醫藥學科的浩瀚世界，或投入政治經濟的經世行列，個個都勤力奮勉，學有專精，成為各行各業中舉足

輕重的要角。目前，建中校友遍及海內外近十一萬人，均在其專業領域上獨領風騷，甚至榮膺中央研究院院士之殊榮者為數也很多，堪為後輩典範。

有品建中人、建構新願景 ◎◎◎

　　我國自政治解嚴後，整體社會受到自由民主風潮的激盪，開創出多元嶄新的風貌，卻也同時衍生出傳統與現代、精神與物質、科技與人文，以及本土與國際等若干議題的矛盾、衝突或失調，並導致原有價值系統解體與社會規範失序等若干現象。而於教育體系中，亦因著升學主義的瀰漫，以致五育均衡發展的目標不易落實；校園威權體制的解構，亦使得師生、行政與教師等倫理關係受到衝擊而被忽略；加之校園內外缺乏典範人格的正向引導，致使學校、家庭與社會等德育功能日漸式微，青少年道德價值混淆與偏差行為日益惡化。凡此，業已引發教育與社會各界關切，企盼在新世紀開啟之際，重建當代民主生活之倫理基礎。基於此，教育部依 2003 年「全國教育發展會議」之結論，成立「品德教育工作小組」，以因應社會變遷與學生身心發展變化之需求。冀藉本方案之推動，以學校教育為起點，引導並協助各級學校（小學至大學）在既有基礎上，發展其具有特色且永續之品德教育校園文化，藉以強化學校全體成員對於當代核心價值之建立與認同、行為準則之確立與實踐，以及人文與道德素養之提升；同時，藉由統整各級政府、家長、社會組織及媒體等力量，喚醒全民對於品德教育之重視，齊為優質社會紮根奠基。

　　未久之前，教育部又再度提出並積極推動「有品運動」，期透過地方教育行政機關、民間組織之作為，以及社區服務、關懷弱勢等相關活動之實施，使每個參與者皆成為品格教育之實踐主體，學校、家庭與社會形成教育夥伴關係，齊力發揮言教、身教與境教之功效，全面提升臺灣有品文化。「臺灣有品運動」係以品德、品質、品味作為建立教育核心價值之基礎。其中品德是品質與品味的根源，品質是品德與品味的憑依，品味是品質與品德的顯現，三者環環相扣，讓教育與為人、處事、生活密切結合，而形成為「活」的教育。此一運動之提出，立即得到了社會大眾之熱烈迴響，雖批評形式主義、浪費經費、譁眾取寵者有之，但就大方向而言，仍是期待殷切，盼重新喚起人之所以為人的格調、找回人之所以為人的品味，作為第一線的教育工作者，當然樂觀其成。

　　建中，做為培育社會菁英、國家人才的指標性學校，對此不僅不能置身事

外,更應有積極作為;不只善盡本分,更當身先士卒。是以,配合教育政策以及時勢之所趨,建構了「有品建中人」的圖像、內涵、教育重點與發展願景。

有品建中人的圖像

有品建中人的圖像是:熱愛生命、活力健康、社群關懷、才德兼備的有品建中人。熱愛生命的意涵在於:生命無價、尊榮有度,從熱愛自己的生命做起,身體髮膚受之父母,進而熱愛他人的生命,己所不欲勿施於人。活力健康的意涵在於:活力是健康的泉源,健康是活力的體現,兩者相輔相成,相得益彰。社群關懷的意涵在於:與同儕、師長之間拉近關係,與朋友、父母之間縮小距離,進而關懷弱勢、服務社區。才德兼備的意涵在於:有才華,有所作為,展現實力,獲得地位,有德行,有所不為,顯露魅力,受人尊敬〔誠如《品格的力量》(Character)一書所言:天才人物憑藉自己的智慧贏得社會的地位,而具有高尚品格的人靠自己良知獲得聲譽〕。

在有品建中人的圖像中,我要特別強調「社群關懷」的重要性。如前所述,「拉近關係,縮小距離」是社群關懷的主軸,關係與距離有著相同的概念,關係近,距離就小;距離大,關係就遠。所以,我就以「距離」作為探討的課題。說到「距離」,我們通常想到的是空間距離,亦即在物質客觀存在中,物體相互位置之間的距離(如在教室裡,與同學併排而坐之間的距離;在朝會時,與同學並肩而立之間的距離)。但是如果我們把距離這字眼放到社會關係裡的話,就產生了所謂的社會距離,也就是人與人之間因階級、地位、財富、種族、宗教等社會因素所造成的距離(看不到也摸不著,但確實存在)。除此之外,還有因為感覺、情誼、好惡、愛恨等心理因素所造成的距離(如所謂的天涯若比鄰、心有靈犀一點通或話不投機三句多皆是)。一般而言,空間距離是客觀的存在,較難以意志力主觀縮小,而社會距離與心理距離係屬主觀的存在,可以透過彼此的互動與了解,經由相互的體諒與同理而縮小,甚至緊密結合,你儂我儂。

哈佛大學社會心理學系教授 Stanley Milgram 在 1967 年曾經提出了一項研究發現,他寫信給生活在 Omaha 的三百名調查對象,然後請他們透過自己認識的人,把信件轉寄到波士頓證券交易所(此實驗就在於要了解一個人的信件需要轉手幾次才能到達目的地),令人驚奇的是波士頓證券交易所收到了六十

多封信，而且平均每個人只轉手六次。換句話說，地球上七十億人口，只要經過六個人就可以和任何人認識。這樣的結論說明，看似很遠的空間距離，可以透過規劃、設計，經由溝通、互動而大幅度縮小，他們之間的社會距離與心理距離，其實比我們想像的近得多。基於上述，我們找到了理論的支持與努力的基調，那便是透過規劃、設計，經由溝通、互動，讓我們一起來拉近關係（拉近師生、親師、親子之間的關係）、縮小距離（縮小教學與行政、學生與行政、家長與行政之間的距離）。

　　更進一步地，期藉著「社群關懷」的力量，來營造一個有教養的校園文化。1995 年出版《EQ》（*Emotional Intelligence*）的作者 Daniel Goleman，於 2006 年再度出版《SQ》（*Social Intelligence*），前書的關注焦點是一組非常重要的個人能力，也就是我們處理自身情緒的能力，以及建立正向人際關係的內在潛能。後書進一步擴大視野，探討個人與家庭、社群以及社會的關係，揭示生物學與社會神經科學的最新研究，有助於我們了解人與人之間如何營造和諧的關係，以及人際關係發生問題的緣由，其中最關鍵的要素就是同理心（聆聽、了解與尊重），亦即體會他人思緒與感受的能力。建中人原就擁有較高的 IQ，智慧能力高人一等，但須知：智慧不等同德性，除非實踐。是以，從 EQ 到 SQ，在校園中要具體實踐的，便是營造一個有教養的校園文化。

有品建中人的內涵

　　有品建中人的發展內涵在於：不只讓天賦自由，也要讓天賦開展，以培養有品建中人。讓天賦自由的構思，係來自一本深具啟發的好書《讓天賦自由》（*The Element: How Finding Your Passion Changes Everything*），作者 Ken Robinson 提出了「天命」的概念，指的是「擅長做的事」與「喜歡做的事」能夠相互結合的境界，亦即，天命就是天生資質與個人熱情結合之處。他說：天命的兩個成分是「天資」與「熱情」，兩個先決條件是「態度」與「機會」。歸屬於天命的順序大約是：我有，也就是「天資」；我愛，也就是「熱情」；我要，也就是「態度」；在哪，也就是「機會」。此對青少年朋友而言，格外具有意義，因為青少年是生涯發展的關鍵階段，建立正確的人生發展觀至為重要，且青少年受到社會關注的程度也相對較高，原因是此階段是養成自主自立的時期，未來二、三十年究竟要展現什麼樣的社會樣態？與今日青少年的人生

觀息息相關。建中的學生尤其深受關注,如何養成領導未來社會走向的氣度,不可輕忽。至於讓天賦開展的發展內涵有以下四種。

※人文的素養——培養興趣、融入生活

　　人文包括人文及人文科學等認知與知識,素養則是人文及人文科學知識的內化與轉化結果。是以,人文素養的內涵至少有三:一是人文知識:包括語文、歷史、藝術、哲學、心理學、法律、經濟、教育與政治;二是人文能力:包括表達、溝通、欣賞、比較、思考、分析、領導、適應與規劃;三是人文態度:包括適宜的人生態度、責任、關懷、意識與觀念。

　　人文素養其實就是人文教育。誠如國立臺灣大學哲學系孫效智所說:人文素養是人文教育的目標,在喚醒人的存在自覺,體會「人生而為人」的意義,進而實現生命的意義。另外,人文素養也就是對人文領域的修養。有人文的人會對人有興趣,認同他人的意見,尊重他人,並且會持續學習一般知識和訓練思考事情的能力,而不是一直在操練機械性的技術。而素養則是我們在學習這些人文知識後,經過思辨消化,滲透到我們的行為中,形成每個人獨特的內在人格與氣質風度。具有人文素養的人才會熱愛生命、積極進取、慈悲憐憫、品味生活,才是活生生的「人」。

※科技的思維——創新思考、解決問題

　　具有科技的思維,旨在創新思考、解決問題,其內涵至少有三:一是創新(Innovation):「日新月異」已不足以形容現代化科技進展之快速,唯有開放學生「學習的心」,才能讓創意無礙、「異想天開」的思考自由遨翔;二是變動(Dynamic):現代化科技打破了國界的藩籬,形成無國界的競爭,沒有任何的國家地區可以與世隔絕,這種競爭不僅是經濟的競爭,更是文化的競爭,唯有讓學生參與國際間的競賽與交流,才能充分掌握變動的趨勢;三是平衡(Balance):就平衡而言,科技要和生活對話,進而思考科技與人文的關係。在「科學」、「公眾」與「社會」之間進行溝通與協調,它需要被深入探討、論述與累積,以得到「科技心、人文情」的平衡。

※公民的意識——學習服務、公民責任

　　公民意識的意涵包括公民責任與社會意識,具體作法至少有五:一是培養

學生具有對家庭、社會及國家的責任感，以及尊重民主人權、公平正義的核心價值；二是推動學校法治教育，培養學生遵守校規與其他法令規範，形塑一個認知權利、承擔責任，積極參與公共事務管理與執行的現代公民；三是從生活素養、生涯發展及生命價值三層面輔導學生，以增進學生身心健康，養成術德兼修之現代公民；四是辦理志工服務活動，以實際參與代替口號理論，以增進學生社區參與學習，以及服務他人之精神；五是辦理親師座談會或班親會，使家長、學生及老師獲得良好而密切之溝通，讓家庭教育及學校教育互相結合，對學生產生正面影響。

　　另外，高中「公民與社會」課程所欲培養學生發展之核心能力如下：一是具備心理、社會、文化、政治、道德、法律、經濟、永續發展等多面向公民基本知識；二是肯定青少年後期自我與成長意義，朝向未來，發展出能欣賞他人、關懷社區、尊重社會文化差異、認同民主國家、培養珍視法治與普世人權，以及追求經濟永續發展等相關的價值觀念；三是增進參與公共生活所需要的思考、判斷、選擇、反省、溝通、解決問題、創新與前瞻等行動能力。至於「公民與社會」的課程內容則包括：自我、社會與文化；政治與民主；道德與法律規範；經濟與永續發展等四項。

※國際的視野──理解差異、尊重彼此

　　為因應 21 世紀教育國際化潮流，統合高中高職國際教育交流資源，培養我國年輕世代豐富人性、宏觀視野，以及獨立學習自我成長等教育目標，教育部於 2002 年底，輔導全國高中職校長成立「臺灣國際教育旅行聯盟」，著手規劃推動臺灣學生的國際教育旅行，並擬定「推動高中高職學生教育旅行策略」及「推動國際教育旅行倍增計畫策略」等計畫，逐步建構策略機制與資訊平臺，全面鼓勵學生從事國際教育旅行，期待經由青年學生的國際教育旅行交流，體驗差異生活文化，相互理解及關懷，建立長久持續友誼，達成「從臺灣走向世界、讓世界走入臺灣、與世界作朋友」的快樂學習目標，並提升我國未來的國際競爭力。此教育旅行計畫以日本、韓國為主。

　　教育部為推動高級中等學校國際交流，強化我高中職學生的國際競爭力，使其具備國際視野與跨文化溝通能力，成為 21 世紀之世界公民，又於 2009 年訂定「教育部補助增進高級中等學校學生國際視野要點」。補助項目有二：一

是國外學生來臺交流活動：包括國際高中職生訪問研習與國際學生服務學習活動；二是高中職生海外交流活動：包括海外體驗學習活動、海外技能實習活動及其他高中職生海外交流活動。

　　人文的素養、科技的思維、公民的意識、國際的視野，此四者事實上貫串了人與自己、人與社會、人與自然的對話，實為今日教育的主要內涵，是課程教學與活動設計的核心理念，也是讓天賦開展的四項發展內涵。

有品建中人的教育重點

　　有品建中人的教育重點至少有三：一是課業精進、品格為先：具體作法包括多元學習、適性發展、通識能力與全人教育；品格道德之修為，要優先於課業之精進；做人有品格、做事有品質、生活有品味。二是多元智能、活力校園：具體作法包括眾多的社團、蓬勃的活動；自主自律的自由學習風氣；一校一特色、一生一專長、一個都不少。三是人文創藝、國際視野：具體作法包括建構人文創「藝」校園；開拓學生國際視「野」。

　　在有品建中人的教育重點中，我要特別強調「人文創藝、國際視野」的重要性，因為，這是學校「打開視野，放大格局」的主軸。首先，就建構人文創藝校園而言，「建中百十載，紅樓新世紀」早已擁有深厚的人文與數理基石，尤其在數理方面的表現更是亮麗。至於人文方面，由於相關競賽與活動相對較少，且學生選讀自然組居多，所以在感覺上，仍有發展的空間。從另外一個角度看來，「人的教育」重點在於五育均衡、人文與數理兼具，所以，人文素養的提升並非只為了選讀社會組的學生，而是為著所有學生的全人發展。換言之，繼續加強人文學術活動，對多數以數理為發展性向的本校學生而言，尤具重要意涵。現階段建構人文創藝校園的六項作法包括：夢駝林藝廊展覽活動；人文藝術講堂（博學講堂）；校園爭奇鬥藝活動；欣賞電影、豐富人生：送行者——禮儀師的樂章、心中的小星星、百年紅樓與世紀藝術的相遇——蔡明亮的「臉」；建中 vs. NSO 音樂快遞：兩廳院 LIVE——青春向前行；舞動人生——「當建中遇見雲門」計畫。

　　其次，就開拓學生國際視野而言，國際交流有兩個重要的面向：一是讓我們的學生走出去；二是讓外國的學生走進來。無論走出去或是走進來，都產生

了人與人之間，學校與學校之間、國家與國家之間的互動。在互動的過程中，語言的溝通、情感的交流、互相的理解與包容，都密切地自然進行。誠如德國外交部長佛蘭克・瓦爾特博士所說：教育帶來前進，多語能力開拓視野；向文化的多樣性敞開胸懷與包容各自的獨立性並不相悖。儘早將我們自己視為國際學習團隊的一員，能夠幫助大家更好地解決未來將要共同面對的問題。本校現階段加強國際交流，開拓學生國際視野的具體作法包括：強化第一及第二外語能力，取得與國際接軌之工具；配合各科融入教學，拓展師生文化視野、全球觀點；安排教師、學生至國外教育旅行與交流活動；與國外學校締結姐妹學校或合作學校，於交流切磋中，理解差異、尊重彼此。茲分述如下：

◎開設第二外語選修課程：配合99課綱自99學年度起之實施，開設有日語、法語、德語、拉丁語、韓語、俄語與西班牙語等，高一學生全面選修第二外語，並以第二外語來編班。

◎國際交流活動與締結姐妹校：包括日本、韓國教育旅行與姐妹校交流；法國高等學院預備班留學與姐妹校交流；德國PASCH計畫與姐妹校交流；新加坡文化互訪活動與姐妹校交流；中國大陸、香港、澳門互訪活動與合作學校交流；英國、美國、加拿大暑期遊學與姐妹校交流等。其他還有樂旗隊每年參加國際大賽、橄欖球隊出國參賽、國際奧林匹亞數理競賽、國際科展、數理與人文社會資優班、科學班出國參訪等。

◎學生畢業後前往上述國家留學之協助與輔導。

有品建中人的具體策略與發展願景

整體而言，建中係以人文與科技整合、通識與資訊並重為發展主軸，在學生第一、教師為先的前提下，繼續進行校園整體規劃，加強美化、綠化工作，充實軟硬體設備，落實全人教育，開展多元智能，全面推動資優教育，充實人文與科學素養；推動資訊融入教學，提升教師教學品質，擴充通識發展，促進國際交流，以績效的行政團隊、卓越的傳統精神，來培養具有智慧、活力、卓越、人文關懷的紅樓學子，使紅樓永遠常新，建中永遠卓越，以邁向國際之林。

校務工作千頭萬緒，面對學生層出不窮的問題，有時候就像「打地鼠」的遊戲，雖然已經全神貫注，但卻又無法完全預測；雖然覺得有辦法掌握，但問題說來就來，毫無規則可言。所以，如果沒有建立一套策略來處理，只能像打

地鼠一樣，見一個打一個，那是沒有效率的。是以，在堅持以「學生第一、教師為先」為前提，以「大漠駝客、紅樓才子」為期許的方向下，於優良的傳承中注入新的思維，以因應時代的需求與大環境的變遷，確有其必要性。

基於此，個人提出了「有品建中人」的六點具體策略，以作為現階段校務運作的重中之重：

◎有品格的公民素養：有為有守、有所為有所不為；有生活的能力、自主自律的自由學習風氣；注重常規、環境衛生、學習服務與公民責任。

◎有品質的學習成效：各項競賽爭取榮譽、升學成績續創高峰；課堂規矩尊師重道、試場規範公平正義。

◎有品味的校園文化：整建校園環境館舍、充實教學所需設備；友善校園大家一起來、人文藝術共同來參與。

◎全面提升「進德修業」的教學成效：期許每一位老師都是兼具人師與經師的良師。

◎繼續強化「班級經營」的導師功能：樹立亦師亦友、教學相長的師者典範。

◎落實「一生一專長」的成果認證：運動強健身體、藝術涵養心性，終生受益無窮。

如前所述，我們建構出有品建中人的圖像、內涵與教育重點，並提出了有品建中人的具體策略，據此，我們期望打造有品建中人的發展願景如下：

◎讓建中的學生，是具有公民意識、國家責任與國際視野的社會菁英。

◎讓建中的老師，是致力於開發學生潛能、兼具經師與人師的良師。

◎讓建中的家長，是協助校務發展、教師教學與學生成長的最佳夥伴。

◎讓建中的校友，是可以分享經驗、楷模學習與提升校譽的卓越典範。

◎讓建中的行政，是教師教學、學生學習與學校效能的支援系統。

◎讓建中的校園，是自由開放、尊榮有度與國際合作的學術殿堂。

我所體會的生命歷程

未久以前，接連讀了兩本深具啟發性的生命書，一本是 Randy Pausch 教授寫的《最後的演講》（*The Last Lecture*），這本書源於 Randy 在獲知自己只

剩下三至六個月的時間可以活的情況下，以「全力實現兒時夢想」為題，在任教學校卡內基美隆大學所發表的一場風靡全球的演講。另一本則是德國明鏡周刊前亞洲特派員 Tiziano Terzani 寫的《最後的邀請——父予子的告別禮物》（La fine eil mio inizio），Tiziano 用人生最後三個月的生命，邀兒子 Folco Terzani 以對談方式記錄自己一生的成長、求學、見聞、堅持與人生態度。由於兩位都以誠懇、熱情且坦然的態度，面對生命的最後歷程，誠所謂「人之將死，其言也善」，在文字言談之間，絲絲入扣、句句動人心弦。書中沒有任何抱憾遺恨，都在激勵人生前進、前進、繼續前進；都在期許生命向上、向上、向上提升，讀來真是令人為之動容，感佩不已！

是的，每一個人的存在，都有他的價值與意義；美麗的生命在於能勇於更新，且願意努力學習；生命的不如意，是激勵或是不幸，都在於自己的選擇。在我所體會的生命歷程中，至少經歷過三次的挫折與挑戰。

其一，1974 年，從國中畢業，同時考取高中、高職、專科與師專（在那個年代，分別報考這四種類型的學校是常態，不像現在考招分離，可以用一次基測成績同時申請或登記分發不同類型學校）。因為家境不好，讀師專享公費是最好的選擇，會遠赴花蓮應考，是導師的精心安排，原本就為了把握勢在必得的升學機會，所以，當獨自背著行囊搭上「金馬號」臺中往花蓮的公路局汽車，翻越中央山脈，一整天從谷關、梨山、大禹嶺到天祥，並沒有太多的怨懟，就當是一種宿命，倒是有一股「千山我獨行」的豪氣，遠赴花蓮求學。

其二，師專畢業後，曾先後肄業於國立彰化師範大學化學系、特殊教育學系，後因考取公務員（教育行政人員）需全職實習，只好暫時中斷課業。遲至 32 歲才以師專同等學力考入國立政治大學教育研究所，歷經四年一邊工作一邊進修，於 1995 年 6 月得到教育學碩士學位。再經四年養精蓄銳，40 歲時又繼續攻讀國立政治大學教育學系博士班，八年抗戰終於在 2007 年 1 月獲得教育學博士學位。回首來時路，指南山下逸仙樓，政大受業十六載，這段「透早就出門，天色漸漸光」、「課堂連著上，披星戴月歸」的日子，臺中臺北兩頭跑、工作進修兩頭忙，好似蠟燭兩頭燒，只能用咬緊牙關來形容，真是不堪回首！然而，人總是有無限潛能，就像梅花愈冷愈開花一樣，還是走了過來。

其三、1999 年 6 月，精省前夕，懷著一份理想，在家人的支持下負笈北上，於經歷過縣教育行政、省教育行政後，希望在中央教育行政工作上有所學

習,一方面進修博士課程,一方面完整個人行政歷練。怎奈,「九二一集集大地震」來得突然,震毀了家園、震亂了家人原本平靜的生活,也震動了個人的生涯發展。由於家園(於南投市)亟待整修,家人又暫遷住臺中市,兩個孩子分別於臺中市寄讀,突來的重大變遷造成孩子身心受創、無法適應環境,是那時一大困境。當個人發展與家庭需求相衝突時,毫不猶疑地,決定返鄉與家人攜手重建家園,是以,於隔年4月請調回臺中縣文化局擔任副局長。生命的變化總是無常,惟有積極面對,都有可能,沒想到五個月之後以不惑之齡,成為臺中一中首位經遴選產生的校長,更沒料到八年之後,再度成為建國中學首位經遴選產生的校長,都是因緣際會,其實也是自己的選擇。

身為教育工作者,除了生命歷程的挫折與挑戰外,自我期許多了一份對教育的愛與對生命的尊重,以及一個對教育志業的夢想,夢想自己可以成為教育樹立「優質緣於生命體驗、卓越來自多元實踐」的典範。說到夢想,早於1963年,馬丁路德‧金恩在林肯紀念堂發表著名演說「我有一個夢想」時,就曾期待「孩子不因膚色而遭論斷,昔日黑奴之子與昔日奴隸主之子能同桌而坐」。是的,今日的美國總統 Obama,不正是金恩博士夢想的具體實現。「有夢最美,希望相隨」,不該只是政治人物競選的口號,就像「Yes, We Can」一樣,都將成為您我努力的目標、生活的方向。

結語──校長難為、可為、應為

「校長難為」,這是事實的命題 ◎◎◎

伴隨著政經社會自由化、民主化的腳步,教育這塊園地亦日益多元多樣。十餘年的教改方興未艾,校園文化在威權保守與平權開放之間尋求新的生態平衡。在此大環境變革中,不僅喚醒了學生的受教權、教師的專業自主權、家長的教育參與權,社會大眾對辦學績效的關注,也相當程度地啟動了這些彼此休戚與共的力量,在「進一步如臨深淵、退一步海闊天空」的折衝與妥協之間,重新建立起校園的秩序。在此權益交錯的運作機制中,各方力量各有自主意識的彰顯與難為之處,學生因老師與父母的殷切期許而難為,深怕表現不夠好;教師肩負教學成效與家長要求而難為,唯恐愧為人師;家長難為於親子之間與親師之間關係的建立,既期待又怕受傷害。而身為一校之長者,更是難為,理

所當然地，必須溝通協調於學生、教師、家長之間，尋求共識；回應重視社會大眾對學校的關注，尋求支持；還得引領學校行政團隊，掌握競爭優勢、落實執行績效，建構學校永續發展的願景。若再加上所謂的「不當外力介入校園」，或將成為「壓垮駱駝的最後一根稻草」吧！何以校長難為，道理在此。在校長難為的事實命題中，最常伴隨而來的是所謂的「委屈求全」，但當委屈並不能求全，或者，委屈求全並無實質效益時，其實無須委屈，特別是無需因少數人的意見而委屈了自己。做該做的事，無需太在意少數人的批評，以多數人的權益為重，即使短時間被誤解，亦在所不辭；讓時間證明一切，與其只想做個受歡迎的領導者，不如做個有作為的領導者。諸多前人經驗歷歷在目，想要與人為善、顧全大局，到頭來卻是一場空，在歷史的洪流中，身為一校之長究竟留下什麼樣的評價或典範，值得省思。

雖校長難為，但「仍有可為」，這是理念的層面 ◎◎◦

有句話說：有什麼樣的校長，就有什麼樣的學校。身為一校之長，站在教育現場的第一線，是「百年樹人」的實踐者，可以讓教育理念付之實現，可以讓一所學校建立特色，可以讓莘莘學子成長茁壯……，這是何等神聖而難得的「自我實現」機會啊！且看每一次每一校的校長甄選或遴選，無論小學、中學或大學，都經激烈競爭，獲選者於上任時無不暢談辦學理念、信誓旦旦全力以赴，可見擔任校長仍是眾多教育工作者羨慕、努力的目標。再看看全國數千位校長，絕大多數都懷著「歡喜做、甘願受」的使命感，兢兢業業於學校經營的崗位上，今日教育能夠在改革浪潮中不斷精進，校長雖不必居功，但絕對是用心良苦、付出許多心力，實應得到肯定與鼓勵才是。至於校長考評、任期制度，則是檢視辦學績效的必要機制，對每一位已經盡了力的校長而言，宜以平常心視之，須知：沒有哪一個職位非誰做不可，也沒有誰非做哪一個職位不可，不是嗎？

雖校長難為，但仍有可為，且應「為所應為」，這是原則的問題 ◎◎◦

校長這角色一向被賦予較多的期望，最好是全知全能，其實校長只是個專業工作者，自有其專業知能上的限制，所以校務運作中必須進行分工，從教務、學務、總務、輔導到人事、會計等，各司其職、各負其責，校長不能也不

必攬所有的權與責於一身。校長這身分也通常被賦予較高的道德標準，此不僅是社會大眾有一股他律的監督力量，也應是身為校長者內在的自律良知，當能力與操守之間有所衝突或必須抉擇時，寧被指能力不好，也不可遭責操守不佳，這就是「有所為有所不為」的擇善堅持。至於若為著學校之建設、資源或表面和諧而委屈求全，甚至忍氣吞聲、鬱悶寡歡，都是不值得的，即使達到了目的，也未必獲得師生家長的肯定。相反地，即使少爭取到資源，而保住教育人員應有的尊嚴，仍可得到諒解，全身而退、無怨無悔。

蔡炳坤校長小檔案

臺灣南投人。國立政治大學教育學博士，曾任前臺灣省政府教育廳督學、教育部中教司科長、臺中縣文化局副局長、國立臺中一中校長，2007年榮獲教育部「校長領導卓越獎」。

2000年，以不惑之齡成為臺中一中首位經遴選產生的校長，兩任八年期間，以學生適性發展、教師專業成長、家長支持參與、行政服務效率，以及學校堅守中立為理念，打造臺中一中「生命活力、優質卓越」的願景。具體的創新作為，在軟體方面，以全面扶助家庭經濟弱勢學生、建立視覺識別系統、成立藝術中心、舉辦駐校藝術家活動、開播週五藝饗夜、開辦週六通識教育及第二外語、舉辦水上運動會、創設語文資優班、開辦高瞻計畫、與日本早稻田大學本庄高校、神戶市立葺合高校、法國馬萊爾布高中等締結姐妹校、發起全國高中校際聯盟、建構自主自律的自由學習風氣等項最具特色。在硬體方面，以多功能社區學習中心工程、定址教學及廣播系統、景賢樓工程、圖書資訊暨教學大樓工程、校園中庭景觀工程等最著，對於學校長期之發展，深具影響。

2008年，再度成為建中首位經遴選產生的校長，接下「百年建中、世紀紅樓」歷史傳承的一棒，以「歡喜做、甘願受」的謙卑心情、「集眾志、合群力」的積極態度，期許和建中師生同仁、家長、校友們共同打拼，經由多元學習、適性發展、通識能力、全人教育的校園學習環境建構，藉以孕育出兼具「人文關懷」與「宏觀視野」的「有品建中人」。

8. 悠遊人生，精彩加值

國立蘭陽女中校長　曹學仁

　　談起當校長，多數的人會以為這一個「當官」的職業，可以管理許多的人、事、物，也可以實現自己的教育理念與夢想，當然也可以光耀門楣，因為祖上有德，所以才能當上校長。承繼這樣學而優則仕的思維，與學校經營領導的專業性、獨特性，讓校長這個職務與角色成為師生家長所信賴的學校代言人，更是學校形象的簡單化約，同時享有較高的道德期待與專業光環，可以說是集多重角色與任務於一身，其責任與壓力不可謂不重，當然，其成就感與挫折感也就相伴而生。

　　就如同教育志業沒有區隔為中小學之辨一樣，雖然因為辦學的教育階段有所不同，但基本上擔任校長的角色扮演都是一致的，無非就是希望能將學校辦學的效能及效益可以提升起來，透過一套對於學生生涯發展有其實質意義的教學歷程與課程發展，進而陶冶學生的品格及增進其認知，以達到全人教育的目標。換句話說，就是扮演學校經營發展的領導者、火車頭、領頭羊等的角色，帶領學校向上及向善發展，其重要性不言而喻。

　　我有幸於 2003 年 8 月 1 日起共四年的時間，擔任國立光復高級商業工業職業學校的校長職務，2007 年 8 月 1 日經教育部遴選轉調至國立蘭陽女子高級中學，迄今已邁入第四個年頭，前後兩任凡八年的時間分別在高職、高中服務。初任校長時，正值 35 歲的青壯時期，可以說是人生最精華、最高峰的時段，有幸能有此歷練與學習的機會，感謝這一路走來，對我指導甚多的校長先進、同仁，以及在碩博士求學階段的教授、同學們的鼓勵與指引。也有幸能藉諸筆端，對擔任校長職務的酸甜苦辣略抒一二。

為什麼要當校長

　　2003 年 7 月 11 日，一個夏天酷熱的下午，我抱著學習的心態及嘗試蒐集歷屆校長甄選考題的動機，心想準備參加一場沒有上榜希望的遴選考試，鼓起

勇氣到教育部中部辦公室報考國立高級中等學校的校長考試。報名當天，因為想省點費用，所以搭公車到教育部中部辦公室報名，想不到對於大臺中地區的公車不熟悉，先是上了錯誤的公車路線，尤有甚者，更因為緊張而下錯目的地，繞了一大圈，而且還慘遭西北雨的洗禮，報名資料全都淋溼了。到了會場才發現學歷年資的佐證資料不足，心頭急得像熱鍋上的螞蟻，還好請同事從學校緊急傳真影本，才解決燃眉之急，也算是敲開了邁向校長之路的第一步。

「恭喜你，曹校長！」2003 年 7 月 25 日上午，當我在教育部二樓 216 會議室外廊接受范巽綠次長的恭賀時，不僅代表幾天之後我即將成為一校之長，也象徵著個人的人生旅程與生涯發展正邁向另一個里程碑，意謂著即將承擔著更多的責任、期待與壓力，但也更有個人教育理念揮灑的空間。

「現在的校長只有一種權，就是有責無權」、「校長沒有受到尊重」、「校長委屈求全」等等的評論是當前最常聽聞對於校長角色的認定與理解，校長似乎只是「坐在校長室的那個人」而已。雖然就理論與實務上來看，校長是很重要的，但一所學校若是少了校長好像也不會有很大的影響，這八年來的校長生涯就像在其中的矛盾鐘擺中來回不斷地擺盪著。

擔任校長工作，絕不僅是權力的擴大，或是權力的傲慢，而是職責與視野的增廣。以前擔任處室主管，只要把份內的事情做好，同時把校長交辦的事項處理完善，大概就算是完成了百分之八、九十的工作，心理負擔與壓力也沒有那麼大。反觀擔任校長以後，處理校務的層級擴及學生、老師、家長、社區、上級機關、國中小、鄰近友校等等各項社會網絡，處事的邏輯再也不能單從「我」（I）的觀點來看，而要轉變成「我—你」（I-You）的哲學觀點出發，要兼顧對方的觀點及感受，這算是最大的歷練與成長。

當校長要扮演什麼角色

校長因為扮演學校火車頭及樞紐的關鍵地位，所以其角色也是多元而彈性的，如果從社會層面來看，校長可以是全校的大家長，也是行政領導與教學領導的重要關係人，更是社區互動的代表人，同時也是教育政策的執行者，可謂相當多元複雜，其主要的角色功能可以歸納為四點，也就是「接前後、連上下、洽內外、合異同」，以下加以說明。

「接前後」：每位校長都有一定的任期限制，學校校務也不是憑空而來，就是因為有前人的努力與打拼，才會有我們今天接任的良好基礎，即使是因為特殊時空背景，也許接到一般所謂的「爛攤子」，也是磨練與成長的良機。所以我在從事任何決定的興革事項時，無不以前任校長為參考指標，從「我要留什麼基礎給後來的接棒者」這樣的角度出發，讓自己的決策可以更周延圓融，也比較可以讓政策可以有延續性，不會人去政息。

　　「連上下」：校長在學校層級中雖然是科層體制中的最高位者，但從教育行政科層的觀點來說，校長同時既是領導者，也是執行者，特別是針對比較具有理想色彩或是爭議性的教育政策，如「體罰」、「補習」、「參考書」等，校長處於科層的中間，一方面要貫徹上級機關的政策理念，維護教育的尊嚴，另一方面也要在教師多元的價值理念中不斷地溝通宣導，讓教師同仁能夠理解政策脈絡，同時可以配合。

　　「洽內外」：由於社會環境日趨多元與複雜，且學校與社區之間的互賴關係日益加深，其連動關係也更加緊密，兩者相互倚重，不可能單獨存在，學校再也不是象牙塔，可以關起門來自我封閉式地埋頭辦學，而是要努力地爭取社會資源。因為學校裡的常務預算編列有限，往往需要社會資源的挹注，無論是人力、財力、物力，都需要資源的投入與協調整合，因為校長是學校的代表人，許許多多的社會資源也是因為校長的企圖心與形象而有所回饋。所以這就是為什麼近年來校長會這麼辛苦的原因，一方面要整合校內同仁師生的意見及做好領導工作，二方面為爭取社會資源，也要同時與社區環境保持一定的良好友善關係，經常在下班後或是週六、日還有許多的活動要參加，占用了大多數的家庭生活時間，對於校長的體力與精神也是一大負擔，影響正常作息，壓力頗重。

　　「合異同」：這是校長最痛苦也是最艱難的任務，就是將不同的意見與利益整合起來，而做最終的決定，往往順了姑情，也同時拂逆嫂意。因為教育位處於前典範時期，教育哲學與價值觀多元而莫衷一是，所以人言言殊，既沒有標準答案，當然也就沒有一定的行為準則。在整合多元意見的歷程中，不是只有單純地靠校長運用權力要求貫徹（power through），或是以權力來壓迫（power over）所有師生同仁一體適用地遵從，而是以溝通對話、互為主體的權力分享（power with），來進行協調與整合，若是只有要求，而沒有溝通，

依我淺薄的經驗，到頭來就只怕會產生作用力與反作用力的反抗（power against），徒勞無功。尤其是人事布局的安排，往往慮及深夜，輾轉反側，不得成眠。在學校體制中，最難處理的事就是有關「人」的事，其影響往往深遠而不可反溯，發現錯誤時已來不及挽救，也容易造成難以彌補的罅隙。

校長的身影

　　如果用一句話來形容校長的心情寫照，那就是孤獨但不寂寞（alone but not lonely）。傳統的校長角色就是學校中權力最大的領導者，凡事「校長說了算」，而現實卻是「校長說的，算了」，但儘管時空轉換如此快速，終究校長還是體制上位居最高位的人，一般人不是避而遠之，就是保持距離。相對地，教師同仁也比較不願意與校長走得太近，以避免被貼上「校長派」的標籤。事實上，校長一個人在學校服務，若是沒有團隊在背後支持協助，校長的抱負與理念也無從得以實現，所以大多數的同仁也是支持校長的領導與作為；但由於傳統的觀念影響，總是認為不要和校長走得太近，以避免不必要的聯想，往往讓校長在學校中的身影總是一個人。個人的經驗是，絕大多數的老師都是勤奮教學、認真負責的優質教育夥伴，也許行政工作與他們距離太遠，較為疏離，所以對於校長也就僅止於行政領導的印象，加上校長的行政工作負擔繁重，無暇慮及每一位教職同仁的感受，偶爾也有不周到的地方，總讓校長覺得情感上沒有支持。因為我服務的學校是屬於國立的隸屬，所以經常有機會到外縣市開會，來回奔波，披星戴月，經常有踏著月色兼程趕回家的情景，回到家時，妻小早已熟睡，每憶及此景，總有孤獨之嘆，也有疏於關懷家人的慚惶惴慄之感，但我深信，「德不孤，必有鄰」，任何的教育作為只要出自善念及正確的教育理念，就一定會有一股正向的力量在支持我們，校長的身影也許是孤獨的，但情感及理念上是不會寂寞的。

最喜歡做的一件事──和師生在一起

　　校務龐雜，當然處理起來沒有一定的軌跡可循，也沒有公式可以套用，這中間的酸甜苦辣只有自己主觀的領略。擔任校長七年多以來，如果要選一件最有趣、最令人期待也是最快樂的一件事，那就是在校園口佇著晨曦迎接師生來

校，而在夕陽餘暉中，踩著步伐快樂回家，揮揮手向師生同仁輕聲道別。

　　我感受最深的就是在上學的時段，無論晴雨，能在早上與師生同仁一同道早問好，將一天愉悅的心情與他們分享，由校長主動問好，透過肢體語言的互動及笑容可掬的態度，引導及培養學生真善美的人際互動，建立自己的信心，以最陽光及最踏實的心情迎接一天的開始，每每看到師生同仁回應的滿滿笑容，就覺得好有成就感，不是源自於一種權力的運作，而是發自內心的一種愉悅感受，實在太神奇了！有時因為公出差假的關係，未必能依時站在校門口迎接，當天就會好像有一種有件事沒有做的感覺，神奇得很！

　　經過一天繁重的課業學習，無論老師及同學多少都會覺得疲憊，加上課業的壓力，心情似乎也沉重不少，我總是透過在校門口道別的時機，問候特定的學生，或是隨機與同學聊聊天，詢及學校生活的點滴感受，往往會有意想不到的收穫與感受。透過這樣的迎接與歡送過程，不僅可以將校長對全體師生同仁關心的情感具體表達出來，同時也可以從中發現一些問題並即時解決問題，同時讓他們可以在校門口看見一校之長在關心他們，心中也會有一股安定的力量，覺得自己是被關心也是被呵護的，感覺上特別親切，也可以拉近不少與師生同仁之間的心理距離，效果很好喔！

　　一樣的道理，我關心學校的具體行動方面還有一種「撇步」，也就是以「巡堂」代替「查堂」。每天只要我在學校，一定會至少有一至二次的課間巡堂，以走動式管理的精神，而不是查弊管制的作為，來尋找發現應興應革的事項，多給學生肯定鼓勵的話語，正向期待師生的教學成果。同學們不同於以往會怕校長巡堂，反而非常歡迎校長的經過，彼此的眼神照會也是一種關心與祝福。從教師節、聖誕節、新年、畢業典禮等收到同學們的謝卡，因為自己可以有機會擔任校長的職務，就覺得是一種福報。

　　還有擔任現在的校長，非得一定要有十八般舞藝才行，除了口才便給、思路清晰，能將個人理念與教育政策有效溝通以外，更重要的是要積極參與老師、學生的各項活動，舉凡敬師迎新、卡拉OK比賽、校運會大隊接力、畢業晚會、畢業典禮、社團成果展、辯論比賽、文藝營、班親會等等不勝枚舉。我因為年紀尚輕，所以體力上還有餘裕參加各項活動的展演，或是扮演丑角、或是神祕佳賓、或是在台下靜靜觀賞、或是喬裝打扮粉墨登場，都是多元參與學校活動的方式，更是一種直接產生共同群體（we-group）的感覺，也能有效振

奮學校的士氣，可以說是一舉多得，所以我的經驗就是不僅要「參加」（parti-cipation），更要「參與」（involvement），以行動來支持師生活動，得到的回饋也相當豐富。

以溝通代替領導——說故事的能力（storytelling ability）

由於當前校園中的權力結構及家長、教師、學生的意識已有明顯轉變，傳統上以權力來決定互動關係及校園倫理的時代已日漸不復存在，擔任校長的艱難度較諸以往提升不少。我由於 35 歲時即擔任高中職校長的職務，在講究經驗與倫理的校園文化中，要有效地推動校務也是具有極端的難度，經常被視為是小孩開大車，政出而不行，特別是行政主管人事的布局及任務的賦予，經常治絲益棻。有一種隱形的潛在規則在宰制校園的思考，因為老師們考量的往往不是能力，而是年齡、倫理與經驗，也因此有了理念上的差距，但橫衝直撞也解決不了問題，所幸經過不斷地溝通對話，久而久之也就磨合出一定的模式來，從協調溝通中找出雙贏（win-win）的策略，而不是贏者全拿（the winner takes all）。因為教育事務很難在短期間內檢驗出成效，所以決策的結果也難以績效導向來衡量。擔任校長這樣的職務，往往會心急於想要拿出一定的表現與績效來，經過碰撞以後，才會慢慢累積這樣的處世哲學來。如果不能採取這樣的溝通理念，遇到的阻力就會比較大，無力感當然油然而生。

所以，我可以大膽地預言，在校園中「說故事」的時代已經來臨了，無論校園中經營理念思潮典範如何轉移，當前最重要的就是每一位校長都要有「說故事」的能力與修為，將教育政策、個人理念與校務經營策略，轉化成一篇篇的動人故事，打動人心，引導老師與學生的配合，指引出正確的方向來，因為「方向對了就不怕路遙遠」，儘管三令五申、耳提面命的方式會產生一定的教育效果，但往往是屬於被動或是制約的結果，以個人的經驗，若能將教育哲學、教育行政經營、課程與教學等透過隱喻或是相近的故事，透過書面及口語的方式來論述，直指人心，感動情懷，收到的效果往往是意想不到的。因此說故事就是設身處地為教育本質盡一份心力，以柔性轉化的力量來提升辦學的品質，減少內在能量的消耗，這也是一種生命的修為與體驗。

📓 曹學仁校長小檔案

回想高三畢業參加大學聯考選填志願，心中一直嘀咕著「像我這種人才，一定非臺大不念」。面對自己考試的高分，對照家中清寒的情境，也只好順應母親的殷殷期待，選擇國立臺灣師範大學就讀。說實在的，在成功嶺受訓時，還不能接受自己是師範生的事實，大一、大二也就茫然而過，到了大三才開始轉念，全心學習，認識自我，也慶幸自己這輩子有機會成為教育工作者。

大學畢業後的八年，因緣際會選填玉里高中當作是教書生涯發展的第一站，期間進修國立臺灣師範大學教育學系碩士班，也了解到偏遠地區教學的辛苦及教育機會的不均等。爾後請調到國立頭城家商擔任主任輔導教師，五年期間，有幸獲得教育部師鐸獎的殊榮，也進入母校的教育學系博士班進修，亦榮獲宜蘭縣優秀青年獎章，最重要的是我和內人有了唯一的小天使。

35歲那一年，我成為最年輕的高中職校長，也改變了一生的角色。這八年的校長生活，可以用「長善救失」來形容，雖然辛苦，不過學習與成長最多的還是自己。從退縮而精進，由青澀而穩重，雖然目前童山濯濯，外表看起來「物超所值」，頭頂的「土石流」也沒有改善的跡象，「面子」愈來愈大，「洗髮精愈用愈少」，也贏得「絕頂聰明」的雅號。感謝上天，讓我有機會當老師！這也是這輩子最大的福報！

9. 追求單代演化的生命力

臺南市光華女中前校長　郭乃文

（榮獲 2008 年教育部「校長領導卓越獎」）

（現任教於成功大學行為醫學研究所和健康照護研究所）

「教育不是用來榮耀教師或學校，教育只為成就社會中的個人與群體，且讓校內與相關學境的每一位師生都往身心健康、有未來性的方向前進」

～乃文於 2001 年校長就職誓言

教育的歷程是錯了路，如果不為各種人性開展幸福寬廣的生命力；

教育的價值是歪了樑，如果不為社會建構能併肩互愛的人群氛圍。

～乃文於 2010 年慶祝臺南市光華女中 80 週年校慶祝福反省

 ## 步入中年如何攬鏡印照生命的美麗

在完成教育學分後的 20 年，我居然會有機會到臺灣教育瓶頸最前線的國中與高中現場來服務整整七年六個月。在進入校長這一行前，我已在臺灣大學心理學系擔任一年半的助教和助理、在臺北榮民總醫院擔任四年三個月的臨床心理師（從副技師升到技師）、在高雄醫學大學心理學系教了 12 年書（從講師升到副教授）。早年選擇心理學就讀和後來持續研讀心理學的理由，都是回應自己個性中的熱愛自由、自我負責以及追求生命意義之特質；我喜歡在山野中赤腳、在傳統市場瞎逛、在圖書館尋寶，體驗收穫與成果，不要時間限制；穿著牛仔裙、飄著長花巾，映襯著美美氣質的吉普賽風；蒐集放鬆和卓越共存、追求利他與自我交代並重，在世俗眼光下活出自己。

從如此一個專業工作者的自由感和高理想性，走到必須為團體承擔創新責任和實踐前瞻性的崗位上，或許動機和目標都沒變，但是，執行歷程卻已全然不同。這十幾年來，我親眼看到幾位長輩的擔心和憂慮，放棄了學術尊嚴，希

望加入教育體系的核心系統，最後卻被困在「勢難為」之困境，不得不傷心離去；反之，也看到某幾位轉身投效卻游刃其間、創造可行性的前輩。學術人，難免充斥著熱忱加上「捨我其誰」的自苦之心！我，在縱身一跳之時，也算屬於想要小試牛刀的天真學者之一吧！

雖然無以判斷這時代的節骨眼能不能算是臺灣教育史上的青少年期，因為恰是介於走出依賴傳統與權威的兒童期，以及期待走入探索與創意的尊嚴成人期之間。但我卻清楚知道，這是投入臺灣教育加入奮鬥戰場最特別的好時機。2001 年的時代條件是：從 1954 到 1984 年止，臺灣的嬰兒潮正式結束，新生兒不復為年出生數 40 萬（2006 年出生人數已經少於 20 萬人），臺灣的青少年愈來愈少；這是教育部在 1968 年推動九年義務教育之後的第 33 年，歷經臺灣經濟起飛、股票泡沫化、資產外移、新移民引進、執政黨輪替等，且終於積極想要推動十二年國民教育了；著名歌手阿妹在總統府前的國慶日慶祝大典用了很像美國人唱國歌的創意風格來唱國歌，挑戰和鬆動長年的道統，然後因為政治議題又冰封回去了；「地球是平的」、「藍海策略」的資訊時代正式來臨；而最重要的是，我所研究的神經心理學和正向心理學在全世界的教育體系中大大興起。

在這種見獵心喜的感覺中，好似手中有支鐵撬，農作物正成熟，看著遠處的青山，湛藍的湖水輕飄著春天的風微微和唱土壤的邀請曲調——我這縱身跳入美夢與惡夢的連結體中，去向「人」學習。

接手光華女中這年，學校招生遇到危機、貸款高過一億、還擁有許多會寫黑函的同仁；新手，42 歲，把夢想當作甜蜜包袱，勇步跨入精壯中年。

生命力的被動激發，因為身體心靈之挨餓受凍與苦吞冰雪而成長

先談談任職早期的幾件小事：

在一個很讓人燥熱的夏天晚上 8 點左右，我還忙些白天無法完成之事，突然高中部導師氣急聲嘶地帶著七位學生衝進校長室。「她們在對面國小的升旗臺和別校學生打架！」我大腦轟然一聲！辣傢伙們，可真來勁！我一個一個盯著眼睛問：「在那粗硬的水泥舞臺扭打，受傷了嗎？」（破皮小血絲沒什

麼！）「這種時間吃飯沒？」（沒有。）「還沒回家，沒關係嗎？」，沒人回答我，再追問家中有人會焦急吧？「沒人在家」、「反正要被唸」、「被打習慣了」、「家裡也是沒有準備東西」、「爸媽不知道」、「阿嬤不管我」。唉！孩子們沒感覺有人用心歡迎她們回家。只有一個孩子說：「媽媽會等我，但我想陪同學，她知道這件事一定會哭。」我不可能不懂，身為生過孩子的人，一顆心很容易揪痛；外表看到的逞強行為和受傷肢體，她們的眼神還是嬌弱無助的，好愛好愛這些孩子！要愛人，必須更堅強和更努力。

那些日子，我更奮發整理發展神經心理學的相關新知，以應用和執行為閱讀動機，期望在我熟悉的科學知識中找到出口，要讓青少年旁邊的大人，別用尊重、訓練、要求、距離感等當作藉口，來躲避正面面對這些青春期活躍混亂荷爾蒙衝撞時的不安和憤怒。適時那段時間，讀高中的兒子口頭上總喜歡說要怎樣怎樣才是王道，我也就嘗試著進行「知識、權威以及暴力都沒有用，理解才是王道」的方式，作為校園中進行人際智慧教育之基礎信念。像是：舉辦SCHOOL OPEN DAY，讓家長走入校園，把學校各種特色看一回，建立和孩子對談的話題；新生報到日想辦法讓家長非參與學校活動不可，我一定親自以授課方式來演講；校內每學期開始辦理「情牽光華」活動，以「堅硬的石頭抵不過柔軟的心」作為主軸，建立校園互動的新核心價值，例如：「從九一一到九二一」、「教育的心，像父母的心，一口一口地餵」，甚至後來我主導進行兩年的「八個校長的核心成長團體」等。

並且，我強力應用正向心理學中的經驗法則，將主動語言輸入給師生和家長來形成內在心理定位，作為校園中進行自我智慧教育之基礎信念。像是「在哪裡成長、在哪裡學習、在哪裡努力，那裡就是您的第一志願」（學生是經由考試挫敗之經驗才進入本校，但我要求學生必須認定自己正在第一志願中奮鬥，到現在十年啦！我發現光華女中的畢業生沒有人會忘記這句話）；跳脫表面分數的現實評價，真正腦功能是：三力（活力、生命力、創造力）、三性（彈性、穩定性、反省性）、三度（廣度、柔韌度、堅持度）。我撰寫的校內小品都從小小的心理基本功開始，例如：「意志與抑制」、「心情與辛勤」、「腦與學習」、「從迪士尼看女人的美麗」等等；並且重新詮釋校訓的意義和顏色（讓字字句句都是真的可以提醒自己的內容）、重整校內環境的視覺線索（讓舒服和幸福感環繞自己）、每學期以各種類別的活動來建立學生成就感

（讓每個孩子在校園中都有正向成功的機會）、進行非常複雜的專業發展與考績制度（讓教職員可以找到自己想努力貢獻的各種不同方向，不必自限於混到退休的罪惡感）等等。

又有一次，也是任職第一年。接近中午，某個期中考的第二天，教官和高職部導師臭著臉、雙手逮著四個學生，恰好被我撞著，這是什麼師生關係？我實在看不過去。忍住氣、笑著臉、眼睛略過大人們、釘住孩子，「請問您們怎麼了，讓教官、老師這麼生氣？」（爬牆溜出校園。）「有急事嗎？」（我們又不是故意的，實在是肚子很餓！）「上禮拜我聽到教官廣播強調很多次，考試時間要加強點名？您們都不怕啊！」（吃完我們就趕快回來啦，哪知道教官會守在牆邊！）（我們都穿裙子，這樣很沒品せ！）（又沒有全抓到？！）（他們運氣很好せ！）。七嘴八舌，嗯！真服了您們啦！大女生還用這麼基礎性、暫時性、幼娃性的生理需求當作理由，來違反重大校規（實在難怪大人要脫槌發飆囉），還大辣辣地展演著標準青少年發展期以自我中心思考的似是而非之邏輯。嘿！我可不是被嚇大的，在口頭上依舊笑笑說：「從古代就常常有人為了肚子餓犯規，您們解決問題的創意還是不夠！不過，您們都懂，做錯事要付出代價吧！」（知道啦！孩子們俏皮地轉頭看看大人，大人鐵青的臉色也回溫啦！）。但是另一方面，我心中卻不斷滴沽，每一代孩子們好好成年，就足以安定三代家庭和社會，我一定要弄到您們非替自己聰明作主不可，還給我要呆！哼！要您們自己在學校裡就必須為將來的選擇忙起來和動起來。

那時，我們大人們其實是窮困到了極點！我必須強烈要求同仁們緊衣縮食（我甚至天天黃昏去幫忙導師室關電燈），每個月都在調帳目還貸款。因為我不理解的制度變更，中部辦公室給私校的補助款少得可憐（像我們最大招生量可達一千八百個學生的規模，卻也只有一年一百萬元）；加上嬰兒潮過去了，招生不足變成流行病，私校變成過街老鼠。那是個美麗的初夏黃昏，剛準備接手校長的我，卻被剛接手的學校帳目嚇出一身冷汗，那棟還沒落成的綜合教學大樓每年需要付給銀行的利息，居然超過學校過去三年每年的平均盈餘。我們連繳利息都捉襟見肘，未來 20 年要如何去還清這棟大建築物的貸款，更何況硬體建好空無設備，要靠什麼啟用？這是學校的重要財經力，我也不敢隨意聲

張，心中就希望是我資淺看錯資料。恰巧一位在本校服務超過 30 年、年逾 70 歲、也在董事會服務的長輩經過，趕快請教他，這是怎麼回事？細細聽完我後，他說：「別想啦！這沒辦法，早一點回去休息吧！」我氣急敗壞立刻打電話請示董事長，非常尊重學校主權的董事長很無奈地說：「我一直以為學校沒有困難？！」瞬間，我突然很體諒那段時間前後三、四年間，共有三十多位資深和有機會另展鴻圖的老師（每位老師我都深談乞求）——離開之內心苦楚。也才知道，為何我偶爾到處晃校園串門子時，常會發現許多老師都在準備考國立或公立學校，看到我出現就收桌子。那幾年從春天到夏天，每每提心吊膽地去查教徵榜單上的名單，那表示我們倚重的同僚要離開了。理念和感情或許很重要，但那背後，還有養家活口和生涯發展的壓力。我去求來接頂行政工作壓力的每一個同仁，原來在答應我的當下，她（他）們要放棄其他許多機會，在接受挑戰的義氣和承擔危險的勇氣中，才能伸手給我；還有許多好好教學即使選擇離開也堅持到最後一秒才慎重告別學生的同仁們。今天，每每想起，總是淚下心圖，終身感謝這樣的夥伴。

Who am I as principal? 我當校長這一行

作為校長的我是怎樣的人？

我要如何是個完整的人，來職司校長這一個角色？

唉！生命的機緣似乎可以控制，又似乎無情。有次聽到一位高醫的老長官說：「就像是正需要計程車的時候，突然有車來了！我或許稍做選擇，但是，到底是計程車選擇我，還是我選擇車？」我興沖沖地投入，卻很快地發現自己陷入無底深淵之中。上工後，深刻衝擊的是：不能隨心隨性所欲，但要發揮創意前瞻、不能專攬職權卻要承擔成敗，唉！這就好像要當教育人卻沒有自己的教室。身處以考試成績定勝負成敗的社會價值觀系統中，這苦，甚至不堪與人討論和分享，因為非校長者，覺得您假仙吐怨；而校長同儕，隔校園如隔山。至親如家父母，擔心我嫉惡如仇之傲性，句句慎重交代：「得要保護自己，千萬不要去被關」（台語）（因為他們腦中有許多被污衊加罪的人）；同時，家中翁婆也贈送兩句：「不要愛作，作到離婚」（台語），可見這一行，尤其是女校長，社會觀感有多複雜。果然也是，號稱心理學家的我，得從與人交往關

係之文本重新摸索。還好，先生和兒子維持一貫標準作風，相互支持生命歷程之選擇、個人自己負責盡力揮灑，然後，互相需要的時間非到位不可，即使要求時間不多。

領導者的職業性格中，因為倚人與倚己並重、處人與處己相隨，所以關懷和戒慎都是核心要件。回應這校長歷程的衝擊，吃了幾次傻瓜虧大之大省思後，我下了行事原則是：在不順心意的當下，盡量不發牢騷、不動心性，積極尋找眾人內心的理想和期待，然後一切從根處、從低處、從底處，尋求關鍵的小處做起。感謝這八年來一直陪著、照顧我的祕書陳亮琴小姐，她甚至要執行家母的要求：「不要讓她超過晚上八點還沒吃飯。」

當然，不順之事，每天都多如毫毛，連假日晚上也經常性地有多人在門外排隊，或在對樓觀望等待。只要難得半天沒有人踏門踏戶（台語）地搶進校長室，我還會覺得當天過年呢！人心不古，根本沒辦法使用舉旗號召之方式，一一都需要溝通和討論。有意願交談就會有奇蹟，有些老師知道我願意談，似乎頂著冒險的心情，陸陸續續地將她（他）們的壓箱寶獻給學校和學生。但是，總有永遠的反動者讓我苦惱，最氣人的是反動者自己是不出聲音的，卻一再慫恿夥伴們「看著戲吧！」、「反正上有政策下有對策」、「撐不下去的啦！」為了對努力夥伴的平等回報，我一再苦口婆心地勸說，希望大家同力划槳，即使自己正處於不恰當來為群體逆流而上地奮鬥的生涯階段，也不可以破壞自我尊嚴做出挖船底洞的事情。苦撐三年後，雖非本願，我還是帶領光華祭出多元考績條例，不過，至少還能設計出多元的方式，讓教職員可選擇以自己的興趣和時間來規劃表現方式。

如此混亂之下，何來今日的光華教育之亮麗？整理起來，前後八年大致有一條主幹線掛著兩串驅動車讓我建立轉機。一串驅力是建構在進入光華校園裡早期處處碰觸、動輒得咎的不順念，在逆境產生的契機中學習；另一串則是建構在自主精悍的個人 CEO 和校園核心領導團體慢慢長大，已能正向面對環境與時代的挑戰，勇敢突破。而底下那最基礎的主幹線呢？是董事會對我們的信任，才能放膽去做「配合良知和專家所覺得最該做的教育」。我喜歡比喻這過程相當於克服萬難去取經的孫悟空人生，經常將兩張圖片並列來警示自己，一張是正常的孫悟空，另一張是類似孫悟空裝扮的米奇老鼠，有著腳踩筋斗雲、手拿金箍棒、頂戴頭箍，這兩張圖片用以提醒自己，不管以哪種面貌，有金箍

棒支使彈性、創意、解決問題，有筋斗雲標章能力、遊藝世界，也一定要留下重要的被約束空間（願意被自己和被重要他人約束），實踐風光絢麗的頭箍與緊箍咒相互依存的價值。當年的光華董事長韓良誠博士對教育意義十分執著，是位滿腦理想與熱忱卻又滿身謙謙君子本色的長輩，從不輕易開口要求或批評，總是很尊重地以古禮稱我「校長先生」。而我感謝知恩，無論如何忙亂，每季必然定時呈報董事會重要的工作計畫與展望、各種工作成果會報、經費調度與運用等等之詳盡資料，並分析闡釋，藉由足夠的溝通一方面砥礪自己，另一方面建立相互信任的管道。

此外，雖然身為私校校長，我卻一直要求自己，不要自絕於正常體系之外，一定要自許為承擔國家重要教育角色之一份子，這樣才不會因延燒大人間的爭戰而損失了孩子們的權利。我採取極為主動的方式去了解國家各種教育改革之內在企圖心和外在計畫案，而且進行有計畫性的深層次投入。那時，難免有其他私校校長會笑我說是「身段低」、「看不出是大學教授」，也有幾位公立學校校長視我為異類「不知好歹」、「擾亂市場」，幾年下來收穫卻不少。結交了許多南北教育界好同仁們自不在話下，在執行各種專案中，不但能找出光華版的教育理念出路，且自詡已擠身成為臺灣教育改革最重要的場域之一（以校園神經心理學為知識運作中心，執行面我稱之為「前額葉學校」）。

生命力的主動累積，因為心靈之期待與真實追求而成長

不想混，所以擔任校長一個月，呼應我的知識專長，我就執意創設「學本實驗班」，意即學習本位、學生本位、學境本位，全面重視個別差異和創意教學環境；立意雖好，但被笑說是「血本無歸實驗班」，後來為了容易溝通，改名為「多元智能實驗班」，曾兩度榮獲臺南市訪視第一名，2004 年全國學校經營創新獎和創意教學獎優等，2010 年曾獲《親子天下雜誌》採訪等。四個月後，學校開始為高中職部規劃電腦選修系統、系列生涯試探和規劃課程、建構個別學程統整入門教材、分科分組教學等。隔年（2002 年，光華女中創校73 年），我們開始綜合高中新紀元，正式推動重視學生自主與彈性的校務行政改革模式，學生開始以電腦選課、跑班上課、擁有個人課表、選修各種專門職業的入門課程，做為生涯試探、自己經營空白課程、挑戰跨學程或跨年級或

雙學程選修等。

像寒天熱水浴般喜悅的渾身淨浴，我們開創契機，在光華生根的有新的學制（綜合高中）、新的學程（「銀髮族活動管理學程」為全國首創，此學程結合多位大學教授寫出一系列的課本，包含我個人的著作「銀髮族心理學」）、「多元智能實驗班」（依據大腦發展的理論所規劃）、新的校園倫理課程來培養前額葉功能（執行各種新型教案與計畫，像是：自主規劃、情緒管理、人際關係、道德約束、正向心理學網站、樂觀學習、創造力教學、選擇與承擔力、自我定位與認同等）、重整校園環境，讓環境產生互動與對話功能（如自然教學中心、永續校園、綠生活、「生態城緣聯盟」等）、設計特殊體驗之教育空間（例如：PBL 問題導向學習之資訊教室、心靈網咖、兩性書坊、小劇場、女子生活空間等特殊教室）、推動融合神經心理學的三級預防（開發自我身心科學與環境身心科學課程、全校身心篩檢、校內診察 IEP、成長團體等各級衡鑑與介入）。

但是，任何改變剛推動時，處處是血淚。我想，參與改變的創始團隊心中只有一句話：「相信、期待，所以做到」。不要懷疑、不要打折、不怕困難和委屈，哈，那哪是容易之事？僅僅選課一事，質疑之聲四起，來自同仁：「別傻啦！她們懶得動！怎會跑班？」也來自家長：「她們哪可能自我選擇？」唉！她們即將從小孩變大人，高中階段是關鍵時期，不讓她們在這安全的環境中演練大腦功能，難道想要背著娃兒一輩子嗎？為了充分解說累積信心，我們發展各種管道，甚至做到把家長們教會在家裡利用網路選課過程和孩子討論生涯轉機。

2002 年 11 月 22 日，光華女中有史以來第一次的選課週，開放時間是一週，聽說學生都擠上網路系統等機會。老師怕家中沒有電腦的同學會吃虧，所以讓大家都能有空堂到學校的電腦教室完成選課。結果第二天早上，我在二樓校長室隱隱約約感覺到光華樓的氣氛不太對，心中慌慌的也坐不住，趕快用電話詢問教務處、學務處、諮商中心，學校發生什麼事情了嗎？原來有些同學選不上課，過度擔心自己的選課狀況不理想，在三樓和四樓的電腦教室裡哭了起來！這是華女綜高第一屆，學生沒有學姐可以傳承選課經驗，臺南地區所有的社區學校沒有人有經驗，既有的市場軟體不支持這些功能，教育部長官、工教系的教授、早期就參與辦理綜高的前輩學校們都口徑一致：「選課系統當然是

很重要的，但是，電腦選課系統要學校自求多福。」最慘的是，當時整個學校裡除了我曾在 1999 年與 2000 年在高雄醫學大學開設遠距教學課程，讓高雄醫學大學、中山大學、義守大學三所學校的學生跨校選課的相關經驗以外，連負責寫選課軟體的顏主任自己也沒有電腦選課經驗。

困難這麼大、時間這麼少、經驗值這麼低，同仁的首要問題，當然是：「電腦選課系統必要嗎？」、「詢問了好多間辦理綜高多年的學校，也都沒有啊！」、「時間上來不及！」、「學生不會用的啦！」、「學生只會用電腦玩遊戲！」、「這對招生不會有幫忙的！」；甚至許多惡意的隱性批評：「這是耍花招、不幹正經事！」、「根本就是鼓勵學生上網！」、「豪門遊戲和學術官僚啦！」相對地，我自己面對的思考點和挑戰點，也包括了多個層面的內心交戰：真要因為堅持就花掉同仁們的時間嗎（大家都已經很忙了せ）？會因為這樣讓同仁們心生畏懼而不放棄綜合高中嗎（這是許多學校的痛苦經驗）？還沒選課就讓學生擔心，會不會影響就讀的信心（懷疑當第一屆注定就是白老鼠）？而且，新的電腦軟體啟用一定需要時間除錯，選完課後萬一要改軟體，連教室都沒辦法重新安排，學校正在風風雨雨之間，這事情可就大條了！

當下哪有時間讓我品味這些成敗焦慮，我快速衝上樓走入電四教室，果然哭泣聲不斷，甚至有幾位同學是哭成一團。看到我進來，孩子的眼睛閃著亮光和淚水，「校長！我要那個課啦！」、「校長！電腦不認識我的代號！」、「我媽媽說要我修的課根本不見了！」面對一群學習為自己爭取機會而且心中有各種疑慮的少女們，我心痛地一一安撫，保證至少您們知道的這些大人群，會努力把問題解決以後，才讓她們開始穩定上課，絕對不會為了省事要特定的人委屈或吃虧（背後還有許多謠言在影響她們）。哭聲漸漸停了，但是我感覺肩上的壓力重擔無形地擴大。一時，心中產生了寂寞感，我忍不住跟孩子說：「這個嘗試，我們確實沒有經驗，看在這是為您們奮鬥的好意上，給我們時間和機會好嗎？」突然，一個性格強悍的孩子抹乾眼淚揚眉瞪眼對我說：「您們要做就做好啊！不會喔！」我知道，孩子，謹受教！我比您虛長 30 歲，但也還在學習如何從苦境中站穩，沉澱心情、踏實築夢，您的提醒是及時的。

堅持使用電腦選課的意義是什麼？這背後當然有核心價值存在。在臺灣，綜合高中是一個延緩分化的學制設計，也是唯一一個讓國中畢業生不必立即選擇就讀理論性質的高中或強調技術性的高職之體制。延緩一年分化的過程當

中，學校的正式課程和潛在課程設計必須在短短九個月（高一9月開學，高一下5月左右分流意願調查）當中，協助學生完成生涯規劃。正式課程當然有必修的生涯規劃和選修的各種學程簡介，但是，潛在課程必須呼應生涯規劃理論的內涵，協助學生在實質生活中學習「知己和知彼，選擇和承擔」。在身體已經長大、活動機能自由，尤其在現代資訊互動關係複雜的青少年身上，「知己」的途徑不只是來自個人的體會（像是測驗工具、活動參與等），還包括來自其他人，尤其是父母師長的回饋。孩子擁有選課的自由，當然需要父母或其他重要他人的意見，那還有什麼方式比得上一個不在校園的空間裡，在這代青少年學子所愛的電腦螢幕前，爸媽可以和孩子重複看到各種課程規劃的情境設計。或許一再討論選修科目、或許隨意漫談未來各種可能發展的情境、或許小小交換對世界上眾多學問與學科的想法、或許父母能藉著機會偷偷說明自己的期待、也或許看到孩子身上展現著自己的基因？

在科技時代做一些科技事情來呼應生命的需求和成長，電腦選課不只提供可以反反覆覆的討論情境，還可以讓學生維持強烈的意願，發展資訊整理技巧，來與父母溝通他們的想法。而且，能上網選課，背後就是一套整體課程的完善規劃，也是一份學校對家長和學生的公開承諾。同學們在一堆可以選擇的課程中，必須一再思索自己要什麼。一個禮拜的選課期間，有過去學姊的經驗和建議，有自我的探索紀錄和學習檔案，有模擬產業的潛在競爭機制，學科熱門與否、困難與否的考量，螢幕前諸多可能性組合是未來自我規劃的片片斷斷，最後等待按下「選課確定」按鈕的瞬間，學會選擇過後要面對承擔。曾經有位學生描述說：「我按下確定時，頭皮都發麻！」讓孩子為自己覺得重要的事情選擇和想像，我開玩笑說這是「演練蓋結婚證書的動作」，蒐集資料、仔細思考、慎重選擇，這可不只是一種態度，也是一種能力。在我們編寫《前額葉學校》一書時，曾廣泛徵求學生的作品，結果收到許多份自嗨式的作文，文中開頭第一句話就是「我不後悔讀綜合高中」。我不禁失笑，小孩談什麼後悔不後悔，她們只是熟悉了自我決策的歷程，經常應用前額葉的體驗能力，也經常進行回饋反思。

有一群同仁的確對我的堅持態度完全了解、體諒、支持。那時我以教務主任的身分代理校長，帶著新科兼任實研組長的資處科主任許峻溢、註冊組長貞好、教學組長美紅，和即將主筆設計選課系統的電腦中心主任顏嘉鴻，仔細逐

一討論必要的各種模組，模擬學生選課情境、印出個人課表之模式、單科分數老師分班輸入、教務處成績統合、學務處每堂的點名系統、每週超過兩百種的教室點名單、跨班跨年級甚至跨校選修的課本訂購、選修舊書應用之認定、分科分組考試模式與成績比較、多元評量成績輸入等等機制，原來真是如此複雜。我們總是在清晨、午休，以及黃昏夕陽下山時，在椰子樹影裡可以看到校門口的校長室一角，在每日接學生上學、送出學生放學的時間壓力感下，體會團體一齊奮鬥和爭執的感覺，那真的很美好！偶有勃谿，硬是要自行開發的願景卻抵得過一切爭執和意氣。那些日子，貞好努力想出點子來避免電腦選課可能帶給註冊組的困擾，美紅天天修課表解決各種師資和時段的不可能，許主任天天找學生來強烈關懷和溝通，那時的諮商中心主任淑霞則在後面收拾各種師生情緒；顏主任最大，每個人都努力保持和顏悅色地、低聲下氣地求他「再改一下啦！」（那是從一學期 36 張團體課表膨脹到每年產生超過千種個人課表的大挑戰）。

　　後來有一年在為家長辦理選課說明會上，顏主任一邊對家長說明電腦選課機制、一邊舉例子，一下子引應用外語學程的學生跨選調酒課程的例子，還說「這個好像很有趣」；一下子選觀光餐飲學程的學生也選了新聞英文，他附加「這樣好像不會很無聊」的評語。引起所有老是麻煩他的所有學程主任在會議廳後方笑個不停。這幾年來，無論顏主任和許多其他光華同仁不只具體地協助學生，也進入學生的喜樂中建構了一套能自行消暑的機制，就這樣我們有活過來的本錢了！而且，這當中，最驕傲、最感謝和最銘心的，是全數（不用懷疑，全數，一個不差）職員們加入了這種特殊的努力和成就感中。

　　不管老師和學生、同仁家屬或家長都需要對生命有個交代，讓這個努力耕耘過的地方，是個值得掛在嘴上和心中的校園，我們不但要有自覺，也要有計畫和執行功能。2001 年，我們在全國綜合高中數量走向萎縮之際，申請了新辦。校內充滿異議：其他學校都說綜高不行了，快要收了，連補助款都那麼低，我們才要辦？這個校長果真是新手，完全不懂事。為了提出申請計畫書，我帶著幾位兼具理想派和行動派之同仁一起到臺北去受訓，我們天天在奮鬥和爭執中過日子，替每一項衝撞既有的傳統教育觀念和行政體制的改革尋求契機。記得曾有一幕，看著窗外美麗的雲海，淑霞主任和我互相取笑：「天地這麼美，我們卻過的是怎樣的日子啊！？」但就倚重著綜合高中的十二字真言：

「多元、彈性、人本、適性、快樂、自主」，我所研讀自覺最懂的神經心理學專業終於派上用場，讓學校開始蛻變成一個推動前額葉教育的全人校園，也重塑了學校契機。

📖 我承認求不得，苦，可是不求，更苦～徐志摩

對我，心理學原本就是最愛；研習對「人」之本質認知，33 年來我投資了時間和精力，也享受了成果和喜悅。作為參與醫療臨床工作的臨床心理師，披上白袍之前的訓練，就是「以專業服務、無私助人」。即使受譏、受謗、孤單、衝突、不安、失敗、掙扎、處困、矛盾，加上陷入不得不的俗家之心，也要在確定的核心價值中做出協助他人、展望未來幸福感的事情。

當我還在高雄醫學大學心理學系服務之時，1995 年起的三年，我受教育部委託進行一連串的注意力與記憶力衡鑑研究，又與同系余麗樺教授和醫社系陳九五教授合作臺灣地區的中輟生研究，有機會深入全國百多個高國中小校園的第一線。這些機緣再加上當時犬子進入國中生行列，我深深感受到臺灣教育系統對下一代孩子的照顧，還處在第一次世界大戰的行為主義論點（behaviour approach）和大量製造（mass production）的工業革命初期，還是貴族教育與菁英教育決定社會未來的舊威權價值觀和齊一要求的假性平等之想法。這些觀念和作為與現今教育立基於人文走向（humanistic approach）、多元智能、個別獨特性，以及神經心理社會統整觀點（neuro-psycho-social approach）之現況，其距離之遙遠，實在無法描述了。面對今日服務經濟、體驗經濟以及資訊時代，臺灣教養觀念之原始，讓這種威權式教育還能存在，真是匪夷所思。而發展神經心理學已有充分科學資料，證實人類需要二、三十年的時間來成熟大腦，教育體制原本就是人為體系，建構來協助大腦擁有良好的學習環境和機會，以表現最佳的個人生命潛力。所以這當中，我最不能忍受的就是把各種特質、能力、興趣的學生都當作同類來要求、把各種年齡的學生都當作幼童來限制，操作著粗糙不精緻甚至具有欺瞞性的教育行政與教學活動（想想全國所有國中學生讀的、教的、考的都一樣，美其名叫做公平），大社會體過度褒賞適合這單調競爭體制的適當體質（想想大學放榜那天的報紙內容），所以不適合這個統一體制的孩子們硬生生地被矯正、或被歧視、或被淘汰、或被漠視。

自視為臨床神經心理學家的我對此十分不以為然，認為現況的教育模式經常忽略了三大腦力開發的原則：

　　其一：嚴重忽略了在生命中真正能用與重要的訓練，這些以「前額葉系統」功能為代表的，像是：計畫與執行能力、想像力和創意、自主與自我認知監控、道德約束與群體智慧、情緒品質與成長、多元思辨與自由品格等人類的專屬素養。

　　其二：現今教育忽略與大腦發展順序間的相互呼應，甚至不理會其警訊。前額葉區是目前所知人類生命中最晚達到成熟的區位，參考年齡是青少年到20歲（註：最近資料有全世界性的延緩，甚至出現「到30歲」的論文）。今日青少年期的生理成熟提早啟動，心理成熟（如上述，大都依賴前額葉）卻因為孩子留置在學校時間變長，教育系統又未及時提供足夠的經驗與要求，兩者距離急劇擴大。而目前臺灣的教育工作者對此現象，則擺出相對漠視的態度或束手無策的反應，任由後腦為主的教育方式取代之，而放棄此一人類大腦特殊功能發展的關鍵階段。

　　其三：不同個體的大腦功能發展速度與特質各有差異，所以不能以統一規劃、標準劃一、大量產製的方式來進行教育，應該建立體制，讓校園重視學生之個別化需求（以下略）（本段原載於2006年教育部刊物《技職簡訊》第173期〈從人類大腦成熟順序特質省思技職教育〉）。

　　青少年，生命中最精華的轉折點，算命先生常說「大好大壞」的階段，是因為剛好是個體受荷爾蒙影響驅動大腦前額葉成熟、神經系統留下最精幹鏈結之主要關鍵期。但是，可惜了！臺灣的教育政治和功利價值觀卻早已綁架了教育的核心目標。我們身為成年期前最後一棒的教育跑者，不可不心生警惕和自我期許。

　　當校長的機緣，讓我深入青少年的成長生命中運帷其生命機緣，那跨齡交心和相互學習之豐富，難以筆墨描述！但另一層次，不穩定的政策面實在無法規劃百年教育大計，未能同時顧及社會公義和全人教育的教育行政，使得狹隘價值觀不斷複製。凌駕於教育工作者良知良能之上的，始終瀰漫著俗化的齊頭比較原則和工作養家原則，有為者常被暫時性的分數（或競賽獎狀）渲染著飲鴆止渴的微醺，無志者就只眈眈操心著各種保障性的福利。為了代表學校的身分，我不能得罪長官和教育界大老；作為主官代表，我不能領導同仁來學習無

助感；身為大人，我更不能以批評做為藉口和訓示，打擊孩子們的生命志氣。心情之苦，如絞磨布袋中之米，好像是郝思嘉在絕境中呻吟無效之後，仰頭伸臂向天宣告：我總可以做些什麼是主動的吧！而且，我可不要因為改革變成社會主流的淘汰者，更何況，我對學校和社會還有責任，怎可以成為實施理念的壯烈犧牲者之榜樣？

追求突破、掌握契機、沉澱心情、觀察需求、統整資源、利人利己、探索良知良能、建構核心價值，變成我一天到晚的喃喃自語之自我訓示。當然堅持要做。我自己一再反思，沒有理由不做。是的，一定要做就做好啊！

至今光華女中配合著學術理論之進步，運作起「追求受教育者終身幸福感」的教育實務。在理想與現實的稜線上，不只是目標朝向要明確，過程中更需要專注和相互提攜。何德何能啊！當我們以不同觀點來突破實質壓力後，過去十年來爭取到來自社會與教育行政單位眾多的關懷，從教育部中部辦公室、技職司、中教司、顧問室、特殊教育小組、環保小組、電算小組、訓育委員會等、到地方上的臺南市教育處、環保處、衛生處等，提供了我們許多的舞臺和道具！八年校長生活冷暖飛逝而過，留下的是來自學子群和夫子群的喜悅和成長，還有創新的光華所獲得的來自許多教育行政體系和全國其他校園的肯定。

努力，因為感恩。

忘不了那間充滿啜泣聲的電腦教室，啜泣聲不只代表無助和無奈、失望和憤怒。在 2002 年某個下午，一個少女在那淚眼婆娑的當下，恨恨地低聲說：「妳們要做就要做好啊！」對我而言，這也永遠是一種鞭策。

後註：光華女中於 2006 年綜合高中獲教育部實地訪視特優——全國第一；2008 年獲 96 學年度高中校務評鑑全國最高評等。

郭乃文校長小檔案

在我國中一升二年級有作物栽培班（那時被當作技藝班）及珠算班（升學班），事先導師就對我們曉以大義——選珠算班。但國小是珠算選手的我就是不服氣，為什麼同學不選珠算就表示他不認真用功，於是我站起來：「我要選作物栽培班。」老師很生氣，當場眼淚就掉下來了，後來經過輔導室的協調溝通，我們終於如願了，條件是我們既選了作物栽培班就得維持好成績、好表現，此後全班的成績大幅提升，再也沒有人看不起作物栽培班。這早年生命裡的一次挑戰，我學會感謝制度與大人給我機會，也知道為了自己的堅持就要自愛。我從 1985 年 7 月開始，喜歡起「發展人類大腦功能」的工作，無論自己或別人、大人或小孩、患者或學生，自覺瘋狂地珍惜且敬佩每一顆進步中的大腦。所以我使出渾身解數，替教學工作背書，也替自己寫生命力。墓誌銘上，應該可以寫著：「想創造單代心靈演化契機的唐吉軻德。」

10. 感恩與師生共同成長的歲月

國立政治大學附屬高中校長　吳榕峯

前言

1987 至 1988 年，我任職於基隆市政府教育局擔任督學職務，並於 1988 年 3 月兼代武崙國小校長共約五個月，在那期間和師生、家長互動非常快樂，每每聽到同事及學生叫我「校長」，心中是非常愉悅的。1993 年，在英國威爾斯大學完成博士學位後，束裝返回霧峰教育廳報到，陳英豪廳長垂詢，為何會想到教育廳工作，我不加思索地回答，希望能在教育廳磨練，如有機會能擔任縣市政府教育局長或教育廳的科長，生涯發展目標是高中校長。陳廳長像對待自己學生般地表示，這個願望是可以達成的。擔任校長非但是我當年的夢想，更是我的心願，我一直努力朝向這個目標前進，故而非常珍惜與師生共同生活的每一天。

非常幸運的是迄今我已服務第二所高中，第一所為國立科學工業園區實驗高中，自 2003 年至 2009 年，共計六年；第二所是國立政治大學附屬高中，我於 2009 年 8 月先受聘為國立政治大學教育學系副教授，而後兼任政大附中校長。故本文的內容涵蓋上述二所高中，全文共分六節，除前言外，計有學校經營的理念與原則、學校經營的特色、經營成果分享、懷念實驗中學的日子、樂在政大附中工作、師生的回饋及結語。

學校經營的理念與原則

學校經營理念 ◎◎◎

Ungoed-Thomas [1] 曾強調，一個好學校有四個重要的教育場域：人性化的學校、課程完整的學校、制度化的學校，以及互相關懷共同向上的學校。根據

1　引自 Ungoed-Thomas, J. (1997). *Vision of a school: The good school in the good society*. London: Continuum International Publishing Group.

以上場域的概念，學校經營建構發展之目標如次：

◎人性化的學校：以「人」為本，塑造對學生的關心、與家長互動、對教師體貼的友善環境。導師及行政對於弱勢學生尤需特別關懷。

◎課程完整的學校：在現行課綱規範下，將學校清楚定位為以學生學習為主之菁英學校，而非以老師教導為主之社區型學校。減少輔導課節數、均衡發展各學科課程，讓學生能競爭於國際舞臺。

◎制度化的學校：講求公平與正義，無論學生背景如何，一律一視同仁，但對於特別需要關心之特殊或弱勢學生，均應予以特別關照。

◎互相關懷共同向上的學校：培養學生對社區或學校之回饋與付出，用服務學習來激發學生了解生命的價值與意義。

學校經營的原則 ◎◎◎

教育部林清江前部長曾說：「校長的人格特質和工作能力，反映在學校的歷史上。」做為一個校長，必須經常警惕自己，並且以有效地經營原則來展現自己的人格特質和能力。以下為個人的學校經營原則：

◎以身作則：做任何事情必須身先士卒，尤其是面對新的挑戰或是教育部新的方案、新的規劃，校長必須帶著幹部去做規劃，並參加案件的申請，與爭取經費的補助。

◎分層負責、充分授權：學校校務非常繁雜，身為校長不可能對每件事情都瞭若指掌、鉅細靡遺，所以必須慎選幹部，透過分層負責、充分授權的方式，讓主任、組長和職員各司職責。

◎多親近學生、教職員工和家長：運用各項活動的機會和各項會議，以及學生活動的接觸時間，最好能夠親自授課，增加與學生和教職員工互動，同時利用親師會等相關場合，能夠跟家長面對面溝通。

◎對所有同仁多鼓勵、少抱怨：學校事務非常繁多，校務並非總是非常順利，即使學校參與許多的競賽和活動，只要學生很努力、師生都很用心，就算成績並未如預期好，也要多鼓勵，千萬不要對學校同仁的付出做任何的抱怨，愈少的抱怨會讓學校環境更祥和。

◎心中將師生好的表現放大，不滿意的地方縮小：作為一個校長當然站在制高點上，對於學校事務有優先的順序，對於學校重點工作和績效也有

自己衡量的尺度，但是也千萬要記住，只要師生有好的表現，我們就必須讚揚他，同時放在心中很大的位置。對於學校不滿意或是受到任何委屈或挫折的事情，要把它縮得非常非常小，幾乎不要把它放在心中，這樣的原則對於身為一校的領導者，才可以做得非常快樂，才會有快樂正面積極的思考方向。

 ## 學校經營的特色

以下與大家分享在國立科學工業園區實驗高中以及國立政大附中的經營特色與作法。

國立科學工業園區實驗高中 ◎◎◎

國立科學工業園區實驗高中是一所非常特殊的學校，它是行政院國家科學委員會所屬學校，教育部負責監督課程和行政事務的支援與指導，所有的經費預算以及行政方面主管機關是國科會。該校共有 106 班，設有 5 個部，幼稚園部有 2 個年級、6 個班；國小部有 6 個年級、42 個班，同時還設有資優資源班以及特殊教育班，總共有 6 個資源班；國中部有 3 個年級、15 個班；高中部有 3 個年級、12 個班，其中有 1 個數理資優班。還有以美國課程為主，並加上中文以及臺灣史地的雙語部課程，便於學生回國銜接國內學制，或是出國銜接國外學制，雙語部共有 24 個班，從小一至高三，共 12 年級。

因為學校是五部共存，有不同的課程，上課的時段不一樣，課程的教材不同，所以校長需要非常用心去整合五個部的同仁，使其能互相共同支援。在實驗中學六年當中，我是使用下列的方式。

欣賞每一位學生

對於每一個孩子，我一直是以鼓勵的方式，從未對任何孩子用苛責的方式對待。對於國中生來說，我是以陪伴的方式，當國三學生在晚自習的時候，我會走進晚自習的教室看看他們，在他們晚上 9 點半放學的時候，我會站在升旗臺跟他們打招呼。

在高中生的部分，均以引導的方式，跟他們聊天，跟他們談談人生的規劃，甚至當他們有任何的困難來找我的時候，我都會像是他們的朋友一樣共同

討論。我從來不會在任何的公開場合上（包括升旗典禮）做任何的訓話，因為在那個時候學生是聽不下去的。我也非常在意每一個孩子的表現，都是以欣賞的角度和以鼓勵的心情為他們拍拍手。

運用各項活動及親自授課的方式親近所有師生

每週一、三、五站在前門，週二、四站在後門，歡迎學生上學並幫學生開車門。因為大多數學生都是住在園區附近或者是清、交大教職員工的孩子以及工研院同仁的孩子，所以許多家長大都親自開車送孩子到學校，尤其又有小學部、幼稚園部，所以我都是站在校門口幫忙指揮交通，同時幫忙開車門，家長及學生都非常高興。

在那服務六年中的其中三年，為了讓我可以接近學生，教務處特別幫我安排了二節家政課教高一的同學。我親自教他們每一個班十節課，教他們做披薩、煮臺灣控肉飯、做海鮮焗烤、煮各式各樣的湯麵，以及教他們燙制服，得到非常熱烈的迴響。

我也對於學生在校外的社團發表及比賽，不論是管樂社、國樂社、合唱團，還有暑假的思源科技競賽、智慧鐵人等大型比賽，我都會到場為他們加油打氣，以及欣賞他們的表演。在親職座談上，我都會跟家長溝通觀念，念書方面就交給學校老師負責，家長則學習如何烹飪比較營養的食物讓學生補充體力，我也會建議家長陪同學生運動，並善加利用接送孩子上下學的時間與孩子溝通，抒發心中的苦悶。同時我也把如何烹調營養食物的資料放在學校輔導室網站，供家長們下載分享。

提供多元學習機會，培養自主學習態度

學校並不是只有提供念書功能而已，學校有許許多多學習的機會，不論是社團的活動與成果發表，或是參與許許多多校外的比賽，例如：學生熱烈參與的思源科技比賽，就是結合數學、物理、化學科目統合的競賽，是學校老師共同發展出來，得到思源文教基金會的支援，目前已經有全國許多學校的參與。

除此之外，只要是教育部或是學校社團辦的比賽，例如：足球、籃球等各項球類運動比賽，以及 TRML 數學比賽、智慧鐵人競賽、外交小尖兵等等活動，我們都鼓勵學生參加，希望他們掌握每一個學習的機會。同時我們很要求學生的自主學習，因為高中的課程非常多元和豐富，學生必須培養自主學習的

態度，才能奠定進入大學時獨立學習的基礎，所以學校非常鼓勵學生能夠主動學習，遇到學習不會的問題可以先自己想辦法尋找答案。

另外學校也施行免修課程機制，讓學生在某些科目明顯優於平均學生表現時，可以免修該科目，並利用該段時間自行學習。在開學時由老師出考題，學生繳基本費用參加考試，如果考 95 分，學期末的成績在該科就是 95 分，科目包括國文、英文、數學、物理、化學、生物等，所以有的學生就可以在通過免修測驗後，利用時間到清、交大選讀課程，甚至自己在圖書館自主學習有興趣的科目，這都是實驗中學非常努力推動的。

重視藝術和人文教育

實驗中學學生的家長大多是從事科學，以及許多高科技開發行業，因此我們希望學校能夠提供藝術以及人文課程來豐富孩子的生命與視野，所以實驗中學不論音樂、美術、家政、童軍、生活科技等課程都非常重視。

尤其是美術課，所有的孩子在高一、高二的四個學期，每一個學生必須繳交 12 張素描的練習，高一上學期，老師會教導學生色塊與色彩的認知，學習如何在不同的顏色中去比對、去調色。高一下學期，學生會學習中國的傳統書畫藝術，並實際操作篆刻、書法、國畫。高二上學期的重點放在水彩，每一位學生要學會畫水彩畫。

經過三個學期的素描以及國畫與水彩的學習，所以高二下學期，學生專攻油畫，每一個學生在老師的指導與建議下選擇一幅世界名畫（油畫），讓學生臨摹世界名畫，透過臨摹去了解原作畫家的畫風、畫派，並揣摩畫家當時的心情及了解時代文化背景。雖然整個課程只有 18 節，而臨摹一幅世界名畫至少需要 50 至 120 個小時，甚至要 160 個小時，但是美術老師會非常認真教導每一個孩子學習，所以每個孩子都能夠完成自己的作品，在我任內六年，每個孩子都成功完成一幅油畫作品。

我們會將學生的作品製成畫冊，並策畫讓學生的作品在新竹文化中心以及生活美學館舉辦畫展，更在私人藝廊以及新竹縣的展覽場所展出畢業展，這是學校重視藝術的施行。

在人文方面，除了鼓勵老師能夠出版學生優良的作文以及新詩等作品，製成班刊以外，也會在每週六辦理歷史小說、散文的選讀，並請到教授到校專題

演講，共有張元教授的資治通鑑、董毓薇教授的中國古典小說等，這些都是學校重視藝術與人文的作法。

塑造溫馨和諧的學習與教學環境

在實驗中學裡，對老師與學生都是非常尊重，同仁生日的時候我都會寫賀卡，並在每個月邀請壽星到校長室，除了準備茶點外，也會代表學校致贈壽星禮券。同時在教學環境方面，我們也是處處改進，希望能夠提供良好舒適的環境讓學生可以認真的學習，不論是教室、實驗室或是廁所，我們都重視整修維護。

很驕傲的是幾乎所有物理課都是在實驗室上課，生物課、化學課亦是如此。我們也有非常好的地球科學教室，所有的科學以及藝術課程都在科藝大樓上課，目的就是要提供師生一個好的學習環境。

鼓勵與肯定教師並適時提供資源

學校只有一個資源，那就是人力資源，所以老師就是傳授學生知識的啟蒙者及楷模學習角色。在學校我一定公開的肯定老師，同時給老師很多鼓勵，只要老師能夠對學生付出關心關懷，那一切就值得了。所以除了公開肯定老師及記功嘉獎之外，也會在家長會及親職座談會時與家長溝通，希望大家能適時地給予老師鼓勵與支持。所以實驗中學的每一個老師都非常有自信及自尊，因為大家都給他們鼓勵和肯定。

辦理各種進修課程及活動

除了鼓勵老師參加在職進修，參加教育部或是大學所辦理的活動之外，在實驗中學主要辦理社會與人文經典閱讀課程活動，曾連續每年舉辦古典小說、現代小說、散文以及歷史的閱讀和歌劇的欣賞，學生列為選修學分，並與許多老師及家長們旁聽共同學習。

除此之外，針對國、高中生對於數學有興趣的同學，我們會開微積分、線性代數，並請到國立交通大學應用數學系的教授來開課。雙語部每年都會與臺中、臺北美國學校一起到新加坡參加「模擬聯合國」（MUN）活動，有感於該活動的意義非凡，我們也在新竹地區舉辦「模擬聯合國」活動，提供新竹地區參加高中職社區化的 12 所學校參與，第一年只有五所學校來參加，第二年

就開放全省的學校以及北、高二市學校參加，現在每年約有十多所學校三百多位學生參加。「模擬聯合國」全程皆以英語發言，學習透過英語去了解各國文化以及議事規則，這是一個學生可以互相觀摩與學習很重要的機會。學校也辦理英語戲劇營，請到美國巡迴戲劇表演的老師，於暑假期間在學校舉辦，讓國、高中生有興趣的同學參加。另外學校也非常倡導英語唱遊以及英語話劇比賽。

鼓勵學生參加各種比賽

學校鼓勵學生參加比賽，對於得到獎項的學生，得獎本身就是給學生最好的鼓勵，對於沒有得獎的學生，我們也給予安慰與繼續鼓勵。學校常參加的比賽包括國語文、外交小尖兵、TRML 數學比賽、智慧鐵人、西賽羅辯論、思源科技競賽、管樂、合唱、體育、國樂等。

國立政治大學附屬高中 ◎◉◎

我在國立政大附中的經營理念和實驗中學一樣，但是在經營的原則與重點上可能有些不同，因為政大附中是一所新的學校，前任的湯志民校長非常用心籌設七年、經營四年，績效卓著。政大附中國中部共有 15 個班，高中部有 18 個班，總共 33 個班。

國中部有三分之一是政大教職員工的孩子，三分之二是社區的學生，高中部是直升、申請入學和登記分發。學生沒有制服，學校的願景是自由、自律、創意與活力。經營理念重點如下。

每天站在校門口迎接學生，主動跟學生打招呼

因為大多數學生都是透過接駁公車或是走路來校園，所以他們常常是一批批進入校園，我每天早上大約 7 點 20 分會站在校門口歡迎學生，主動跟學生打招呼，代表學校多麼的在意他們、歡迎他們來念書。

抽空儘量陪伴學生

每週至少留二個晚上，在圖書館六樓陪伴國三留下來晚自習的學生，同時去各班教室看看高三晚自習的學生。政大附中雖然是在文山區，但畢竟是在半山腰上，所以學校只能讓學生留到晚上 9 點鐘就讓學生放學，我也會在放學的

時候站在校門口跟學生互道再見。

傾聽學生的意見，鼓勵學生多參加活動

政大附中是一所新的學校，學校要訂定許多的原則和作法，就必須多多和學生來溝通。我會傾聽學生的意見，並鼓勵孩子要嘗試許多方式去做同樣的一件事，包括學生去參加校外的比賽或是成果發表，以及校慶等等活動，都會鼓勵學生勇於去嘗試。

最值得欣慰的是，我們學生在班級舞會上表現出來的成果。因為前二年他們都有舉辦春季舞會，有一年還邀請時尚藝人羅志祥（小豬）登台演唱，將整個舞會帶到最高潮。但 2010 年，我去跟班聯會溝通，我認為一個舞會應該像陳之華女士所寫她在芬蘭小學四年級的女兒，穿的整整齊齊去參加市政府所舉辦的舞會一樣，所以我跟學生溝通，希望從七年級到十二年級都有機會參加舞會，但是不希望邀請藝人來表演，所以完全由學生來規劃舞會的活動內容，並鼓勵學生去邀請學校附近的友校來參加。學生們非常聰明，非但在臺北車站以及在木柵動物園站租妥接駁公車，也聯絡幾家禮服出租公司，讓學生可以用租的禮服來參加舞會，所以當年的春季舞會表現非常成功。我想這就是因為我們傾聽學生的意見，並鼓勵學生去嘗試。

透過會議與老師及家長溝通學校發展的方向和步驟

制度的訂定以及經營方式必須要和老師溝通，學校有一半以上的老師因為認同政大附中的理念而從其他的學校來加入政大附中團隊，所以我們必須不斷地和老師及家長溝通學校的發展方向和重點。

適時提供老師需要的資源

小至教室用的電池、麥克風，大至學生參加校外比賽所需準備的租車，或是學生要去校外參觀教學等事宜，我們都會積極來提供與服務。

提升學生的學習風氣，倡導政大附中學子必讀書籍

經過老師的提議與討論，挑選出高中生必讀的 30 本、國中生必讀的 20 本書籍，更針對書本的內容，設計線上閱讀測驗題庫的認證方式，讓學生可以上網檢測自己是否熟讀這些書的內容，此外學生也可採用書寫五百字以內的心得寫作認證。我們希望學生未來除了擁有學校生活的回憶外，更有閱讀這些必讀

書目的共同記憶。

 經營成果分享

實驗中學成果分享 ◎◎◎

　　實驗中學學生畢業後不論在國內還是國外的表現都很不錯。僅以下列幾個例子，來說明實驗中學在教育上是很成功的。

學生在大學非常認真地學習

　　實驗中學畢業生在大學得到書卷獎的比例非常高。我還記得一個孩子他的綽號叫大牛，他在高一、高二當班長，但是成績大概在第十名左右，當他進入大學在光電系讀書的時候，一開始不大喜歡那個大學，因為有些實驗課程在高中就做過，所以有點無趣。可是他的英文夠好又很認真，每當有國外大學教授來參訪的時候，系主任就會指定他去做接待，所以他不僅在學校得到書卷獎，更得到系上老師的肯定，擔任系學會的幹部，在大三順利的得到交換學生到國外念書的資格。他非常高興的是因為在實驗中學學到自主學習的精神與態度。

畢業校友在大學大都擔任重要的社團幹部

　　記得有個同學 e-mail 給我，他非常感謝在實驗中學師長的教導與鼓勵，他不僅得到書卷獎的第一名，更擔任某個大型社團財務長的重要幹部。我們非常高興可以看到在大學許多社團，如「模擬聯合國」等活動或組織中，有許多實中畢業學生的身影。

學生都非常喜歡回到學校來

　　學校舉辦校運會時，常有大學生回校並組隊參加 20 人次的大隊接力賽。雙語部的畢業同學在美國就讀大學，在聖誕節假期時，常常返國下飛機拖著行李第一站就是回到實驗中學。我想這就是因為創造一個溫馨的校園環境，學生就會很願意常常回到這個溫馨的校園。

回饋學校

　　實驗中學畢業學生去念大學，都還會常常想到如何在學習上幫助學弟妹。學校中有一位丁美芬老師非常會教學與帶班，2005 年時該班有二名學生得到

國際物理奧匹的銀牌，他們畢業後主動回到學校希望可以幫助學弟妹，因而舉辦數學以及物理研習營，希望可以幫助學弟妹克服學習數學以及物理上的障礙。他們在暑假借用學校教室，自行準備講義以及 PPT 檔案，學校提供講義影印，三天的研習營每個參加學生只要交三百元。我非常感動，他們連續舉辦了三年，直到我離開實驗中學都還繼續執行，這是我覺得最有價值的部分。

政大附中成果分享 ◉◎◎

政大附中的經營成效，我們也非常自豪，政大附中畢業生的表現上也是可圈可點。

自主學習

政大附中強調自由自律的學風，在這種風氣養成下，學生到大學之後都可以自主地認真學習，此外在社團以及人際溝通方面都有很不錯且正面的表現。

學生喜歡回校

學生非常喜歡回學校來看老師，不論是教師節或是大學寒暑假，學生都很喜歡回到校園來看老師。我想這是學校經營成效非常重要的指標，例如：中秋節班聯會舉辦烤肉活動，我們就發現有許多的校友回來，而且還會帶該校同學一同來參加，整個活動是非常溫馨而成功。

學生勇於表現

因為學校是一個設計非常好的校園，教育部常安排外賓來參觀校園。更有美國密西根州、印第安那州、伊利諾州的學區長以及隨同教育人員來政大附中參觀訪問時，我們就安排英文較好的國中部以及高中部學生自願來擔任接待小組，一對一來陪同外賓，得到外賓非常好的讚美。

今年暑假也有 22 位同學到德國克卜勒高中去做教育旅行，並在克卜勒高中安排的host family 待了九天，得到非常好的評價，當我們要離開時，克卜勒高中校長告訴我，他沒有聽到任何家長的抱怨，聽到家長對我們孩子的讚許，甚至有三位 host family 的家長告訴我們，很想把政大附中的學生留下來，因為他們有空餘的房間，希望學生可以待在該校一年。我想這是學校教育成功的縮影表現。

打掃認真

政大附中的孩子非常認真參與學校環境的清潔打掃。我還記得打掃校長室國二的孩子，非但掃地非常認真，服務股長還會主動來檢查打掃的情形，確認打掃的人數與項目，看了令人非常感動。寒暑假也可以看到學校老師帶著返校打掃的孩子一起洗地及清掃，這都是非常難得的表現。

懷念實驗中學的日子

我在實驗中學擔任六年的校長，因為有非常團結的行政團隊、認真的老師、熱心的家長及可愛的學生，讓我非常懷念那六年的每一個日子，謹以一些互動來說明。

實驗中學美術老師許佩玫在我調離實驗中學時寫給我的一段祝福的話：

> 每次看到您，教學精神就為之一振，您是實中的精神堡壘，因為您擔下了一切，做為我們的後盾，支持我們實現教學理想，我很榮幸在您的支援下，做一位能實現美術理念的老師、一位幸福的美術老師。所以，怎麼捨得您離開。感覺少了您的打氣，頓失依靠。您是我們心目中永遠的領導者。

事實上實驗中學因為許老師的努力，才有成功的美術教育。再來看看二位實驗中學畢業學生所寫的話。

第 23 屆（2008 年畢業）徐同學，他臨摹的是畫家莫尼爾（Emile Munler, 1840-1895）所畫的「她最好的朋友」（Her Best Friend, 1882）：

> 這次的油畫真得很難，小女孩皙白的皮膚、柔順的頭髮、髮上的緞帶、衣服的皺摺，和貓咪靈動的眼神……，都是一次次挑戰，修了又修，改了又改，還是無法抓住莫尼爾筆下的神韻，無法達到他如攝影般的境界。其中對我來說最難的莫過於小女孩裙襬的蕾絲花邊，那簡直是我的惡夢！畫了一次又一次、一次又一次，畫到我都快哭出來了還是沒畫好，到現在為止還是我簽名的最大阻礙！！

　　雖然到最後還是無法簽名，感覺真的很沮喪（幾個禮拜以來，簽名一直是我心中的渴望，但也是支持我繼續畫下去的動力），但等我靜下來好好回顧這段油畫時光，便會發現這段時間內它（油畫）真的讓我學到很多，也讓我感受到很多，回想當時對這幅畫的熱誠和作畫時的忙裡偷閒，這段日子有喜悅、有沮喪、有悠閒、有暴躁，在這種種之後我依然相信那句話：痛苦會過去，美會留下來，我想這句話就是那段油畫時光最好的總結吧！

　　當這位同學把畫完成之後，我拜託許老師把這幅畫先掛到校長室三個月，這位同學後來考上某國立大學的醫學系，他的父親並不贊成他花很多時間畫油畫，而這位同學也只把畫放在學校從未帶回家。當畫展的時候，他的父親看到她女兒的畫非常驚訝，他的孩子可以兼顧油畫和學業，而且她的學測成績考到74級分，這是非常難得的！

　　第二位是第24屆畢業的葉同學，她畫得是「亞爾嘉杜之橋」（The Bridge at Argenteuil, 1874），原作是莫內（Monet）的畫，她寫的感言是：

　　　50個小時，在空氣中溢滿蟬鳴的初夏，達成了二年多對油畫的憧憬，心情其實很激動，但是千言萬語大概也表達不出那一刻的複雜吧！愈到最後關頭反而會失去持衡的寧靜力量，開始焦躁不安。只有在終於簽下名的瞬間，掩不住綻放的笑容。

　　　莫內的亞爾嘉杜之橋，應該是每一屆最常見的一幅畫了！一開始其實不是選這張，後來因為圖片的問題才換過來，但我還是很喜歡它！我喜歡日常一瞥之中安定祥和的美麗。畫一張風景畫還挺有趣的，回想起來，懷念每一次看著自己的畫一點一滴完成的感動。尤其記得5月的一個微雨週六早晨，當淡淡的音樂聲混著滴滴答答的雨聲，當整副腦袋、整個靈魂自塵囂抽離，綿綿密密的和畫中的世界交織融合。對世界不滿意？雙眼端詳著從前的痕跡，我會把筆毛吸飽，曾經的挫折會過去，美會留下；曾經失敗的那一角還是可以重新抹上一片藍天。對於不熟悉的未知，其實不用恐懼，需要的只是多一點勇氣和對自己的信心。

　　　而在這個世界中大家是平等的，不論功績、過錯，個性開朗或冷

漠，我們每一個人此時此刻只屬於眼前那一方畫布。我們不會孤單，因為大家有著同樣的夢想；我們卻又彼此分離，因為每一個人都必須學習依靠自己、超越自己，我想，一個人只有在這時候，才能觸及靈魂中最深處的那片寧靜草原，窺見自己最善最真實的內心。

　　一個油畫課程非但教孩子學會欣賞、學會自己去臨摹，甚至學會去創作，更可從中讓孩子得到體會心靈的美，以及對世界點點滴滴的體會，讓孩子可以重新沉澱自己、靜下來好好思考自己與世界的關係，以及與畫作之間的關係。這是實驗中學在美術以及人文藝術教學方面最成功的地方。

　　另外一個例子是我們一位得到物理奧匹銀牌的吳姓同學，這位同學在國中的時候就非常優秀，可是因為基測成績並不高，雖然能直升上高中部，但是無法進入 60 個名額的數理資優班之甄選。我還記得他在國三繳費報名參加初選時告訴我，他可能連初選上的機會都沒有，因為他基測成績不夠好，可是這是不公平的。我永遠記得這位濃眉、皮膚黑黑的孩子告訴我的這句話，我非常震撼，也覺得為什麼不能給孩子更多的機會；由於有二位資優生沒有報到，所以在高一暑假他終於甄選上資優班，在高二時他就在數學以及物理的專長發揮出來，到了參加物理奧匹的選訓營時，因為他是美國出生的孩子並沒有臺灣的身分證，所以不能參加比賽，可是他國中、高中都在我們學校就讀，那時候他急得都哭了，他的父母打電話給我，希望我能夠透過任何的管道去找境管局補辦任何的身分證明或是使用臺灣護照來取代，否則就會失去報名的機會。

　　經過幾次折衷，包括去找立委以及境管局，得到的答案是「不行」，他必須要先辦到身分證，最後我非常感謝臺灣師大的林明瑞教授特別擔保，同時排除萬難，支持這個孩子去參加亞太物理奧匹競賽，所以這個吳姓同學也非常難得在亞太物理奧匹得到金牌，以及得到世界奧匹銀牌，並且保送上了台大電機系。畢業典禮的時候，這位同學拿一束花給我，並說當他最需要幫忙、最需要支持的時候，我能夠把他的事情當作最重要的，並透過一切管道去尋求政府機關或是民意代表來支持，當他拿花給我講這句話的時候，眼眶是泛紅的。我非常感動，並告訴他這是身為一位校長應該做的。所以正是因為這樣的因緣，這位同學也在畢業後連續三年都帶著他的同學回到實驗中學母校舉辦物理及數學研習營回饋母校，真是非常難得的一位好孩子！

　　還有一位讓我印象非常深刻的是一位劉姓女同學，她國中畢業直升高中部，在校成績非常好，但她的基測卻考得不是很好，所以在國三升高一的暑假，她每天都會到學校圖書館自修。高一、高二、高三這三年來，我非常擔心，因為她對自己要求非常嚴謹，我還依稀記得高二在畫油畫課程的時候，有一個週五晚上11點多，我進到教室看到她還在作畫，她跟我說：「校長我什麼都做不好，你看我連油畫都畫不好！」我告訴她：「劉同學，妳非常棒，妳可以做得好，妳不要對自己這麼沒信心，其實妳的能力是很好的，妳慢慢地把它畫完。」當然她最後也完成了畫作，她的作品也如期刊在畫冊中。

　　到了高三，除了我還有她的英文老師以及教務處鍾主任都非常關心她，但是又不敢太靠近她，希望可以保持一點空間，我們看到她總是笑笑地並鼓勵她二句，絕對不敢問課業的事情。當學測放榜了，她考了64級分，她很努力地申請某一國立大學的電子財務金融系，當她只是備取第二的時候，我非常擔心，放榜當天我剛好在臺中開會，我特別打電話問註冊組長（也就是她的英文老師），問劉姓同學是否推甄上了。她告訴我，是的，劉姓同學上了！最近我接到她傳給我的簡訊，內容如下：

　　吳校長，好久不見！

　　對不起一直找不到你的聯絡方式，上網也沒能找到你的專屬 e-mail，很抱歉一直沒能聯絡到你，拖了這麼久，一直找不到機會好好地謝謝你！真的非常非常對不起，之前有一天聽到你有回學校，可是那天我上課到晚上8點，一直沒能回到學校（實驗高中），真的很對不起！

　　之前收到你的禮物，真的非常開心，超溫馨的感覺，是真的非常感動，沒想到校長還記得我。親愛的校長，我真的很榮幸能讓你帶到，你的每一個鼓勵都給我很大的動力，之前要不是你和鍾主任以及施以力英文老師，現在也不可能有這樣的我。校長，我跟你說，我是書卷獎第一名，在社團裡也當了社長和財務長，現在還是很努力，希望有一天也能讓你為我感到驕傲。

　　暑假不知道校長在不在學校？不知道能不能到政大附中看看你？不知道你方不方便？想拿卡片給你，好久沒看到你，好多事想和你分享！

這是她特別回到實驗中學找到教務主任請問我的手機號碼，然後傳給我的簡訊。這個孩子在實驗中學高中三年的過程中，很多人都很關心她，無論是她的班上表現或是社團活動以及她的心情起伏，我想孩子可以從未被肯定中，然後逐漸地找到自信而被大家肯定，我相信這才是教育的力量！

另外，一位王姓同學在她的畫冊中寫著：我終於也畫了一幅畫，可以把畫掛在自己的家裡。因為她的姐姐比他高一屆所以畫了二幅，一幅掛在客廳，一幅掛在她自己房間。她終於可以告訴她姐姐，她畫出來了！我非常詫異，我就跟這位同學談，她當場就哭著說，因為從小到大，大家都只認識她姐姐，她姐姐比他大一歲，都在同一所學校，她姐姐又去念醫學系，她覺得壓力很大。我告訴她，我是先認識她的，鼓勵她勇敢做自己。她祝福的話為：

給超棒的校長：
　　我從來都不知道我有一天會跟校長的感情這麼好！我的大學同學都對此感到神奇喔～
　　謝謝校長讓我的高中生活（甚至大學生活）都有很不一樣的風景：「老大」的關心，比什麼事都要讓人振作，就算只是喝茶聊天也能讓人找到重新出發的勇氣、信心和力量——這都要感謝老大力挺到底！

我雖然不知道她是否已經走出跟姐姐之間的心理壓力，但是至少知道她在大學書念得非常開心，同時書也念得很好還雙主修。她也曾經回政大附中來看我，聊很多事情。很開心的是，因為平常我都能夠接近學生，跟學生聊聊，所以當學生有心情需要跟我分享的時候，我都有機會跟他們分享，我以我要非常感謝這些孩子給我機會跟他們一起成長，這是我的福分。

另外二件事是我有時想起來非常感傷的，第一件事是公務上的事情，是在實驗中學有一年我們的預算，被某一位立委聯合三黨的四位立委把實驗中學的預算刪掉，當預算委員會做出這個決議後，我們非常錯愕，我們並沒有被徵詢也沒有在場。當國科會告知我們學校的時候，我就花很多心血去拜訪這位立委並找到他的助理。我還記得，我帶著很多的資料把實驗中學確實有存在的必要向他報告的時候，他理都不理我，他的助理和辦公室主任卻非常和善地告訴我

們，他們會持續去溝通。我向其他四位連署的立委助理去報告，甚至找到其中二位立委，他們告訴我，他們對實驗中學完全沒有意見，是因為那位提案的立委希望他們可以參加連署，他們只告訴我們要好好去跟提案的立委溝通。

所以我透過非常多的管道，以及我以前在教育廳的老長官，好不容易找到這位立委在中部服務處很重要的一位幕僚，我的老長官打電話跟他們溝通說我是他的部屬。這位立委說既然是這位長官出面，那就算了。他後來透過助理告訴我們，這件事情他會處裡，他不是不滿意我們學校，他是不滿意我們主管機關的某一位長官，所以他故意突顯這個議題。

當在立法院審查到實驗中學預算的時候，這位提案的立委就離席，其他立委都沒有意見，甚至有一位立委說實驗高中的預算非常重要，所以就絲毫未刪通過預算案。

這件事我真是點滴在心頭，我非常感謝我以前老長官的幫助，我也特別將這件事情跟學校的老師說明，一個學校的經營有的時候不是因為學校的問題，而是因為其他因素影響到學校經營，可是我們還是要很努力去克服它。

另一件事是我長期以來一直放在心上很難過的事情。2006年暑假我們高一升高二所有同學都很努力在做思源科技競賽的時候，有一位劉姓同學，他為了要去切六個塑膠管子，把管子切對半做成一個水流裝置。早上的時候，學務主任幫忙協助使用機器切好三個管子，但到中午的時候大家去用餐，這位同學卻先回到教室並把機器啟動，當切到第六個管子的時候，圓鋸機切到他的右手食指，指頭幾乎切下來只剩下皮還連著。他抓著受傷的手指頭跑到學務處，學務處的同仁立即打電話聯絡同學的父親並叫救護車，且立刻將他送到新竹東元醫院。

他的父親在新竹開診所，所以當他的父親趕到醫院時，就跟學校說他自己來處理，便立刻聯絡他在馬偕醫院的同學，是一位顯微手術很有經驗的醫師，當天由他開車送這位同學到淡水馬偕醫院去。當晚我打電話給家長但是聯絡不上，後來聯絡上導師，導師已經跟家長通上電話，因為學生在動手術中，所以不希望我們去打擾。

第二天早上，我跟教務主任、學務主任以及班導師，分批趕到醫院去看。我非常感動的是他的家長未責怪我們，孩子的手是縫合了，可是因為圓鋸機鋸片很厚，切下去後還是讓孩子的手指少掉鋸片的寬度，我非常難過，孩子母親

請我到病床旁看看手術後的情形，我後來連續二次去看孩子，同時當孩子回到學校的時候，我也買了鮮魚請孩子的媽媽在家中煮魚湯幫孩子補充營養。我非常感謝家長，我尤其記得劉姓同學母親轉告我，同學的父親說還好孩子不想念醫學系，否則就沒有辦法拿手術刀。

這個孩子數學非常好，我也建議他在醫院的時候可以拿一些數學課程的錄音帶，或是數學題目看看。這個孩子非常用功也非常成才，後來推甄上台大數學系。當畢業典禮的時候，這個同學的阿嬤送他一束花，這位孩子在母親的陪伴下將這束花轉送給我，謝謝我對他的關心。我當時熱淚盈眶，因為我覺得是學校虧欠這個孩子，是我對不起這個孩子，因為是他在參加學校思源科技比賽的過程中受的傷，這是我一輩子的痛，我怎麼敢收下那束花。所以我就把那束花還給那個孩子並說，孩子這是你應該得的，校長虧欠你。這是我六年中最痛苦的事，也是我這輩子最難抹滅的傷痛。

樂在政大附中工作

雖然在政大附中服務剛滿一年，但是在學校與師生的互動也讓我感到非常溫暖，所以我每天在政大附中都非常快樂。於此謹以三位同學跟我的互動跟大家分享。

第一位是丁姓同學，當時她的家長因為到新竹科學園區工作，所以她就轉到當地的學校，因為新竹女中和其他學校都沒有辦理轉學考試，所以她不得已進入新竹某私立女中，雖然她在那邊成績非常好，但是因為在學校缺乏與其他同學的互相激勵、互相討論，而且她本身是念第三類組。所以她就寫了一封信給我，也透過她以前高一同學的媽媽和家長會的代表一起來找我，希望可以回政大附中念書。

她在信上告訴我，她當初只想跟著家人到新竹念書，但是沒想到在當地學校念書相當孤單，她非常懷念在政大附中的日子，而外婆家就在學校附近，所以想轉學回來。我們為了支持她，在請示教育部中部辦公室後，於高二寒假將她轉回學校，並且要她跟新竹的校長致謝。當她去找校長的時候，那位女校長也告訴她，她覺得政大附中更適合她，祝福她！

當我每天站在校門口看她上學的時候，她總是那位從公車上下來喊「校長

好！」最大聲的孩子，而且她每天都非常開心地來到學校。我非常感謝新竹那所私立學校的校長，更感謝教育部中部辦公室的長官是那麼的明理，可以讓她順利而不用再經過任何招生考試的程序回到政大附中。

第二位是一位張姓同學，當她很努力要透過指考，希望可以考上國立臺灣大學，可是她的數學學測只考到 8 級分，所以希望我可以指導她如何念書。我當時就告訴她，可以幫她介紹一位家教，因為去年學校有一位來自台大數學系的實習老師，對學生非常好也非常認真，我們都非常喜歡他。但現在已經不在學校實習，所以建議張姓同學可以透過家長跟那位實習老師聯絡，我也會幫她打電話。當這位實習老師同意後，學生告訴我，因為她家住在桃園，所以她租房子在政大的對面，房子空間非常小，沒有辦法再容納家教老師進入上課，而且無法每次去星巴克或是麥當勞上課。於是我就透過政大教育系的研究助理，幫我打了一把研究室鑰匙，每個星期借固定的一晚讓她上課使用。非常欣慰的是，這位張姓同學的數學成績考了 86 分，也如願地考上台大。我是非常地開心，也祝福她在臺灣大學就學一切順利！

她上完課後寫了一封信給我：

校長您好，感謝您這段時間的照顧提供我研究室上課，由於課程已告一段落，所以將此鑰匙歸還，謝謝校長，祝您身體健康！

她的這張祝福紙片，是用一般的筆記本撕下來的，但我一直留在我的抽屜裡面。

第三位是本校國中部成績非常好的周姓同學，她可以直升高中部，可是她卻要去念師大附中，我曾經問她，為什麼妳不念政大附中呢？她告訴我說，她在政大的教育體系從幼稚園到國小、國中已經 11 年了，所以希望我體諒她想換環境的心情。我就表示非常支持！所以我只要在校門口看到她都會祝福她，為她加油，而她也如願考上師大附中。

當她畢業典禮之後寫了一張卡片給我：

校長好！

　　嘻嘻～雖然我們只相處了一年，但校長每天早上都很有精神的和我打招呼，也很關心我，還讓我喝了一口「文山包種茶」，真是太感謝啦！！

　　身為政大附中第三屆的學生，有好多歷史可以寫下，而身為政大附中的第二任校長，想必壓力是更大了！在此要先謝謝校長對於政大附中的創校理念「自由」、「自律」、「創意」、「活力」給予極大的支持，讓我們學生能自主、自由地做許多事，從這點來看，校長您一定可以使政大附中日新又新！當老師或是校長給學生「親民」的感覺，而不是嚴肅不可親時，學校整體的運作就能更快，合作也會更融洽～

　　對於校長想做的一些改變，像是設置數理資優班，出發點都是為政附的未來著想，「開山始祖」本來就不好當，不過我想給校長一點小小建議，例如：國、高中的畢業典禮是一起舉辦的，誠如校長之前所提的「分開辦」一事，我個人是覺得可以再詢問大家意見，因為在經歷一次畢業典禮的進行後，我發現事前籌備的老師們真的很辛苦，而當天的幕後人員也是不能分心，同學們一再綵排，頗耗費人力。另一點來看，高中生比國中生更 high，許多表演若是國中部辦理，也許效果就沒那麼好了。但這都是學生我自己的看法，最後的決策還是尊重校長您的選擇囉～希望不會讓您覺得太冒昧～

祝　天天開心！身體健康！

○○○

　　我回信給她，表示非常樂意接納她的建議，並送她二本政大附中學子的必讀書籍。

 結語

　　從 2003 年迄今，共擔任了七年多校長，歷經國立科學工業園區實驗高中及國立政治大學附屬高中，我非常感恩有機會服務這二所學校，更感謝和我共同在那些日子的工作夥伴及學生和家長，因為有他們，使我學習及成長甚多。一所好的學校，一定是人性化的學校、課程完整的學校、制度化的學校，以及

互相關懷共同向上的學校。而校長經營的原則不外是以身作則,分層負責及充分授權,多和教師、員工、學生、家長互動,對同仁多鼓勵少抱怨,以及心中將師生好的地方放大、不滿意的地方縮小,如此必定能建構一個和諧溫馨的學習環境,使師生都能成長進步。我非常珍惜在實驗中學的每一個日子,因為師生給我許多回饋和鼓勵,使我更加賣力地付出與分享他們的成長與心情;我也非常樂於在政大附中服務,因為師生很願意和我一起朝向願景努力,令我感動且更有動力向前邁進,感謝他們和我共同成長。

📓 吳榕峯校長小檔案

　　我生長在一個家境小康卻非常溫暖的家庭,個性開朗且喜歡接受挑戰。一直到我進入師大附中讀書時才發現同學之間高手如雲:有的會彈鋼琴、有人已經在讀尼采或沙特的書,當時的我才發現世界是如此寬廣;記得在班際合唱比賽時,驚訝於同學對於音樂上的詮釋以及班級活動的用心,我才體會原來學習不只是課本上的知識而已,還有更多領域需要去了解。

　　我非常感謝在成長過程中有許多師長的指引和協助,首先,最感謝的是盧欽銘教授,他鼓勵我去考高考及公費留考,我才有機會到英國威爾斯大學攻讀博士學位。我還要特別感謝威爾斯大學的指導老師 Dr. Horgan 及系主任 Professor Webster。Webster 教授雖然得了癌症退休在家,但是非常願意義務幫我修改論文,他跟我說:「只有在幫你修改論文時,才可以讓我暫時忘卻因癌症而產生的痛苦。」

　　我平時最喜歡從事的休閒是健行、登山以及烹飪,尤其喜歡在週末時邀三五好友去登山,我已經攀登過玉山、南湖大山、嘉明湖等地。我更喜歡烹飪,因為在新竹實中時和母親住在學校宿舍,所以我常要去採買食材並且烹煮食物給患有糖尿病的母親食用,因此學會許多烹調給老人家食用的營養食物。此外我也在實中教授家政課程,所有實中的學生都知道我很會做料理。我很自傲的是在請一級主管吃尾牙時,常常是我親自下廚烹飪的。各位!你準備好要「辦桌」了嗎?

11. 心靈點滴

臺北市和平高中校長　李世文

 前言

　　經營一所學校不易，經營一所有效能的學校更難，尤其是初任校長時，即到一間有二千二百個學生的完全中學，其中的艱辛更是可想而知。

　　本校為臺北市立和平高中，座落於臺北市臥龍街 100 號，是臺北市南區第一所完全中學。目前高中 42 班，國中 18 班，教職員工編制 192 人，其中教師具碩士程度以上者約占 63%。我從 2006 年 8 月 1 日到任至本文完成時剛好是一任期滿，有幸於 2010 年 4 月通過連任甄選，將繼續在本崗位與同仁們一起為教育打拼。以下是我個人的教育信念與辦學理念。

教育信念 ◎◎◎

　　◎教育是真善美的志業。

　　◎教育的目的在開展學生的無限潛能，為孩子打開一扇窗，才能讓他們看得見世界。

辦學理念 ◎◎◎

現代學校是科技、人文與自然兼具的學園

　　◎建立處處可上網的無線網路數位學園。

　　◎規劃人文氣息與科學素養並重的優質校園。

　　◎建立知識管理、e 化管理有效率的行政團隊。

　　◎建構生態校園、加強環境管理與改善學習環境。

現代教師是專業成長、樂觀進取的教師

　　◎建構學習型學校，提供教師專業成長的平臺。

◎鼓勵教師專業成長,推展各科教學研究。

◎營造互敬互諒、互信互助的教師文化。

現代學生是具國際觀、文武合一的卓越學生

◎融合多元智能發展與菁英教育的目標,提供學生適性發展空間。

◎布建優良外語學習環境,加強與國外學生交流。

◎培育能夠悅納自己、尊重他人並學會生涯發展的優秀學生。

◎培育能夠砥礪學行、鍛鍊體魄並學會終身學習、終生運動的優質公民。

現代家長是正向參與、多元參與的教育好夥伴

◎引領家長正向參與校務,幫助校務發展。

◎建立家長合理的參與機制,發展良善的夥伴互惠關係。

◎善用社區資源、提升社區發展。

行政團隊

2006 年 8 月匆匆走馬上任,第一個碰到的是如何組織一個新的行政團隊?透過前任許勝哲校長及教師會的幫忙推薦,本人一一的懇託,很順利的將和平的行政團隊組織起來。很感謝在這四年任內,教、訓、總、輔四大主任及祕書都未曾更動,方能在穩定的行政團隊氛圍下,一起為和平高中打拼,建立學校品牌、提升學校績效,在臺北市建立起不錯的口碑。

本校自 1994 年,改制為完全中學,在前輩校長及全校師生的努力下,升學表現不斷提升,校務上軌,規章完善。惟完全中學只有一套行政人力,卻得服務高中、國中兩部,行政人員非常辛苦,捉襟見肘,所幸同仁們,戮力從公,共同完成各項任務。

校園工程

R. Teage 曾說:「優質的學校建築,對學生有很深的影響。高成效、健康安全的建築,能增進學生的成就和舒適感。」唯本校是臺北市 11 所完全中學之一,完全中學皆為國中改制,校舍老舊,整體環境因陋就簡。衛生與安全設施不足、屋舍漏水、跑道積水,境教功能不彰,因此只有透過逐年向教育局爭

取經費來整修校舍、設施、教學設備，以便更新教學環境。本人到任四年來，年年有工程、歲歲有維修，尤其是 2007 年的全校校舍優質化整修工程規模最大，利用 2007 年暑假來進行施工，從計畫項目增刪、報局審核、經費確定，歷經甄選建築師、委託設計監造、甄選得標廠商、暑期施工、監工、竣工、驗收等艱辛過程，在同仁同心協力及建築師的幫忙督促廠商下，完成本項工程。

　　本項優質化工程計畫目標為：

◎追求品質，進而達到安全、耐久、實用、美觀的目標。

◎改善更新校舍及各種軟、硬體環境。

◎創造綠化、美化的優質校園空間。

◎新舊融合，創造優質校園新風氣。

　　計畫內容凡五大項：

◎川堂整修、停車場、景觀步道。

◎屋頂防漏工程。

◎人工跑道翻修。

◎管線整編、照明工程。

◎室外表演劇場。

　　本項工程第一次上網招標，有 12 家廠商來領標，但無人投標而流標，還好第二次上網招標總算開標出去，沒有耽誤到暑期開工日程，但得標廠商投標款偏低，心裡免不了多了一層憂鬱，深怕影響到工程品質，看來暑期一定須好好督工了！在第一次工程會議，本校即跟建築師與廠商表達一切須依合約施做，並請建築師認真監造。除了規定每週工程會報外，必要時得加開工程會議，果然在工程施作期間，爭議不斷，一開始是廠商抱怨投標金額算錯，會虧損好幾百萬，打算放棄不做。想到已到暑假，若原廠商放棄，再重新結算、重新招標，工程何時可了？只好勉勵老闆，把學校工程做好造福學生，是積德的事，總算把廠商安穩下來，一直到工程進度達三分之一時，才確定廠商不會跑掉。

　　進行優質化工程的整個暑假，全校從大門入口到停車場、景觀步道、莒光樓、維心樓、懷德樓、中間川堂、戶外劇場、操場都在施作工程，整個學校到處都在敲敲打打，活像個大工地。每天一大早到校，第一件事情就是做工地主任的事到各工地去巡視一下，下班前再去看一次，上班期間，不定時巡查。

　　暑期天氣悶熱，戶外工程陽光特別惡毒，只怕有攝氏 40 度，工人們的皮膚曬得黑亮，汗如雨下，真是辛苦，偶爾與工人們閒聊，有時送點咖啡飲料，套些交情，並從其中得到一些工程施作的技巧及應注意的地方，對於工程的施作更有幫助。

　　工程進行中常有不斷的爭議，都需靠智慧來解決，工程會議中要求建築師認真監造，屢見廠商不歡而散，學校一貫立場是堅持品質，按合約施作。曾碰到過工人拿不到工資到校長室來尋求幫忙，也常見到廠商要單獨與校長喝茶約談，討論施工細節，要求更改施工方法，例如：景觀步道不要黏馬賽克，改磨石子較好看；荷萍劇場的荷花無法磨出彩色圖樣，可否改噴漆；川堂的七彩鋁板無法電鍍出彩板，可否改為原色；川堂天花板的雲彩彩繪太貴，可否改為噴漆等，我都堅持立場耐心告知廠商依法施作，否則不予驗收。整個暑假在廠商不斷的抱怨中、廠商與工人爭吵聲中，不符規範的拆掉重做，做好的給予鼓勵下逐漸完工，幸賴建築師的確實監造，及總務處同仁認真督工而終於完成。

　　2007 年的學校優質化工程完工，讓本校得以脫胎換骨，校園變得優美，見到師生優游於景觀步道、徜徉在荷萍劇場，狀甚輕鬆愉悅，頓時覺得一切辛勞化為雲煙！

未來學校

　　這幾年學校校務發展都在談創新經營，領導者必須要有綜合研判分析的能力及創新經營的決心，方能帶領學校迎向未來。本人新到任之初，有鑒於本校是傳統保守型的學校，在資訊環境方面有很大的進步空間，將學校建立成科技校園應是不錯的藍海策略。於是我利用那年暑假吳清基部長（時任臺北市教育局長）到校勉勵之際，即向長官提出本校申辦「未來學校」的意願，經上級評選後，本校成為繼中崙高中之後，與麗山高中並列為第二期的「未來學校」。事實上，未來學校是微軟企業於 21 世紀初撥款回饋教育，所提出的新學校教育概念，透過 3A（anywhere, anydevice, anytime）的理念及 ICT 現代通訊科技來改善現在的教育模式，提供教育無限的可能。本校在「未來學校」經營方面，經與學校同仁熱烈討論後，整個創新經營概念從使命、願景、背景分析、目標到具體策略簡述如下。

使命（mission）◎◎◎

將本校由傳統型學校邁入「未來學校」。

願景（vision）◎◎◎

◎教育學生能有網路學習的能力。

◎帶領教師能使用網路資訊及使用 e-class 的能力。

◎教師能進行專業發展及研發數位課程，並進行創意教學。

背景（background）分析 ◎◎◎

◎本校為一傳統型學校校舍老舊。

◎高中部學生為多元招生入學素質佳，國中部為學區制常態編班。

◎教師素質佳，大部分個性保守。

目標（objectives）◎◎◎

硬體方面

◎學校網路通透，處處可上網，符合 3A（anywhere, anydevice, anytime）環境。

◎班班有單槍（已做好防竊工作）。

◎成立 SDC（School Development Center）學校發展中心。

◎建立多功能電腦教室。

◎遠期目標為籌設興建整合型科技大樓（本校居安新村收回後即可規劃）。

軟體方面

◎參與 ICT 教育訓練教師比率達 90%。

◎各學科皆有教師利用 3A 概念進行創意教學。

◎各學科皆有教師研發數位課程，參與行動研究比率達 30%。

策略（strategy） ◎◎◎

本校為一傳統型保守的學校，如何不以競爭當作標竿，而以追求價值創新（value innovation）來引進藍海策略，建立學校特色，邁入「科技校園」之林？近代校務經營方面常引進管理學的理論，來提高管理的效率與學校的效能，經與同仁們數次對話後，我們以管理學大師Porter的原生性競爭策略模式提出下列策略。

「未來學校」的申請

向教育局申請爭取成為臺北市三所「未來學校」之一，創造學校特色。

尋求外部支援，建立學校通透網路

◎寫申請計畫爭取經費擴充軟硬體設備。

◎請微軟公司提供各項軟體的支援服務。

成立專責機構

在校內成立資訊中心，設置中心主任一人，及資訊組長一人、服務推廣組一人、技士一人，負責全校所有與資訊相關之業務，例如：網路的維護、電腦與單槍的維修，以及教師與行政同仁資訊方面的教育訓練。

爭取籌辦國際研討會

本校教師素質優秀，唯平日皆盡心力於教學活動，對於各項的創意教學與利用資訊通訊科技（ICT）來活化教室的動能略感不足，利用籌辦國際研討會的機會鼓勵教師們參予，以提升其興趣與榮譽感，期能順利引發教師專業發展的動能。

選擇教師教學與行政管理之共同平臺

每位教師各有其教學檔案，每位行政同仁也各有其行政檔案，如何讓同仁們能夠共同享用知識，做好知識管理的工作，必須慎選一套好用的網路版軟體，本校經討論後，使用 E-class 軟體來作為學校之共同平臺。

教育訓練

◎配合各學科領域時間分科進行教育訓練：如 E-class 的使用、部落格的

設計、平板電腦的使用、PBL（Project Based Learning）專題式學習的
設計。

◎辦理行政同仁研習：除 E-class 的使用、部落格的設計、平板電腦的使
用外，針對行政管理的使用另行教育訓練。

鼓勵教師發展數位教材及進行 PBL 專題式教學

◎辦理教師創意教學的分享以及參加海內外研習活動的心得報告。

◎辦理校內數位教學教材比賽，得獎者給予實質鼓勵。

◎主動推薦優秀自編教材參與校外比賽，促進教師發展數位教學活動意
願。

◎鼓勵發展 PBL 專題式教學。

引進利基點

◎與中崙高中、麗山高中進行策略聯盟。

◎與臺中縣和平國中締約成為姐妹校，並進行網路課業輔導及互相參訪的
實質互利活動，一方面配合教育政策關懷弱勢學生，另一方面藉此本校
參與的自然科同仁得以教學相長。

　　本校自 2007 年 2 月微軟到校正式掛牌，並在中崙高中舉行未來學校第二
階段啟動典禮中，由郝市長親自主持的傳承儀式接棒以來，投入相當大的心力
在策略的執行上，所幸圖書館陳智源主任與其他幾位熱心的同仁經營付出，目
前在校園網路平臺上課的教師逾三分之一，學校也已達到「班班有單槍」、
「師師有電腦」的水準，當然離真正建立所謂的未來學校還有一段長遠的距
離，但有目標在前，頗能激勵同仁的士氣共同朝目標前進。

　　參與「未來學校」的目的在建立學校特色──「科技校園」，能引發教師
專業發展的動能，提高教學效能，並能爭取各項專案經費，改善校園環境。雖
然過程辛苦，既要不斷的寫計畫、執行各項方案，又要接待不時地來校參訪的
外賓，但看到校園教學環境的改善，學生學習效率的提高，何樂而不為呢？

校長有約

本校高中部入學的學生基測成績 2010 年男生在 PR 94，女生在 PR 90 以上，素質優良，學生家庭背景以中產階級居多，特殊生比率不高，但國中部學生招收附近學區內的國小畢業生，學生家庭背景以中下階層居多，需要特殊關照的孩子比例偏高，以今年國七新生為例，領有身心障礙手冊有 12 位（平均每班 2 名），但其中仍有許多的黑數，例如：單親家庭、隔代教養、受虐兒等，這些孩子必須長期的關懷與輔導。我自 2006 年到任以來，利用午餐時間請特教組安排須高關懷的學生與我共進午餐，表達關懷並了解孩子的需求，也確實發揮了一些作用，幫忙了一些學生。舉例說明如下。

例一：王生第一次與我午餐有約，即發現其答非所問，且常看著我的嘴唇，乃請導師注意及提醒家長留意，隔一個月後再次與王同學午餐有約，發現問題更嚴重，即請特教組追蹤此事，就醫後發現其一耳聽障，戴助聽器後改善許多，成績也進步了。

例二：黃生是學障生，在國七時已參加過午餐有約與我有些情誼，個性大方、多話，在國八時某日參加「校長有約」，當日沉默寡言、表情憂鬱，經再三探詢後，乃從口袋中拿出一張照片，是他家全家福的照片。原來其兄過世了，他很想念，且最近媽媽對他很嚴格，他很想翹家。我告之為人父母的感受，失去了一個小孩，必然心中痛苦萬分，故對他會較約束，應該要體諒媽媽的痛苦，更加孝順父母才是。黃同學終於沒有翹家。

例三：林生為中英混血兒，父母離異，與母同住，入學以來，沒有一天準時上下課，並常缺席或一天只來上一節課，經查其小學狀況即如此，與其安排「校長有約」後，發現他的程度因小學時期散漫，程度極差，連英文都不行，但品德尚不壞，我勉勵其須每天準時上下學，並依自己的程度與自己做比較，認真學習，且不可交壞朋友，維持良好品行。會後特別約時間找媽媽來談，希望家庭與學校共同努力，以「避免變成中輟生」為輔導的首要目標，鼓勵林生每天都要到校且儘量早到校，並安排他參加抽離課程（電腦、籃球）等，也不定時為林生安排個案會議，注意其出席狀況及交友情形，三年間嘗試了許多給予正面鼓勵向學的方法，例如：一週全勤送顆校長簽名的籃球等，三年來雖然

林生學習一片空白，但終於沒有中輟、沒有被不良幫派吸收，順利畢業。畢業典禮那天，摸摸孩子的頭，總算有點安慰。

當然也不是每一個午餐有約的個案都輔導得很順利。

例四：謝生，媽媽未婚生子，單親，與外祖父母同住，在小學即有暴力傾向，還與外面中輟生掛勾，入學以來即常破壞公物、摔桌椅、騷擾同學。本校生教組長、輔導老師與導師家訪多次，都無改善，與其「校長有約」後，勉勵其向學、注意品行，並依其興趣安排了抽離課程，但上了兩次課就不來了。也透過家長會安排家訪、探問，及透過社工進行家庭輔導，但成效並不顯著，不過同仁們仍不放棄積極輔導中。

本校有鑒於特教生是學校的弱勢，在畢業獎項上很難拿到獎項。特教組特別為應屆畢業特教同學另外安排一場別開生面的「陽光畢業典禮」，每人依其特質、表現，給予不同的獎項。特教委員、家長也提供獎品，場面溫馨感人，我也發現在校長有約時木訥寡言的同學，三年下來進步了許多，畢業感言講的那麼流利及表達出感恩之心，真的很棒、很感動！

校長日理萬機，尤其是完全中學的校長更是忙碌，縱然如此，能夠於百忙中撥空與弱勢的孩子共進午餐，傾聽他們的心聲，與之閒話家常，一方面幫忙解決困難，另一方面分享孩子成長的喜悅，我很喜歡這些午餐的約會時光！

📚 教師問題

現代人生活忙碌，各行各業都有壓力，教師也是高壓力的行業之一，或多或少都會產生一些精神壓力的症狀，常見的有頭痛、腸胃不適等，有少部分的教師有精神官能症的問題，例如：憂鬱症等，嚴重者甚至會影響到學生的學習。

30 年教育生涯中有這麼一個例子：某年秋天開學後二週，有個過動症學生的家長打電話給我，說她的孩子回去說某教師 A 君上課怪怪的，有問題！我當時覺得好笑，會不會是特教生瞎編的？其後經輔導主任了解，才知 A 君是校內的資深教師，教學已近 20 年，在年輕時是位非常認真負責的老師，而且個性溫和，但在幾年前突然發病，有重度憂鬱症狀，間有就醫吃藥，但病情時好時壞，尤其是開學後症狀特別明顯，已嚴重影響任課班級的教學。這情形

已困擾學校許多年，A君未到退休年紀，不願離職，且學校同仁也同情A君，大家會幫他請假甚或代課。但 A 君狀況愈來愈嚴重，家長也提出質疑，不能再敷衍下去了。

因臺灣目前制度完善，一定有較優渥的退休或資遣的辦法。學校人事室先找出 A 君以前的請假紀錄及所附的病歷證明，再從厚厚一疊的看病記錄中，發現第一張的診斷紀錄寫的是「疑似○○症」，其他的診斷紀錄都是寫憂鬱症狀。根據「不適任教師處理原則」，患有○○症者經過觀察期、輔導期、再評估期若無改善是可以提早退休的。於是學校一方面請人事室計算出他退休可以領的薪資，另一方面找其太太到校懇談同意後，再找 A 君來說服之，告訴他若把病養好，學校有需要時再來兼課，獲得同意後，依程序經過三階段時期，並召開教評會報主管機關核定，教評會雖通過了，但多了一條但書：「若教育主管機關不同意 A 君以退休方式來核發退休金，則本教評會撤回本案」。因本案已事先跟教育主管機關的長官電話洽詢過了，事情也就圓滿解決了。由此案可知，A君在發病前是位大家尊敬的「好老師」，也是本段文章我以「教師問題」而不以「不適任教師」為名的原因。

學校是一個大家庭，當老師有了問題時，我們要主動積極的去關心與幫忙，尤其是事關學生學習權益的事項，必須要蒐集完整的資訊、誠意的溝通。為對方設想，往往會有令人滿意的結果。

學生問題

學生問題的處理中最棘手的是校園緊急事件的防範，這也是平常必須注意的功課，完善的校園安全管理規範可以避免校園危險事件的發生，平日做好校園危機事件的處理流程演練，萬一有緊急事件發生時，便可以將傷害變小，甚至化危機為轉機。我們每個人都祈禱學校能平平順順，但在我教書生涯中或多或少也會碰到一些狀況，舉二例說明之。

案一 ◎◎◎

某年秋天，在上課期間發生學生自裁事件，學校緊急連絡家長，並由老師、校護送往醫院，學校一方面啟動緊急事件處理流程，召集緊急會議，了解

事件原因，報告學生狀況及目前處理情形；另一方面聯絡家長會幫忙，請會長帶水果先前往醫院探視；再一方面做校安通報及向上級長官報告，緊急會議隨後做出幾點決議後，各相關單位分頭進行。會議決議事項如下：

◎向全校師生廣播（先完成廣播稿）。

◎給家長一封信。

◎統一發言人、發言稿。

◎輔導老師入班說明事件，並安撫學生情緒。

◎第七節召開全體導師會議，說明事件及處理流程，並對全校同學廣播。

◎隔日召開緊急校務會議。

本案的導火線只是老師沒收其私人物品，所幸送醫後並無生命危險。隨著孩子的逐漸康復，一顆心總算逐漸平復下來，爾後而來的思慮是發生的主要原因是什麼？如何輔導才對？本校做了如下的措施：

◎教師到家課程輔導，依學校進度分科實施。

◎醫院社工家訪，輔導家長處理困境，並對家人及學生作心理輔導。

◎學校生命教育防治宣導。

◎請學者專家到校園指導及對教師，尤其是導師的心理輔導。

事件總算平安落幕，我們常常思考到為何會有此類事情的發生，是孩子的抗壓性不夠，還是我們常不知不覺的給孩子太大的壓力，雖然已過了好多年，但有一句話一直在我腦中盤旋——那是事件發生前幾天，該生的媽媽對她說：「沒有考上○○學校也沒關係，那是媽媽的母校，我們家有人讀○○學校就可以了。」該生的模擬考成績 PR 才 60，能考上前三志願嗎？能沒有壓力嗎？

案二 ◎◎◎

小明原是乖巧的孩子，成績不好，父母無固定職業，孩子常有一餐、沒一餐的，導師常常補助其吃午餐。某日學校接獲輔導老師通報，小明受到家暴要通知社工，據小明說：父親酒醉後會家暴他，社工介入後，告知學校，父母就是法定監護人，沒有完整事實不能申請保護隔離。導師、輔導老師只能告訴小明，有狀況時要逃離現場，並尋求保護，隨時可打電話給師長以便協助。

隨著工作不穩定，家暴事件不斷，孩子在校行為也變得乖張，翹課情形漸漸嚴重，也和父親衝突不斷，終至翹家，學校通報後尋獲，再翹家再尋獲，如

此情形一再發生。

　　小明在校時，學校為其開過多次的個案會議，安排彈性學習課程。他不想回原班級上課，終究長期無心上課，進度也跟不上了。隨著小明家庭狀況不見改善、家庭衝突不斷，孩子又一次翹家，被尋獲時另因他案送少年觀護所。

　　在觀護所期間，我與老師們去探視，小明見到我們非常高興，在聊的過程中小明告訴我說：「像我們這樣年紀的小孩，每個爸爸媽媽都把他們當作寶貝，而我卻忙著逃家，社會真不公平！」聽到小明的心聲，心裡非常的沉痛，是的，社會真不公平，大部分的孩子受父母的百般呵護，有些孩子卻身世堪憐！

　　小明在校三年，大半時間在中輟與復學中打轉，總算撐到畢業最後一天，任課教師們多數認為不應給畢業證書，很多同仁認為若給他畢業證書對其他孩子不公平。經過冗長的會議，我說服他們說：「國中畢業證書對大多數的孩子來說不算什麼，但對他來說可能就是人生最後一張畢業證書。」終於還是發了畢業證書給他，畢業典禮當天見他在學生群中，穿著校服，背著書包跟同學們繞校園一週，臉上露出許久未見的天真笑容，暗自祈禱上天願小明往後的人生能夠平平順順！

　　上面兩個例子中，前例家境富裕，父母疼愛，與後例顯然不同，其家庭與孩子必須接受幫忙與輔導的方式顯然也不同。事實上，在學校輔導管教方面，首當其衝的教育人員是導師及訓導、輔導人員。不同的學生有不同的問題，而老師面對一班幾十位的學生，除了心力有限外，加之輔導專業能力的不足，真是窮於應付。很多剛畢業的大學生、研究生考上學校教職即擔任班級的導師，除了上課的壓力外，最困難的是學生問題的處理。現代人小孩生的少，皆望子女能成龍鳳！但有的父母或給小孩太大的學業壓力，或對老師的教學與管教有意見，增加了老師教學與學生輔導方面的負擔。在教育現場中，因家長不滿學校老師管教的方式而上了媒體版面的事件層出不窮，加上班級中難免有孩子打架鬧事、逃學、霸凌的情形，這些壓力在在打擊著老師的信心與熱誠。我比較憂心的是，有的老師變的冷漠，不再把教師當做是終身的志業，不再有「春風化雨」的精神，舉例來說，有個導師因為家長囉嗦常常晚上聯絡老師，因此他晚上不開手機、不接電話了，那學生有緊急事件怎麼聯絡？這樣的情形當然是

逃避的行為，是不適切的。為了讓教師在教學輔導上更具信心、積極心，輔導室每學期必須辦理幾場的教師輔導增能研習，請外面的學者專家或資深教師來跟大家分享，希望借著輔導專業能力的提升與案例分享，能讓教師在處理學生的問題上，不再挫折連連，而能夠充滿鬥志，迎接挑戰。

 ## 垃圾不落地運動

　　社會愈多元進步，教育亦往多元發展的方向前進，學校中對於生活常規、服裝禮儀也愈來愈開放，加上少子化的影響，家長愈驕寵孩子，很多孩子不會掃地、不會撿垃圾，甚至亂丟垃圾；不懂尊重他人，破壞團體秩序。

　　我每每在各校的教師甄試中，對應考的教師提出這樣的問題：「給你一班新生的班級，你班級經營的重點是什麼，有何策略？」若應徵的教師提到，班級經營的重點包含了「整潔」與「秩序」，我通常都會給高分，我總認為一個班級能夠把整潔與秩序做好，班級必然井然有序、窗明几淨，師生在這樣的環境中，教學效果良好，學習效率必然提高，學業也會自然跟著進步了！

　　我在本校 2006 年 8 月 1 日任職後，即請衛生組研擬出本校「垃圾不落地實施計畫」，納入各班級每週生活競賽評分，並於 10 月份的導師會議提出來討論，會中有許多的激辯，反對者質疑評分的公平性、增加導師的負擔、增加同學的負擔，甚至怕同學求好而影響學習的專心，當每個反對者提出他們的看法，衛生組將計畫做適度的修正後，我詢問大家「整潔的校園環境，乾淨的班級」是否是大家追求的目標，現場沒有人有異議，因此我裁示本計畫試行一個月後再檢討。經過一個月的試辦期，發現校園比以前乾淨多了，一個月後，對全校學生做調查，80%以上的學生覺得校園乾淨了許多，在下一次的導師會議中也就無異議的通過了。

　　現在外賓或上級長官來訪及每年的基測考生家長到校，本校皆能以乾淨的校園、整潔的廁所來行銷學校，真感謝全校師生的努力配合及負責的衛生組鄭組長認真之執行。

寧靜教學區

　　從擔任主任開始，我一直在思考如何建立一個寧靜的教學空間。近年來，

中午午休時間因社團蓬勃發展被拿來當社團團訓時間，或做資源回收，或公共服務，或師長約談等，學生幾乎沒辦法午休。下午課程，巡堂時但見各班學生打瞌睡的情形非常普遍。自98學年度起，我請教官室草擬本校「寧靜教學區」實施計畫，在開學的導師會議中提出討論，提出具體作法為：

◎將資源回收及倒廚餘時間移至下午 2:50～3:10。

◎社團於中午 12:30～13:00 禁止活動。

◎中午 12:25 教官先廣播請同學準備午休，12:30 時實施。

◎中午 12:30～13:00 導師儘量讓學生休息，非必要莫個別約談學生。

◎早自習、午休、上課時間上下樓梯或經過教學區域，保持安靜。

計畫實施一年以來，上課及午休時間校園安靜了許多，學生得以安靜的午睡（休），老師也可以得到片刻寧靜，準備下午的課程。

校園推動「垃圾不落地運動」及「校園寧靜教學區」以來，感覺上學生的生活規律變得比以前更好了。教育部在推動三品運動——品德、品質、品味教育，個人認為假設校園真能乾乾淨淨、整整齊齊、學生懂得尊重他人、溫文有禮，不就是個人有品德、學習有品質了嗎？

臥龍學園聯合校慶

現代的學校教育非常重視學校與社區的互動，學校必須與社區結合，幫忙社區營造，引領社區發展，也就是學校社區化的概念。本校位於臺北市臥龍街，同一條街上矗立著三所學校，和平高中與芳和國中只有一牆之隔，而大安國小就在和平高中對面，校門相對，一條街百公尺之內僅有學校、沒有商家，兩側綠蔭成林，夏季阿勃勒黃色花串懸掛；秋季臺灣欒樹盛開、色彩繽紛，成為詩意盎然的文學步道，不但具有詩情畫意的文藝氣息，也涵養濃厚的學術氣氛，不但三校師生漫步其中書生氣質油然而生，也是社區民眾散步的好地方，更為臺北市極具特色的學區，形成完整的優質臥龍學園。

2008 年 11 月 8 日適逢本校 40 週年校慶，與芳和國中、大安國小籌思結合社區里民、學生家長共辦三校校慶的可能性，第一屆臥龍學園聯合校慶籌備會終於成立了。除了學校同仁外，我們找來了芳和里、臥龍里、黎平里等里長及三校的家長會代表、臥龍街派出所及消防局代表來開會。會中訂定了「臺北

市 97 學年度臥龍學園聯合校慶嘉年華計畫」，決定於 11 月 15 日以三校策略聯盟之教育博覽會方式，辦理封街嘉年華會。

　　封街嘉年華會當日，吳清基副市長、吳清山局長親臨致詞，康宗虎副局長、謝麗華科長、李招譽科長、里長、各級學校校長、民意代表等多人亦出席指導，會場節目有園遊會、運動會、民俗表演、消防體驗、義賣活動、社團表演等，師生民眾擠得水洩不通、盛況空前。

　　臥龍學園聯合校慶得到了教育局長官的讚賞與嘉許，也獲得了多家媒體的大幅報導，現在只要在網路搜尋中鍵入「臥龍學園」四個字，就可以見到許多媒體對於三校共辦校慶的大幅報導，也請有興趣的讀者可以上網查詢。

　　每年 11 月份臥龍街三校的封街共辦校慶已成為社區的盛事與里民的期待，變成了整個社區的嘉年華會，雖然整個活動的籌備期長，工作量倍增，但三校的行政同仁合作無間，樂流汗水與淚水，為整個活動努力打拼，完成一個成功的社區營造典範。

學校願景與教育 111

　　一個學校的願景是經過對學校作 SWOT 分析後，並與教師們溝通達成共識而提出的。願景具有前瞻性、企圖性及可達成性的性質，願景當然也可應時代背景的不同而修正，2009 年我到任第三年，當時的臺北市政府教育局吳局長清山博士提出了新的教育政策——「教育 111」：一校一特色、一生一專長、一個都不少。臺北市教育局推動「教育 111」，期許以較為簡單鮮明的口號，讓各校依其現有條件、社區環境、親師生的需求等來共塑願景，在優質的教育過程中營造起學校的特色，在活力的校園中，培育出孩子的專長，在友善和諧的氛圍中關心每一個孩子，一個都不少，把每一個孩子都帶上來。配合報名「教育 111」認證需要，本校試著重塑本校的願景。我提出掛在本校樓梯間之「終身學習、終生運動、終生反省」的教育標語，因為師生們耳熟能詳，能琅琅上口，且與「教育 111」有若干連結關係，可以拿來重新界定為本校新願景。經與同仁們熱烈討論後，訂定出推動的具體可行策略，及與「教育 111」的連結關係，整理如下。

　　教育局推動「教育 111」的施政主軸與本校的願景實有許多契合連結之

處。本校願景為「學生能具備終生學習、終生運動與終生反省的能力,期能達成德、智、體、群、美五育兼具的全人教育目標」。

◎養成終生學習的能力:智育、群育、藝術(美育)。

◎養成終生運動的能力:體育。

◎養成終生反省的能力:德育。

本校願景的執行策略如下:

◎建立科技校園環境——養成終生學習的能力。

◎鋪設活力校園情境——養成終生運動的能力。

◎營造和諧校園氛圍——養成終生反省的能力。

本校推動「教育111」後的願景為:

◎透過「教育111」一校一特色的推動,能使本校建立起完整科技校園環境。

◎透過「教育111」一生一專長的推動,能使本校鋪設出完善活力校園情境。

◎透過「教育111」一個都不少的推動,能使本校營造成完美和諧校園氛圍。

進而養成學生「終生學習」、「終生運動」、「終生反省」的能力。

本校推動「教育111」後的目標為:

◎展現出「未來學校」科技校園的成果,例如:學科教師卓越團隊的產出、學生善用科技與知識獲得比賽獎項。

◎每一位學生皆能在校內培養出運動或藝術的專長,能夠單獨表演一項藝術專長或具有體育專長。

◎每一位學生皆能在零霸凌、零體罰與零拒絕的校園成長,每一位學生都能被充分關懷,永不放棄。

本校自參與未來學校專案後,努力建設校園、發展學校願景,做好每一個教育的環節,於2009年底第一屆臺北市教育111標竿學校選拔中,提出申請。經過初審、到校複審及決選三階段的選拔,有幸通過認證,成為第一批「臺北市教育111標竿認證學校」,表揚之日帶領著各處室一級主管上陽明山教師研習中心接受表揚,看著同仁們揮著汗水、帶著疲憊,但臉上洋溢著笑容,共同

拍團體照，心中不自覺得充滿了感動——行政同仁們被操得太辛苦了，謝謝你們。

結語

　　寫此稿之時正逢 NBA 球星姚明、林書豪訪問臺灣之際，帶給我們省思的是，這些 NBA 的球星非常的可親，與民眾、小朋友玩在一起，一點也沒有明星驕縱的氣息，可見得 NBA 聯盟是成功的，旗下的球隊皆能教育球員要有運動家的精神及運動員的紀律。林書豪的父親告訴郝市長，他教育孩子的四個要求：其一：功課不能差；其二：注意身體營養；其三：每天要運動；其四：休息要夠。林書豪是臺灣去美國的球星，也是哈佛畢業的高材生，是能 K 能玩的青年好榜樣。

　　臺灣的家長太重視孩子在智育上的表現，因此郝市長勉勵所有的臺北市校長們，不要只重視學生學業的表現，要注意五育均衡的教育理念之實踐，並須時常與家長們宣導小孩身體健康與良好的品德比念書更重要，中小學書讀不好，將來一旦想念書還可以補救，但身體弄壞了，將來會很難補的回來。

　　席慕蓉曾說：「現在教育應該是一種減少的教育，而不是增加的教育。讓我們的下一代可以面對一個簡單樸素的社會。」我深以為然。現在臺灣的教育實在是塞了太多的東西要孩子學，考試也考得很難，舉例來說，今年的大學指考，物理的均標 24 分，運氣好的，全部用猜的說不定比均標還高，孩子們學了幾年的科目，考不出自己的實際程度，豈不喪氣，怎會有讀書的樂趣。失去了讀書興趣，將來離開學校，就不再看書，也不必談所謂的終身學習了；另外也聽說過有個孩子，絕頂聰明，讀到台大醫科畢業了，告訴父母說自己已幫父母完成了心願，從此不碰醫學，改行去了。我們是不是太重視明星大學的明星校系，而忽略了孩子的興趣？

　　教育是什麼？在師大一年級上教育概論時，最深刻的一句話是美國教育家杜威說：「教育即生活。」30 年教師生涯中，慢慢體認到「教育即生活」、「經驗即成長」、「學校是提供真實而有效的社會生活之機構」的理念。也常常向同仁們分享自己的心得說：「教育是幫助孩子去營造每一個人的幸福人生。」為了達到學校教育的目的，學校必須和諧且溫馨、優質而卓越。透過

「教育 111」的實踐，來建立學校的特色，培養孩子的專長，盡心盡力照顧好每一個孩子，「一個都不少」，可以讓我們達成教育的目的，讓我們為「教育 111」而努力，營造一所所「一切為教育」的學校，則教育幸甚，學生幸甚！

李世文校長小檔案

　　李世文，1956 年出生，高中時念師大附中，畢業後就讀國立臺灣師範大學數學系、數學研究所，喜歡邏輯思考，約 30～45 歲時迷上電腦，喜歡寫寫校務行政方面的程式。在 45 歲以前從來沒想到會當校長，自 1982 年研究所畢業，1984 年服完兵役後，先到醒吾商專教完一年書，隨即於 1985 年回母校師大附中服務，我當了三年的國中部導師，即一直在附中擔任行政工作，當了 12 年的組長後，有一天校長問我要不要到國中部接主任，突然驚覺自己是學校中最資深的組長，有點不好意思再推辭了。當了幾年主任，歷經磨練、見識日廣。算來與和平有緣，有幸於 2006 年遴選上了本校校長，思維本人 30 年的教師生涯中，一直蠻守本分的、做好分內的工作，年近 50 歲時才有這份機緣當上了校長，甚是惜福與感恩！

12. 第一年的校長告白

新竹市建功高中校長　李玉美

校長第一年，我在新竹市建功高中，一個我既陌生又熟悉的地方。

我的第一年，早上在校門口站崗，跟全校師生、家長打招呼。

我的第一年，和行政團隊穿起「老師制服」，組成亮眼的「粉紅大隊」。

我的第一年，帶領建功孩子，於新竹市文化局演藝廳舞臺，大秀多元才藝。

我的第一年，找朋友、找家長、找市長、找教育單位……到處找資源。

百感交集，是第一年的滋味；盡其在我，是第一年的堅持。當我在理想與現實的撞擊中身心俱疲，只要孩子揚起無憂笑容，爽朗高喊「校長好」，我在回覆「很好、很好、我很好」之際，也一點一滴恢復熱情能量。

「然後，那就再來吧！」我這樣告訴自己。

哥哥老師，我的偶像

很多人是看著父親的背影長大，我卻是跟著大哥的腳步成長。擔任教職的他大我 20 歲，是我童年時的超級偶像，因此，我從小就像許多女孩一樣，立定志向要當老師——考大學那年，我的志願卡填滿了師範大學所有科系，由此可見，我對「老師」有多麼專情。

極其幸運的，我進入了國立臺灣師範大學教育心理系，又念了教育心理與輔導研究所，畢業後順利地在師大附中擔任輔導老師。說起來，其中還真有點誤打誤撞——在家排行最小的我，上頭有一個哥哥、四個姐姐，即使備受寵愛，但因年齡差距甚大（我和最小的姐姐差了八歲），每當鄰居玩伴紛紛回家後，我總是備感孤獨，希望有個人能陪我說說話；而輔導老師，正是傾聽他人說話的角色，雖然我當初選填教育心理系時，根本不了解它的教授內容為何物。

總之，我像朵蒲公英的種子，幸運降落在師大附中的自由園地上，開啟這段奇幻多采的教育旅程。

我在附中的教師日子

附中第一年的日子，總是格外深刻；附中第一批的孩子，總是分外不同。身任第一線輔導老師的日子裡，我們將孩子納入體系，於是有了「愛之坊小義工」，分成四組，我帶領的美工組，教他們如何編輯刊物、撰寫企畫案、布置場地，以及掌握辦理活動的要點等。

無論母鳥如何呵護雛鳥，總有狠心放手讓牠們學習飛翔的一天，那時的我秉持著相同信念，要訓練孩子獨立做事，包括他們延請許多夯到不行的偶像舉辦座談會，例如：名主持人張小燕、新聞主播陳月卿、「假日飛刀手」陳義信等，我都讓孩子自行安排相關事宜，直到萬不得已才從旁協助。

那時的學生真的好迷這些名人，場場座談會皆爆滿，引起一陣騷動；主辦活動的孩子不但得借用家政教室，還因為椅子數量不夠，彎下腰來擦洗地板，讓與會學生能夠席地而坐。雖然每天都忙到晚上八、九點，但大家衝勁十足，緊密相依；幾屆下來的學生，直到現在這群學生都已經為人父、為人母了，我們仍然會聚在一起，讓我非常感動。

1994 年，教育改革聲浪一波接著一波，4 月 10 日的大遊行更撼動各界，啟動教改計畫，也無意間改變了輔導老師的職責範圍。那陣子，許多關心下一代未來的父母，常「代替」子女畫填志願卡，導致孩子就讀自己不感興趣的大學科系，少數學生甚至以自殺手段做為無聲抗議，令人感到心疼與不捨；大人們這時才警覺到，應該讓孩子充分了解自己的興趣志向，自主選擇未來，於是，選填志願方式的革新改為撕榜，師大附中向來是教育實驗場域，而這份舉足輕重的工作，我有幸成為規劃人員。從開始規劃、修正細項、模擬演練到實際成果都力求完善，頗為成功。之後，推甄入學、免試申請等入學方式的推動，也更加重了輔導室的工作內容，但也讓我積累了不少行政經驗。

另一個難忘的例子，則是附中歡慶 45 週年校慶時，由輔導室主辦《新附中》特刊出版事務。說來有趣，壓根兒沒受過編輯專業訓練的我，憑藉著大學時代在社團參加美工組的「古老經驗」（不過就是學了幾節 POP 課程），加上拚命閱讀書籍，竟也完成了一份不差的作品，甚至獲得臺北市優良出版品的殊榮，讓我深深體會到「做中學」的重要。

實驗組長玩出一片天

十年的輔導老師經驗，至今仍是我人生中閃閃發亮的寶物，我不敢說自己是最好的，但在「最認真」之列，我肯定榜上有名。或許是看到我的用心和創新，當輔導主任接下教務主任一職時，邀請我擔任實驗研究組組長；我考量到自己的孩子已進入小學，加上也想嘗試新鮮領域，於是 1995 年，正式踏入教育行政領域。

附中一直是教育實驗的櫥窗，現今幾乎在各校可見的「實驗研究組」，當時其實是附中首創，職務為發想嶄新或改良教育計畫，並進行三年試辦期，若成效不錯，才會推動全校甚或是全臺實施。

接任組長期間，我參於規劃的數個案子，包括試辦學年學分制與規劃雙語班課程，其中最令我難忘的，就屬數理實驗班的課程重新擬訂。仔細觀察後我發現，當時實驗班的課程有改善的空間，因此我邀請各科任教老師，共同激盪「數理實驗班的同學應該擁有何種程度的知識」、「怎樣才算合適的數理實驗班課程內容」等根本問題。

當然，變動過程中一定會有些阻力，例如：任課老師必須單獨幫實驗班撰寫教案、設計進度和構思試題，責任甚重；幸好，當時帶領師大附中向前邁進的楊壬孝校長，給予教職人員廣闊的揮灑空間，我才能說服老師們，攜手落實數理資優的實驗班教育。

我提議打破制式的課程進度規則，邀請各科老師從一到三年級都帶同一個實驗班，自行重新設計安排了三年間的課程，讓學生學習更深、更廣的數理知識；另外，我也鼓勵老師之間多加對話，進行「合科討論」與「協同教學」，例如：高二數學的向量主題與高一物理的力學課程息息相關，即可調整順序、整合資源，讓老師教得省力，學生學得輕鬆。

在資源開發部分，我也著力甚深。拜楊校長為數學系所出身所賜，我認識了多位國立臺灣師範大學理科教授，讓附中孩子有機會進入物理、化學和生物系的實驗室參與計畫研究，增長知識與見聞；唯一美中不足的是，師大本身沒有工學院，幾經努力聯繫後，最後也促成附中數理實驗班和國立臺灣大學工學院的合作計畫。

對於實驗班的孩子，我也期許他們全力以赴，發揮創意，「玩」出自己的一片天。就像我常跟孩子說的：「只要你願意提案，也找到老師樂意指導，組長一定想盡辦法爭取到任何資源！」因為從學生、老師到行政人員全部都「撩落去」（台語），所以在那四年多的歲月裡，附中拿下的奧林匹亞獎牌可說是歷屆最多！

校長背後的校長推手

做了近五年的實驗研究組組長，楊校長邀請我擔任學務主任。我其實在心裡掙扎了許久，更有許多擔心——要知道，學務主任就是大家印象中最恰北北、最會罵人的訓導主任（當時的舊稱），並且要求每個孩子都遵守統一規則，相對於重視差異性、一對一懇談的「輔導」，儼然是兩條平行線；但我轉念一想，校長之所以選中我，必定是看見我的某些本質和潛能，我何不給自己一個機會？

就這樣，我做了四年的學務主任，期盼在解放一切形式禁錮的自由土壤上，孩子不但成為「能 K 能玩，能文能武」的附中人，亦可盡情發揮創意，享受民主的芬芳氣息。於是廢除髮禁、襪禁、鞋禁和書包禁，我甚至把腦筋動到衣著上，只是學生太愛那套制服，決定保留傳統；不過，因為他們認為原先的運動服不散熱，所以經過合乎程序提案和民主投票程序後，才有現行的黑外套及藍上衣運動服，在當年民主校園也算是一項創舉。

2002 年，楊校長任期屆滿，我也因為要陪次子考大學之故，回到輔導室當老師。行政部門走一遭，重返教育前鋒的我，看見另一番景致，不但和義工媽媽玩在一塊兒，也開啟了我進入生命教育的領域，並成為第一屆師資班的合格教師。

直到楊校長再度回到附中掌舵，建議我去校長培育班進修，從未想過要往校長之路邁進的我，才思忖其中的可能性。猶如汲飽養分的蒲公英再度翩然起飛，遠赴另一片自由土壤，很慶幸有機會在新竹市建功高中這所教改學校，與教師、家長交流教育理念，並接下建功高中校長一職。

回首 25 年的附中日子，我非常感激我的「師傅校長」楊壬孝先生，他不但讓我看見身為一校掌舵者的風範，也是我背後的推手，推動我持續前行、推

動我自由揮灑，更在我準備好時，推動我登上亮麗舞臺——而這也是我在建功高中，準備扮演的角色！

 ## 現在，始終來自過去

　　新竹市建功高中於 1998 年成立，是教改理念下的完全中學，和師大附中有某種程度的相似之處。我在接任校長前，曾下了一番苦功，研究這所學校的過去與現在，因此對於未來擁有一些想像，準備與全體的建功人共同努力。

　　崇尚自由校風的建功，自立校以來，沒有髮禁也沒有制服，希望每個孩子都能多元發展，感謝認同學校創校理念的家長，放心把孩子送進建功，但也有少數師長仍放心不下，不時以生活紀律、管理方便為由，建議設立制服規範。每每聽見這樣的聲音，我總會思考一下，然後笑著邀請他們，實際到校園親自看看孩子的日常服儀。

　　說來或許有很多人不相信，即使沒有硬性規定，可是我鮮少看到奇裝異服的建功學生，一來是家政與美術老師自發性地在課程中教導他們怎樣適宜地打扮自己，二來則是「搞怪的」孩子自己必須承受得住輿論壓力，校園內自然形成一種軟性規範。更棒的是，我在國、高中每星期一次的集會時間裡，都能欣賞到兼具統一與獨特的美麗——各班孩子開始自製班服，這裡一塊紅、那裡一撮綠，近處神祕紫、遠處個性黑，創意各自開花，繽紛中隱含秩序。剎那間，我從這群孩子身上領略到：其實穿不穿制服，和大家認定彼此是否為一群體息息相關；若產生強烈認同與歸屬感，即便沒有強制規定，每個人仍會自動自發套上形式相同的衣服，以展現團隊精神。

　　今年，建功國中部一年級的導師和美術老師運用這個團體與個別的概念，參與創新教案設計——他們提出讓國中一年級票選出一種團體的 T 恤顏色，接著按各班創意，設計不同的 T 恤圖案，如此一來，大家就同中有異、異中有同，並且獲得「班服也是年級服」的創新教案優等獎。

　　這讓我想到 2009 年 8 月到任時，建功舉辦了一場溫馨的校長就職典禮，參與的師長們身穿先前建功十週年訂作的粉紅色紀念服，散發飽滿元氣；為我送行而專程南下的附中友人，無不興奮讚賞「那支粉紅大隊好棒」。該年 9 月建功承辦新竹市優良教師表揚大會，我當下靈機一動，向建功的工作夥伴們提

議，何不也穿這套衣服代表團隊精神？由於主任們要負責接待貴賓，又擔心運動服裝不夠慎重，於是再度提議主任們可加上正式套裝；很高興獲得行政主管們的全體同意，並開心地採購。表揚大會那天，看見身穿白色套裝、內搭粉色衣服的我們，不僅市長的眼睛亮了，每位來賓的眼睛都亮了，也成功塑造建功高中青春活力又深具紀律的優質形象。之後的每場大型活動中，大家都樂意自掏腰包，穿起「老師制服」，包括：夏季黑色套裝、冬季再添兩套裝束，以及閃閃發亮的禮服等，期望由外在衣著形象塑造的學校標識，也能內化成一種建功的文化與精神，並成為我們共同擁有的情感回憶。

　　我的另一項喜悅，則是決定邀請已經推甄或申請上大學的建功孩子，為自己的畢業典禮出力。起初，並未設想學生能做到哪種程度，也沒有告訴他們應該怎麼進行，只是請學務夥伴將附中過去三年的畢業典禮實況影片，播放給孩子們觀看，因為我深信，在建功的自由學習氛圍中，不用多說什麼，孩子自己就能有所創新，並且知道可以做些什麼。

　　畢業典禮那天，學生自發性組成的畢委會，在主持組、短片組、節目組、音效組和道具組等成員分工合作下，將學校活動中心打造成浪漫水都威尼斯，不但以「Alegria 歡躍之旅」為主題，穿戴自製的彩繪面具與華麗衣服進場，還邀請我裝扮成公爵夫人，和畢業生代表共舞，重現嘉年華會的狂歡氛圍。

　　事後，老師們都大呼感動，這群孩子也在建功留下最後一筆難忘的中學回憶，因為他們在師長三年來一點一滴鋪設的康莊大道上，搭築了一座亮麗舞臺，讓所有人都成為聚光燈下的主角──不斷付出的老師，接受孩子的歡呼與感謝；不斷獲得的孩子，在懂得回饋的同時，亦蓄滿能量，展翅起飛。這的確是一趟值得慶祝的「歡躍之旅」。

　　現今我們所做的事情，其實是過去經驗的累積，我將附中孩子給我的啟發，轉化為我給建功孩子的刺激，就是最好例證，而這也說明，只要適當給予孩子機會與引導，他們會做得比你想像的更好──教育的真諦就在其中，不是嗎？

讓世界看見你們的好

　　不只教育下一代如此，我覺得，身為一校的掌舵者，非但要有宏觀眼光，

決定航行方向，更得有微觀心思，看見周遭人、事、物的特質。楊校長發掘了我的能力，並成為我的推手，而我，也發現了建功的可愛之處，期待引領大家讓世界看見我們的好。

建功的校訓「尊重、創新、宏觀」代表了這間年輕學校的核心價值，並期許孩子成為「多元才能的建功人」。我很認同這樣的理念，也知道原先便推行得頗有成效，期願在傳承原有的成果，再次大放異彩、再更力求精緻落實。

尊重，除了自我尊重，還有人我間的尊重，因此，我從結合閱讀、品德和生命教育著手。今年的暑期輔導課程中，除了國、英、數等學科，分別排入二節品德、生命教育及閱讀課程，而且 99 學年度起，將閱讀排入正式課程中。感謝課程發展委員會委員們的認同：閱讀是一輩子的事，並非只是學校裡的事。所以利用管道尋找教導他人如何閱讀的專家，指導我們的孩子養成閱讀習慣和風氣，並邀請各科老師開立與課程相關的課外書籍名單，於閱讀課帶領導讀，培養終身閱讀的好習慣。此外，從生活中的行為表現，養成「愛整潔、有禮貌」的好習慣，身體力行，體驗自尊尊人的喜悅。

在創新方面，規劃在有限的資源下往「一師一機」的目標邁進，並建置充實完善的 Moddle 教學平臺。如此一來，老師們就能透過專屬筆電，完善自己的教學教材，善用教室的 e 化設備進行教學，並上傳分享相關的教案，互相觀摩、激盪。令我感動的是，因為教學平臺的建置，目前已有數位執教科目相同的老師組織起來，分配各自負責的單元，設計教學檔案，達到資源共享的目的，讓教案更有系統、更富創意，促進彼此間的知識學習，也為孩子的自學提供最佳管道。

當為人師表者的教學方式與內容更為創新，將能激發孩子天馬行空的創意，讓他們成為光芒的主角。2010 年 1 月間，開設視覺藝術課程的美術教師群便帶領一票孩子，在新竹市辛志平校長故居藝文館，展演 180 件學生作品，內容包含建築造型、影片剪輯和服裝設計等，反映時下青少年的觀點。更難能可貴的是，當全國中學生藝術創意競賽的 15 組入圍者，全為美工相關科系占據時，唯有建功以普通高中學生之姿入圍，這顯示只要引導學習動機、激發嶄新創意，孩子的未來就有無限可能，無論他們是讀數理班、語文班、醫科班、美術班或普通班！

不管是團隊或個人，建功的孩子在游泳、田徑、國樂、舞蹈、合唱、朗誦

等領域皆頻頻獲獎，百分之百扣合建功的創校理念：每個孩子都擁有自我價值，應該多元發展，並且受到尊重。因此，即使建功沒有資優班，完全採取常態分班，孩子卻未失去應該接受的培養——建功高中的選修課和鼓勵師生積極參與的課外活動，就是刺激未定性的孩子向內發掘自己的管道。

特色課程之規劃也是創新的一部分，因為在附中時擔任過輔導老師、實驗研究組組長和學務主任，也親自開設過心理學導論課程，所以我知道開辦選修課對任課老師或行政人員來說，都是一項充滿壓力的挑戰，不但要維持跑班時可能產生的混亂秩序，更得為了短短兩小時的課程，撰寫教案、製作教具和設計活動。不過，看見孩子埋首書本時所綻放的燦爛笑臉，以及發現新鮮事物的好奇眼神，和找到自己專長的自信神采，讓我決定以免試入學的四十多個孩子為對象，進行新的教育課程計畫——每星期的選修課增加為三小時，高一上學期先學習研究方法，高一下學期再讓學生深入探究自己感興趣的領域，並且展現成果。

萌發這樣的念頭後，首先向教務主任說明自己的理念，待取得行政團隊同意，邀請各科老師參與計畫，並且不斷溝通大家對這個班級的想法。接著，我們不辭路程遙遠，到各地學校參訪、觀摩，包括：麗山高中、師大附中等，每次至少都出動六至八位老師。

找齊革命夥伴，發掘資源的工作也迫在眉睫，因為這樣的班級不在資優班之列，自然未能享有 15 個孩子就能增聘一位教師指導的法規，只能以原有的人員配置實施計畫，大家都咬緊牙關苦撐。我深知只能善用社會資源及學術資源，於是四處請託在清大或交大任教的學生家長們，能否讓有興趣的孩子進入實驗室做專題；幸賴大家皆能認可這樣的教育理念，大方允諾提供資源，才使得我們又往夢想靠近一步。

前陣子，教務主任告知即將從新竹實驗中學退休的化學老師和物理老師，也願意來和建功學生「玩一玩」，讓我備受感動，也更加堅定繼續走下去的意志力。

正因踏出建功校門，使大家看見建功孩子的自信、建功老師的堅持，以及建功一直以來秉持的教育理想，才能獲得這麼豐沛的支援與認同；與此同時，我們亦從他人的良好典範中，照見自己的不足之處，深切省思並力求改善，這就是落實「宏觀」的準則。

無論是國內校際交流或者是國外教育旅行，只要跨出校門，實際接觸，就能打開每個人的「視界」，看得更廣，看得更遠，也看得更高。例如：孩子結束日本教育之旅後，無不讚歎日本人禮節周到、性喜乾淨，我便順水推舟，趁機實施機會教育，調侃他們：「那校長只要求大家當個『愛整潔，有禮貌』的好孩子，怎麼你們都做不到呢？」孩子們雖然訕笑無語，但我知道有些種子已在他們心中，悄悄發芽。

　　除了舉辦多場英國遊學團說明會，使得家長不用再單打獨鬥，可以放心地送孩子出國，增加生活體驗，我還計畫未來可以讓建功孩子到不同學校入班學習，甚至讓孩子的家庭互為接待，來趟 homestay，促成兩地孩子更深入的接觸，想必屆時能擦撞出不一樣的火花！

成功，盡其在我

　　以上這些已然實現或有待努力的計畫，都是我在校長遴選時，深入了解建功高中的狀況，覺得自己能為這間學校注入的新（心）意。不過，隨著慢慢成為建功生活圈的一份子，「建功人」三個字更是我努力推動的概念，除了建功的學生、師長、員工，所有的家長更是理所當然的建功人。因為這裡是所有學生、教職員和家長們的建功，而非某個人的建功，所以我們不僅由上而下溝通，更要由下而上交流。推行的政策並非一個人的理念，而是揉合全體教師和行政人員的想法。由於希望透過教育部的經費補助，使建功愈來愈好，我邀請各組組長羅列出認為校方應該為學生、師長們做的事情，待各處室主任統籌組織，再進行最後的整合與布局，最後共計列出 12 個計畫，預計在未來三年內進行；此計畫方案在全體建功人的努力下，獲得「教育部高中優質化計畫」的榮譽及經費補助，相信一定有助於建功未來的更優質、更卓越。

　　要做的事情實在太多了，每一件皆有其困難之處，端看領航者能否以堅強的意志力克服層層關卡，畢竟唯有堅持到最後的人，才能體會苦盡甘來的感動；就像我一樣，總是把焦頭爛額、四處求援、緊迫盯人等艱辛過程，瀟灑地丟在最遠的地方，以最昂揚的姿態和最爽朗的笑聲，感受大家給予建功全體師生的掌聲。其中最令我感動的一幕，就屬 2010 年 6 月 10 日那個大雨滂沱的夜晚，我帶著合唱團、國樂團和管樂團的學生與指導老師，在新竹市文化局演藝

廳的舞臺上，鞠躬接受現場一千多位家長與貴賓的鼓掌！

在我到任之前，建功的音樂性社團雖然每年都會舉辦小型演出，卻鮮少參加校外比賽，優美樂音僅在校園內悠揚。我除了大力推動孩子走出去，屢屢奪得全國比賽獎項之外，更在他們抱怨舉辦成果發表會著實勞心費力，想打退堂鼓之際，丟下一顆震撼彈：「走，校長帶你們去新竹市文化中心表演，好不好？」

從老師到主任，每個人都叫我別傻了，畢竟我們只是沒沒無聞的學生社團，若不是參與比賽，怎麼可能擠得進文化中心的節目表？其實那時的我，沒有多大把握，但為了激勵師生，仍舊反問他們：「如果我爭取到了，你們是否願意籌畫音樂會？」大家沒有表示贊成和反對，但我還是決定就去做吧！

因為前 25 年的教職生涯，完全是在臺北市度過，所以我在新竹沒有太多資源和人脈，只能硬著頭皮，尋找相關人士，一關關詢問、一關關緊催，並以破釜沉舟的決心告知對方：「無論什麼時間，只要文化局演藝廳有空檔，我就要！」

最後，即使知道在 6 月 10 日這個好不容易爭取到的空檔舉辦音樂會，將引起許多人反對（全校師生 6 月 7 日才忙完畢業典禮），但我還是咬緊牙關地訂下這個日子，因為我想讓建功孩子的好，能跨出校園，被新竹市民看到，被世界看到。

待克服一切難題，在那個「星光樂語」的藝術之夜，天公又不作美地落下傾盆大雨。經驗豐富的演藝廳義工預估場地頂多坐滿一半，未料等到正式演出，上千個位子座無虛席，讓我得以在學生的賣力演出和家長的熱情掌聲中，邊驕傲地說「這就是建功高中」，邊感受內心滿滿的感動。

另一件事情，就是成功增設兩個組長職位，減輕行政人員的負擔，以使每件校務工作都能更加完善、順暢。

建功因為是完全中學，先前國、高中部共用同一組行政人員，讓大家苦不堪言，自然敬而遠之。當我打算爭取增設副主任或組長，也遭遇到不看好的聲浪，但我積極蒐集完全中學法規及各縣市完全中學資料，還跟新竹市教育處學管課課長、處長乃至市長祕書等人相談，並且一路緊盯進度，感謝新竹市教育處長官們的支持、協助，終於趕在 9 月開學前，爭取到於教務處、學務處各增設一位組長。

這幾件事情，讓我回憶起 1981 年時，我在學生的畢業紀念冊寫下「盡其在我」的勉勵話語。這些年來，我只是盡力做到自己認為該做的事，就算遭逢失敗，似乎也會再次努力，畢竟沒有冒險嘗試，永遠無法知道自己是否成功；現在回頭想想，這句話好像正是我一路以來對自己的期許與目標。

　　不過，當我領頭在前面衝刺時，並不感到孤單，因為每次回頭探望，就會發現全體夥伴們也願意跟上腳步，一起為打造更美好的學習園地貢獻心力，讓我可以放心地朝向遠方的未來前進。

🔖 報告師生，其實我們很靠近

　　許多人總覺得校長很遙遠、有距離，不太好親近，但或許是學輔導的關係，我特別重視拉近人我關係與充分溝通，無論對待工作夥伴或學生皆是如此，這全是起源於「與其期待他人如何對待你，不如先好好對待他人」的信念。

　　接任校長一年多以來，只要是上學日，早上 7 點 15 分一到，我都會站在校門口，向所有師生及家長道聲：「早安。」久而久之，學生從最初的一臉錯愕、匆匆走過，到現今主動和我打招呼，因為他們知道，校長也會這麼熱情地對待自己。

　　下課巡視校園時，我也習慣地沿路撿拾地上的垃圾，學生看的次數多了，也慢慢養成隨手撿垃圾的好習慣，使得校園環境的清潔因此改善許多；接下來，我還希望他們不但會撿，還必須學習不亂丟，如此才能治本——說穿了，這其實就是「以身作則」的概念，一點兒都不新奇，卻非常實用。

　　至於和工作夥伴建立關係方面，早在附中擔任主任之際，我就習慣到導師辦公室走動，努力打破「行政教學，一邊一國」的隔閡，並且分享「我們都是同一國」、「我們都是建功人」的正確概念。進入建功這個大家庭後，我也想方設法和第一線的教師多加接觸，藉由親自送生日卡或不時到教育現場鼓勵等非正式互動，經營良性關係，希望能傾聽教師真正的心聲與建議，更有助於政策推動的順暢度。

　　建功校慶正逢耶誕節，扮成耶誕老公公，到各處室辦公室及每個班級送糖，找機會多多接觸老師和學生，讓他們了解校長是真心關懷所有人，可以跟

大家一起歡笑、一起難過、一起苦思辦法、一起分享成就。

孩子學測百日、基測八八前的誓師大會與自我承諾，看著頭綁寫著「建功必勝」紅絲巾的孩子，在充滿所有師長的鼓勵與加油聲中，開心地用努力於自己的課業學習，我深切地相信：我們是一起的。

校長無論如何，終究還是平凡人，都會犯下錯誤，也會陷入低潮，但重點是我們能否和他人良性溝通，讓大家產生認同感，願意為群體付出，進而整合資源，扮演好運籌帷幄的角色。

記得某次可能是我傳達的意思不夠清楚，使得一位工作夥伴略感不平，大家在私下竊竊私語，就是沒人敢當面求證。得知這個情形後，我即利用會議時間，將整件事情的來龍去脈說明得一清二楚，並且真誠地表達，若是其中造成任何人不愉快，我謹致上最深的歉意。事後，大家對於校長竟然肯低頭道歉感到不可思議，但我認為溝通出了差錯就得坦承，否則許多話語遮遮掩掩地流來轉去，豈不是在團隊間埋下不信任的種子？至於大家能否接受及相信我的本意，我相信「日久見人心」，只要是為建功，而不是為私人，相信建功人都是明智的。

校長的決定

學校是一處講究分工合作的場域，有賴大家各在其位、各盡本分，才能讓事務順利運作；不過，有群體的地方，難免會產生分歧，除了教育本質及基本理念之外，「換個位子一定要換個腦袋」，或許是我一路走來的深切領悟。

怎麼說呢？當老師其實比較單純，只要把學生教好、自己的工作做好，大致上不會出什麼問題；但是當上組長或主任的管理行政職，就得懂得跟他人協調；當了校長後，眼界則必須更加寬廣，不能只把焦點放在「我」或「我的處室」上，而是要照見全校的老師及孩子，以「建功」的立場思考問題，甚至排解糾紛，做出定奪。例如：前陣子大家為了國、高中老師的聘任一事僵持不下，校園氣氛有些緊繃。我謹慎地蒐集法規資料和相關案例，接著依據法規宣布最後決定，讓抱持不同意見的夥伴不再有異議，順利平息這起事件。

事態未明朗前，不應輕率地表明立場與發表言論，以免擴大紛爭或誤下決定；將一切理出脈絡後，使眾人信服於決策，並且落實執行，這提醒一校之長

應該如是。「有熱情，但不急躁」，也是我持續告誡自己的格言。

 ## 然後，那就再來吧！

　　回首來時路，雖然關卡不斷，但我期許自己總要發揮「輔導人」的特質，樂觀面對每個考驗，如同附中師生所言：「我最懷念『美主任』的笑聲，只要聽到哈哈大笑的爽朗嗓音，就知道妳又回來看我們了！」就連我在國立政治大學學校行政碩士班的指導教授秦夢群博士也說：我是個與人為善的人。

　　許多教育界人士對行政職不太感興趣，因為這不但是件吃力不討好的事情，更無法直接從孩子身上得到回饋，成就感自然降低許多；這二十多年來，我從未認真細想過，至今仍舊燃燒的滿腔熱情與動力，到底是打哪來的？我只知道，孩子的一個笑容、一句問候或一張卡片，就能讓我心甘情願「受騙」，放下自己與夫婿原訂今年攜手退休的生涯規劃，為他們再盡一些棉薄之力。

　　猶記得 7 月 31 日，我到建功將屆滿一週年之際，我的校長遴選委員，也是家長會副會長，傳了一封簡訊給我，表示他和許多家長非常肯定我的用心，為我的校長第一年打了滿分！

　　我不知道我是一個幾分的新手校長，我只知道一件事：「只要你們願意，那就一起再拚三個或數個年頭吧，我可愛的建功師生們！」

李玉美校長小檔案

李玉美，現任新竹市立建功高中校長。臺灣省臺南市人，畢業於國立臺灣師範大學教心系、心輔研究所。為了自我提升，實踐終身學習，利用假日持續進修，2005 年成為第一屆生命教育學科合格教師、2008 年完成校長培育班課程、2010 年國立政治大學學校行政碩士畢業。

國立臺灣師範大學研究所畢業後，服務於國立臺灣師大附中 25 年。擔任輔導教師、實驗研究組組長、主任輔導教師、學務主任。經歷輔導、教務、學務三個處室的學習與成長，在學生輔導、班級經營、課程設計、行政規劃，以及校務整體發展方面，累積了相當的經驗。因此，努力朝校長之路邁進，並感恩有機會成為新手校長，實踐自己的理想。

教育的一切施為皆以「人」為本，因此，相信教育之道無他，唯愛與榜樣而已，也一直秉持著全人教育的理念，尊重教師的專業自主，以及家長的教育參與。教育信念則是「把每個學生帶好」，尊重「每個孩子都有屬於自己的藍天」，並務實地幫助許多陷於困境的學生，實踐學生第一、教學為先。在教育這條道路上，一直以來「盡其在我」是最大的自我承諾。雖然是新手上路，但將會用一貫的熱心、真誠以及「盡其在我」的心，承續著建功高中過往紮穩的基礎，有信心地與全體建功人共同努力，將學校帶往更為卓越發展，經營優質共贏的建功高中。

國中部分

1. 校長生涯記實——
營造友善創意新校園

金門縣金湖國中校長　吳啟騰
（榮獲 2006 年教育部「校長領導卓越獎」）

　　當老師是我從小所立定的志業，而當校長則是我這一生沒意料到的工作，但卻是教育現場最大的成就。從師範、師大畢業的我，全力投入教育工作，每一階段的成就都感到欣慰，因每當在工作時，我都把握做好每一件事，竭盡所能把學生教好，培育國家社會人才。

　　曾經教了兩年國小、七年國中，於 1985 年無意中被延攬到金門縣政府文教科（現在的教育局）擔任股長（現在的課長）及督學，雖然當時很不希望改變我的教師工作，但由於許多疼惜我的前輩推薦及長官的器重，且又想到這工作可以擴大我服務教育的領域，因此就一頭栽入教育行政，教師的工作便停滯下來。將以前的教學熱忱化為我的工作動力，五年的教育行政工作，並經公務人員乙等銓定考試通過，成為正式公務員，也經過全國國中十三期校長儲訓結業，當然下一步的生涯規劃應是當一個國中校長。然而金門之國中校長僅五位，不可能馬上如願，當時曾有教育部長官要提拔我到教育部擔任專員，但因種種因素考量而放棄。

　　1990 年我奉派擔任金沙國小校長，人生第一次，充滿著無限的理想和抱負，來到金沙國小，感覺一切如我所願，也正是我發揮教育理念與抱負的機會。同仁們相處融洽和諧，各盡職責，主動出擊，只要我想到的教育理念，他們均能全力以赴、努力打拼，使得學校活力四射，展現教育之新希望。我在這所學校感到最大的成就是辦理「全縣首次資源回收與垃圾分類種子教師研習」，戮力推動環保工作，首次榮獲全國十大環保有功學校，接受總統召見的校長。雖然後來也在每一所擔任過之學校均榮獲全國十大環保有功學校優等獎，但到目前為止，仍然沉醉於學校環境教育之推動，每到一所學校就被教育局指定為全縣環境教育中心學校，後又榮獲環保署 2008 年環保獎章實踐類一等獎。也因如此，讓我在環境教育領域中，無法推脫該項工作之責任，一直致

力於推展全縣環境教育，包括：永續校園、活化校園閒置空間、能（資）源推動中心、綠色學校、資源回收、垃圾分類、雨水中水淨化再利用、風力、太陽能等再生能源教育及生物多樣性等各種活動之推動。雖然這些工作非常繁雜且又辛苦，但在推動過程中，我抱著任勞任怨、努力打拼以及持續有恆的理念，克服一切阻力與困難。

1990 年初任校長，即開始辦理「金門與臺北市校際交流」，這是一種高難度的活動，且是大家望之卻步的燙手山芋，因金門地處離島戰地，在交通、經費及安全考量，均感不宜；但因受到好友臺北市萬芳國小吳國基校長之鼓勵，為拉近城鄉教育之差異，在無任何經費下，獲得兩校家長會之奧援，以及實施過程中以最省錢的方式辦理，包括雙方以住校及露營方式解決住的問題，以家長會互相招待的方式解決吃的問題，飛機票則由學生自付，其餘由臺北市萬芳國小負責。由於雙方學生均能有不同教育之體驗及互切互磋的機會，相互交流不同的學習經驗，教師也能相互交換教學心得，對精進教育、平衡城鄉教育有很大的助益。因此到目前為止，雖已歷經約二十餘年，兩校仍然維持良好的友誼關係，一直以當時結為姐妹校的箴言：「金蘭情誼、沙石彌堅、萬世教化、芳澤永被」為兩校未來持續教育交流的目標。之後，也影響許多學校陸續與臺灣省各校教育交流，這種活動不但能建立雙方深厚的友誼及資源共享，使兩校師生獲得更多的學習與寶貴的生活經驗，而且兩校在相互策勵之下，能提升雙方教育效果，有助於共創美好之教育願景，這也是金門幾十年來首次辦理的活動。

其次，在 1991 年初我們為使失學民眾能重拾書本，結合學區、村里、社區召集了八十多位失學民眾，在無經費的情況下，請老師為他們上課，因我小時候曾輟學過兩次，了解失學之痛苦。在上了一學期的課之後，突然在國語日報發現教育部有經費補助各校設立成人教育班及補校，這有如天降甘霖，真是皇天不負苦心人。後來我們的推動更加順利，成果也深受地區人士所肯定，促使我在調任其他學校時，都能持續辦理終身學習及成人教育之動力，後來也榮獲 2000 年教育部表揚「推展終身學習獎」。

最後，尚有一項值得回憶的事是首次籌辦金沙國小校慶及成立校友會，這也是金門首次辦理，它是一項可以凝聚校友向心力，整合資源，增進教育效果的重要活動。後因縣政府為了統一校長任期制，中途調派至古寧國小服務，由

於兩校均創校於 1913 年，且性質均同，我就將此經驗持續到古寧國小辦理，而兩校也一起舉辦了 80 週年校慶。當時除了金門高中及高職有校慶外，國中小都尚無任何一校舉辦校慶活動，也因受到各界熱烈響應，尤其是校友捐資活動更是史無前例，對學校教育活動基金之籌募，助益甚大！當時古寧國小校友捐款就有一百二十多萬，對結合社會教育、開拓教育資源、活絡學校教育與家庭教育、擴大學生學習領域及對母校感恩回饋之情懷，有很大的幫助與深遠的意義。因此，後來也有多所學校陸續辦理校慶各項活動，對學校與家庭、社會、校友之結合與溝通，提振教師的教學與學生學習士氣，助益甚大。

在古寧國小任職期間，除了延續之前各項有意義之教育活動外，其中最大的成就是營造溫馨和諧的學校氣氛，提振師生的工作士氣，突破許多教育的極限，使得學校各項競賽都有輝煌之成果，且媲美地區大型學校。當時由於學校學生人數少，各項活動及比賽均無法有很好之表現，所以我針對這一點加強鼓勵師生，落實推行各項活動；記得當時在科學作品展覽、國語文競賽、體育活動方面，均在全縣前三名之列，因此深獲各界人士肯定。之後，在全縣國語文競賽、科學作品展覽及中小學田徑賽團體總成績均得過全縣第二名，這種小型學校能有如此表現，必須師生共同打拼、建立信心、發揮潛能，才可能締造的佳績。因此，我在 1993 年受到教育局推薦，榮獲全國特殊優良教師（校長）之表揚。在任職古寧國小期間，也繼金沙國小辦理很多全縣性之環境教育研習活動及推動各項環保工作，因此又再次榮獲全國十大環保有功學校，也獲總統召見，使我對校長的工作更具信心，堅持努力奉獻一切，造福學子。

在離開古寧國小的前一年，也完成一棟閩南式與洋樓結合之校舍，在建築師的配合及教育部、金門縣政府的支持下，改變了以往傳統校舍之觀念，讓校舍結合地方特色，增進社區民眾與地方人士的親切感與認同感。由於經費拮据，也請軍方完成一幅結合當地文化特色之浮雕，受到當時金西師師長吳達澎先生之全力支援，調派軍中有雕塑專長之弟兄完成該項作品，這也是將社區文化融合於學校教育之首例。同時在任期內，也每年辦理成人教育，發揮終身學習的理念，讓社區失學民眾有「活到老、學到老」的機會與願望，此也是延續金沙國小任內所開設之成人教育班的一項成果，對學校教育之延伸，具有重大的意義，因此，在這所學校與同仁共同體驗一句刻骨銘心的教育名言即是：「春風化雨傳薪火，百年樹人承世教」，讓我往後之校長工作生涯有明確遵循

之理念與目標。

　　在這個學校服務長達五年，可以說是成果豐碩，有一次，一位學校老師跟我說：「其實我們是跟著校長的腳步走的，校長走得快，我們就跟著快，校長走得慢，我們就跟著慢！」讓我聽了非常的窩心，以我們這麼小的學校能有這麼多的績效，真是不容易，這也讓我體會到「人」真的有無限的潛能，只要是想做的，一定能達成。也因如此，1998 年即榮獲教育局推薦我接受全國師鐸獎表揚，之後即調任金湖國小，這更是我從事校長工作一項莫大的鼓勵與肯定。深自覺得，要辦好一所學校，除了需要有更多的服務與奉獻外，還要締造更多的創新及卓越的成果，在工作上也要有更多的期許與要求，而這一切都需要全校同仁主動積極、努力合作，才可能做到的。

　　金湖國小是全縣第二大校，人手更多，理應更容易推動各項工作，但剛好事與願違，以前的領導方式並無法一體適用，因此在這個學校，用以前小校的領導經驗是無法達到預期的效果，所以我在工作的推展上學到許多新的領導觀念與方法，以及人性面的不同體驗。雖然在工作推動時曾受到一些挫折，但經過不斷的溝通與協調，且須以尊重教師同仁意見之前提下，透過民主方式，解決各種遭遇到的難題，在這個學校讓我有機會學習到許多解決問題的技巧，也獲得許多回味無窮的教育趣事。由於同仁的工作態度與經驗是完全不同於之前我所任職的學校，且在我到任時，中小學體制剛好各自分開、並獨立設校，所以一切均需重新開始，尤其以往小學同仁在中小學時期是屬於附屬單位，除總務主任是國小教師擔任外，其餘都是擔任各處組副組長的編制，因此在分治後之兼職同仁就有不同的工作與壓力。因此，我必須以協助、鼓勵與服務的領導方式，來引導同仁主動積極參與各項學校事務，以提升行政效率與教學成果。也由於剛剛獨立，許多事務都必須加以重整，包括：校園環境的復原、校舍及周遭環境的整理，以及原國中部分之閒置空間的利用，均需要在經費有限的情況下，審慎規劃與處理，否則就無法有突破性的成效。當時，雖然縣政府也編列一項重整建經費，但仍無法符合全部需求，不足的經費仍需再繼續爭取，才能達到完善校園的預期效果。

　　由於我個性較急，常希望馬上到位，但限於經費爭取並不容易，所以只有耐性等待。幸好高雄應用科技大學金門分部需要籌設更多科系，有助未來金門技術學院之獨立。因此，在現任校長李金振（當時的分部主任）的洽商下，經

教育局同意，以不影響學校正常教學的情況下，徵求校內大多數同仁的意見，決定先借出學校實驗大樓、科技大樓及宿舍等三棟校舍，因這些校舍是國中搬離所留下來的，需要更多的經費整修，同時也獲得李金振主任的同意，負責全部整修經費，包括：環境周圍設施、廁所、停車場等，俟金門技術學院一、兩年獨立搬離後，無條件完整歸還，金湖國小能在短期內獲得整建，金門技術學院也提前於一年後獨立，可說是一舉兩得。雖然多次受到李校長的銘謝之意，但仍覺得這是我們的責任，如今金門大學已獲准成立，更是金湖國小全體同仁及所有金門人的榮耀。其實我們金門早在 1983 年起，就一直向教育部爭取來金門設立大專校院，一直無法實現。如今，金門技術學院能獨立設校並改制大學，這應也是全體金門人夢寐以求的願望，身為金門人的一份子，更是高興萬分，也是筆墨難以形容的事實。

其次，另一個感到欣慰的是興建幼稚園教室大樓，記得剛奉派到金湖國小時，就聽到老師建議幼稚園的教室太過老舊，又矮又熱，每到夏天不知如何上課，希望我能爭取興建經費改建，當時為了實現我在 1984 年參觀日本池田幼稚園那種現代化設備之美夢，因此就遵奉老師的要求與期盼，大力向教育局、教育部爭取經費，當時獲得縣府補助八百萬元，只能蓋一棟八間普通教室的房舍，可能無法符合教學需求。因此，又透過教育局向教育部爭取四百萬元，共一千二百萬，後來以八百八十萬發包，雖然中途因廠商經營不善，幾經波折，但仍順利興建完成。讓學子擁有一個現代化的教室（含套房式的廁所、休息與教學功能的木製地板），是讓我感到非常欣慰的另一件大事，也學習到許多工程營建的寶貴經驗。這棟大樓完成後，我也剛好甄選上烈嶼國中，正式成為國中校長。

甄選國中校長之前（2002 年 7 月），我曾甄選上全縣第一大校——中正國小，因後來國中又有校長出缺，為實現我的教育理想，改變工作環境，因此又再次參加國中校長遴選，放棄中正國小校長之資格，後來遴選上烈嶼國中校長，開始我服務離島學校的生活，也是希望能展現我改變離島學校教育的抱負。首先，從教師生活開始改善：為提高教師留任離島之意願，全力改善離島教師交通與生活，由於學校位處離島，交通不便；我到任後，即積極爭取專任司機及校車，解決教師通勤時，碼頭與學校間之交通。照顧同仁生活起居之相關設施，提供教師免費住宿、裝設有線電視、卡拉OK、冷氣及各項設施，應

有盡有，讓同仁們有賓至如歸，且無身處離島的感覺。在學生方面，以愛為出發點，改變學生行為，並要求達到零中輟、零吸菸、零吸毒、零染髮、零打架之目標，若有發生任何情事，便及時輔導糾正制止。

由於學校為全縣唯一離島國中，且人數最少，以往給人的印象是各項競賽或教育成效均不如其他學校，我到任後，為導正一般人的觀念，以12年之國小校長經驗，整理出一套經營學校之理念與方法。

我常認為，教育議題隨著時代改變而不斷產生，因此，身為教育經營管理者，更應以求變適變之原則，來迎接與克服各種教育問題的產生。在執行九年一貫教育課程、學生生涯輔導、性別平等教育、校本課程等，都秉持著「教育即生活」乃活化教育之不變法則，因此，面對各種教育改革，均應以生活教育為主軸，開發各種符合現實生活之教材，來教導學生；並以愛為出發點，關懷學生之生活起居，導正行為，因此才能達到事半功倍之效，並榮獲教育部多項績優學校獎項。

其次，「營造優質快樂的學習環境，培育健康活潑的現代國民」乃是我辦學之主要理念，為求達到完美的全人教育目標，任內致力於改善教學環境，充實現代化之教學設備，以提升教學效果。倡導精緻、創新、卓越之三大學校願景，落實小而美、小而精的學校特色，讓校園成為具有科學化、人文化、鄉土化的場所。培養學生具有解決問題的能力，增進創造、思考能力及愛鄉愛國情操。並營造多元化的校園環境，使學校成為人性化、社區化的學習空間，使學生能學習到國民教育階段十項基本能力的要求，以為將來立身處世做準備。

烈中地處離島偏遠，文化刺激較少，各項教育活動均比不上一般學校，學生自動自發的學習態度亦較為薄弱，因此，針對這些弱勢學生之輔導，的確是非常需要。我到任後，與全校同仁，致力於輔導學生們參與各種教育與競賽活動，因此各項成效均不亞於其他學校。

為達成學校教育目標，秉持著辦好學校的原則，扮好本身之角色，守常求變，力求革新。要求物有定位、事有專人、做有準則；校園維持草地常綠、樹木長青、校舍常新；落實校務要做好、教師要教好、學生要學好；不以現有成就為滿足，應求好還要更好。全力配合教育政策，推行環境與科學教育，努力營造烈中成為全縣環境教育中心學校，爭取教育部永續校園及科教專案經費，創造學校特色。

　　為提升教育效能，帶好每一位學生，使其學習到帶得走的能力，也要開發學生潛能。烈中雖然是全縣最小國中，但幾年來得獎無數，且均為前三名。也為增進校園氣氛，帶動每位教師展現活力，且具有責任感與團隊精神，提升工作士氣，常舉辦自強活動、戶外教學、校際交流互訪等活動；利用各種會議及話家常，增加溝通機會；照顧同仁生活起居設施。且本人擔任全縣自然與生活科技領域輔導團召集人二十餘年，規劃全縣科學教育、環境教育及戶外與鄉土教學的教學計畫與活動之推展，同時帶動整體自然領域之教學革新，協助教師秉持專業及課程創新和精緻化發展，鼓勵教師進修，資訊媒體製作，推動校本課程編寫教材，加以推廣。使本校學生在學科基本能力測驗，提升平均水準之上，且於 92 學年度整體表現全縣最優，足供他校學習與激勵學生之示範。

　　在發展特色方面：因環境教育與科學教育都是我的專長，因此致力於推展我所任職之學校成為全縣之中心學校，任何相關業務，幾乎均成為全校性之共同任務，而且常與社區結合，成立社區義工組織，帶動整體地區之風氣與特色。近年來，我們在環保與環境教育均能榮獲全國首獎，極具教育意義，亦成為學校之特色與創新價值之展現。

　　在烈嶼國中任內與鄉公所籌辦成年禮活動，讓每位 16 歲之學生均參加，無性別差異（民間僅男生才辦成年禮），不但對學生之行為改變有很大助益，而且具有移風易俗之效能，摒除以往每家均需個別慶祝宴客之風氣，對整體社會文化產生很大的潛在影響與改革。當時也推展高難度的舞獅跳椿之民俗體育活動，成為全縣獨有之特色，曾榮獲全國優等獎。

　　在校園氣氛的營造方面也有獨特的體驗，每到一所學校，由於各項校務運作，均透過全體同仁之意見與共識，故學校內外人士對校務運作滿意度甚高，且受各界人士肯定。倡導學校社區化，鼓勵社區人士及家長來校聯誼，辦理親職教育及鼓勵教師落實家訪，常以電話聯繫，相處融洽，具有防範學生行為偏差之功能。

　　本縣學生因居住離島，較無功課壓力，亦無外界刺激，所以均依一般常態快樂學習，五育均衡發展，因此常辦理大型及全縣性活動，以提升學習效果。由以上的經營理念實施成果，我理出我的辦學與領導理念：堅持做一位學子導師、教育使者、科教志工、環保尖兵，並以人性化的領導及高倡導、高關懷之原則，激勵同仁工作士氣；以科學管理及人力資源運用技能，帶動學校團隊氣

氛，以提升整體教育效果；以前瞻、開放、民主的教育理念，引導全校師生邁向新紀元，並培育21世紀之現代化國際公民；以負責任之態度，全心奉獻，並以維護個人尊嚴及團隊榮譽為前提，開創美好之教育環境；以鄉土教育為主軸，培育學生愛鄉愛土情操，進而激發愛國家、愛人類之寬闊情懷；以科學教育為重點，培育富有創造力、思考力及研究能力之科技人才；以環境教育理念，營造美好的學習生活環境，倡導生態保育、環境保護，以求達成永續校園之目標。

經過以上之理念實踐與成果展現，在好友臺南市億載國小吳文賢校長及臺北市東門國小溫明正校長的鼓勵及指導下，整理成果資料抱著試探性的心理，申請教育部「校長領導卓越獎」，沒想到竟然雀屏中選，讓我驚喜萬分，也給我一個很大的鼓勵與肯定，這是一項教育界最高的榮譽。

烈嶼國中校長四年，匆匆已過，雖然每天都忙著大小金門來回奔波，有時一天跑三趟，但仍感到快樂無比，很有成就感，也算是我國中校長的處女航，雖然任期屆滿也想再留任，但總覺得還有新的路要嘗試，也由於大金門有幾所學校出缺，所以便重新參加遴選，很幸運的以第一順位甄選上金湖國中。由於這所國中是一個從原來中小學九年一貫分開獨立出來之學校，校區為新規劃的完整設施，也是我心目中的理想學校，雖然在全縣來說是第二大校，但在各項條件評估下，仍屬於最完整且最好發揮的學校，因此我開始展現我的抱負，好好規劃我第二階段的國中校長生涯。

首先，要面對的是一大堆教改問題，而本校又是全縣環境教育中心學校，也是友善校園和人權法治之中心學校，同時本人也是自然領域與生活科技輔導團的召集人，又是推展教育部科學教育專案之計畫主持人，而且本校又是承辦許多全縣性活動的學校，不像以前烈嶼國中，因屬離島，承辦全縣性之活動相對較少。來到這個學校，似乎有些不一樣，且顯得更為忙碌。每天從早上6點半到校，到下午6點半回家，一天一天的過去，忙得不可開交，連假日都無法休息，為提升學校整體的形象與聲望，我不惜一切，想從各方面去努力改變，由於當前社會對學校老師的要求和期望不同，以及老師對學生之教法也要跟以前不一樣，所以必須力求改變，尋求最符合當前教育需求的方法，否則便無法達到預期的效果，而現代的學生，由於社會的變遷，新聞媒體的發達，以前不曾發生過的問題，一個接著一個的發生，可以說是應接不暇，幾乎每個有關教

改的主題項目都可能發生，包括抽菸、打架、偷竊、逃學、逃課、學生對老師不禮貌等問題，一不小心，就淪為被宣揚之重大事件，因此如何面對這些學生問題的發生與處理，將是一大學問，所以承受的壓力可想而知。但我依然鼓起勇氣來面對。常想這些問題的產生都是家庭、社會所造成的，光靠學校、老師是不可能解決的，因此當一件事情發生都必須尋求家庭、社會支援，雖然每一個問題的發生只是冰山一角，但如果不馬上給予解決抑制，任其傳播、蔓延，將不堪設想，因此，我鼓勵教師同仁，針對每一個孩子的個案來做輔導與解決，雖然效果會慢些，但最後還是有效的。

　　除此之外，我將各項重點工作，利用人力資源分配與管理的方式，由各處室依據工作性質認養推動，鼓勵同仁打造一個綠色的永續校園、友善校園及學習型校園，並且加強與社區結合及親師合作。

　　首先，在永續校園及環境教育之經營，本校於 2007 年爭取教育部補助，能（資）源中心之計畫經費 110 萬元，使我們的校園立即有太陽能及風能之教學基地；其次於 2008 年爭取永續校園整合案，經費共 528 萬，整合了金湖國小、多年國小、柏村國小等校之永續校園經費，這的確是一個高難度的案子，因要經過層層審查考核，而且經費核下來後，我們再將審查意見修正、回覆，還要去北（南）區向輔導團報告，通過後，又要送工程圖說，經過一年的教授審查，百般的刁難且經過數次之解釋說明，本來是個很好的案子，卻被折磨了一年多，經常是我們把這次問題回覆後，下次又有新的問題出現，顯得非常的不合理，我們本想放棄，但又在教育部的長官鼓勵下，才繼續執行，後來克服一切困難，終於順利完成；完成後，經過實地訪視通過，效果比預期的好，且對教學有很大的助益，同時也感到很有成就感。我也建議教育部以後能再做改進，因我在前幾年所作的永續校園，並無如此繁複的手續與問題。其他有關綠色校園之經營，我們也盡力規劃十個環境教育教學站，讓學校成為全縣之環境教育學習中心。我們又爭取到教育部 2009 年能（資）源中心之設置經費 110 萬，屆時本校將成為全縣最為完整的環境教育中心學校。由於全體師生的努力，2010 年連續榮獲教育部活化校園閒置空間優等獎、經濟部推動能源教育優等獎、環保署環保有功學校優等獎及友善校園績優學校，並奉教育部遴選指定為國家能源科技推動中心學校，可說是近年來，成果最為豐碩的一年。

　　其次，在營造學習型之校園方面，除了原有之正式課程的引導進行外，我

們還拓展戶外教學課程結合學校本位課程及綜合課程實施教學，試圖改變以升學為主之學科課程，藉此提升學生之學習興趣與學科基本能力之成績，我們經過三年與學校教師團隊之努力實驗，果然有優異之正面效果，尤其在基本能力測驗成績上年年提升。因此，我們也在 2007 年榮獲教育部「教學卓越獎」之「銀質獎」。由這個獎之獲得，除了讓老師體驗到教學之真正意義外，尚讓學生在學習過程中，有提升創造思考之空間與功能，而且讓教師們了解到在教學過程中是要隨時吸取新的資訊與知識，熟稔融入各種生活知識及生活環境中各種為人處世之方法與大自然的準則，同時對自己的教學經驗充滿自信，影響其他老師的教學熱情，並願意參與學習活動，這可說是營造創意新校園之成功例子。

再其次，極力經營一個充滿團結和諧的友善校園，我在這個學校也著墨許多，在三年多的努力營造，目前已達到成果收割之階段，由於我們是友善校園與正向管教的中心學校，因此在這方面之推展更加努力與落實。為了把每一個孩子帶上來，讓他們學習到帶得走的能力及發現自己存在的價值，走出陰霾、邁向陽光，除了要借鏡國際教改趨勢與方向外，還要依據各項教改政策與目標，在這場教改行動世紀革命中，找出更多方法來推動友善校園的新里程。

我覺得要當一個稱職的校長，除了要有宏觀的教育理念與視野外，還要有熱情、專業與愛心，更要有與老師合作的心胸，才能創造出新的教材及運用多元化之社會資源。因此，我能先從教師做起，再從事教育行政，一直到擔任校長，體驗最深，尤其在金湖國中擔任校長期間，所經歷過的問題，可說是五味俱全，如果能在任期中做到以下幾點，我想這輩子就沒有虛度之遺憾！

◎能激勵學生，不再有任何不良行為發生，讓他們之間能和諧相處，努力求學。雖然目前尚有少數同學，因受家庭及社會因素的影響，不想上學上課，甚至找些理由製造糾紛，但經輔導結果，深刻體驗到：只要有事讓他們做，或讓他們覺得老師及學校充滿著「愛」的氣氛，就會減少發生的機率。所以我們目前正推展各種不同社團及服務課程，讓他們找到自己的興趣，學習他們所喜歡的事物，等習慣態度養成後，再引導融入正式課程及領域。

◎激勵老師改變傳統的教學方法，突破僵化的教育政策，慢慢走向學科分組教學，利用科學化之媒體教學及各種社會資源，創新教學，引起學生

　　學習動機，提升生活技能及為人處世之道，讓每位老師建立信心，因材施教，以「愛」為出發點，為國家社會作育英才。

◎繼續營造優質的教學環境，使其達到國際化之教育理想與標準，創造美麗永續的綠色校園，充實校園中之角落學習區，讓學生體驗到在學習中，不一定要進教室上課，才算學習，使其體會到在校園中或教室外處處均能學習，以了解終身學習的真諦。

　　總而言之，教育的路途是長遠的，將人的知識、品格、生活需求做有系統的教導與陶冶，讓學習者真正能明顯地提升自己的素質與能力，但其成果並不能立即呈現，而是二、三十年後的事。當我們看到學生有所成就時，我們即感到無限的喜悅與欣慰！在近二十年的校長生涯中，已慢慢體驗出自身的言行及辦學理念，足於影響一個學生的未來。因此，身為校長者，不能輕忽自己的責任與使命，當前教育改革能否成功與彰顯，除了不斷吸取新知，改變自己的管理領導態度，尚須戰戰兢兢且持續的努力執行，才能獲得良好的辦學績效！因此，除了以人性化之領導為主軸外，尚以僕人的服務領導及人力資源管理的方式，力圖將學校之行動力，加強提升與運用，以「愛」與「希望」的理念來教導學生並導正行為，使其能健全發展，同時也深深體驗到，戮力營造和諧、友善的永續校園，才能真正引導學校走向卓越發展之正確途徑！

吳啟騰校長小檔案

　　我出生於 1951 年 10 月 23 日。1974 年爭取保送就讀國立臺灣師範大學化學系，畢業後即返鄉服務。1984 年國立臺灣師範大學化學研究所四十學分班結業，2002 年私立銘傳大學管理科學研究所碩士班畢業。曾任國中小教師兼組長七年、教育局課長、督學五年、國中小校長二十年。歷任金沙、古寧、金湖三所國小及烈嶼國中校長，現任金湖國中校長。

　　所任職過之學校均榮獲全國環保有功學校優等獎，1993 年榮獲全國特殊教師獎，1998 年榮獲全國師鐸獎，2006 年榮獲教育部「校長領導卓越獎」，2007 年榮獲環保獎章實踐類一等獎章。

　　在教育歷程中，曾編著《金門鄉土自然》、《金門地質地貌》、《生態遊學　走讀金門》、《金門地球科學鄉土教材》等書，並編撰《金門太武山探索》、《中山林巡覽》、《榕園之美》、《慈湖賞鳥之旅》、《烈嶼自然與人文史蹟覽勝》等戶外教學活動手冊。製作「金寧地區地下水之調查研究」、「安美地區農地調查與土質探討」、「金門地區紅土礫層之分布調查研究」、「金門泥炭土之調查研究」等科學作品，均榮獲全國前三名之首獎，也曾榮獲教育部科學教師獎金優等獎、甲等獎等殊榮。曾著有《金門地區綠美化管理策略研究》及《金門縣推動地方永續發展規劃策略研究》之規劃方案，對提供金門的地方建設之參考，有很大助益。擔任校長期間，推動金門生態環境與地質地貌之研究及辦理全縣性之各項環境（保）教育活動，對金門的環境教育之推展，有很大幫助。

　　為增長領導教學及管理之各種專業知能，曾兼任金門大學觀光品質管理、人力資源管理、生態學概論及餐旅行銷企劃等科講師多年。並曾參訪考察美國、日本之科學教育，紐西蘭、澳洲、新加坡之特殊教育，德國、法國、義大利、瑞士之中小學教育，對自己的教育專業知能之提升，助益甚大。

2. 七彩映青春　賢才登龍門
——記我在七賢國中服務的日子

高雄市私立優佳國中校長　吳友欽
（榮獲 2007 年教育部「校長領導卓越獎」）

美哉七賢　伴我情深

艾青的詩句：「為什麼我的眼裡常含淚水？因為我對這土地愛得深沉。」感人肺腑的詩句生動刻畫出我對七賢國中的深厚情感。獲得2007年教育部「校長領導卓越獎」後，在寫給全體教職員工生的信裡，我寫下：「細數我們攜手並肩、一起努力的日子，總是滿懷感恩與悸動；在七賢服務的日子，將是我一生中最美好的時光。因為有您，我的生命更加豐盈；因為有您，七賢學府日益茁壯。」

校長生涯所服務的前兩所國中，在就任之初都屬危機型學校。七賢國中曾有過輝煌的歷史，為籃壇菁英的搖籃，如吳永仁、田壘、周士淵、文祺等皆為七賢傑出校友。但因社會變遷、社區老化及種種因素，招生漸感困難。雪上加霜的是，2002 年學測當天，發生了學生與他校學生在學測考場打群架，經媒體報導後更重創學校形象，以致新生報到人數銳減至五班。關心學校發展的社區民眾目睹此情此景，傷心難過不已！我卻在此時，以第一志願選擇到七賢，令無數關心者大惑不解！

回想 2002 年 8 月 1 日初抵七賢國中履新，佇立於校門口，啟蒙校長汪慧佛教育家的「周雖舊邦，其命維新」使命感縈迴腦際；黃昏時刻漫步在校園裡，眼前浮現的是七賢的願景與藍圖。我矢志帶領師生全力打拚，以品德為核心、以常規為首要，一步一腳印的努力與付出終於讓學校重現生機，七賢的聲望漸漸從谷底翻身，學區裡的孩子陸續回流。2006 年連任後，我期勉團隊進行學習型組織的六項修練（組織學習取向）：從正向思考教育的本質，提高教學效能，教導學生養成運動與閱讀的習慣，並運用學習的智慧發揮潛能。

校長這項職務，承載著全校師生、家長暨社區人士的厚望。我認為「承諾」這兩個字，是身為校長的教育工作者所應謹記在心的。來到七賢國中，我對教師的承諾是：基本條件是給老師一個穩定的工作，不能再減班了，如果再減班，第一個走的人就是校長；積極方面則是營造七賢成為優質學府，讓老師覺得在七賢服務是有尊榮感的。我對家長的承諾是：基本條件是家長能安心地把子弟交給我們，我們會竭盡所能去教導；積極方面則是以卓越的辦學績效來贏得家長的信任與肯定。我對學生的承諾是：基本條件是學校能提供學生最適合的學習環境，包括教學設備及教學氛圍；積極方面則是培養五育均衡發展及品學兼優的優秀人才。

「這是你的學校，一定要讓它成為最好的」——七賢在奠定「七彩繽紛、賢能輩出」的四年基礎之後，進一步以「帆心大動、風行全球」的願景來改善教學環境、建立終身學習管道以增進學生競爭力。辦學重永續發展如接力賽跑，目標要全力以赴且順利交棒。在長達 2008 個日子裡，可以說是「以校為家」，把學校當成自己的「第二個家」，意思是待在學校的時間比家裡長，但我總是樂在其中，因為使命感、責任感加上尊榮感，尤其家人的全力支持與體諒是我工作的動力來源。在我的生涯規劃裡，我選擇當「種樹者」，而非「乘涼者」，檢核我接任七賢校長第一天對師生及家長的承諾，皆已一一達成。個人自認已完成階段性任務，所以考慮轉換跑道。我常想：人生的上半場如果是追求成功，那麼人生的下半場就是意義與價值的追尋。校長這項職務是能力的挑戰、體力的負荷、責任的擔當與願景的實踐，在身心靈方面都要處在最佳狀態。

由於年過半百，且身兼社團法人高雄市泰北文教促進協會執行長，一手促成的「泰北文教中心」甫於 2007 年 12 月 25 日舉行開幕啟用典禮，乃鄭重考慮退休轉往泰北貢獻所長。我的心願是以泰北文教中心作為泰北教育的火車頭，帶動當地教育向上提升，為異域的中華兒女開創一片藍天。來自泰北服務於救國團的段家壽專門委員得知我的動向後，乃決定提早退休，前往泰北坐鎮，盼望我留守臺灣協助建構泰北與臺灣兩地的教育暨文化交流平臺。2008年 1 月 18 日對我而言，是個意義非凡的日子。就在那一天，七賢師生為我辦理的歡送活動裡，我強烈感受到全校師生對我的關懷與祝福，在溫馨的氛圍裡夾雜些許傷感，回顧這五年半在七賢的日子，心中充滿著欣慰與不捨。

船長氣質──堅毅個性　人文情懷

　　七賢國中緊鄰風光明媚的愛河與二號運河，遠眺林木蓊鬱的壽山，校園景色如詩如畫。我打從心底愛七賢，因為她是高雄之美的縮影，也因為師生及家長給我充分的信任和支持。值得一提的是，2003 年我率同兩位同仁參加了「海洋首都帆船運動種子教師研習營」，獲得教練及裁判證照，全力推廣帆船運動，92 學年度成立了全國首創的帆船體育班。一年級同學每學期有六週，每週有二小時的帆船課程。我們並辦理「帆船畢業典禮」，學生代表開開心心駕駛帆船成功繞過河面浮標後，登上碼頭領取畢業證書。大力推動校本課程「帆心大動、風行全球」之教育願景，親近愛河，認識愛河周邊文化，積極與世界接軌。

　　每天都念茲在茲的，便是我的辦學理念：「學生第一、良師至上、親師合作、社區融合、終身學習」，使人人享有成功喜悅的活力七賢。茲說明如下：

　◎學生第一：學生為學校的主體，提供多元學習機會，重視多元文化教育，充實教學設備，讓學生接受最好的教育。

　◎良師至上：良師乃優質學府的核心價值，為勾勒孩子未來幸福圖像的重要他人。激勵教師士氣，期勉老師體認責任之重大，全力以赴投入教育工作。

　◎親師合作：鼓勵行政人員及任課教師與家長保持密切聯繫，學校教育與家庭教育充分配合，相加相乘，讓孩子在最佳互動模式下成長。

　◎終身學習：勉勵老師不斷進修，在學習中成長，在成長中學習，吸收最新的教學資訊，以最好的教學方法投入教學工作。

　　我深信：全人教育、生活教育與品德教育才是一所優質型學府的核心價值。到任的第一年我投入心力最多的便是「生活常規」了，尤其以禮貌和秩序為兩大指標，從每天早上在校門口向學生問「早」開始，到每天上下午至少各兩次的巡堂。持續一年下來，家長對學校恢復了信心，在招生方面止跌回升，雖然在老社區，但每年都維持增班，全校已將近四十班。第二年我們推出「班級願景」，由親師生依班級屬性，共同擬訂研議出「班級願景」，作為共同努

力的標竿，如「德智兼備、文武雙全」；「勤奮為學、敬師愛友」。之後，我們每年均推出重點發展項目，如閱讀寫作（每位學生有一本閱讀心得寫作簿，每週五遴選優秀同學上台發表閱讀心得）、藝文欣賞（每週三邀請師生上台表演各項才藝或樂器演奏）。對弱勢學生的關懷，像身心障礙學生、新移民子女、低收入戶家庭的子弟，我們一向不遺餘力。我常對師生說：「照顧弱勢學生，是整個學校與社區的共同責任。」

好的領導者一定有能力強、品德佳的跟隨者。校長有擔當有遠見，肯授權願分享，部屬就會有成長。俗諺說：「不識銀，請人看；不識人，死一半。」良師是辦學成敗的關鍵，從行政人員、導師人選到任課教師的安排，都要妥適合宜，使人盡其才。我曾為教訓總輔四處室的功能作定位，勉勵行政人員全力以赴：教務工作的核心是「學習是為幸福未來作準備，努力能為學習帶來好成果」；訓導工作的重點是「學生健康安全的守護者，美好國中生活的創造者」；總務工作的目標是「物品設備請善加維護，優質環境要惜福感恩」；輔導工作的價值是「學習路上的嚮導，內在心靈的知音」。現任高雄市翠屏國中小的羅振宏校長、三民國中莊錦源校長、馬公高中薛東埠校長、壽山國中賴榮飛校長、立德國中陳宗慶校長、獅甲國中周志亭校長、方靜慧候用校長等，均曾是我的工作夥伴與得力助手，黃士珍、蕭雯玲、李昭媛等老師在班級經營及品德教育方面卓有成效，許清練組長在行動研究方面曾獲得市府研考會研究成果評審甲等獎等，可以說七賢國中的每一位老師都是強棒。

孟子說：「天時不如地利，地利不如人和。」校長需要擅長溝通，與家長會維持良好關係，以周延的辦學方針爭取家長的支持，並使之成為校務推動的助力。在我任內的家長會長對我的辦學理念相當肯定與推崇，對學校的活動也能鼎力支持，如李慶榮會長任內至少捐贈 60 萬元的圖書設備給學校，每年敬師宴自備摸彩品都超過 20 萬元以上，以提振教師服務士氣。張素鑾榮譽會長、薛永波會長捐款資助興建泰北文教會館及接待泰北來台遊學的學子。前後任會長都有深厚的人文底蘊，文采斐然。在畢業紀念冊上常見的是校長與家長會長的題字，但本校的校長與家長會長都是採書信的方式，更為親切且能具體指出努力的方向，深受各界好評。像李會長撰寫的：「國中畢業表示完成了最基礎的學習階段，盡了國民應盡的義務，但學無止盡，尤其是在社會快速變遷和日新月異的時代裡，必須不斷的學習、進步，才能提升自己能力，在全球化的社

會也才具有足夠的競爭力。」同時勉勵各位同學：「珍惜擁有、把握現在、立定志向、乘風破浪、勇往直前、開創自己美好的前程，更期待將來踏入社會，能在各行各業發揮所學、貢獻社會、造福人群、發揮七賢精神，為母校爭光，以報答師長們教導恩情。」薛永波會長在學生畢業紀念冊撰寫的：「在各位畢業前夕，最想和大家分享的是，在人生的旅程中要努力不懈的奮鬥打拚，克服難關，為人生開創不同的風景。如英國作家羅琳，經歷了三年的閉關潛修，才寫出膾炙人口的第五集《哈利波特》，其嘔心瀝血的程度，直可媲美捻斷數根鬚才寫成一手好詩的杜甫。我們要面對人生一關又一關艱苦的試煉，一波接一波的風霜雨雪，我們一定要以無比的勇氣去追尋一個更美好的明天，反省及品味生命的內涵，激勵出再出發的力量。讓生命樹成長茁壯，愈來愈堅實，讓生命之花傲然綻放。」

　　我常自勉要成為成功的管理者，必須先贏得部屬的信任，讓每一位同仁都清楚知道：大家同在一艘船上，榮辱與共，必須同心協力。當然教職員工都難免有犯錯的時候，但我總以學生的福祉為依歸，以教師的尊嚴為重，考量教職倫裡，謀求合情合理合法的解決方案，並把重心放在成長與預防，藉由員工會報作政策宣導與新知介紹；發現報章雜誌有富教育性的新聞報導或感人故事時，會附上師生撰寫的心得或評論，然後提供全校師生參閱。另外，我們還辦理了親師生三方面的「書籍旅行」活動，由校長及家長會長捐贈書籍，在書本的封面上貼上「書籍旅行」圖章，每位閱讀者以不超過一週為原則，看完之後放在校園明顯處，等待下一位「有心人」，如果閱讀者想擁有該書，可以向圖書館登記，還可享有比市面上便宜兩折的福利，這兩折的福利係由校長及家長會長熱心提供。列入「書籍旅行」的書單有《國中三年快樂教》、《愛·上課》、《媽媽是最初的老師》、《少年小樹之歌》等。我常激勵同仁：「這是你的船，你該對它負起責任，請自己做出決定，並讓它成為最好的」（You never go wrong when you do the right thing）。身為「七賢艦」的艦長，我很清楚自己的使命。我們推出年度願景，逐年貫徹實施，期使校園文化改變，學生氣質提升。配合校長任期制，前四年是：迎曦、蛻變、揚帆、圓夢；後四年是：深耕、精進、熱情、永續。96學年度為「精進」年，特以「精進教學能力是教師一生的功課」及「營造溫馨班風是導師神聖的使命」和老師共勉。

希望工程、造福學子

艱辛歷程永難忘 ◎◎◎

改變一個學校校風不是一件容易的事情，但我們做到了。回想我剛到七賢的那一年可用「人心惶惶」四個字來形容，老師人人自危，深怕再被減班超額移撥出去；學生不敢來就讀，因為發生過與他校在學測考場打群架事件；家長對學校的辦學沒信心，認為學校的生活常規差、升學率低，簡直可列入「危機中」的學校了。

我們的第一步就是生活常規的整頓，邀請了毛五全老師擔任訓導主任，我則天天上午 6 點 50 分到校門口看學生上學，上下午各二次的巡堂，帶動全校老師投入最多的心力在學生身上，讓家長看到學校的用心，而願意把子弟交給我們。我來的那一年，學生註冊人數只有五班而已；後來家長聽聞我接掌七賢，學生陸續回流，乃簽報市長核准再加一班，而這一班學生素質整齊，老師卯足了勁認真打拚，在學測考試大放異彩，也讓七賢一砲而紅，從谷底翻身。

我們的第二步是全面實施第八節課，那時鄰近學校都上到第八節課，而七賢的孩子，下午 4 點 10 分就放學了，學生到處遊蕩，出入網咖、撞球店，跑到鄰近的國小去打球、抽菸，引起他校的不滿。因此我召集全體導師，說明實施第八節課是重拾家長對學校辦學肯定的「救亡圖存之計」，全體老師均同意擔任第八節課的教學。同時，對於家境清寒的同學給予免費，依規定，學生繳交的輔導費中有 30% 是行政費，我們決定少發行政費，甚至不發都可以，務必使每一個學生都有讀書的機會。

有一天，我在校門口看學生上學，有一位計乘車司機把車子停在路邊朝我走來，我心裡納悶著。原來他是我們的學生家長，他對我說：「校長，真的好感謝你，我好想讓孩子參加第八節課後輔導，但三個孩都就讀國中，國一、國二、國三各一個。近來計程車的生意又不好做，心裡很想好好栽培孩子，可是能力有限。好在孩子很上進，加上學校又給了孩子申請免交課後輔導費，真的讓我萬分感激！」聽完家長的話，深深覺得我們的努力是值得的。後來我把三個孩子找來，得知三個小孩都是品學兼優，深感欣慰，也鼓勵他們以接受良好教育作為將來向上流動的動力。

無奈深藏在內心 ◎◎◎

我當校長，就是希望學校能長治久安，作為社區的精神與文化堡壘，所以不輕易調校，我並不渴望往高中職去發展，或到大學校去發揮，我只想帶領著親師生，去營造一個優質的學習環境。所以我在第一所學校擔任校長長達九年的時間，然而受限於任期的規定，政策的限制，而使得辦學的延續性打了折扣，誠為美中不足之處。

雖然我今天已不在七賢服務了，七賢的辦學我也無權置喙了，但看到一手打造的帆船班不再招生了，心中豈只是難過而已！本來我們是兼負推展帆船運動使命的，寒暑假開放市民、中小學生體驗帆船，辦理帆船畢業典禮，推展帆船夜航活動，而如今皆已成為絕響！另外，像七賢與金門的烈嶼國中、泰北建華中學締結為姐妹校，每年辦理「送愛心到泰北」活動已不復舉辦！

棘手掛心為七賢 ◎◎◎

高雄市政府在 2005 年有意將七賢國中遷至美術館地區，主要著眼於學校所在的社區已漸老化，學生來源有限；且隔著一條街還有另一所前金國中，另外，本校離鹽埕國中也不遠。三所國中為了招生，無不卯足了勁，當然本校在招生方面遙遙領先，卻苦了另一所國中，普通班只剩四個班。

七賢為了配合市府的政策，辦理了家長、校友、老師和同學的問卷調查，過半數同意以「七賢」為名遷校是可以接受的。七賢國中位於前金區，與愛河為鄰，遠眺壽山，風光明媚，為高雄市少見得天獨厚的美麗學府。遷校對校友、師生來說都是一則以喜，一則以憂。喜的是有新的校舍，且位於高雄市最精華的美術館特區，不愁招生的問題。憂的是新校區在鼓山區，與原校址開車約 15 分鐘的路程，對原校區的學生來說，路途也確實太遙遠了。

就在大家以「大局」為重的時候，高雄市政府副市長於 2006 年 5 月所辦理的一次公聽會中，否決了七賢國中遷校案。原規劃中的新校區則以龍美國中為名，採新設國中的方式。這一決定確實傷了七賢人的心，全力配合政策的結果竟是如此不堪。既然不遷校了，政府就該提供更好的硬體設備，再也不能以遷校為由、節省經費為由，委屈師生使用老舊的設施。

然而，事隔一年，市長選舉過後，新的教育局團隊仍然認為七賢該遷校，

否則七賢、前金、鹽埕三所國中的招生即將遇到困難,就這樣子,七賢又要遷校了。然而政策反覆搖擺不定的結果是,家長及師生反而惶恐起來了。

七賢遷過去還會以七賢為名嗎?很多七賢人有這樣的擔心。而此時,龍美國中籌備處主任由福山國中校長兼任,為了七賢的永續發展,我以校長協會理事長的名義,協調福山國中的校長轉任七賢國中校長。

市府一度有意將七賢國中與前金國中合併,然而本校親師生均無此意願,同時認為應以學生福祉為依歸,如果學生升上國三被迫轉學,要適應新環境、新導師,可不是一件容易的事。幾經波折,七賢終於遷校定案,然而美中不足的是,新校區的校名要兩年後才能確定。有兩年的時間呈現「雙校區」的型態,亦即舊校區不再招生了,但舊生在原校址念到畢業,舊七賢就走入歷史。

遷校遷動著每一個七賢人的心,讓師生的心情大受影響。有一天,我到三民國小參加校慶活動,有一位小六的學生跑來對我說:「校長,我再也不能讀七賢了!」那時,我的眼淚幾乎潰堤。

📚 富真善美、人人稱羨

脫胎換骨的七賢國中,成為人人稱羨的好學府,茲以下列諸項說明一所優質學府的底蘊。

行動研究成果豐碩 ◉◎◎

教育部正向管教範例徵文及高市府研考會研究成果評審,七賢幾乎年年得獎,可說高市第一。七賢國中曾辦理愛河生態調查、「外籍配偶就讀國中補校學習狀況探究」,獲研考會補助並榮獲乙等獎;「認輔制度實施現況研究」獲教訓輔三合一行動研究經費補助。

藝術團隊暨體育團隊表現優異 ◉◎◎

七賢的桌球、籃球、帆船、手風琴、直笛都很出色,每星期五由全校學生以直笛合奏國歌。尤其七賢籃球隊全國知名,多次出國比賽為國爭光,帆船班在各項比賽中均能獲得優異成績。

倡導高品質、高效能的學校行政 ◎◉◦

　　以每日的「午餐約會」和處室主任作面對面的溝通。以「走動管理」了解校務的推動情形。以兩週一次的行政會報追蹤及報告上次會議的執行情形。以「問卷調查」了解學校同仁對行政團隊的滿意度及提出改進策略。

善用溝通策略，營造團結和諧的校園氛圍 ◎◉◦

　　我常以書信和親師生溝通，計有七賢家書（給家長）、七賢書簡（給老師）、Chi Hsien E-mail（給同學）及七賢書札（給補校同學）。已寫了二十多篇，並出版七賢書信集。和同學共勉的如：以閱讀奠定知識的基礎，認真學習投資未來；以心教育展現生命價值，發展潛能及實現自我。和補校同學共勉的如：提升適應能力營造美麗人生——歡迎外籍配偶就讀補校～了解與尊重，欣賞與扶持，共同創造溫馨的學習環境；珍惜同學情誼，分享學習心得，豐富彼此的生命內涵。和家長分享的如：伴讀打造孩子閱讀的桃花源；充裕的圖書是孩子閱讀的重要資源與寶藏。和師分享的如：以優異的教學品質，作為個人自我實現的參照指標；以卓越的班級經營成效，帶動每一位學生充分發展多元智能。除了書信之外，我也常將辦學心得撰寫成文，和同仁分享，並發表於刊物，如「班級願景的建構」、「設計富教育意涵的獎懲方式」等文章，頗能引起各校教師的共鳴。

激勵師生認真去追尋，勇敢去飛翔的「夢想贊助計畫」 ◎◉◦

　　鼓勵師生追求生命價值，激發創意潛能，結合社區資源給予經費補助，協助師生圓夢。2005 年 4 月我們出版了學生作品集《楊子瑩的文學世界》，我在序中這樣寫著：

> 「本校三年二班楊子瑩同學，資質聰穎，擅長寫作，自國小開始
> 屢次獲得校內外作文比賽大獎；進入國中後，在黃士珍老師的悉心指
> 導下，功力大增；子瑩的家長楊量傑先生與黃淑慧女士鼓勵孩子朝自
> 己的興趣去發展，營造出和諧溫馨的家庭氣氛，讓子女盡情揮灑，作
> 為孩子的啦啦隊，為親子關係加分，促成了本書的誕生。」

以下為楊同學作品中的精彩片段：

「生命就是一塊無窮大的空白畫布，待你去盡情揮灑，你可從心所欲的繪畫，無論你是塗上暗色或亮色系列的色彩，雖然不斷的塗塗抹抹，甚至猶豫下一步該如何下筆？但是，最後的成果將會是你認為最佳的圖畫。何必讓雙眉緊鎖，舒展你的雙眉吧！何必使憂鬱籠罩，綻放你的笑容吧！何必讓愁雲滿布，挺直你的腰板吧！打開心眼看生命吧，不要再侷限於那小小的角落，這片天空任你灑脫的翱遊，也無妨！」

2007年4月我們又出版了學生作品集《青春之歌──國中生活初體驗》，我在序中這樣寫著：

「本校一年三班吳宜懋同學，就他在國中第一個學期的體驗與感受，記錄在家庭聯絡簿裡的學習與生活札記欄，具體呈現了國中生活的面貌。細讀吳生的作品，生活體驗深刻，學習觸角廣泛，不僅可作為同儕學習的楷模；對即將進入國中的小六生而言，更是一本絕佳的參考指南，有助於縮短進入國中後的摸索與適應時間，進而營造出優質的國中生活。」

以下為吳同學作品中的精彩片段：

「有微風的下午，和爸媽一同到戲院觀賞『佐賀的超級阿嬤』。影片中描述一個貧窮的小孩，因居住地廣島的教育不好，而被帶離敬愛的母親，搬到住在佐賀的阿嬤家。在這成長過程中阿嬤帶給他的生活基本道理，酸甜苦辣及思母之情，是部好笑又感人的電影。使我覺得自己真幸福，不像主角過得那麼苦，我會珍惜所有的一切。」

關心補校學生學習與生活 ◎◎◎

妥慎安排師資、課程及教材，定期與補校師生座談，鼓勵外籍配偶同學專心向學。

營造精緻溫馨的友善校園 ◎◎◎

◎咖啡座、談心椅：設置於教室走廊外，讓師生可以在此喝喝茶、聊聊天，作心靈的溝通。

◎創意櫥窗：師長及家長、校友捐贈獎品，置於櫥窗內，以供同學們積極行善兌換獎品。

◎舊制服傳心意：有句俗話說：「一代吃飯，三代穿衣。」意思是說人不只要求溫飽，更要講究穿著得體，顯現出一個人的涵養與器度。在七賢國中，學校的制服有質樸的特色，白色上衣配上藍色裙子、褲子，但各班有班服，體育課時穿著運動服，每週五穿便服，我們的用意是彰顯出國中生活潑大方與青春氣息。學長學姊將舊制服回收，清洗後置於衣架上，有需要的同學可以自行拿取，不必登記。鼓勵同學愛物惜物，獲得熱烈迴響，對家境清寒者是一大福音，也有老師提供八成新的衣物，達到「師生有愛心，七賢一家親」的境界。

◎愛心輔導課：退休老師排定時段及科目，以一對一方式指導同學課業。

◎心燈亮起來：在近校門口處的花園旁空地裝設以太陽能發電的古色古香燈具，夜暮低垂、心燈亮起，極富詩情畫意，令人感覺溫馨寧靜。

◎校園花燈季：每位同學都要製作花燈，就學生作品中挑出具創意者，擺設於崇賢樓五樓走廊處「燈籠高高掛，心花朵朵開」，每年花燈季一到，為提供市民賞燈需求，開放校園供市民停車，市民對本校所製作之花燈讚嘆不已，直誇是「具體而微」小型花燈展。

◎勤「撿」致富：鼓勵同學發揮童軍精神，撿拾塑膠瓶、紙張，做環保資源回收可讓心靈更富有。

◎閱讀悅讀，非常「書」服：鼓勵同學以閱讀來奠定知識的基礎，從閱讀中看見全世界，圖書館將書籍整箱送到教室，服務到家。班級則普遍設置圖書區，讓同學可以在舒適的學習角落，安靜地徜徉在浩瀚的知識寶庫中。

◎樹籬取代圍牆：七賢國中是全市第一所無圍牆的學校，以短樹籬代替傳統的圍牆，讓視野開闊，校園無限延伸，與社區融為一體。臺南市各級學校校長等專程來校參訪觀摩。

◎社區推廣活動：補校課程開放社區民眾選修、開辦市民帆船體驗活動、各項講座邀請社區民眾參加。

◎辦理泰北學生來台遊學及送愛心到泰北活動：由七賢發起，興仁、和平、中山附中、龍華、右昌等國中及四維、新莊、明德等國小之響應，師生及家長小額捐款，提供接待家庭。2006 年有 15 位泰北中華兒女及泰勞子弟來高雄進行兩週的遊學活動，為生命教育、品德教育及人文教育作了最佳詮釋。師生小額捐款及捐贈物品，於寒暑假期間由師生家長及各界人士代表送至泰北姐妹校建華中學。2007 年推動「每人十元福澤百年」，號召全市中小學生每人認捐十元，協助泰北文教中心充實內部設備。

◎設置「領航教師制度」：聘請資深優秀教師指導初任（新手）教師及實習教師，以精進其教學能力及帶班技巧。

◎實施「校長與學生有約」活動：活動目的在於傾聽同學的心聲、解決同學的困難、激勵同學向上向善。學生主要為弱勢學生及自由報名參加的同學，每次座談會結束後由輔導室整理印製「七賢新新聞」，如第十期的標題為：舞臺為你而搭，前程靠己開創，學習途中不缺席，成長路上不迷失的資源班同學。

◎師長與家長撰寫「工作札記」及「心情札記」：鼓勵教師將教學生活點滴及心情感受加以撰寫，並由資深教師寫回饋。鼓勵家長寫下孩子成長的點滴，與孩子及導師互動的感受，由輔導老師撰寫回饋。

◎畢業週活動：精心設計極富教育意義的活動，從週一到週五依序為：依依不捨、制服傳情；諤諤良言、簽名留念；三載有成、「可」以同「樂」；「師」情畫意、感謝師恩；舞動青春、鵬程萬里。

◎重視「班級經營」品質：每月一次班級經營實務心得分享，設置班級經營績優獎，將親師生聯絡簿裡感人的師生互動情形整理撰寫成「愛在七賢系列」，深受教育局二科（主管國中業務）戴淑芬科長的讚賞。

◎校園守護神：七賢校園裡有一尊孔子銅像，如同學校的守護神，每年教師節，學校都會在銅像前辦理敬師活動，感受孔子「有教無類、誨人不倦」的崇高精神。12 月在銅像前拍畢業生團體照，學生在學測前來此瞻仰，以讓自己的心神更為穩定，爭取考試時更好的成績。

📖 七彩繽紛　賢能輩出

彼得聖吉（Peter Senge）認為：「學習型組織」即是組織中的成員，不斷發展其能力以實現其真正的願望。同時，在組織中培育出新穎具影響力的思考模式，並聚集熱望，能繼續不斷的在團體中從事學習。2003 年個人緣於「海洋首都」政策，決心發展帆船運動，率領全校師生經營「學習型組織」，注入校園運動新項目，結合發展學校本位課程，提供學生新體驗、提升學習風氣。

學校課程發展委員會先訂定「七彩繽紛　賢能輩出」，其後以「帆心大動風行全球」作為學校本位課程發展目標。用「七彩繽紛——全人發展的學習標竿」迎接新生，期許透過七大學習領域將每一位孩子帶上來，畢業後「賢能輩出——自我實現的人才培育」，將來有一番作為，對社會有所貢獻。我常勉勵老師們要與時俱進，因為今天的教師所要扮演的角色是多面向，是課業的指導者、新知識研究者、人格的塑造者、生涯的輔導者。具體來說，就是能掌握時代脈動、符應學術發展、精進專業成長、擁抱人文情懷、互惠人際互動、追求自我實現、洋溢滿足快樂。

我常鼓勵師生，要勇於參加各項競賽，以爭取個人及學校的榮譽，但要以平常心看待。七賢國中近年來獲得重要獎項如：個人於 2003 年再次榮獲「師鐸獎、93 學年度獲得「校務評鑑最優等」、94 學年度獲 InnoSchool 全國學校經營創新獎「優等獎」、2007 年獲得教育部「校長領導卓越獎」、「教學創新特優獎」、「甲等獎」，並再度獲 InnoSchool 全國學校經營創新獎「優等獎」等。得獎讓努力被看到，但是「百尺竿頭，更進一步」，我常對師生說：「只有持續努力，才能永保領先；稍一鬆懈，就可能被淘汰。」

校園即家園，我們的教職同仁，雖有來自北部、臺南、大寮、鳳山等地，卻愛上這裡，感覺就像一家人，我們曾用導師的名字作為班級的特色，例如：杏宜老師「青春亮麗如杏，舉止端莊合宜」；鶴翔老師「青春舞鶴，我心飛翔」；籃球班敏華導師「敏捷如狡兔，華麗於球場」，讓師生為之會心一笑。我們也曾用師生的名字來作為猜燈謎的謎底，像「孔子學說的實踐者」，謎底就是「行仁」老師；「可造之材」的謎底是衛藤「優樹」同學；「捨不得離開你」的謎底是洪「依依」同學。老師們都能以優異的教學品質，來作為個人自

我實現的參照指標；同時以卓越的班級經營成效，來帶動每一位學生充分發展多元智能。營造七賢學園為師生的「第二個家」是我全力以赴的目標。「七彩映青春、賢才登龍門」是我對學生的祝福和期許，而七賢學子總是不負眾望，學習成效及升學表現成績斐然。

📖 結語──辦學領航　幼苗守護

2007 年擔任高雄市各級校長協會理事長即提出「辦學領航、幼苗守護」與全市校長夥伴共勉。我認為一位好校長就是要把心放在學校，把愛給予師生，以願景凝聚親師生的認同感，以績效來打造學校成為優質學府。好校長在校期間能獲得親師生的尊敬，離開後能留給學校珍貴的資產（尤指辦學績效與校風營造）並令師生感佩與懷念！

我以上述的標準作自我檢核，可說無愧於心。誠如全校師生給我的卡片所寫的：「因為有您，我們更幸福。」道盡了我所帶領的團隊所做的努力。2004年度全國首創帆船班，並已辦理四屆舉世無雙的愛河水上（含夜間）畢業典禮；91～96 學年度年年增班；營造七賢校園為師生的「第二個家」；辦理送愛心到泰北活動。我想能讓師生懷念的校長就是好校長，學生對我這麼說：「您做事時那種認真的表情，深深烙印在我心裡。」、「謝謝校長把學校經營得那麼好，使學校變得很美，也謝謝您常常對我們提醒和關心。」老師們這樣寫著：「We become strong, successful and happy because of you.」、「看到您對學校的努力、對學生的關懷、對師長的尊重，使我不禁由衷佩服。從您身上讓我學習到身為教育工作者應有的態度，將成為我日後學習的楷模。」家長這樣表示：「這些時光您投入的心血與付出，才有現在那麼棒的七賢國中。要離開七賢了，萬般的不捨。」告別七賢國中，我最感欣慰的就是，七賢已是一所優質型學府。正如家長會長所言，就讀七賢國中至少有十大理由：教師最優秀、學生最上進、家長最熱心、環境最優美、管教最正向、社團最活潑、辦學有特色、活動有創意、校園如家園、班級經營讚。

眾所皆知，校長這項職務，對內負責推動校務的運作，對外代表著學校。校長同時也是教育資源的開拓者、整合者及分配者；校長當然也可以是助人者，所謂「人在公門好修行」正是此意。校長生涯的這些年裡，我個人最感欣

慰，也讓高雄市文教界津津樂道的，莫過於我對泰北中華兒女教育的投入。從 1995 年與和平國中（現改為後勁國中）家長會長黃石龍先生（現任高雄市議會副議長）同赴泰北考察，其後與泰北建華中學締結為姐妹校，每年均辦理「愛心送泰北活動」。2003 年起辦理泰北優秀學生來台短期遊學活動。2006 年與關心泰北的各界人士籌辦泰北教育基地與志工之家，並定名為「泰北文教中心」，於 2006 年教師節當天動工，工程款來自各界愛心人士的捐款。一度因經費不足工程停擺，適逢個人獲得教育部「校長領導卓越獎」，乃將 20 萬獎金全數投入，工程經費不足的問題經聯合報、中國時報等媒體刊登及報導後，善款及時湧入，適時化解了停工危機。如今，文教中心已於 2007 年年底完工啟用，成為臺灣文教與愛心輸出的平臺，舉凡文教活動的舉行，提供臺灣大學生志工的住宿，偏遠地區教師研習的辦理，均能辦得有聲有色。對泰北中華兒女的關懷是生命教育與品德教育的具體實踐，同時也展現了「血濃於水」的情誼，彰顯出人性光輝與人文情懷。

　　其實早在 1999 年，我即已經吳敦義市長核定為高雄市立中山高中校長。之後，教育局卻突然告知我的國中校長年資還差幾個月始滿六年，才能擔任高中校長。個人乃主動表示願意繼續留在國中服務，解決教育局的難題，在當時獲得輿論高度肯定推崇，咸認個人為教育界樹立了良好的典範（原因是：我初任校長的時間不是一般的 8 月 1 日，而是中途臨危受命，市政府在 1993 年 11 月 1 日發布個人擔任和平國中校長。）

　　2008 年 2 月，我轉到一所由土耳其太平洋經濟文化關係基金會在台灣首創的私立優佳國中服務。這一所由高雄市陳菊市長及教育局鄭英耀局長等各位長官所引進的國際雙語學校，其最大的特色，就是不需具有外國籍，即可以就讀，也沒有學區的限制。除了提供中文、英文及第二外國語並列教學，讓國中學生不用出國，就能享有如同國外的生活及學習環境，培育成為世界未來一軍，具有全球跨國移動能力的白領菁英。目前更積極籌備高中，讓學生銜接六年一貫的雙語教育，順利與國內、外大學接軌。我懷著「30 年磨一劍，願為優佳再出擊」的雄心，秉持「學生第一、良師至上、全球接軌、夢想起飛」的教育理念，雖然不到三年的時間，優佳國中已呈現優質的學習環境與辦學品質，深受家長高度肯定，為國內的中等教育再注入新的源頭活水。

吳友欽校長小檔案

吳友欽，1954 年 6 月 16 日生於金門縣大地村。村莊以大地為名，村民以大地為生，或耕種，或討海。在那艱困的年代，遍地烽火的歲月（中共對金門實施單打雙停的炮彈射擊），一批批來自金門的學子搭乘登陸艦赴台求學或從軍。當年的金門駐有十萬大軍，在耳濡目染之下，本想報考空軍官校，當個飛將軍，因視力不合格只好棄武從文，考上省立高雄師範學院（後來改制為國立高雄師範大學）。

國立高雄師範大學國文系畢業後分發至左營國中服務，汪慧佛校長慧眼獨具，第一年讓我當導師，第二年就要我擔任註冊組長，之後跟隨汪校長到過鼓山、小港等校，歷任教務、總務、輔導各處室主任。在任何職位上，都秉持著第一天的熱情和最後一天的堅持，以及「前人種樹，後人乘涼」的宏願，所以都是在親師生的依依不捨及誠摯祝福下去迎接另一波新的挑戰。

從事教育工作 30 多年來，最感欣慰的莫過於將臺灣人的愛心及教育成果與資源輸出到泰北，從 1995 年發起「散播關懷、散播愛～送愛心到泰北」活動，號召親師生以具體行動實踐大愛，將一箱箱的物質送往泰北。其後發起興建泰北文教中心，於 2006 年 9 月 28 日在泰北清萊府滿堂村動工，於 2007 年 12 月 25 日舉行隆重的開幕啟用典禮，文教中心的成立帶動泰北華文教育向上提升發展，也為異域的中華兒女開創一片藍天。

「老師一顆心，孩子一片天」，這是我最想和教育工作者共勉的一句話。教職工作值得我們用一生的努力和專注去追尋，讓教學成為人生幸福的標記。

3. 多變的環境，不變的執著

臺北市弘道國中校長　陳今珍
（榮獲 2007 年教育部「校長領導卓越獎」）

我能夠看到多遠，我就會長到多大；
我能追尋到多遠，我就會走多長的路；
我真的去夢想，才有可能使夢想實現。

2002 年得到臺北市學校行政（校長組）師鐸獎
2007 年得到教育部「校長領導卓越獎」
在臺北市這個大都會區，有很多優秀傑出的校長
每個校長都有努力奮鬥的過程和卓著的績效
能得到這兩份大獎，是機會、機緣、機運
得獎是鼓勵和肯定，更重新激發我的動力和活力
我有愛學校、愛學生的能量，也有被學生、被家長愛的福氣
這份愛與被愛，讓我的校長生涯更堅持、更珍惜
校長任期有一定的法源限制，但走過必留下痕跡
做一件事像一件事，認真辦學當如是
相信必能開花結果，再造「校長領導傳奇」

 ## 首篇──屬於新興國中的今世珍藏故事

前言 ◉◉◎

　　曾經服務於班級數達近百班，經費、人力資源充足的大型學校，當時的我頂著明星國中教務主任光環，家長信任你、學生喜歡你、老師尊敬你、校長支持你，真可說是叱吒風雲、人人稱羨，走起路來，有風也有沙……

　　但是，總有股心念詢問自己：你還可以再做些什麼？教育不是一成不變的，你可以做得更好？於是決定邁向卓越的校長之路，期許自己做個有為有守、有情有義的好校長……新的理想、新的角色、新的學校……更多的是新的

挑戰、新的機會。

　　然而，殘酷的現實是，滿懷抱負與理想，首次分發及面對的卻是沒落的學校，看到的是：殘舊的校園、灰暗的校舍、自卑的學生、消沉的教師……喔，調走的、請辭的、退休的行政人員……

轉折 ◎◎◎

　　教育工作是一項需要全心全意的參與和奉獻、無怨無悔的關懷與犧牲，更需要持續不斷的熱忱和知識的指引，在多變、善變的教育改革潮流中，學校接受的變與不變就在心念轉折之間。你可以選擇棄械投降，你也可能隨波逐流，更可能墨守成規、以不變應萬變。但是，要能夠體認自己擔負的是一份傳承、一份分享。在浩瀚無垠的教育長流中，需要一代接一代持續不斷的關懷瞭悟和創造轉化，克服現實情境之中一切的阻礙和艱難，創造出學生在校園的春天，活出自信、活出風采……

　　新興國中原本是位處商業經營中心中山區的一所班級數多的明星國中，當時空變化、光環褪盡之際，許多行之多年的習慣、承襲已久的體制、習以為常的作法都得做根本的改變。

　　在新興國中服務的六年中，從軟硬體改善到學校文化的重新形塑，學生生活教育加強到教師專業成長的增進；學校更參與教育改革——臥虎藏龍專案，進行學校本位課程，所有的努力在 2002 年開花結果，新生人數成長近三分之一，成為中山區額滿國中，完成「再造新興」的階段性任務，也為自己的「邁向卓越的校長之路」展開另一里程碑。當年的菜鳥校長面對無米之炊的廚房，如何上菜？生性樂觀開朗如我是如何心念一轉，調整心緒，穩住腳步，這塊版圖如此廣闊，且待我自由揮灑，看我如何在平凡日子中去創造無窮的期待或憧憬，讓師生感受到無盡的希望和快樂，「揚帆啟航、再造新興」，試與關心教育的夥伴分享屬於新興國中校園，充滿感動的今世珍藏校園故事。

啦啦隊重建信心（連續六年獲中上運動會啦啦隊比賽特優）◎◎◎

　　中上運動會啦啦隊的演出再度畫下完美的句點，運動員進場時，每一年我們的別緻設計、創新方式，總獲得在場來賓一致的掌聲，頒獎時年年特優的肯定，更展現出屬於學校的榮耀。

坐在司令台上的我，接受其他友校的道賀之餘，往右方向望去，屬於新興國中區塊那五彩繽紛的彩球是多麼亮麗耀眼，彩球中有我對新興國中的自信、尊榮，有老師們溫柔、細心的陪伴，有訓導處全體同仁辛苦的策劃，有實習老師的設計才華展現……幕後教務、總務、輔導各處室同仁協助、支持、留守學校的祝福，也包含多少家長的服務奉獻……。全體師生通力合作，做了一次又一次完美的演出，在各中等學校眼前，展現屬於我們「新興家族」的團隊是如此堅實而神采飛揚。在那一刻，我的眼眶是濕的、內心是澎湃的……，

新興是我邁向校長生涯的第一個學校，面對缺乏自信、呈現自卑的學生，我付出了生命中燦爛的才情去耕耘、去構想，如何在有限的人才中，去提升學校榮耀，去為學生找尋表現的空間、發表的舞臺，透過啦啦隊團體表演，凝聚了師生情誼，透過同學互相指導動作、節拍，培養了同學互助合作理念，一次一次演練，原本活潑、急躁的孩子找到了精力宣洩的管道，也因為一次又一次得獎的肯定，找回了孩子的自信、自尊，一路走來，免不了有挫折、有心酸，也有辛苦的風雨，但通常是豔陽高照，歡笑滿溢。

忘不了的是第一次得獎，捧著「第一名」榮耀錦盃時，師生的歡呼、自己的淚水……。

學習角溫馨天地（本方案獲臺北市校園創意空間優等獎）◎◎◎

國中的孩子們從早上 7 時半到校，下午 5 時左右離校，在學校的時間長達十小時左右，而教室就是每個學生接觸最久的地方，「境教」功能更形重要。

制式的建築，同等面積的教室，天花板上固定幾盞燈，前後懸掛的黑板，一排排一行行的課桌椅……有限的空間、有限的場景，就得陪伴孩子們過三年嗎？從強調「淨與靜」的校園開始，孩子們生澀的打掃模式，寫毛筆字般的拖地姿態，把桌椅拉的嘎聲大響……，慢慢地，教室乾淨了，上課安靜了，學校願景開宗明義──「快樂學習的新天地」，應該可以加上更多的巧思、更廣闊的創意吧？「學習角」的活動構想，「學習角」的理念運用，「學習角」的人文情境布置開展了……。

經過一次又一次腦力激盪，老師、學生、行政人員集思廣益終得共識，以簡單、實用、美觀、安全、經濟、多功能為原則，每班訂製 36 個美耐板材質的箱子，如何擺設、布置成為各班的秘密，基本上要把握「學習角」精神，它

是位於教室中的某一角落，是屬於每個班級的小天地。經過二個星期的設計，揭曉當天，各班互相參觀，一聲聲讚嘆、一陣陣歡呼傳來，每個班都有屬於班風、期待的影子，學生家裡的盆景、水族缸、和室椅、窗簾、披巾、圖書全上場，看在老師眼中，深深為新世紀青少年的巧思而感動。後來的校務評鑑獲得所有評鑑委員的讚賞，也消耗掉委員的相機底片，因為每個班都深具特色、別樹一格，更獲得教學人文環境特優的肯定；而後陸續有多家媒體前來採訪，予以介紹，並鼓勵他校前來學習。

是學習角，是班級小型圖書館，也可以是師生共享祕密的小天地，更是學生心情難過時療傷止痛的小角落……。

千禧年的祝禱 ◎◎◎

千禧年，人生難得的機緣。日子日昇日落，可以平凡、可以燦爛、可以平淡、可以精采、可以平常、可以獨特……。

既然有生之年千載難逢跨越千禧世紀，是讓日子平凡、平淡、平常而過，還是讓學生感受這個獨特而讓它精采而燦爛？

訓導處夥伴們覺得國中三年我們應該給孩子們一些多元的活動，讓學生透過活動而學習、透過學習而學會感恩、感動，於是五顏六色星形許願卡首先登場，每個師生手上都擁有一張許願卡，卡片上可以寫出千禧年的心願及祝福。不久校園的樹上、牆上懸掛滿同學、老師的心願，經訓育組彙整統計於學校發行刊物上公布，很明顯的，同學心願都是考試順利、成績進步為大宗，但是也發現很多感人的心願，很多老師由同學卡片內容感應到學生遇到難題了、家庭發生變故了、行為開始偏差、健康出現紅燈了……，師生關係因為深入的關懷而重新發酵，當時身為校長的我久咳未癒，竟然也有不少學生透過卡片表達祝福及關心。

年度結束當天下午，我們停課兩節，讓學生勇敢上臺把對學校的愛、對父母的愛、對師長的愛、對同學的愛，透過分貝機的檢測喊出來，從初時羞澀到後來爭先恐後的高分貝「把愛勇敢的說出來」，同學的表現讓在場的校長、老師們個個淚流滿面。

最後的壓軸是熱舞登場，在音樂聲中師生共舞，不必拘泥舞步，不怕腳丫子被踩，師生間沒有距離的互動，一句句互道珍重，我們送走 1999 年，迎接

2000年新世紀，在學生的國中生活裡，千禧年活動是他們最值得回憶的一段。

帽子幫風雲（本方案獲生命教育教材比賽特優）◎◎◎

　　五個二年級的小男生，共同的背景都是中輟生，在訓導處、輔導室、導師聯合關愛之下，把他們五個從不同的「社會角落」勸回學校，過正常體制的學生生活。

　　是惺惺相惜吧！很快的他們彼此尋覓也接受對方屬於同一國的默契而聚集在一起（雖然分散於不同班級）。行政單位、導師運用師生感情、人性關懷去安撫他們、鼓勵他們，但疏離的人際關係，落差極大的課程……他們總想製造一些話題，一些衝突去挑戰傳統、反對團體紀律，於是不知不覺，等老師注意時竟已形成另一項風潮，五位同學，人前人後、上課、下課、上學、放學，頭上戴著變化無窮、各式各樣、各種顏色的帽子……，自稱「帽子幫」。下課也罷，升旗、集會、上課也帽子不離頭，老師、同學都同聲～太離譜，學校該管一管吧？

　　五位同學中輟前在校內因違規行為不斷，儼然成為「校園老大」，中輟期間又在社會「混」，一旦回到學校，他們當然還是表現出不受約束管教的「老大」樣子，他們認為挑戰學校校規，享受老師拿他們沒辦法的特權滋味就是「英雄」，因為他們反應校規並無列明上課不能戴帽子，在同學面前與老師產生衝突，同學又在旁邊鼓譟時，更激發他的英雄表現慾，而後果如何倒是其次……。

　　面臨這樣的挑戰……學校掌門人～校長我該上場了……。一個無風無雨，溫暖的午後，我和五位同學相約去拜訪「一個地方」，公車一段即達，這地方站名是「台大醫院」，很近，一下就到了。同學仍戴著帽子，臉上表情有些疑惑，也有些不安，更多的是好奇，因為校長親自帶他們出場耶！

　　穿過長長的走廊，到了兒童癌症病房區，好多的孩子坐在輪椅上，手上掛著點滴管，也有父母扶持著在川堂小步賣力走著的孩子，他們全都戴著帽子，各種顏色、各種式樣的帽子。其中一個孩子帽子掉了，露出光頭的、稀疏的頭髮……，校長眼眶濕了，回頭問帶來的孩子：「你們了解嗎？這些孩子多麼希望可以不必整天帶著具保暖及保護的帽子，在陽光下展現原本應該是濃密豐厚的頭髮？」

悄悄地五位小男生摘下原本不離頭的帽子……回程車上他們約定，回校後不再隨時戴帽子，我也答應他們不告訴別人今天的鏡頭……帽子幫落幕了，五個孩子也突然長大了。

中國新年主題教學（本方案獲 2003 年全國學校創新經營課程與教學優等獎）◉◎◎

面對充滿挑戰與競爭的新世紀，人才培養及知識學習的機制扮演著愈來愈重要的角色，缺乏優質的教育體制無法教育出優秀的下一代。一個國家的競爭力不在於資源的多寡，而在於能否靈活應用知識的創造力。如何突破傳統教育體制的窠臼，落實語文教育向下紮根的理念，進行多元的教學，開發生動的教材，是新興國中全體教師的職責。在全人教育的理念下，化育具有國際觀及獨立思考能力的新興子弟，更是教學專業領域的堅持。

因而當英文科沈坤宏老師提出進行英文「中國新年」主題教學，並邀請美國學校的外籍老師前來參訪，觀賞同學們「年節習俗」舞臺短劇演出時，我眼睛何止一亮，我看到了屬於專業成長的火苗點燃了。新興老師在教學工作上的熱忱、負責一直令人激賞，透過一次次教學研究會的討論、激盪，英文話劇主題出爐了。貞廷老師開始編寫教材、劇本……，麗梅師、淑芬師、仁宏師、樹邦師的出馬指導，活動內容愈來愈紮實，一池活水需要源源不斷地注入生水，透過激盪流動，抓起朵朵漣漪，池水自是生動，水中魚兒（學生）自能肥健快活、生氣蓬勃。

一年級班級在行政規劃、導師支持協助、全體教師參與下，各班同學……喔！連家長也「軋」一腳。每個班級都把原本單調的教室貼上「紅」、「金」等各式各樣充滿年味的字、圖……，每個班級都顯示出不同的年味，一片喜氣洋洋、歡樂團圓的氣氛。

我們可敬可愛的家長會也感染這份「愉悅」的年節氣氛，年夜飯各班級大團圓圍爐的點子付諸行動於焉展開。於是開菜單、訂自助餐、採買、翻譯菜名（必須與中國新年有關的年菜），校長我的棉紙撕畫、大桔大利教學也湊了熱鬧。次日各大媒體爭相報導，給老師、同學高度的肯定及稱讚，也與美國學校的老師建立教學交流的友誼。

縝密的行政策劃，積極創新的教師群，主動、熱心的家長，學習動機強烈的學生，構成了這次「中國新年」主題的教學活動。人需要成長，教育更需要成長，而成長需要一些變革與創新，推動課程與教學的現代化，展現屬於新興學園的活力，我們有了一次完美圓滿的演出。

社區大掃除出發了 ◉◉◉

　　學校位於臺北市商業經濟重心的中山區，屬於傳統與新式並存的生活型態，銀行、飯店、酒廊、KTV林立，白天就業人口和晚上居家戶口並不相存，是典型的都會生活型態，但巷弄之間又有一些久居於此的老住戶，社區就學人口較少。也因某些時空因素，學生越區就讀他校比例甚高，學校在校務經營、學生常規指導或升學績效提升上備感辛苦。

　　這些年來，經過行政團隊的努力，全體老師的辛勤付出，學校也朝精緻化小班教學方向做教學、活動的規劃，學生氣質明顯改變了，升學績效亮麗了，社區民眾也感受到這項明顯的變化和進步，他們伸出友誼及支持的手，校門口、圍牆上一盆盆綠意盎然的盆栽是里民送來的，綠化了單調的原景，更振奮全體師生的情緒。1999年校慶，我們決定踏出校門進行社區公園、馬路、天橋的大掃除，對於我們的社區來一次感謝的回饋活動。

　　大掃除是體驗學習，是服務學習，也是感恩的學習。出發前，行政單位先行探勘掃除區域，考量距離遠近，交通狀況……並於升旗集會說明社區大掃除的意義、注意事項……。而各學科老師也沒閒著，數學老師設計學習單，要學生測量所掃除區域面積多寡；社會科老師要學生先做訪查，了解公園命名由來、該區域生命沿革；生物老師要學生記錄掃除區域的植物生態……國文科、自然科老師們也紛紛出招，掃地不僅僅是掃地，更是經過設計的大單元主題教學。於是學生帶著高昂的情緒，帶著掃除工具，興高采烈出發囉。

　　里民們看到我們勤奮的孩子在公園，在馬路旁，在天橋道上邊掃邊唱著歌，這股快樂的情緒感染著群眾，看著里民對著學生豎起了大拇指稱讚，學生也體會付出的快樂，社區乾淨了，同學們眼神亮了，我們的學校，我們的社區不再有距離，我們心手相連建構生命共同體的體認，更是一次成功的出擊。

噴水池的默契（本方案獲 2003 年全國學校創新經營校園環境美化甲等獎）◎◎◎

教學區是學生下課十分鐘最常活動的區塊，短暫的休息十分鐘，卻是下一場次學習的動力，因而這十分鐘彌足珍貴。每見學生一群群聚集於校園中看綠景、看花木、或冥想或交談……。水池畔是人氣最鼎盛的地方。回想當年，初見乾枯的池底，只覺錯愕而不解，得知因池底漏水而無法聚水成滿時，浮現的是無錢則做無錢的事。新興團隊與土木的機會「又來了」。

首先「土法煉鋼」吧。先由外圍截土挖溝，找出漏水點修補後再填土築牆，邊作邊改，竟也將漏水點止住，重新注水後，心想：一池活水，若無游魚是否單調了無生趣？總務彭主任特地由竹東老家抓來十尾錦鯉成魚，放置池中悠游，又去友人處要來擬丟棄錦鯉幼魚於池中活蹦的點綴，經過一段時日，大魚優雅身影，小魚搶食盛況給學生深深製造不少樂趣及話題，校長我特別於升旗集會時，以擬人化方式介紹成魚仿如老師成熟圓融而優雅；小魚社會正如班級型態，有資賦優異、有身強體健、有體弱多病、有學習較為遲緩……。學生於是將一池魚兒紛紛取名。動作俐落領先群魚則被封為「班長」，每條魚兒因顏色、因大小、因動作而有不同的封號，一池魚兒成為另一生態社會。每到下課，池畔常傳來新的封號、新的命名及笑聲，小小魚兒給學生平淡的日子製造了不少樂趣。

池中原已停擺多年的噴水池設備，經過修護重新配製不同水流之噴頭，由水量、噴頭尺寸之不同，可噴出不同效果之水柱，或長或短、或高或低，完工時特別和學生共享，並說明由噴水池高低告知是否有外賓蒞臨，例如：市長到校則噴水至二樓高度……。平時保持一定高度之噴水狀況，督學視察時，則是一長一短水柱……（秘密公開，哈，又得再修改密碼。）

噴水池的水柱成為學校與學生共享的私密代碼，本校舉辦全臺北市國高中模範生表揚時，馬市長首次蒞臨，水柱真的噴高至二層樓，迄今已噴過四次。北市首次辦理校務評鑑，當評鑑委員巡視校區察看設備時，噴水池以一長一短呈現，其中委員問及同學噴水池為何一高一低時？這同學的回答是：一長一短一長像英文字母「W」，代表「Welcome」，也就是我們對貴賓的歡迎……。

好貼心的回答，也充分展現了對學校的向心力，更顯示了全體師生的默契。

美夢成真——今世珍藏館創生 ◎◎◎

臺北市政府大樓每三個月一輪次，分東、西、南、北四區，由臺北市各級學校提供學生作品懸掛布置，一則美化，轉化公務部門的冷硬，再則提供學生一展才華的機會。原本成立美術班的學校，則可大力宣揚該校的教學績效，對於中小型學校，則是另一項挑戰，因為布置於市政府總得有一定水準吧。當輪到本校出場時，指導老師可是夙夜匪懈、挑燈夜戰……經過挑選、裝框，掛上市府大樓倒也有模有樣，尤其校長我的壓花、棉紙撕畫也湊上兩幅，並刻意擺置於市長室門口那面牆呢！

輪展完畢，作品回歸學校時，看到老師、學生如此具有深度美感的作品時，深覺學校需要一展示空間陳列，並讓全體師生欣賞及陶冶。

陳舊的語文教室閒置著，長達三年之久的築夢工程起動了……校長我首先「拋磚引玉」樂捐台幣萬元，希望全體老師和家長響應支持……老師、學生、家長紛紛加入，從第一筆費用八萬元開始，打掉原有陳舊牆板、隔間，到第二期工程整地、修建天花板、建置掛畫活動牆，第三年完成硬體工程、裝設燈光、粉刷牆壁……沒有任何來自上級的經費補助，靠的是師、生、家長出錢出力，社區家長響應支持，包括具美術設計專長的黃會長精心規劃，一座具有專業水準的藝文天地建置完成了，它蘊含著新興師生的團結、家長對學校的信賴、社區對學校的肯定，也提供師生作品展示、共同分享的天地，更是給校長經營校務最大的肯定及鼓勵。

暈黃的燈光下，一幅幅作品、一篇篇好書法，活動櫃上學生質樸純真的陶藝……牆角有老師插花美景……人生有夢，圓夢最美，而美夢成真——正如學生於掛牌時那句：「校長您永遠是我們學生在國中三年中的今世珍藏」，焉能不熱淚盈眶、滿心感動。

篇二（轉任弘道）——弘教明道傳奇……

弘道國中是 2002 年參與臺北市第一屆校務評鑑的學校，全軍覆沒的結果及連續三年換校長的特例是當時臺北市教育圈熱門的話題。接棒這所風雨飄

搖，屢上媒體負面新聞的學校，新接任的校長必須重新省思學校的定位；如何化戾氣為祥和？如何重塑校園和諧文化？如何凝聚同仁向心力？如何贏取家長再一次的支持？再再考驗著新校長及全體同仁。

學校因為經過重新搬遷，校舍其實比臺北市大部分國中新穎，在動線規劃上，教學區與活動區互不干擾，教師們班級經營和教學態度認真，博愛特區治安良好，交通便利，家長社經背景較高，學生素質整齊，應該是一所辦學優良的學園，而事實呈現卻是紛爭不斷，行政、教師、家長多角拉鋸互不相容，校園氣氛低迷，黑函攻擊、小道消息造成同仁們小心翼翼、互不來往，行政人員異動頻繁，經驗傳承斷層影響服務品質，教師們的教學理念和家長期望無法連結，每年承接附近額滿學校改分發的學生（家長並非自願，對學校則無認同感），而特別優秀的學生就轉學到其他國中，教師們士氣備受打擊，表象的負面掩蓋了原有的優勢。

經過一次又一次的討論、整合，教師們藉著參與教學輔導教師及專業評鑑進行各項行動研究，呈現教學效能與班級經營的成果，佐證學校的辦學績效是否符合家長的期待。經過六年的努力及耕耘，今日弘道國中在教師專業，在學生生活教育，在親師合作成果，在校園氛圍顯示上，我們的校園美麗乾淨，綠草如茵，繁花似錦；行政、教師、家長會互信互諒、合作無間、和樂融融；師生參加各項競賽都展現文武兼備屢獲佳績，升學率提升神速，幾次校園危機都因為處理得當，化險為夷，新生人數在少子化來臨情況下，反而因為家長的信任而呈現爆滿，回想這辛苦的過往，再一次透過反思及回顧，與教育夥伴們分享這段反敗為勝的歷程。

面對學校危機問題 ◎◎◎

◎組織氣氛低迷，員工彼此疏離猜忌，校務推動不易，近年來因為編班制度不均，教師等級劃分造成家長人情介入關說風波，老師與行政單位採對立姿態，負面報導屢上媒體，造成教師不願兼任行政，各處室組長年年異動，經驗傳承落差無法提供良好行政支援教學效能，校務推動一直停頓在解決問題而無法開創。

◎教師辦公室配置分散，資深教師盤據不同空間，因使用角度不同產生衝突，同年級導師缺乏共同辦公室，無法針對班級經營適切討論或分享，

教師休息室年年搬遷，因利益方位不均造成糾紛，行政單位訊息傳遞常因為遺漏而滋生誤會。

◎鄰近學校高升學率，年年額滿，設籍較晚學生被迫改分發至本校，這些家長對本校缺乏認同感及信心，對校務及導師班級經營常採取借助壓力團體方式告狀或施壓，處理未如其意則轉學他校，除打擊老師士氣，造成原班級經營危機，亦影響校譽及校際間和諧。

◎教學設備陳舊缺乏維護，校園有綠化條件，但缺乏情境布置及美化，在建築設計上配合特區背景，加上維安考慮造成通風不良，各辦公室陰暗潮濕，教室及特科教室依建築年代前後設置參雜其中，因而在教學上彼此互相干擾，很多教學設備年久失修閒置而不足，當它校的九年級均已裝置空調設備而本校仍落後時，在升學壓力下，學子感覺條件不如他校，又因氣候炎熱，學習情緒較為浮躁，增加師生衝突機會。

◎政黨輪替後引發一連串圍城、抗爭、遊行、示威事件，各項管制措施影響師生作息，加上高社經背景家長常藉助壓力團體介入校務或黑函告狀，增加校務經營困難及危機處理挑戰。

是危機，也是契機，更是轉機 ◎◎◎

學校是屬於人的組織，成員複雜，價值觀念多樣，加上雙重系統、鬆散連結的特性，服務的對象相當多元，不易找到固定的工作型態，校長的工作充滿許多為別人的需要、需求與問題所引發的互動，所以充滿許多面對面、口頭的溝通與協調。擔任校長工作十年，深刻體會當校長領導實際（不管是特質、行為、形式等）有所不同時，學校人員的行為、態度甚至價值，以及學校校務運作的過程與結果，都有顯著不同的可能。接任弘道國中這幾年，能夠把一所士氣低迷、人心惶惶的校園轉化成朝氣蓬勃、充滿活力、員工和樂融融的學校，有太多的機緣、努力及經驗累積的驗證，彙整如下並分享之。

領導角色的扮演

為有效推動學校變革，校長的領導過程必須強調對變革事項的分析、設計，支持成員想法，同時賦予權力，提升其能力。從過去檔案中，分析曾發生過的衝突事件原因、衝突事件始末、關鍵人物、結果的影響，做成分析表，找

尋其中失誤、落差，並於走動管理中多方關懷、撫平情緒，建立信賴基礎。爾後若發生類似事件，即能立即掌握處理方向，敦請校內影響力大又得人望的同仁參與溝通、協助，化解衝突延續的可能。

尋找集體共識、齊力提倡

校長在經驗建構與啟發上，透過書面、口頭、文件、網路及各項會議，將「大家的共同想法、願望」連結在一起，「身先士卒」帶頭示範，深入了解各項變革方案的內容。當初校內老師打算參加教學視導制度前，校長、主任已先行參加各項教學視導研習，並且協助教學效能受家長、導師質疑的同仁，進行入班視導及提供專業知能分享，當接受協助同仁於領域時間做回饋分享後，再依領域需求逐年推動，不但順利而且成效良好。

從核心任務且具體可行事項優先著手

變革事項千頭萬緒，如何切入？何者優先？對新加入這個新家庭的校長是個入門的考試。從學校校舍的配置、教室安排動線規劃上，看得出往昔問題的主因來自於溝通不良，而教師辦公室分散、地點陰暗、設備陳舊是現實面待解決的問題。與同仁接觸上，亦感覺大家對辦公室搬遷之年年紛爭已感厭倦及不穩定感，教師辦公室重新配置列為首要之務，是很果決也很艱辛的挑戰，也因為在一次又一次討論過程中，去了解這個團體，也因為接觸面的增加，讓老師們很快的了解校長的想法，在磨合整合的過程中，建立彼此的信任和相知，實際進行整建時，大家都能摒除成見，互相退讓，而順利完成。現在的導師辦公室，從無到有的過程，因為是全體同仁都參與決策，產生「家」的認同感，於是牆上的畫、桌布、靠墊、陶器、音響……都是同仁從自己的「家」搬到學校的「家」，新學年度導師重新調整時，不少同仁們選擇留任導師的原因，竟是捨不得自己一手布置的辦公室呢！也因為最大的挑戰成功扭轉了往昔同仁們之間冷漠、疏離的氣氛，現在老師們的辦公室處處花香、咖啡香……。

促進成長與學習，尋找變革的替代方案

學校行政運作方式、人際互動形式以及學校文化的內涵，在面臨改變時，透過訪問他校的作法，了解同樣方案在其他學校的推行步驟所遇到的困難與阻力及解決方式，以免運作時重蹈覆轍；也多方閱讀研究報告，參考他校經驗

談，因而推動數學、語文銜接課程時，面臨暑假期間教師生活作息的重新安排，在事前規劃功課不少，也提早釋放訊息，讓全體同仁預知政策改變下學校必須的調適和應變，實際進行時，阻力較少也能順利進行。

提升學校成員們接受變革的能力

九年一貫課程一路走來，從師資、課程、教學方法、教材研發，擔任教學現場的老師衝擊不小。如何提升學校所有成員對變革的接受度與能力，在校長領導上是很重要的工作。對變革產生抗拒、排斥是必然的，也不見得全是壞事。為了提升學校成員接受、適應，並參與新的課程變革，學校首先創造同仁在專業分享上的教與學環境，設置各領域教室，布置師生交誼廳，鼓勵同仁互助合作，於是行動研究開展，教學輔導研習參加同仁一批又一批……互相影響及分享下，原本疏離的情誼再度連結！

將危機化為轉機

接棒弘道是特殊的歷程，因為當時學校處於滿城風雨之際，面對校長遴選時，很多現任校長都因諸多顧慮，不敢也不願意轉任，本校家長會、教師會、行政三方，破天荒攜手合作尋找校長，在一次又一次失望下，我選擇轉任弘道國中，對當時的局面是一份知遇的尊重，因而建立了很友善的第一次接觸，也為後續的校務經營在三方互相體諒下，有很好的開始。接著，學校面臨總統大選引發的交通管制及總統就職當天師生被搜身而引發衝突時，校長如何應變、如何穩定親師生不安的情緒，是很重要的考驗，事先交通動線的規劃，學生生活作息調整（包含午餐都得解決），一次又一次沙盤推演，甚至晚上留守的安排（行政同仁竟能苦中作樂，利用晚上將全校走廊重新粉刷一遍），校長的思慮周密，以師生福址為優先的作法，得到家長、師生的肯定，雖是很大的危機考驗，化險為夷，反而促進了家長會、教師、行政們休戚與共、團結一致、共渡難關的特殊情誼。爾後面對師生衝突事件時，大家都同心協力去調整彼此岐見，關懷師生，體諒家長。而校長也因一次又一次的考驗，處理校務更圓融而成熟，何嘗不是化危機為轉機的經驗談。

特殊成功經驗分享——儲訓校長實習日誌（現任螢橋國中李素珍校長） ◎◎◎

時間：2004 年 5 月 21 日

地點：弘道國中

師傅校長：陳今珍校長

主題一：五二〇總統就職大典教職員生被搜查事件

項目	說明	備註
事實經過	◎五二〇總統就職當天，滂沱大雨。 ◎教職員生被要求在雨中檢查學生證、書包、便當袋，並強迫沒收雨傘換穿雨衣、喝礦泉水（擔心內裝汽油）。	各報章新聞
校長的處理與各方反應	◎事件前夕：遵照教育局指示宣布照常上課，並多次沙盤推演，規劃學生出入動線預做準備。 ◎事件當時的處理：向相關單位反應，「此舉違反人權，不受尊重」。未獲得善意回應，師、生、家長群起抗議，校長全面處理及安撫。 ◎接受媒體訪問： ＊肯定媒體先生小姐守候的辛苦。 ＊表達事先未接獲相關單位告知，學校教職員生必須接受檢查，致無法於事前告知師生作為因應。 ＊表達學校是最單純的教育環境，相關單位應給予學校彈性的處理，而非無理性的制式執法，並為師生在大雨中接受「違反人權，不受尊重」的檢查表示抗議。 ◎事後的迴響： ＊家長強烈向國安會、教育局等單位表達抗議，但給予校長的表現百分百肯定：「我們的孩子受委屈沒關係，我們的校長不可受到委屈。」 ＊學生的回饋：「校長辛苦了，我們要去抗議，校長本人比電視上好看。」足見學生的可愛與純真。 ＊第二天，學校平靜，對校長的處理措施給予支持。其間有軍方代表至校，向師生表達歉意；並有議員、立委傳真，要求了解五二〇當日學生出席狀況及是否有吃午餐，校長均立即予以回應。 ＊網路對校長的表現給予高度的掌聲。	各媒體報導 教育局網路反應

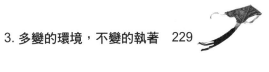

項目	說明	備註
我 的 反 思	這是精彩的一天，我何其有幸感受到今珍校長危機處理的明快、果決與對事件下決策的精準判斷，這是經驗的累積，更重要的是，我認為是今珍校長天生對「教育方向感」的敏銳度。除此之外，校長對此事件的處理，也給我下列的啟示： ◎校長適時表達教育家的立場與風範，不受政治的左右與操弄。 ◎校長對學校師生隨時隨地以「母雞保護小雞」的作為，成為全校師生的典範。 ◎校長介於府市黨派不同，其間雖擔心橫生枝節，最後仍堅持立場，一切回歸教育，所有措施皆以學生為中心思考。	

主題二：校務經營精采集

項目	說明	備註
校 長 的 學 校 經 營 點	◎以今世珍藏記錄著服務於新興國中的校園故事，送給弘道老師作為教師節禮物，期勉自己將與弘道走進歷史。 ◎為畢業生祈福： ＊與家人製作「弘道鐵路局」「弘道站至金榜題名站」之「永久有效」車票送給考生，勉勵及祝福應屆畢業生。 ＊包中活動：由輔導室製作紙藝粽子，上書「包粽包中」，懸掛在校長室外，為三年級同學祈福。 ＊帶所有學生准考證到文昌廟祈福祝禱，穩定學生考前壓力。	今世珍藏故事集

項目	說明	備註
我的反思	「今珍校長是一位教育界珍奇女子」,「我的師傅真是才氣洋溢」,這是我最大的感受。她的隨和、熱誠、親和力早有耳聞,今天的貼身實習,更讓人發覺這份感染的魅力,你聽!耳邊傳來隔壁會議室結束後,校長與同仁間的談笑風生、彷彿家人,這樣的特質會讓人不自覺的隨她振奮、隨她「起舞」。她的校務經營給了我一些啟示: ◎由學校呈現之精緻化的校務經營資料、精緻化的活動設計與細膩的心思,是顯現經營精緻化學校的脈絡。 ◎能力=(知識+技能)^{態度},人際態度是影響校務經營、顯現辦學能力的最大因素。 ◎「做一件事情,像一件事情」認真辦學當如是。辦學的功夫如「滴水穿石」、「細針密縫」,終究能花開結果。	

陳今珍校長小檔案

給學生三年最溫暖的回憶

　　有別於大部分校長出自於傳統師範教育體系之培養，我個人的求學歷程較為另類，家專畢業考入國立彰化師範大學輔導系（副修工業教育系），任職教師後又至國立臺灣師範大學教育研究所進修，面對國中生在升學關卡的壓力與徬徨時，特殊的求學經歷反而是很具說服力的鼓勵和支持。賞識每一位孩子，激勵每一位孩子，是我不變的堅持，我一直深信我擁有充沛愛學生的能力及為學生所愛的福氣；資優的孩子我讚賞，資質較差的孩子我疼惜，學生們說我是他們國中三年中最溫暖的回憶，**而學生對我的愛與信賴，是我堅持走下去的最大力量。**

　　每天早上校門口對學生的關懷一直是我持續的動力，學校每年開放性問卷予以學生寫出喜歡上學的理由中，「喜歡校長」這個答案一直高居排行榜之首，尤其去年畢業生寫出國中生活一定要做的事——和校長說話，比率高達 93.5%，是這份幸福感支持我更深更厚的愛校情懷，得英才而教為師之樂，因教育而得英才更是至樂呢！

　　校長難為，仍然應為，仍有可為，而我樂在其中，因為我是裝著永備電池不休息的校長（師生說的），更是宇宙超級無敵大美女（也是學生說的喔）！

4. 校長生涯的使命與承擔

臺北縣龍埔國中校長　薛春光

（榮獲 2004 年教育部「校長領導卓越獎」）

自 1997 年迄今，擔任校長生涯歷經石碇國中、竹圍國中、板橋國中三個學校，每個學校各有不同的條件背景與發展特色，也賦予我不同的階段性任務。個人深知身為校長必須具有後現代的領導智慧，需因應不同學校的狀況與文化，調整不同的領導策略，但不變的是身為校長這個角色的使命與承擔。

為石碇展新頁

離開石碇國中已 12 年，石碇高中「歷任校長」的網頁上，還留著一段當時我為 30 週年校慶所寫的感言：

孔子說：「三十而立。」它代表著一個生命的成熟與茁壯。而本校在歡度三十週年校慶的此刻，石碇國中也將以「改制」的方式，邁向另一個新的里程碑。「完全中學」的成立，已為石碇的歷史，寫下嶄新的一頁！

石碇國中自錢濤校長創校以來，在歷任校長苦心經營下，績效有目共睹。因此本人在 1997 年 8 月 1 日奉派接掌校務以來，始終十分惶恐。改制完全中學的重責大任，確實倍增壓力，但內心不斷告訴自己：要接好這一棒！近一年來，這歷史新頁，逐步在師生、家長共同的努力下，見到不朽的紀錄。

回顧 1997 年 9 月 1 日，22 位同學住進耗資近億的學生大樓，平均每位住宿生投入約五百萬成本。感謝尤前縣長及各級長官與石碇鄉魏鄉長對本校全體師生在經費上的支持，讓偏遠地區的同學仍有機會享受一流的設備。

蘇縣長就任後更在 1998 年 1 月 1 日起，全力支持本校因實施住宿計畫所需的人事等費用，希望住宿同學由此計畫的實施，在學業成績，尤其是生活禮儀方面有長足的進步！換言之，住宿的歷史怎麼寫，就看住宿的同學了！除了住宿同學外，其餘的學生也在寫歷史。

1998 年 8 月 1 日，本校改制為完全中學後，每位同學均有機會就讀石碇中學高中部，企盼大家努力用功，將您的姓名永遠寫在石碇中學高中部的畢業

紀念冊上！當然，我們更希望全體同學在老師指導下共同編織你們的未來！每位同學的未來絕不是夢，只要努力，一定有收穫，一定有痕跡。在石碇國中這段旅途留下的，絕對是輝煌燦爛的歷史！同學想編織的未來是何願景呢？我想提供六個方向與大家共同努力：很健康、很快樂、會惜福、會感恩、有禮貌、有學問！最後以這六個學習的指標，為這篇發刊詞留下永恆的註腳。

校長生涯的第一個挑戰 ◎◎◎

回首初任校長在石碇國中耕耘的歲月，上述這段感言記錄了我校長生涯一個重要的歷程。猶記得校長派令剛自教育廳發布不久，當時借調教育局上班的我，某天早上，接到指示要我到局長室，局長交給我一張前任校長在分區校長會議所寫的發言條，上面清楚記錄學生宿舍、土地等學校現況與待爭取或待完成的事項。這張發言條為何會在局長手上？如何取得？以及交給我的目的，局長並未多說。但接到紙條的當下，我已清楚感受到長官的期待，希望我為石碇國中的校務經營做好準備，尤其是「改制完全中學」的任務，這可說是我個人校長生涯的第一個重大挑戰，應該也是石碇國中師生共同的挑戰。

石碇是個民風純樸的小聚落，人口不多、腹地狹窄，大多數鄉民樂天知命，但對在當地成立完全中學，卻有著一份執著與期待，因此，即便原先充滿許多不利的主、客觀條件，但最終我們都克服了，我和全體師生以及石碇鄉民一起為石碇國中開展新頁、見證歷史。

石碇國中改制石碇高中這一頁歷史，走來至為艱辛。石碇國中於 1967 年 8 月奉命籌設，但當時尚未決定設校地點，1969 年 1 月始由縣府核定在石碇鄉的隆盛村設校，並由石碇鄉公所協助辦理校地徵收事宜。當地地主有感於地方教育之重要，群起響應、捐地興學，大部分校地皆由地主無償捐贈給學校使用。因為要改制完全中學，必須全面清查未過戶校地，學校立即面臨 1969 年辦理捐獻時，部分地主因過世，其繼承人未辦理所有權移轉登記的困境。因此，在 1998 年欲向教育部爭取成立完全中學，縣府除了行政流程、編列經費擴充校舍、設備外，碇中校長要面對的難題，就是解決土地之徵收與撥用。

在紛雜細碎的多筆土地中，有未過戶者、有未徵收者。追本溯源時，才發現未過戶校地，有多筆土地因時代久遠，地主已不可考；未徵收的土地，地主

遍居各地、訪查不易。當下即指派事務組組長迅速專案處理，記得他最遠曾遠赴淡水、三芝地區查訪。就任校長之後的第一封陳情函，竟然是反對石碇國中改制為完全中學。經深入了解得知，這件陳情案背後真正原因是某位地主與學校之間因土地徵收問題無法達成共識，心生不滿，故以這裡不適合蓋學校為由，與 24 位地主共同連署向上級陳情。為此，我多次拜訪、釋出善意，並承諾在相關會議中建議，爭取成立完全中學後，優先提供在地國中生就讀高中（雖然此建言在上級站在全縣的角度考量下未獲採納，地主還一度有「被騙」的感覺），最後透過誠懇的態度與不斷遊說，終於感動了這位地主，同意縣府徵收其私有土地。校慶 30 週年慶典當天，這位地主不僅坐輪椅接受表揚，還提供二萬元獎學金。接下來幾年，即使已離開石碇國中，我仍陸續探望這位老先生多次，直到他往生，這份捐地興學的隆情厚誼，至今回首，仍感懷在心，尤其是他在 30 週年校慶當天的一句話：「人是圓的！」讓當時初任校長的我，充分體認到面對衝突圓融處理、創造雙贏的重要性，影響日後我在校務處理的思維非常深遠。

每兩週就得「拋家棄子」一次 ◉◉◦

　　土地問題，並不是我接任石碇國中最急切需要處理的事。8 月 1 日上任，我所面臨的第一個任務，是執行尤縣長照顧偏鄉學生的美意，將石碇國中改為住宿學校，留宿在地學生，目的在於提高石碇國中的升學率。果然，在一開學的校長會議，尤縣長就公開的問：「石碇國中校長在不在？」、「學生搬進去了沒有？」。上任至開學短短一個月，總算沒有辜負長官託付，49 名國三學生安排了 22 位學生住進新落成的宿舍大樓。面對這項幾乎是不可能任務的挑戰，看似圓滿達成，過程卻處處和時間賽跑，承擔很大壓力。為了強化升學輔導，規律孩子的作息，家長幾乎是全力支持住校這項決策，但是要說服孩子和老師接受這樣的安排，就不是那麼容易了。孩子從未有離家的想法，甚至有的孩子就住在學校旁邊，老師也無留下來輔導學生晚自習的心理準備，更何況還要輪值陪宿。原本預期在溝通的過程中，勢必會有一番衝撞，然而，結果卻出奇的順利！與其說是我用誠意感動了親師生，身先士卒加入輪宿排班，不如說是石碇國中的孩子懂事聽話，能明白大人的苦心；石碇國中的老師樂於奉獻，看到了學校的願景。

在取得親師生的共識和社區支持之後,我帶領行政團隊籌劃採購住宿用品、組織宿舍管理委員會、為了晚餐開伙,添購設備、增置廚工,就這樣,孩子帶著師長的期望和些許的新鮮感搬進宿舍,開始他們和已畢業學長姐完全不一樣的國三生活;而全校二十多位教職員工也因背負著使命感,不得不調整生活步調,採取幾乎每兩週就得「拋家棄子」與學生共宿的因應模式,做好長期並肩作戰的準備。

一年下來,我極少聽到抱怨,反而是常常聽到充滿感動的話語,多半是孩子對老師的感謝,對廚房阿姨的感恩,對將資源全力投入在他們身上的人之感念。我想,我們的第一個任務達成了,而額外的附加價值則是:對當時所有石碇人來說,這段日子絕對是生命中最值得回味的。

一個可以嚴格也可以親近的校長 ◎◎◎

當年在石碇國中孩子的眼中,他們對我這位校長大概充滿著「既期待又怕受傷害」的心情吧?他們打聽到:這位新派任的校長曾經擔任過多年的訓導主任,心裡想:「哇!大概得把皮繃緊一點囉!」

的確,「生活教育」是我最迫切希望石碇國中孩子學習的第一堂課。這些多數是隔代教養的學生,自小缺乏的是「引導」和「規範」,因此,除了規定國三的學生住校,國一、國二的孩子也沒能「閒著」,每天早上,學生會看到校長從「好漢坡」迎接他們進入校門,孩子們的頭髮、制服、鞋子、襪子,一樣也不能隨便,希望從服裝儀容,改變石碇國中的學生形象;當然打掃時間也不能馬虎,教導孩子從維繫整潔的環境學會負責任,這點石碇國中的孩子做得很好,大概與他們從小就得幫忙家務有關。

當然,他們也需要「激勵」和「肯定」,在石碇國中大部分的學生自信不足,因為他們較少有表現的機會,去展現他們的特長,因此我建議各處室同仁,應該多辦活動,來激發孩子的潛能;不要吝於獎勵他們,特別是在朝會時間,對班級的團體表現或是個人的優良事蹟,都該利用適當的時機給予公開讚揚。甚至,我們試辦了榮譽考試制度,這項制度獲得老師的支持,也確實激發出學生的榮譽感。同時,個人在蘇縣長 1997 年底就任縣長不久,要求校長授課的政策實施之前,早已經在碇中實施校長授課。因為偏鄉教師,尤其是代課老師聘任不易,為了解決碇中即將開學,師資尚未到位的困境,經與同仁討

論、詳察相關法令規定後，個人接下全校六班學生的輔導活動課。雖然這項作法因為執行住宿、籌設完中；長官、訪客突然造訪；家長、老師反映的意見或校園偶發、危機事件須立即處理等諸多校務羈絆，導致遲到、調補課等不利授課品質的事經常發生，對其它同仁也增添不少困擾，實施不久就喊「卡」。但是，在每班的輔導活動授課期間，曾開闢「轟炸時間」，讓全校 152 位學生轟炸校長及老師，藉機了解學生想法；透過「與校長有約」的活動，我時常到班級或和得獎學生共用午餐，傾聽孩子的心聲、了解孩子的需求。慢慢地，孩子可以了解到學校重視生活管理的理由，也拉近了我和學生的距離。當年，這段與學生相處的點滴，還被當時四大報之一的某平面媒體，於 1997 年 11 月 17 日以「輔導學生，薛春光手法很另類——轟炸時間　學生暢所欲言　連『頑石』也點頭」為題，在「地方臉孔」專欄報導。

　　1998 年 6 月的畢業典禮，也是我在石碇國中主持的唯一一場畢業典禮，學生把我打扮成當時流行的卡通人物「星星王子——恰比」，這就是我在他們心目中的形象——一個可以嚴格也可以親近的校長。被學生視為偶像是始料未及的事，但這也證明，孩子期待被關愛、被尊重，每一個孩子都是值得被發掘的珍寶，我在石碇國中，透過與學生彼此信賴的互動，開啟了校長生涯的尋寶之旅。

一段亦師亦友的情誼 ◉◎◎

　　補校學生是石碇國中的另一群寶貝，因為「家有一老，如有一寶」，在學校更是如此。我到任時，該屆補校學生也是唯一一屆補校學生，剛升上國三，他們白天的身分是村長、鄉民代表、家長會長、婦女會幹部……，但當夜色來臨之際，他們背起書包、進到教室，已有白髮、皺紋的阿伯、阿姨，搖身一變成為最認真的學生，他們極度珍惜現有的學習機會，渴望彌補兒時失學的遺憾，對學習充滿好奇與興趣、對老師敬重有禮、對參與各項活動不遺餘力，他們的上進和謙恭是白天學生最佳的品德典範。

　　那年補校的畢業旅行，他們熱情邀約我的母親同行，活動當天，補校同學看到校長媽媽真的來了，興奮之情溢於言表，加上年輕老師也參加，這趟旅程頗有「三代同堂」的趣味，亦在每個人心中留下難忘的回憶。這一年我與補校學生結緣，這緣分並未因我離開石碇國中而停止，在歷經十多年歲月之後的今

天仍然持續，這段亦師亦友的情誼，也是之後我在其他學校所沒有的際遇。

一份爭取籌備經費的報告，改寫了石碇高中的命運 ◉◉◉

石碇國中能改制為高中，必須感謝當時鄉長魏良道先生極力爭取。尤縣長在卸任前特別至石碇國中巡視，親口告訴我這段歷史，但他也擔心石碇高中成立後是否有競爭力。也因為大家不看好石碇高中的未來，所以改制為高中的硬體建設，原先只編列三千萬。身為校長的我得知這項訊息，深感憂心，因為，愈是偏遠地區，愈是需要寬列經費充實及改善各項設備與硬體，更何況對臺北縣每位完全中學的學生，無論學校規模大小或地點是否偏遠，都應受到同等的對待。在當時網路並不發達的年代，只好趕緊手寫一份報告，請同仁加班打字，連夜趕送縣府，敬呈長官裁奪。幸蒙縣長及局長能體恤我一切以教育、以學生為重的初衷，寬容初生之犢的莽撞，將大樓興建經費改為一億，加上後續歷任校長積極的爭取各項經費，石碇高中才有今天的規模。當初，如果沒有那份為爭取籌備經費而趕工完成的報告，石碇高中連最基礎的建設都很難齊備，這份報告改寫了石碇高中的命運。

1998 年 8 月 1 日，石碇國中在我與所有師生及地方仕紳的共同努力之下開展了新頁，改制為完全中學，這不僅是石碇歷史重要的一頁，也是我校長生涯重要的一頁。改制過程的種種困境，我一一克服了，對一位初任校長而言，我算通過了一項艱鉅的考驗。

📚 為竹圍創歷史

1998 年 8 月 1 日，我在石碇國中完成了階段性任務，奉派至竹圍國中接掌校務。許多人抱以疑惑的眼光，因為竹圍國中的工程問題，絕不會比石碇國中的土地問題單純。甚至有包商以看笑話的心態，暗想：「這所學校有誰敢來？」但我確實來了！也準備好要面對即將到來充滿「工程延宕、利益糾葛、包商施壓、議員質詢」的多重挑戰。

這個學年一定要搬進去 ◉◉◉

到竹圍擔任校長之後，我和以往一樣，經常與同學共進午餐，只是同學提

出的問題更為棘手，類似這樣疑問不斷出現：「校長，我們什麼時候可以搬進新校區？」更有一位同學道出：「校長，我在這個地方（竹圍國小舊校區）已經住第九年了！」當時聽到這句話心頭為之一震，九年？那不就是國中三年和國小六年的總和？頓時心中五味雜陳，首任陳校長與全體教職員工，從籌備開始至今所有的努力似乎都被這句話打敗了。「經濟不景氣，廠商低價搶標，因週轉不靈而倒閉，雖然後續有人採取監督付款方式接手，仍不敵法院查封原廠商財產的處分，也因此衍生第二次廠商倒閉的財務糾紛……」，再多事實的說明，都很難讓孩子理解，也難掩孩子的失望。他們在教師節給校長的卡片中這樣寫著：「校長，雖然我們對搬遷進新校舍已無太大指望，但是我們還是祝您教師節愉快！」長久以來孩子不斷的希望與企盼，但得到的結論永遠是失望，這是因為搬遷的日期在遙遠未知的明天！尤其對即將畢業的三年級同學，如果今年仍是在國小辦理畢業典禮，30年後他們將如何來定位這段歷史？心中於是堅定的產生一個念頭——這個學年一定要搬進去！經過縝密但膽大的推估後，決定採取目標管理，將搬遷的時間先鎖定在便於記憶的12月12日，也就是個人甫上任才滿四個多月、決定要搬遷後僅剩二個多月可準備的日子！

　　雖然心意已決、搬遷日期也訂，但擺在眼前的卻是重重困難！幾經思索，決定只要水、電及電話的使用可以克服就搬！然再深思，問題似乎沒有那麼簡單，先行搬遷的理由是否能說服家長，使用部分校區相關的行政程序有哪些？要如何進行，長官才能准予核備？學生進入部分勉強堪用之校區後，未完工部分仍多，師生安全如何維護？得標廠商雖倒閉，但與拿不到錢的下游廠商是否會藉機抗爭……，一連串問號與諸多疑難不斷湧上心頭。因此，每天不斷陷入沉思中，頭髮也就愈來愈白、愈來愈少。

　　1998年12月11日，我們開創了竹圍國中歷史性的一刻！當天早上7點半開始搬遷行動，從竹圍國小舊校區至本校新校舍，雖然只是短短的一段路，而我們卻走了近六年，再多的心酸與辛苦，在此刻汗水夾雜的瞬間都化為喜悅與激動。猶記得12月10日，竹圍消防隊支援本校打掃校區教室所需之用水時，還以懷疑的語氣說：「這款唉校舍安怎ㄟ當搬？」但在竹圍國中全體師生齊心一意的努力之下，我們還是完成了第一個「不可能的任務」，甚至連老天都被我們感動了，搬遷當天的天氣由小雨轉變為放晴。猶記搬遷前一夜躺在床上，腦袋盡是一堆亟待解決的問題，尤其是：「氣象報告明天會下雨，如果下

雨怎麼辦？」想著想著，竟一夜未曾闔眼，一向是一覺到天亮的我，第一次失眠了！

12月12日，竹圍國中終於在自己的家真正掛牌了，這一天我們創造了竹圍國中的歷史，歷經六年漫長的流離顛沛，竹圍國中終於回家了！為了讓親師生同心協力的達成搬遷目標、可喜可賀值得紀念的日子永遠留在校史，竹圍國中的校慶就決定在12月12日！

「搬」了，問題才真正開始 ◉◉◉

「搬」了，問題才真正開始！412位同學加上33位教職員工同仁只有六間廁所可以使用，部分學生上廁所還要走一段路，對師生而言真是一種身心的折磨。師生活動的重心在A棟（現為至美樓），但是，至美樓的廁所如要使用，需清除三個化糞池和一個長135公分、寬135公分、高215公分陰井所堆積之污泥，所需工作天至少三天以上，萬一這三天有任何一天下雨，雨水夾雜再進入，清潔污泥工作勢必前功盡棄……。幸好蒙其他施工現場工地願意支援人力，但老天是否願意給我們三天不下雨的天氣？我的心情開始與氣象報告不穩定的天氣交戰了，就在清理淤泥的第二天晚上，天氣十分不穩定，我的心情也隨之起伏，在「天」、「人」交戰中，我又失眠了！是從事教育工作二十多年以來第二個失眠的晚上。

最後，三天如期完工，至美樓廁所終於可以使用，但問題並未因此打住。校園周遭環境、教室講臺、走廊、校門一片凌亂，甚至川堂水溝沒有蓋子……，諸多屬於二期校舍無法解決之工程問題一一浮現。12月20日就要召開的親師懇談會，面對學生遷入校舍後的安全疑慮，如何回應家長的質疑？只見接下來一週的時間，全校師生齊力一心，不怕苦、不怕難，共同用雙手及簡單器具整理校園，甚至用手去清除廁所糞坑內堆積之大便，讓竹圍國中的環境一天比一天安全，一天比一天整潔、漂亮。至此，竹圍國中的師生完成了第二個「不可能的任務」。

接下來的日子，難題接踵而來。二期校舍工程中途解約，準備結算後重新發包，已屬繁瑣；再加上三、四期工程與二期工程界面如何處理，以免影響三、四期工程之執行與結案，在在考驗大家的智慧！而設備案的執行也不順利，尤其設計發包距當時已有四、五年，有的設備已落伍，如：電腦、音響

等，有的廠商因景氣不佳早已下落不明，如：家政美術教室等，一直到 2000 年 11 月初才執行完總計有 25 件之設備案。剛搬遷的一週，因電話尚未接通，總務處部分同仁仍繼續留在竹圍國小辦公，形成「一校兩區」！需要連繫時只能以行動電話為主，導致有行動電話的同仁當月電話費激增，事後也無法補貼，只能藉此機會感謝當時竹圍國中的全體教職員工，不僅用心用情的在這段時間照顧好每一位同學，更出錢出力讓資源貧乏的竹圍國中足以運作！尤其感謝黃居正主任（現任三多國中校長）所帶領之總務處團隊的辛勞，願藉此文一隅，再一次表達謝忱！

堅持做對的事，承擔必要的重 ◎◎◎

　　如果大家以為問題就此迎刃而解，那「教育」也就沒什麼「大學問」了！教育永遠離不開學生，學生的學習、學生的品格、乃致於學生的安全與健康，這些課題讓身為教育人員者一刻都無法鬆懈。這個意外的插曲，發生在遷入新校舍的一個月後，儘管早先已向同學說明，已停工近一年的校區，校地到處是坑洞，不僅工程廢料與機具堆置隨處可見，甚至在走廊上走動稍不小心，就會被突出的塑膠管絆倒！希望大家嚴守危險區域「止步」的規定。然而，國中生的好奇心強過一切規範，三令五申還是無法百分之百約束蠢蠢欲動的孩子。於是，某天中午，我決定集合所有師生，嚴肅且鄭重地再次強調，為了安全的考量，暫時將校園區分成可以用和不可用的空間，清楚區隔可以去和不可以去的地方，請同學務必遵守。這段時間若發生任何意外，可不是一句「抱歉」就能解決！為了大家的安全，為了證明搬進新校舍的決定是對的，也為了證明竹圍國中的學生是可教育的，希望所有同學都可以信守我們的約定。果然，從此再也沒有人敢越「雷池」一步。孩子真的是可教育的！因孩子們的懂事，終能壓抑好奇心，聽進去師長的再三叮嚀，不去不該去的地方，才讓這段歲月平安渡過！至今我仍深以當時竹圍國中所有同學的表現為傲、為榮！

　　感謝當時支持我搬遷，並協助我解決困難之各級長官、民意代表、地方仕紳、家長會成員以及本校所有同仁，尤其是資助搬遷前後部分經費的益嬰文教基金會之陳耀奇董事長！事過境遷，當親師生再度重回現場時，幾乎是一致的同意搬遷是睿智的決定，並且充滿感謝。但是，當初我決定要搬時，並未得到所有同仁的認同。有同仁就向我爆料，許多人私底下聽到我一定要在 12 月 12

日前搬到新校區的決定時,當下的反應幾乎都是:「怎麼可能?」包括她本人在內!由此可見,在竹圍國中擔任校長的日子一點也不輕鬆,就算是對的決策未必會得到大家一致的支持。但是,如果當初搬遷的決定遭到反對,我還是會堅持做對的事;即使必須獨自去承擔不可承擔的重,我依然樂於接受這樣一份專屬於校長的使命與承擔。

 ## 為板橋顯特色

板橋國中算是我的「娘家」,一畢業我就在這裡任教,歷經 19 年半才離開。睽違將近八年之後,再回到板橋國中擔任校長,對我的教學生涯、校長生涯,均具有特殊的意義。因為,回到板橋國中擔任校長,很多人都拭目以待,看你會為這所學校做些什麼?而我,確實也想為這所我服務最久的學校,做一些特別的事。

相對於石碇國中的改制完全中學,竹圍國中的遷入校舍,板橋國中沒有急迫的工程問題。但為了避免學區內家長對學校存有老舊的刻板印象,為了因應少子化學生減班老師超額的困境,我十分明白必須讓板橋國中轉型蛻變,包含「軟體」充實和「硬體」的建設。

在「軟體」方面,首先我致力於學校特色的發展,學校要吸引學生就讀,唯有具備高品質的行政服務、優質化的教師教學與有效能的學生學習等條件,才能符合與滿足學區內家長的需求,願意且驕傲的將子弟送到板橋國中。

用創意方案發展學校特色 ◎◎◎

多元創意的教學,是以學生為主體,培養學生自我導向的學習;目的在於培養學生獨立思考與判斷的能力,激發學生發揮創意解決問題的潛能。這樣的教學方式不僅教師在教學技巧與方法上需要有所創新,教師的理念、態度也需重塑。

在板橋國中推動多元創意的教學,我從落實各領域教學研究會的實施開始,強調教師專業對話與經驗分享;並從 2004 年 2 月寒假備課開始(後改為暑假),與「講義雜誌」合辦板橋國中 POWER 領域選拔。之後,經「講義雜誌」授權使用 POWER 名稱,每年辦理全校 POWER 領域、POWER 教師觀摩

與選拔，透過理論與實務的探討及分享，傳播與儲存校園中寶貴的智慧資產，形塑校園的學習型組織文化。

機會永遠是留給有準備的人 ◎◎◎

經過二年 POWER 領域、POWER 教師觀摩與選拔的激盪，學校老師的教學方式開始活絡、行政的作為也更具彈性，而且充滿創意。機會永遠是留給有準備的人，北縣「教師創意教學獎」及「學校經營創新獎」提供了板橋國中 POWER 領域及 POWER 教師揮灑的舞臺，參加創意方案比賽連連獲獎。自 2005 年迄 2010 年 7 月底我任滿離開為止，板中不僅每年均有作品參賽，而且年年得獎，尤其是 2005 年至 2008 年，板中共獲臺北縣「教師教學卓越獎」優等一件，「教師創意教學獎」特優三件、優等四件、甲等二件，「學校經營創新獎」特優二件、優等三件、甲等四件，得獎率居全縣國中之冠，範圍涵蓋學校行政、各領域教學及學生生活輔導等各個面向。校內優秀創新方案或縣內得獎作品，再鼓勵教師送 GreaTeach 全國創意教學獎、InnoSchool 全國學校經營創新獎、教育部「教學卓越獎」參賽，也屢獲佳績。這是一種鼓勵也是一種肯定，鼓勵我們長期開發有利於學生創造力的課程內容，肯定我們不斷建構有利於培育學生創造力的校園環境。

教師們的熱情一旦被激發，創新的方案即源源不絕。幾年來，板中教師不斷開發創新方案，並在教學過程中將既有的方案不斷反思與修正，發展為全校性可行的學校本位特色課程。創意教學方案得獎並非我們最初的目的，對學生的學習有所助益的教學才是我們的初衷，在板橋國中，每個創意教學方案均經過縝密的規劃，務期在教學的過程中引起學生學習興趣、激發學生創意，並讓學生擁有真正的學習，提升其基本能力，避免一般特色課程可能流於花俏、忽略基本能力而遭人詬病的缺失。

總結在板中推動創意方案，可歸納為八個歷程，簡述如下：

◎專業對話：平時有領域會議、課發會、專業社群、工作坊等方式進行。

◎建構平臺：每年利用備課，辦理板中 POWER 教師或領域觀摩。

◎激勵獎勵：作法有頒發獎金、獎狀、獎盃等。

◎化解阻力：如透過公開檢討本校 POWER 教師辦理方式、減少人數較少
　　領域報告次數、邀請年度表現優異同仁上台分享、校長每年帶頭報告

「與校長有約」的教學心得或與教育有關議題等諸多方式,化解實施的阻力。

◎整合推廣:如辦理從板土區、北縣到北區的智慧鐵人競賽。

◎比賽行銷:鼓勵並協助老師參加各項比賽。

◎成果彙整:共出版專輯六本。

◎分享交流:受邀或安排至各校、跨縣市分享創新方案內容。

最終,就在儲存轉換、反思創新的不斷循環過程,產生知識螺旋,不僅形塑成學習型組織文化,更進一步發展成學校的特色。

啄木鳥實驗室——共譜科學創意「愛的」進行曲 ◎◎◎

2003 年板橋國中教學團隊曾以「數理學科銜接課程的實施與擴展」,獲得教育部「教學卓越獎」之「金質獎」,得獎教師將 60 萬獎金全數捐出建置「啄木鳥實驗室」。94 學年度開始,在傳承前輩們對科學教育無私奉獻的精神感召下,板橋國中發展了另一個創意教學方案:「啄木鳥實驗室——共譜科學創意『愛的』進行曲」,希望能讓學校的科學教育繼續推廣、深耕。

「除非教師自己願意改變,否則沒有人能讓他改變。」本方案的實施確實改變了團隊的心智模式,重新找到教學的著力點,以前團隊成員是沉默的科學牧羊人,如今是快樂的科學創意魔術師。假日是板橋國中科學教育「愛的」團隊最忙碌的時刻,因額外的負擔和長期持續的壓力,團隊成員曾經遭遇困境,曾經也想過放棄,但因懷抱對科學教育的使命感及推廣科學教育的夢想,加上行政團隊與個人適時給予關懷與支持,團隊成員才有充沛能量,才能走長遠的路。

這樣的專業堅持也間接帶動學校整體教師的工作態度,因此,從 94 學年度到 2009 年我任內,本校老師獲獎無數,其中有兩位教師先後獲頒臺北縣師鐸獎、一位獲頒縣教師會 SUPER 教師獎、一位獲頒臺北縣特教有功人員、一位曾入圍講義雜誌POWER 教師,以及幼稚園園長得到幼鐸獎的殊榮。板橋國中創意教學方案的實施,提供學生最優質的學習,也獲得了家長的認同與肯定,各界資源紛紛湧入,包含:政陽文教基金會、泰山文教基金會、福智文教基金會、慈濟功德會、道德慈善協進會……等。當然,最後也達成家長帶著學生慕名而來就讀的目的。

藉打掃落實融入生活的品德教育 ◎◎◎

　　板橋國中有優秀的教師團隊，有卓越的創意課程方案，但除了能力的提升，孩子還需要什麼？《親子天下雜誌》2008 年 8 月創刊號做了一項調查：「對新任教育部鄭部長上任後，你期待他優先處理哪一部分的議題？」在有效樣本 656 份調查發現，校長（46.0%）、導師（64.9%）及家長（52.3%），均認為應以品格教育的強化為優先。尤其是導師（64.9%），更肯定品德教育的重要與迫切。

　　品德教育已成為社會共同關注的焦點，但是如何推動品德教育，恐需再費一番思量！尤其是充斥著升學壓力的國中，若要推動品德教育，是採融入式授課，抑或外加課程？若採融入式授課，會不會根本徒具形式、無疾而終？若以外加課程進行，要安排在什麼時段？會不會壓縮到其他課程時間？這些均是頭痛的問題。

　　2003 年一群老師配合個人建議，在兩位主任帶領下，以「因應新生入學人數逐年遞減之對策」為題進行研究，提出因學生外流或少子化後，板橋國中因應的對策與具體作法，品德教育與生活教育即是其中一環。該方案經實施後，學生回流人數明顯增加。相對於板橋國中的老師不斷產出創新方案，校長當然也不能落於同仁之後，對教育專業的成長，不僅應自我要求，對教育議題的掌握，更應有前瞻的思維，引領同仁共同關心學校教育發展。於是，早在親子天下創刊號的調查之前，我就決定以「從打掃體驗人生——一個國中校長推動品德教育之行動研究」為題，針對校內以打掃推動品德教育進行行動研究，結果發表於 2008 年 1 月《中等教育》第 59 卷第 1 期（頁 162-181）。

從打掃體驗人生——校長與你一起打拼 ◎◎◎

　　打掃是目前大部分學校學生天天都要做的事，也是許多學校行之有年的制度與生活教育。基於班級經營 11 年及學務主任 4 年半經驗，我認為打掃工作若僅停留在技術層面，僅僅要求學生打掃乾淨，實在相當可惜。透過打掃工作推動品德教育，一來不必另尋時間，暫時不必考慮是融入或外加於課程，二來將打掃時間視為實踐品德教育核心價值的場域，而且是天天體驗實踐、天天傳承典範、天天互相影響。所以，我帶領行政團隊及導師，以「從打掃體驗人生

——校長與你一起打拼」的行動方案，於 2006 年 10 月 16 日至 2007 年 1 月 19 日期間，利用上午 7 點 30 分到 7 點 50 分參與和觀察每一班孩子的打掃，並緊接著於該班導師時間立即與同學分享心得。

板橋國中每天進行兩次打掃工作，即早上 7 點 30 分到 7 點 50 分和下午 2 點 50 分到 3 點 10 分，是全校統一的「整潔活動」時間。打掃的範圍包括教室、走廊、樓梯、操場、廁所、花圃、垃圾場；除此之外，校門口及校園圍牆外的人行道也都在打掃的範圍內，清掃區域的範圍約有五公頃，學生人數約一千五百人，在 15 到 20 分鐘內，要完成所有的打掃工作，工作量之大可想而知。

很多學生會排斥打掃，打掃也不夠乾淨、徹底，師生都將原因歸咎於掃區過大。然而學生對打掃工作的排斥，並非純然來自掃區過大的問題。我曾於整潔活動時間仔細觀察，發現打掃工作的技巧並未被特別加以教導，打掃工作的重要性與意涵也從未被提及，學生無法正向看待打掃，打掃不得要領、事半功倍才是排斥打掃的主因。

與同學一起打掃拉近師生距離 ◎◎◎

與同學一起打掃，無形中拉近了校長與師生的距離，這是這次行動方案意外的收穫。原本學生覺得「校長」應是威嚴而疏遠的，在打掃工作中近距離的接觸，改變了學生的觀感，覺得「校長」也是可親且平易近人的。

同理，如果老師願意每天陪伴或每天關心學生的打掃工作是否遇到問題？是否有人偷懶？更進一步指導打掃技巧，不僅可拉近師生距離，也是學生時時可見的學習典範，推動品德教育效果一定比校長更為彰顯！任何教育工作，老師的參與和指導是成功與否的關鍵。這個行動方案，讓導師也開始關注這個問題。有的老師以身作則，有的老師設計新的課程，有的老師帶領學生做更多環境清理工作，整個學校的環境變得舒爽，總務處維修的工作也減少了。

透過打掃工作教導品德 ◎◎◎

經由這個行動研究方案，我和師生共同驗證：透過打掃工作可教導學生「服務、分工、安全、環保、負責、關懷、樂觀、感恩」等品德核心價值。

此外，尚有非預期的品德教育核心價值，例如：誠信、公民責任、反省

等，或是品德教育衍生的附加學習，例如：培養解決問題的能力、生命教育、閱讀等。行動研究的難能可貴之處在於透過研究者的不斷反思，進行方案策略修正，在反思與修正的過程中不斷的進步。「從打掃體驗人生——校長與你一起打拼」的行動研究結束後，我繼續實施「與校長一起巡視校園」、「我是校園環保小尖兵」的後續活動，讓學生從關注自身的打掃工作，擴大到對校園整體環境的關懷。「校長與你一起打拼」、「與校長一起巡視校園」、「我是校園環保小尖兵」三方案的實施，是學生品德實踐的歷程，是師生縮短彼此距離的歷程，同時也是我個人在學校現場體現「教育即生活」的歷程。

希望能為她多做些什麼 ◉◉◉

　　從竹圍國中回到板橋國中，最大的落差在於校舍。面對板橋國中老舊的校舍無法滿足教學的需求，心中一直醞釀著一個想法，希望能為板橋國中換上新裝，能為她多做些什麼。直至 2003 年 9 月 18 日下午 2 點 20 分，全校校舍排序第二新的自強樓八年九班教室天花板的水泥掉落，更堅定了我進行板橋國中校舍改建的決心。雖然校舍改建的工程艱鉅且經費龐大，但我認為師生們有權利在最好的教學環境中學習，為了師生們的教學品質，也為了板橋國中的未來，校舍改建勢在必行。

　　整個申請改建的過程，多虧前任縣長蘇貞昌先生與前教育局長潘文忠先生的支持，以及王淑慧立委穿針引線，於 2003 年 11 月 18 日邀請教育部黃榮村部長到校視察後，改建的工程才能拍板定案。教育部長到校評估後同意校舍改建，當晚我便趕往劍湖山，向正在畢業旅行的三年級師生宣布這個好消息，當下掌聲四起，大家興奮異常。至此我知道我再也無法卸責，在我離開板橋國中前，一定要讓新大樓完工！一定要讓板橋國中變成最棒的學校！在全校師生的期待與配合下，從建築的規劃設計、工程的安全考量、到大樓的命名票選，「德馨樓」的藍圖在大家努力之下一點一點成形。

　　在規劃初期，為了大樓的設計，學校邀請了多位專家學者來協助指導，光是正式的細部設計討論就有七次，非正式的會議更是不計其數。在討論設計的階段，我最先想到的就是如何在不影響師生們的安全及學生的學習下，也能不延誤工程的進度。當然工程的目標和完工後所能提供的需求也都在我的考量之中。

最大的打擊不是工程困境，而是改建動機遭到質疑 ◎◎◎

　　當初一心只想讓板橋國中師生能有優質的教學環境、一流的教學設備，然而，工程實際的施作要比藍圖規劃困難許多。雖然，我知道校舍改建不是一件容易的事，但真正執行後所產生的困難，卻超乎我的想像。德馨樓從動土興建到完工落成，時間長達三年一個月，此尚未包括約二年的規劃。這棟大樓共締造九項屬於板中、臺北縣甚至全國的紀錄，例如：板中創校 44 年來第一棟拆除改建的大樓、當年第一個通過都審的學校改建案、施工期間共拆除兩棟占用校地的民房、發放合計兩次的徵收或搬遷補償費、施工中途才由停管基金挹注後續不足的經費、物價波動幅度大造成多次流標、工程進度不如預期、建照三次展延，以及物調比例占總工程費將近 12%等。

　　九項紀錄中，有一項是值得分享的，但假如要我重新來過，也許我會有不一樣的決定。德馨樓工程發包因多次流標，勢必得減項發包，但要減哪些項目，建築師有許多建議。為了滿足學校硬體改建後的需求，我選擇難度最高、壓力最大的作法：將頂樓五樓、裝修、電梯、聯絡鋼橋……等減項，但四樓以下結構體不變。這項決定遭到建築師強烈反對，因為完工後不但無法領到使用執照，更遑論讓學生使用。我只回應：「把錢找到，問題不就解決了？」問題是：錢在哪裡？我真的不知道！這份一直想幫助板中完成硬體改善，提供師生最佳教學環境的執著與使命，也許感動老天，如有神助。最後，在長官的支持協助、停管基金的適時挹注，總算畫下圓滿句點，也因此讓德馨樓雖曾遭遇減項減量命運，最後，還是能讓外觀依設計原貌完整呈現，需求功能也絲毫不減。回顧這段時間的心情，可用五個字形容：想錢想瘋了！因為要解決這些問題，關鍵就在於「錢」！

　　在整個改建中，工程困境層出不窮，但都不能將我打倒，而我最大的打擊莫過於改建工程動機遭到質疑，質疑我興建德馨樓可以收到廠商好處，質疑我興建德馨樓是為了做為校長生涯規劃的踏板，諸多的質疑比起工程上的困境更令我感到難過。我真的不想去理會，也沒有時間去澄清，因為我相信日久見人心，也相信當德馨樓完工時，那些質疑的聲音就會消失，我的動機就會被肯定，因為板橋國中將會成為板橋區首屈一指的國中。

功能多元的「藝起開心藝廊」 ◎◎◦

　　校務推動面對經費不足的困境，除了開源，節流通常也是策略之一，德馨樓的興建過程，也有類似的作法。

　　公共工程均應依法、依預算額度編列一定比例的費用設置公共藝術。德馨樓既然是依法必須設置公共藝術，姑不論本案公共藝術設置的預算額度多寡，在興建德馨樓時，如果將公共藝術「內含」於建築本體工程，對解決大樓興建經費不足的困境不無小補，更何況本案的公共藝術經費預算高達240萬左右。於是，我將德馨樓一樓挑高的活動空間釋出，除了基礎結構外，其餘完全交給藝術家設計、監造與施作。

　　為了不讓公共藝術作品完成後，只是一件藝術作品的呈現而已，德馨樓的公共藝術招標時，清楚地說明作品設計理念必須將學校的歷史、活動及教學三方面結合，讓它的功能更為多元；於是，「藝起開心」是最後脫穎而出的得標方案。為了讓這方案的設計原委、創意過程能流傳，「藝起開心藝廊」的命名就這樣決定。

德馨樓的完工要感謝的人太多 ◎◎◦

　　完成這項工程後我的感觸很深，德馨樓的完工要感謝的人太多：長官的支持、龐宣與黃新契兩位主任的鼓勵、韋英彥組長的付出、建築師的用心、廠商的情義相挺、胡氏家族的配合、行政團隊的努力，以及社區民眾的期許，德馨樓才能順利興建，讓板橋國中一步步邁向成長茁壯。這段過程尤其感謝周錫瑋縣長的大力支持；周縣長提撥經費解決硬體與教學設備不足的問題，讓德馨樓完工時不只是硬體完善，還擁有最新穎的教學設備。此外，最令人感動的是韋英彥組長，為了這項工程幾乎天天忙到晚上10點以後才下班，很難想像一個有家庭、有孩子的媽媽，能為學校做如此大的犧牲、付出如此大的心力。韋組長為學校的犧牲與付出，在此我代表全體師生由衷感謝！如果沒有她，工程不會如此順利，也不會有現在的德馨樓。

　　我想，德馨樓興建完成後的板橋國中，不僅全校師生受惠；透過硬體設備的提升，也將提供附近居民更好的活動休憩空間，進而對社區民眾起一種優質的連鎖效應，提升居住品質。

在板橋國中服務期間，創意教學與方案和品德教育的推動，讓我的校長生涯更加深化，德馨樓的興建讓我的校長生涯更加多采。不僅僅是因為許多行政與工程困境的突破，更重要的是這裡的人，主任、組長、老師用心，學生知書達禮，還有許多貴人鼎力相助，這些難能可貴的真情都將成為我一生中最美好的回憶。我想，板橋國中將會在我教學生涯記憶中占有最重要的位置，而德馨樓也將會成為這個位置中最鮮亮的一點，我最敬重的同仁和我最深愛的學生都在其中。

結語——校長的使命與承擔

校長生涯至今經歷三個學校，每個學校有不同的任務導向，任期的長短也決定了我對每個學校的經營策略。石碇一年，主要的任務在於改制完全中學與解決學生住宿問題；竹圍四年主要任務在於解決工程困境及校舍搬遷。上述兩校階段性任務完成之後，其他部分雖有著力也難深入，後續學校的經營與發展，必須交棒給下一任的校長持續完成。至於板橋，上任後，我非常清楚的暗自承諾，不管任期中是否有機會離開，這個學校我一定要待滿兩任八年，我希望能從根本的教師專業、行政效率，到學校文化進行改造，爭取社區的支持與認同，希望打造板橋國中成為一個明星學校，事實上我做到了。雖然在我任內學生的升學表現一直很傑出，甚至有同學基測包括作文成績均滿分、校務評鑑獲特優等多項佳績，我仍再三提醒同仁不能因此自滿，板中不能只追求升學率的浮面績效，而是要成為一個注重全人教育的明星學校；意外的藉由校舍的改建產生了加乘作用，透過軟體的經營加上硬體的改善，增加對家長的吸引力，讓這一切加速達成。

「校長之於一所學校有如過客」這樣的說法聽來有些無奈，但它卻是存在的事實，因為校長任期一到就必須離開學校。從前任校長手中接下掌理校務的棒子，以及交棒給下一任校長的過程，都是智慧。對前任校長的努力要予以尊重，心存感恩；對交棒後的校長要提供諮詢協助，但卻不要有太多介入，畢竟學校的永續發展，是一棒接一棒，不必關注誰是強棒，千萬不要因為個人的主觀認定，全盤否定前後任校長的想法與努力。另外，身為校長的人，如何從遴選結果公布的那一刻起，即抱定一切以學校為重、一切以學生為重的心態，好

好經營學校是很重要的。無論這個學校是否是您心目中理想的選擇，校長一定都要很愛這個學校，您的作為將會深深影響學校未來的發展。凡走過必留下痕跡，期盼所有身為校長的人，當我們離開一所學校，邁向校長生涯的另一站時，都能俯仰無愧。

　　石碇的開展新頁、竹圍的孕育新生、板橋的多元創新，對我而言，三個學校三個不同的發展階段，帶來三種不同的壓力和挑戰，不變的是擔任校長的使命與承擔。沒有這份使命感，我不會持續在校長的職涯前進；沒有承擔的勇氣，我就無法克服擔任校長每個階段所面臨的壓力和挑戰。平心而論，校長生涯一路走來並不容易，我所經歷的困難與考驗也不算少，但走上校長這條路，我異常堅定，一點也不後悔，因為我讓我服務的學校伴我成長，我讓我的孩子豐富我的生命。我樂在其中，我願意接受甚至心存感激，上天能賦予我的這份專屬於校長的使命與承擔。

薛春光校長小檔案

注定要當老師：9 月 28 日，孔子誕辰紀念日生。

工作經驗豐富多元：歷經專任 2 年，導師 11 年，訓導主任 4 年半，教務主任 1 年半，借調教育局 1 年，石碇、竹圍、板橋等三所國中校長，臺北縣中小學校長協會第三屆理事長，中華民國中小學校長協會籌備處主任。現任臺北縣龍埔國中校長及臺北縣中小學校長協會第四屆理事長。

當年，教育非首選；如今，它卻是我的最愛：至 2010 年 7 月 31 日止，在教育界工作已 35 年；「為什麼還不退休？」我的回答：「因為我喜歡教育！」

認真：認真的工作態度，是我有幸能收錄在板橋市公所出版的《我來自板橋──一百人故事集》書中的一位，以及榮獲臺北縣與 2010 年全國師鐸獎最重要原因。

團隊合作：「團隊」一直是我在經營學校及班級時，最喜歡的工作模式。2004 年個人榮獲教育部「校長領導卓越獎」後，以「薛春光不是一個人，是一群人的總稱」為題撰文發表感言，因為與我共事過夥伴的支持與協助，我才能得到這個獎。至於在「班級經營」領域，個人以經營班級 11 年的經驗，結合一群不同領域的夥伴，運用團隊智慧，完成了《全方位導師手冊》、《班級經營調色盤》、《班級經營潤滑劑》、《班級經營三人行》等四本有關班級經營系列專書；其中，《班級經營潤滑劑》更榮獲第 32 屆金鼎獎「最佳社會科學類圖書獎」入圍。

5. 烙印乙張幸福的執照

新竹市富禮國中退休校長　蔡慧嬌

（榮獲 2007 年教育部「校長領導卓越獎」）

看見燈塔下的黑影

校長是什麼？

校長是學校裡最亮的一座燈塔，這座會移動的燈塔，無論晴雨、無論日夜，總是溫馨無歇地傳送著絢爛的光熱，為社區、為家長、為老師、為同仁、為孩子，無悔地點燃，每當學校面臨惡劣風暴、挫折打擊、士氣低落時，校長總是義無反顧一馬當先，一如船舵上意氣風發的船長，指向明亮坦途，也像茫茫海中佇立的燈塔，一次又一次的通過風暴淬鍊，完成教育的導航任務！

但是，在歡笑迎擁中，誰能看到那燈塔下承受的黑暗孤寂，誰能體會到那燈塔下承受衝擊的巨浪狂潮！只有曾親身在危難中博浪的人，才能體會到；也才能感動到風平浪靜的幸福，潸然淚下。

感謝給我 12 年

我服務於新竹市富禮國中，2010 年 7 月剛退休，本名為蔡慧嬌，佚名為菜會焦，煮菜會燒焦。學校濱海臨香山火車站，疏疏落落的人口散布在這西濱海邊，卻有著純樸、質樸、善良的居民，更有我那可愛的學生，從原來的六班，至七班、八班，現今增成九班。其要感恩全體師生和諧合作，社區家長之支持與信賴。

很幸運的我有機會能在富禮同一學校服務 12 年，那是因為巧逢舊制派任又新遴選制度交替間，讓我有機會能與富禮國中結緣 12 年，並感恩、珍愛著每一天，所謂「富禮日，日日是好日！」、「每天上學就是一種幸福日！」、不必懷疑——同學們：「每天上學都是黃道吉日！」

堅持容易，溫柔難

一路走來，其中難免有衝突與誤解，但是來自對孩子的熱情，一種無法形容的單純信念，讓我有勇氣與力量去克服、去突破所有的橫逆與困境，而神奇的是，不斷的篤定與莫名的加乘力量，由自己、由周邊的人，積聚匯至，堅定了我的信念與決心、不畏怯、不轉退，那如鏗鏘的鼓聲從谷底漸漸昇起，震入心靈，即便瀕臨「崩」與「潰」的臨界點，總在徐緩的調理自己中，尋求黑暗隧道盡頭那一道微光，以「溫柔的堅持」、「軟性的堅強」再次出發、再次歸零、再次與師生攜手前進，在風浪中迎向幸福！

「堅持容易，溫柔難」，這也是做校長最大的「磨練功課」，因為校長擁有較多的資源容易陷入「理直堅持」，加上職位與面子更容易「憤怒硬拗」，如果要「溫柔堅持」，真的需要砥礪心性、磨練脾氣，讓「存好心」、「說好話」、「做好事」、「讀好書」的好校長，不擔心同仁的責難，因為只要是「對」的，「做就對了」！但唯一是需有一套令人信服的宣導說帖，讓同仁真正了解校務運作之長期方向，更了解學校努力的是具長期深遠的正向影響力，而「溝通與宣導」正是成功步驟的關鍵點。更須傾聽「同仁心聲」，貼近「民意」，但須符合「公益」，否則一個具有意義的教育理念尚未推出，即被排山倒海的抗拒力量潰退無蹤了！此時，學校只能算是正常上下班的公務機關罷了！

寧靜改革也有幸福的烙印

進行各項人文、環保、生活教育、品格導正的重大幸福教育工程時，我以「寧靜改革，潛移內化」為過程，但雖說寧靜改革工程，也激起不少風聲浪濤聲，在波潮中我必須加強說服與補強，讓工程得以順利完成，讓績效佐證自己的策略與領導，讓我以幾個策略過程來說明之。

幸福工程一：脫鞋進教室——人文的分水嶺 ◎◎◎

為了避免許多青少年爭執與躁動引發的打架事件。進出教室「衝！衝！衝！」的意外與危險，全面全校進行脫鞋進教室。讓門檻成為人文的分水嶺！

實施後之狀況與困境（事實上也是意料中之現象）

◎臭魚乾事件：大家抱怨他人襪臭，難以忍受魚臭味。

◎露出腳趾的破洞襪：大家指責、取笑同學穿破襪上學。

◎老師不脫鞋，為什麼要我們脫鞋：學生抱怨老師馬靴弄髒了教室，而老師視若無睹，繼續上課。

◎師生不想麻煩脫鞋，也不想麻煩拖地，請求廢除。

陣痛階段之進行執行

◎溫柔再宣導說明，印發宣導資料，再次拜託（包括家長）。

◎當全體師生傾訴困難時，予以安慰鼓勵、同理、協助。

◎頒獎，正向競爭、群起效猶。

◎進入各班進行面對面宣導。

◎贈清潔用品進行清潔評比獎勵。

◎不懲罰、不斥責。

◎讓媒體採訪，提升尊榮感與信心。

◎養成衛生習慣以及上課安靜、清淨等好處，讓學生覺得不脫更不習慣。

歡心迎向收成喜悅

◎同學少有打架事件與衝突意外。

◎教室改變成明亮乾淨的家庭。

◎男女生合作、勤快、認真的做打掃。

◎老師跑來校長室報佳音：「校長！沒想到我的香港腳好了！」

幸福工程二：向清帶香的五星級廁所敬禮 ◎◎◎

　　為了打造清淨的廁所，動員了全校師生徹底沖水、洗刷，甚至男生小便斗都用盡辦法刷亮刷淨，不留任何黃垢，有一次學生打掃到已精疲力盡並近黃昏，此時我先讓學生回家去，我一人想利用昏暗餘光再次在蹲在男生小便斗下，拿著小牙刷試著做最後清理洗刷，未料，訓導主任衝進廁所準備上廁所，還好彼此叫一聲「誰？是誰？」此時我有點不好意思從蹲跪中緩緩站起並連忙道歉！此時主任也尷尬的打招呼：「校長好！」彼此為嚇到對方而道歉！

每間廁所經過大清洗、大整頓再給予藝術布置，如幾米繪本之深藍星空主題，或深陷文學網、光碟片迪斯奈樂園、海岸風情、鬼屋、中國古典文學、樂器風等，各班使盡創意改造廁所，讓上廁所成為幸福的事，並連獲市府頒獎，直至今，富禮的廁所常成為校友懷念與客人稱讚的焦點，也因此，除了平常有人笑稱我是「旗袍校長」外，還加上了「廁所校長」！

但是對我而言，「廁所文化是人品文化」也是基本功夫文化，廁所可以來磨練心志，廁所可以訓練學生耐心、負責、放下、感恩、服務的踏實做事法則，從最髒、最臭、最難、最辛苦……大家唯恐避之不及的難事做起，小事做好不怕大事磨，把廁所弄好，還有啥可以害怕或推拖的事呢？記得有一次，我和老師、學生一起脫下鞋子，做廁所大清掃，並用強力噴槍，一間一間噴，強力水柱從坑斗裡反彈回來，污水直接噴入我眼球，但我並未放手，反而更起勁噴清牆面、死角、天花板……，此時同學居然撐起傘來，加入水世界的戰局，邊掃邊笑，掃廁所變成一件生活中的樂事了！所以「清帶香，乾帶爽」的「五星級廁所」謝謝您！您給我也給孩子機會，在您身上學習到服務別人，用愛來服務；創造自我價值，快樂過生活！

幸福工程三：從塌塌米、橡皮筋、到世界青奧，直進軍 2010 亞運 ◎◎◎

要感謝本校倪主任接受校長請託，訓練一項獨特之運動項目——射箭，用心、用情指導學生從零開始。練習初始，什麼都沒有，借塌塌米、用橡皮筋，先練體力、專注力、臂力、腰力……，晚上學生放學了，就在中庭練習，拉電線打燈、架箭靶從早到晚，如「7-12」超商精神，甚至農曆年就在射箭場圍爐過除夕，初二才回娘家……，一心就是要一練再練，練完繼續練，練好又要練……，我那時（四年前）就看出這支勤練用心的隊伍必能有好成績，並曾當全校面前稱讚與鼓勵說：「像仔們這種肯吃苦紮下功夫的練，一練再練……總有一天一定要讓奧運舉白旗！」

果真，從市的到全中運、總統盃、青年盃一一奪冠，甚至代表臺灣遠征土耳其、澳洲、美國……參加世界性比賽，在任何賽場的屏息等待以及獲勝頒獎給我們，國旗徐昇、國歌輕奏，做為校長的我看到學生領獎行注目禮時，心中那份為國爭光的榮耀與興奮，夾雜著淚水唱起了國歌。尤其我們在這四年多的塌塌米革命感情，讓我心繫一起無法割捨的情感；那天正是我搭飛機（8月18

日）到新加坡的晴空上，為本校射箭國手譚雅婷之世界青奧會加油，此時此刻正在飛機上寫下這令人感動興奮的一刻，眼淚不自主的掉下來（8 月 20 日更新消息：她榮獲了世界青年奧運銀牌）。現今（2010 年 11 月）即將征戰「廣州亞運」，是的，那塊破舊不堪的塌塌米就是我們不怕吃苦、不畏艱難的方寸福田啊！謝謝老天！謝謝你們！

　　是的，只要有心、只要用心，只要有決心、只要有信心、只要有恆心，雖是小校，雖是弱勢小校，也會有為國揚旗的一天！

幸福工程四：校長生日、全校生日 ◎◎◎

　　每年常在同仁、學生精心準備慶生中感動落淚，不知不覺就過了 12 年 12 次生日，當生日接受到蛋糕、花束、天真的手工卡片、禮物的那剎那，真的，一種無法形容的衝動與感動，真想擁抱每位同仁與每個孩子，無法言語，只能哽咽說一句：「我愛你們！」更要在每位同仁生日時在合照照片製作成的卡片中，寫下想對他說的感謝與感動，並遞上我對他的深深祝福呢！

幸福工程五：謝謝您，男生捐衛生棉 ◎◎◎

　　十年前本校廁所未放衛生紙，為提升廁所文化，營造創意布置與清淨的廁所，本人先提出試辦每間廁所放置抽取式衛生紙，由家長會經費支付，但是執行中衛生紙經常被破壞，整包被丟棄到水溝，或丟到操場，甚至一張張白白的衛生紙如五月油桐散落校園，形成製造髒亂的校景，此時老師建議校長快廢止這種浪費紙張不懂珍惜的措施……，面對老師不斷的抱怨聲浪，我在會議中語帶沉重但卻充滿希望的鼓勵同仁：

◎提供用衛生紙提升學生之尊榮使用感。

◎積極宣導輔導、改進、改善學生的破壞行為。

◎當宣導改善大於破壞時，教育之機會與時機就真正發揮了作用。

◎我個人先試探以五十包衛生紙放置廁所，進行教育希望工程。

◎國中青少年原本就血氣方剛，須經教育的扎根引導，更須陣痛時程的耐　心等候！

◎廁所可成為品德、生命教育之修行最佳場所。

我常用一鞠躬再次感謝並辛苦同仁，教育過程來自不斷地努力、等待、檢

視、修正，是一項正向的人性文化之偉大工程，也因為同仁、學生、家長的同心合作、持續宣導，終於在半年的破壞……之陣痛中，產出了溫馨、清淨、具人文的創意布置，每班負責的廁所，變得讓人一進去清新無比，有的用文學布置、有的用光碟、有的用繪本式、有的用彩繪、有的用玻璃鑲箝、或迪斯耐樂園、綠色花園……，充份發揮美感、加上隨手方便取用的衛生紙，而原反對的老師也感受到衛生紙創造了學校溫馨感人的校園文化。另外，為了讓性別關懷落實在生活中、讓青少年尊重關懷女同學，進行宣導鼓勵，請男同學捐贈女同學衛生棉，剛開始，學生對彼此要捐與用衛生棉有些不適應，交出來時仍扭扭捏捏，但經過性平教學宣導、兩性關懷與和諧漸漸的在校園中展現，甚至男生上網查到甜食可舒緩經痛，男生還會買巧克力給女生吃呢！女同學也因男學生之體貼與關懷，彼此更尊重、更合作了！整個教導過程真的最感謝全體師生家長的努力呢！

教育是等待的工程，也是校長甜蜜的功課

進行教育工程是長期等待的工程，未必能立即顯現的，在工程籌畫中、設計中、備料中……一連串的監督、檢視、修正都是在確保工程產出的品質；教育也是如此，只有不斷專業投入熱情付出才能產出教育質感，真的，校長的影響力太大了，校長更應戒慎用心努力！

富禮國中 12 年了，從原劣弱中扭昇，從橫逆中反差縮近，這些依本校特色及僅有的優勢發展出的結果，感謝電視媒體、報章之報導，以及上級給予獲獎肯定。

以下是本校溫馨家庭學校為發展之教育工程：

◎全校脫鞋進教室（老師的拖鞋另奉上）。

◎全校廁所放置衛生紙、衛生棉。

◎全校男生捐贈衛生棉。

◎全班共製窗簾DIY（有蕾絲邊，有摺疊式的，展現不同花布，三年用不壞）。

◎每月出版領域期刊（各領域師生編輯的成果）。

◎每班耕種一塊田（耕者有其田，豎立班名、製作成長學習單）。

◎每週吃素一天做體內外之環保。

◎每週一句英、國、台、原住民語學習（包括舞臺劇、音樂、藝術表演）。

◎每日圖書早餐宅配來閱讀（每日晨間推車叫換書）。

◎每日升降旗進行品德教育。

◎每日中午關燈愛地球。

◎射箭從零開始，至今已獲世界三金、青奧亞運，並參加 2010 年亞運。

◎拳擊全國三金。

◎全國唯一玻璃技藝教學（曾赴北京現場燒玻璃演示）。

◎每月與校長共進麥當勞午餐，鼓勵學生向學，提升了學生成績與品德、閱讀成就。

◎每年歲末學生親煮自耕有機菜做感恩餐會並慰問獨居老人。

◎連續新竹市公廁評比優等。

卓越來自「昨夜」的努力

本人僥倖獲得 2007 年之「校長領導卓越獎」，其來自全體同仁、師生、家長的努力，卓越領導的頒予可以說是對於昨夜前之耕耘努力肯定，也是對在困逆中努力不懈的肯定。可以說卓越領獎是要「昨夜後今日起更應加倍努力持續經營」，領卓越之前與後皆應仍秉持對教育奉出熱愛、獻出真誠之初衷精神，換言之，應有一種「退休那一天就像第一天上班，熱忱、努力」的精神，未曾因挫折而中斷，未曾因劣境而退轉了！

在富禮的日子裡，感受同仁、家長、學生的熱情、溫暖，在走廊、在教室、在校園看到孩子天真可愛的臉龐和呼喊「校長好！」，常讓我熱淚盈眶，每每經過教室聽到孩子朗朗讀書聲，過到透光迎風輕揚的學生自製幸福窗簾，再吸納校園熱情綻放的小花，長駐挺拔的老椰樹、白千層柔弱的小草花……這是一幅校長最幸福的校景圖，也是歡笑與淚水塗塗抹抹的「永遠記憶卡」。

小校從海邊升起，從心裡感恩起

雖然在這小小海邊學校，卻像沙混中的珍珠亮起，即便我在 12 年中曾看

見燈塔下的黑影，也能因「愛」的力量躍昇平靜海面，迎向幸福藍天，即便我離開了這長達 12 年的學校，我只有感恩、我只有珍惜，我在這兒永留那份濃濃摯愛情感未曾改變，每位貴賓來到這可愛的海邊學校——富禮國中，那學生此起彼落的招呼「客人好！校長好！」，充分映照「富而好禮」的美好記憶圖像，永不抹滅，謝謝您～親愛的富禮，在我校長生涯中也是我生命中，給我「最美、最真、最善」的養份，讓我帶著這份「愛與幸福的發電機」再去發電、再出發！再學習！

蔡慧嬌校長小檔案

　　本人蔡慧嬌，因烹煮不善煮菜會燒焦，又暱稱「菜會焦」，座右銘：**孩子是來教我做一個好老師的。**

　　個人一直在新竹市長大，包括新竹國小、育賢國中、新竹師專美術科（現改制為新竹教育大學），再進入國立臺灣師範大學社教系社工組就讀，並進修於國立臺灣師範大學教育研究所與心輔所。

　　個人喜愛藝術，從小由家中的一塊小黑板、一臺舊風琴，以及受父母閱讀習慣影響（16 歲父親病逝），對於教育有一份執著與熱愛，因個人樂於社工服務緣故，兼擔任新竹地檢署之觀護志工，從社會到學校、到家庭（任新竹市家庭教育中心志工），並做虞犯少年及其家庭上課服務，我感謝所有經歷的機構長官、同仁、朋友、家人之支持與鼓勵，讓個人有機會接觸與學習更深奧寬廣的社會教育，讓社會、學校、家庭教育結為一體更「合作和諧」。

　　個人小時候學習成就低落，成績單上的數字總是無助的紅字，常在挫折的黑暗角落中啜泣，幸有許多的師長一路熱心提攜與鼓勵，包括才藝與心性修為，讓我再度展闊出一片小小藍天，仰望擁抱希望與幸福。

　　正也因此，我要把這份愛的力量繼續傳遞，用「溫和堅持」的教育理念，秉信品德、生命、感恩的教育信仰與價值，持續關愛孩子，引導學生，全校學生便是我的小孩，只要學生這一聲「乾媽再見！」，那一聲「校長媽媽！」，從他們活潑的身影與歡喜純真的臉龐中，我已體會到生命中最美、最樂足的幸福！

　　弱勢孩子不再是永遠的弱勢，那麼那雙打開弱勢孩子那片藍天的手，就在我們師長身上，那份摯愛、摯熱的心，永不嫌累、永不知煩的帶領師生前進，即便前方道路崎嶇，也被熱情撫平了，但在我的一生中，有什麼更高的價值呢？我雖沒有小孩，卻幸運的能和孩子在一起，謝謝老天，謝謝陪我走過與打拼過每一天的同仁與朋友，向您們致敬，「做不平凡的事就是——把平凡簡單的事做好。」發揮教育之正向影響力！

　　更要謝謝我們家那位教育「聽」長——艾台霖（我的老公），永遠的聽長，永遠的支持與鼓勵，讓我在喜樂與感恩中，幸福前進！

6. 回首那段真生命

臺北市蘭雅國中退休校長　尤玉莞

 前言——忘不了的人與事，才是真生命

　　英國女王伊麗莎白一世（1533-1603）有一段演說詞，我很喜歡，將之放於桌墊下時時閱之，這段話是說：「雖然上帝使我地位崇高，但是我以你們的愛來統治這個國家，那才是我真正的榮耀……，除非我的生命我的統治能帶給你們福祉，否則我絕不眷戀生命及王位，你們也許有過更強大、更明智的王子坐過這個王位，卻從未有也從不會有比我更愛你們的君王。」民主時代，領導者非君主，而是公僕，但用愛治理組織是永遠不變的法則，沒有愛無法化解一切的怨懟，無法凝聚一切的力量。2010 年 7 月 31 日我卸下了校長角色，11 年如一瞬之夢，回首往事歷歷在目，刻骨的多種感受占滿心中，作家齊邦媛女士在《巨流河》一書中提及：「忘不了的人與事，才是真生命。」而我有太多忘不了的人與事，且為文以記吧！

　　1999 年 6 月我完成了候用校長的儲訓，逢首次臺北市國中校長遴選，幸運地在十位候選人中脫穎而出，成了民生國中首位女校長。匆促上任，毫無心理準備，交接典禮上，夥伴以詩歌朗誦迎新送舊，內容滿是對學校急遽減班的悲情，觀禮的親友團莫名，為我相當擔憂；而我一腳踏入方知內情，因鄰校完全中學新設，連續多年，學生每年驟降一百餘人，減班調校成了教師的夢魘；而四處斑駁破舊的硬體，更突顯學校的敗落。上任初期，內心的惶恐大於喜悅，直到 11 月辦完校慶，對周遭人事日熟，感受到親師的友善，我的心才安頓下來，知道責無旁貸要承擔起這困境中的學校，我告訴自己要戒慎但不可恐懼，於是轉化為初生之犢，在逆境中建構生存策略，積極興革作為，凝聚親師生力量。七年下來打造民生奇蹟：硬體大幅改善、生活教育有成、組織溫馨和諧，離開那年，第一志願錄取率突破 9%，該年首度額滿並增班，成為東區名校。

2006 年以蘭雅國中為唯一轉任志願，原因有三：其一，離家近，回歸社區奉獻；其二，再次挑戰自己的治校能力；其三，帶著彌補的情愫，期再造蘭雅榮景，彌補 1991 年天母國中新設時，對蘭雅的重創。任職期間我以較快的步履，致力學校硬體、行政管理及教師成長三大區塊的提升，我歡喜在此耕耘，並樂見諸多收穫：在少子化下學生逆勢成長 250 人，完成八千餘萬元的整修工程，尤以 2009 年 1 月完工的優質化工程，大幅改造舊校舍，啟動了蘭雅人的尊榮感及幸福感，連帶加速一切的辦學績效，學生在藝術、文學、科展及體育屢創佳績，2010 年基測成績 PR 99 創歷年新高，為北區之冠。基於個人生涯規劃，任期一滿，我低調提退，驚動夥伴，同仁的慰留聲如潮水，我的淚水無法自已，我從不知短短四年已匯聚了如此的人氣，也不知已創造了如此多的角色價值。但心意已決，一則深感組織文化已臻圓熟，且學校在蒸蒸日上，我可以放心交棒；二則三十四年公職生涯，雖始終是成就大於挫敗，歡喜大於苦痛，但我的身心似不復強壯，就讓幸福蘭雅成為我永遠的娘家。

校長者，老師的老師

校長一職，擁有一定的社會地位，也時有光彩與榮耀；但相對的，龐雜的校務，難解的困境，也帶來諸多的壓力。而教師們是你最重要的資產，你仰賴他們共同打拼，他們則期待你是個秉持公正、勇於承擔的大家長。既是校長，千斤萬擔你得挑，萬般委屈責任你得吞。猶記天母新創時，余師父以「致誠化育」作為教師的核心理念，期許夥伴學習天地，以仁出發，公平無私地對待每位孩子，引領他們向上向善的成長，教育道上，我始終引以為誌。

我時常定位自己是「老師的老師」，重視教師團隊的經營。在我心中，多數同仁是專業的、敬業的，他們是默默的大眾，孜孜矻矻於單純的教學場域，一旦你得了他們的認同，他對你是友善與尊敬的，但這感情是不輕易說出的。當我提退時，同仁的卡片寫著：「我們總是一直忘了默默守護這個學校的您！」是的，你如空氣，不覺存在，但不能沒有。我通常不太期待被同仁讚美，反倒要時聽雜音異見，反求諸己，也要時時關照他們，給他們方向，為他們喝采，幫他們解難。然有時這群靜默的夥伴，也可能因一個事件，與你對上，特別是當後面有少數者操弄時。各校常見的案例是導師輪替制之事，各領

域各擁立場，期公平處理之，但此事非「公正」二字可簡化的，於是爭端時起；另是家長訴求調整導師或任課教師案例，也易陷入兩難，同仁間習於相護相挺，而你在維護學生學習品質下，要做到盡量不傷當事人，又不讓家長干預，除了精確的評估外，需要耐心、敏銳圓熟的溝通及勇敢的承擔等，才得以求取決策的最大化，當然多數老師終歸是理性的，你的最大化決策會再次確立你在他們心中的形象，也會利於組織核心價值的形塑。

教師團隊中會有孤鳥型者，也有性好抗爭者，及少數亟待成長者等。這些人有的欠缺專業知能，有的情緒控管失當，有的不易自覺自省，極少數甚而精神失序，而當今的教師考核機制，不易發揮其應有的功能，你無從迴避與推委，當視為要務積極以對。生涯中有好幾個類此案例，挑戰自己的智慧與能耐，我從不放棄與這些夥伴的互動，適時掌握每個與之對話的時機，掏心掏肺、衝突火爆、諄諄教導、嚴以訓斥等景象時有發生，是何等讓人耗時、費心與傷神！每個個案皆是一個痛點，惟有以誠及愛出發，妥善待之讓痛減緩，方是上策。自知打動了幾個案例，他們雖沒表達，但我深知他們已自覺並反思。而唯有當老師有所反省與成長，孩子才能有福。校長者「老師的老師」要不斷自我檢視，修練自我才能成為一個正向的影響人。當然比較棘手的不適任教師，有時非校長能力能全然解決，仍待教育當局以強而有力的機制來處理之。

共打天下的行政團隊

教職生涯中，擔任行政工作幾乎占了絕大多數，在層層歷練中轉換角色，深感行政不只在服務教與學，也在引導校務發展，所有的活動、制度、會議……中，皆蘊含教育的意念與理想。主任時代，忠誠地追隨校長，在他的包容、信賴與提攜下，圓熟了自我的角色，再苦再累也不怕，因知道天塌下來有校長頂著；擔任校長，自知已是頂著天的人，自知要自省、包容與精進，才能引領行政團隊成為辦學最大的支柱。我善於與行政同仁建立榮辱與共的氛圍，對他們的要求、指導、期許及責難，皆較直接，當然呵護、肯定、提攜與相挺也都能適時待之。而二校的夥伴多能敬業以赴，累積我的辦學績效存摺。

行政團隊中，以主任承上啟下的角色，位居要津。我積極培育主任人才，先後有三位考上校長，並皆已遴選上任，她們是呂淑珍校長、高敏慧校長及李

芝安校長，分別追隨了七年、六年及四年，能傳承當年余師父對我的栽培，深感欣慰；組長部分亦多敬業優秀者，惟當今組長負荷過重，誘因不足致異動較為頻繁，需要給予更多的激勵、關懷等，方能留住人才。行政工作事務繁瑣，又被教師、家長高度期待，難免有橫向縱向的溝通、衝突等問題。記憶中，我不時要扮演一個仲裁者，仲裁行政與教師間的爭議，仲裁處室間或處室內同仁的權責分工，人人自覺自己辛苦與重要，人人期待你的關愛、你的公平，而你身為大家長，手心手背都是肉，在以組織目標為導向下，要能顧及成員需求及感受，的確需要經驗與智慧。

團隊中也有侵蝕績效存摺的夥伴，調整與考核成為必要。二校任內曾主動調降主任三人，組長多人，調降過程皆採態度明確但行事低調的原則，不傷及尊嚴並為其退路做最妥適的安排。職工體系則採落實考核之方式，以服人心，同時要有危機意識，防範團隊中少數人的不當行為，任內有數位讓我費心的夥伴，用盡心力，雖無法全面改造，起碼要求其維持基本面，不得偏離角色過多。公單位的考核及保護傘乃制度面之事，而非校長全然的魄力或魅力可以竟其功的；然而一路行來，我期許自己蹲得更低，包容、鼓舞這群唇齒相依的夥伴，讓大夥兒能把你當長官，也能把你當朋友，全力與你共打天下。

是女強人亦是弱女子

身為女校長，時常被人定位為女強人，認為你能幹、效率、強勢等。事實上，身為公僕的領導人，只有用更多心思與專業，提著心戰兢以赴，才能達成大家的期待。而為了贏得大家對你的信賴與信心，你必然要扮演一個自信的、勇敢的、積極的、承擔的大家長，讓大夥兒相信，這個大家庭因為有你，會是健全的、興隆的、甚而是幸福的。校長生涯因著我原本急性子，求多贏、求和諧、時刻戒慎、不敢怠忽的個性，總是期許自己扮演一個正面的領導者，只是這強人形象的背後卻有好多複雜的點滴心情。

記憶中，曾處理一件男教師的被告案，案子來自民意代表反應家長意見，因行政同仁接案時未能妥適處理，導致該教師極大反彈，認為遭受到有生以來最大的羞辱。那晚正逢校內有會議，該師堅持不走，9點散會，他開始理論，並表示要作反撲動作。該師認真盡責，但甚具個性，屬孤鳥型，他堅持要找民

意代表理論，也要找出告密者，天知道，如此以對，大家要付出極大的代價。我百般溝通不得他的認同，好難的對話，僵局無法打開，一時間我講出了一段話：「你以為我是女強人，告訴你，我也是弱女子！天天唯恐你們出事，今天事情鬧大了，明天我馬上可退休，你呢？還有幾年？學校也還要形象，……。」「女強人弱女子」潛意識的意念脫口而出，自己嚇了一跳，他似乎也愣住了，折騰到近午夜11點，見他已較軟化（後續仍處理了好幾天，才化解此衝突），我才拖著疲憊與重傷的心回家，想到自己是為誰而戰？那夜我再次體會身為校長，我們時刻在護衛孩子的安全、學校的清譽，想提供一個安居樂業的場域，讓同仁施展抱負成就孩子，但在當今的大環境下，校園問題日形複雜，我得時刻戰兢以赴，有時更是「剉咧等」：怕突發的校園意外，怕1999電話告案，怕校園的衝突，怕家長非理性的取鬧，怕民意代表的過度介入，也怕媒體的爆料，我要警覺當下善解問題，要防範各類危機，有時又要受到外界責難與辱罵，我何嘗是個女強人？果敢樂觀的外表下，內心是時來的憂患意識、過程中難以打開的僵局、決策前的猶豫與惶恐，我不過是個時有隱憂煩悶的弱女子罷了，而這一切又不足為外人道！

回顧這些年來與家長及同仁火爆、僵局的場面偶有發生，幸而多能化險為夷，甚至因事件的衝突處理，帶動了我個人的成長，並觸動當事者的反省及改變。常想因著自己的憂患意識、用心良苦與專業能力等，而能化解問題，雖苦但也值得。當今臺北市國中女校長已逾一半，儘管她們多能發揮女性特質用心校務具治校績效，然其付出的心力往往多於男校長，畢竟多數女校長回到家，仍有為人妻、為人母的角色要扮演。記憶中我總是在晚上7點鐘左右抵家，衣服未及更換，直衝廚房做準備工作，晚餐過後，人已累癱了，孩子在旁傾吐一日之事時，我總是左耳進右耳出，職場家庭兩頭燒，若非先生支持，恐難以為繼。雖然姐妹倆皆順利成長，此刻亦已進入職場，一路走來，我擁有美滿的家庭，但過程的甘苦摻雜，是如此地難以忘懷！

與之廣結善緣的家長

國中服務社區，不能拒絕任何家長，自從家長的教育參與權法定化之後，校園的草根活力更形熱絡，千差萬別的家長，雖成就了校園無限的可能，卻也

時而帶來彼此的爭議。由於二校在歷史的發展中，都有來自鄰校的威脅，是以我很重視對社區家長的行銷，行銷基礎是逐日提升的辦學成果，行銷策略為「近悅遠來」，近悅是讓學區孩子就近就讀，不外流他校；遠來則是以學校優勢及特色，吸納學區外優質生及理念相同的家長。我從不放棄親自與任何一個家長照面或電話的機會，只為爭取他對學校的了解與認同，精誠所至金石為開，此一作為在招生上頗能收效。

家長對學校的支持度與辦學績效成正相關，當學校日受肯定時，家長願意以更為理性、坦誠的方式與校方互動，也願意挹注資源協助之。當然家長更是最佳的行銷員，他會口耳相傳，將學校的好傳遞出去。有時遇到校內教師權益之爭、親師之爭，校長可善用家長會的力量予以妥適化解，平時也可強化教師會與家長會的聯誼互動，建立彼此的坦誠與善意，助益班務的發展。二所學校家長多屬高度關心教育者，對教育有所看法，遇上問題時，多能直接與導師及行政同仁溝通，或透過班級家長代表反應之。少數基於人質理論的顧慮，直接找上校長，有態度理性者，但更有情緒失控、言語失當者；我較具耐心，以傾聽出發，再與之對話，一個電話、一個面談、一兩個小時是常事，靠著校長的面子、同理心及承諾（對後續的處理一定要有些承諾），他的情緒終得以紓緩。常聽到的回應：「校長，你如此講理、用心，這件事就照你的意思處理。」有一次更有趣，對方回應：「校長，跟你談完，我現在很舒服，我不告老師，也不轉學了。」我想想也是，他的不舒服，不會是我和同仁的舒服。

而較難面對的是極少數不可理喻的家長，源自其種種壓力，甚至是個人的身心失序，常常是有理說不清，污衊辱罵對著的是一校之長，而你仍是得概括承受，困於其間耗費能量。曾經為了一些不可理喻的人，我難以面對，有位家長會長一句話點醒了我：「你看他的不正常，就他而言是正常表現。」沒錯，一句話讓我釋懷，當一個人失序時，所有的思維悖離常理時，你要悲憫以對，而非憤怒自艾，除了芒刺在背與之共存外，要進而關注那孩子是否需要學校教育補強之，一切的相關處理要結合團隊力量，要進行個案管理，要向長官報告等。總而言之，這類有得「瞧」又很難「喬」的家長，出現的機率多少決定你生涯的幸福指數。

來自夥伴溫暖的力量

　　校長時有被尊寵、被愛戴的時刻，也時有挫敗，不知以對的時刻，但更多的時候他是孤單的。所謂「高處不勝寒」，早就要將自己練就成一個習於獨處甚而享受獨處的人，因著獨處你得以沉澱諸多心情，再次出發，不過可以獨處但不可孤僻；你同時也要是個能擁抱親師生的人，在擁抱的過程中感受熱力，特別是在受挫之時。猶記一次在減班調校的教評會上，教師會長極不理性，事件是 A 科員額過多應減出去，但沒人要外調，而 B 科有人自願外調，但 B 科一調該科人力少了一半，且兩科無法交流，我堅持以科計算，但遭其強烈杯葛，多數人則噤聲，會議中我陳述自己的看法，表達幾年來逆境中的苦心經營，說著說著竟然情緒失控淚如雨下。散場後關懷紛至，請我別傷心，我則遺憾為何他們當下不站出來，他們回：「不敢站出，原因是教師會立場不能違背。」（此事我最後自行解套，以代理主任化解缺額問題）。當事件與教師權益、學生學習權相衝突時，少數人無理抗爭，多數人不敢表態，類此教師文化各校時有所見，衝擊著校長的苦心與堅持。此時需要的是來自夥伴的溫暖，轉化挫敗心情。

　　多數的教師屬單純、靜默、敬業的一群，他們安分守己，恪盡己責，是學校主流的來源，他們多數沒與你深交，也不輕易與你示好，但清楚你的風格，追隨你的領導。當我遇挫時，我喜歡回頭來想這群夥伴，每思及他們是如此友善與努力地和你共同守護著孩子，我的心情得以獲得撫慰；我也喜歡翻閱珍藏的卡片，來自夥伴的文字，讓我的心溫暖了起來。此外我也時常借助「民間的友人」豐富我孤單的生活。所謂「民間的友人」，是基層的教師夥伴，他較具熱情，願意表達，習與長官互動，他三不五時會走動校長室，關心你的一切，有時他也是一個觀察員，讓你得知校園的風向。民間友人與你交往較密，可能被視為是紅人，故要小心以對，要有判斷能力，也要提醒這些人不能超越分際；當然自己心中要有一把尺，對同仁不能有過多的分別心。民間的友人會是你一輩子的記憶，甘苦與共、相知相惜的情誼，加倍溫暖你的心！而善意熱情的家長也是另一股溫暖你的力量，民生七年遲遲才離開，有一因素是擁有一大群在逆境中共同打拼的死忠家長，他們讓你甘之如飴持續奮鬥。此外，來自校

長同儕的力量也是一大支柱，平日電話的聯繫、下班後喝茶、吃飯、出遊等，彼此分享喜悅、交換心得、分擔煩憂、互解難題等，這些親密的三五好友，使我的生活得以更為完整與溫暖。

著眼孩子的一輩子

教育要著眼孩子的一輩子，而非一陣子。國中是孩子求學階段最為關鍵的時期，國中教育也是各級教育中挑戰最大的一環，除了要揹負家長的升學期待外，舉凡孩子的身心發展、品德奠基、才藝延伸都是辦學的重點。由於定位自己是「老師的老師」，與孩子之間難免有些許的距離，加上服務的都是中型學校，我較少有機會站在第一線與眾多的孩子有直接深入的互動，有時很羨慕導師手下有如此多的小兵，可細數他們的言行所帶來的苦與樂。但當你帶著同仁打出一片天，看到孩子的成長，內心是滿滿的歡喜。

二所學校孩子資質多見整齊，民生較傳統，蘭雅較開放。在學生學習上，我始終掌握二大主軸：其一是常態編班下的正常教學，讓孩子均衡學習並達成適才適所的升學進路；其二是個人才藝及多元明星的培育，以社團活動、比賽及展演等為平臺，架構其多元表現的機會，奠定其興趣、專長，並以明星成就提升學校的能見度。經營下來，多數孩子無論是在品格教育、身心發展、才藝深化及升學表現皆廣受社區肯定。在與孩子的互動過程中，時常接觸到優秀的孩子，他們分別是才華洋溢、熱心公務、班級幹部、或是品學兼優的孩子，這些孩子讓你引以為榮，也彰顯為師者的責任，畢竟優質的孩子需要全人教育的啟迪，方能成為明日社會的公共財。二校皆有數理資優班，展現了諸多科展佳績，培育科學發展的小尖兵；而蘭雅更具文學、藝術的明星學生，形成學校特色，讓人寬慰。

每個學校普遍存在弱勢學生，弱勢孩子有的來自先天的生理限制，有的來自後天的經濟、文化或家庭的因素，導致身心發展障礙、文化刺激不足或資源匱乏等。這些孩子需要我們更多的關懷、寬容及輔導，讓他們得以在逆境中成長。經濟弱勢者現大多能獲得物援，較棘手的是身心障礙及家庭功能不彰的孩子，這二類孩子，在我心中是讓人心疼的一群。身障孩子除以特教、社福及醫療等系統支持外，更重要的是要喚起親師生全面的特殊教育意識，才能包容協

助他們。而家庭功能不彰者，類型甚多，有菁英父母寵溺孩子，有社會底層父母放任孩子，也有一般父母疏於管教或不知如何善盡親職者等，導致這些孩子有的淪為落敗英雄、有的自暴自棄、有的行為脫序、有的中輟在外等。這些孩子的背後都有一個故事，有的個案也可能引爆校園新聞事件。我總會致力於訓輔合一的理念，以預防勝於治療，整合輔導網絡資源，予以協助。當今輔導工作常常是一個沒有掌聲的工作，當輔導乏力時，我會鼓舞夥伴，了解教育的限制，相信播下的種子會有發芽的時刻，如此，大夥兒才能找到持續前進的動力。同時，我更期待教育當局能廣設駐校心理師、社工師，協助這些需要高關懷的孩子，減少社會未來所需付出的成本。

如細瓷、如江河的學校文化

回首來路，深覺優質組織文化的建置，是治校成敗的重要關鍵。文化之於組織，正如人格之於一個人，學校文化是長期發展的各種產物。龍應台女士在《百年思索》一書提到：「文化如透明的細瓷，一不小心就會粉碎，一旦嘩啦落地，又得從頭來過，匍匐在地，從掘泥開始。」、「文化是一條活生生的、浩浩蕩蕩的大江大河，不斷地形成新的河道景觀，文化一固有，就死了。」校長在學校歷史上扮演著傳承與創新的文化角色，服務的二所學校皆為老校，我總期許自己，要保有前人優質的學風視之如細瓷呵護著，也要因著時代的急劇變化及教育改革的風潮，引領內部的激盪，才能讓組織文化如江河成其大。

在學校經營上我以「秉持公義、尊重多元、全人發展、追求卓越」四大理念為主軸，在策略上以提升學校形象，精進教師專業，推動多元學生事務，強化輔導網絡，改善硬體設備為核心，蒙長官、家長及社區的支持鼓舞，離開時兩校辦學績效皆大幅提升。回歸二校的文化形塑皆由自身出發，以「愛與榜樣」為根基，我勤於出席校內各類會議，參與專業討論，也善於在適當時機，我筆寫我心，給同仁及家長公開信件或個人卡片等，藉以宣示校務方向重點，聚焦組織核心價值等，當然激勵、肯定、感恩的言詞皆為自然流露，以此引領成員共榮共存的意識，深覺此些做法頗能打動人心，讓大家有共赴願景之行動力。其次重視厚植行政團隊之能力，以服務及引導定義行政功能，對行政同仁尤其是組長層級以上的予以高度期待及增能授權，培養他們以宏觀的視野及細

緻的作為引領校務發展，當然對這批與你同甘共苦的第一線夥伴，我鼓勵其行政生涯的進階發展，一如當年余師父對我的教化。至於在教師團隊的經營上，步調不宜太快或太直接，隨著《教師法》的公布，教師自主意識高漲，但自主要伴隨著專業才得以被檢證，只是當今教師仍存有專業不足者，身為校長宜因材施教。一般而言，對優質教師我多予以相當尊重，廣納寶貴意見，並不斷予以肯定、激勵，同時尋找各領域領頭羊，帶動教學創新、班級經營、社團活動發展等專業成長活動。二校原多好老師，讓他們能身心安頓、各得其所，自然更能發揮其專業效能。而少部分讓你擔心煩憂的夥伴，每個個案難度不一，情況不同，改變方式視個案而異，但相同的原則是協助的過程除給予資源、耐心的對話、還要有底線的堅持，畢竟謙沖為懷與專業堅持是校長不相矛盾的領導能力。

學校經營難免遇到危機事件，危機處理在採取行動前，要有倫理的、責任的先行思考再採取行動，如能運用危機事件形成團隊的核心價值，則更具意義；此外，改善硬體環境亦是裨益組織文化之利因，二校皆蒙長官支持，任內獲得數千萬元的工程補助，老校新妝，皆獲中華民國學校建築學會建築之光獎，更大幅提升親師生尊榮感，因著尊榮感帶來全員的自信與自我期許。我何其有幸，在傳承與開創二校的組織文化上皆得以著力，而這幸運的背後，有一大因素應是長年的努力與諸多的善念，換來一切的善緣吧！

結語——擔任校長，生命中的福報

當今學校領導複雜度日高，諸如校長肩負領導之責，但無足夠的權限及支持力量，也常受到限制與規範，不易彰顯自主性；校長理應有大格局引領前瞻，但現實中繁雜瑣事總是不斷，種種問題考驗校長，特別是校長遴選已是不可逆的現實，同時存有競爭性的必然，讓校長一職面臨更大挑戰。如何在遴選中脫穎而出，或是在挫敗中仍保有尊嚴，皆為重要課題。回顧自己的遴選過程，幾無委屈，誠屬幸運，當然在此期間也感受到同儕校長的種種遴選心情。遴選彰顯好校長的價值，愈是努力者，就愈能獲得尊嚴。校長遴選，常見各種手法，然學校是教化的場域，場域內應是一方淨土，自然不宜讓惡質的遴選文化滲於其中。此外，校長之間彼此若有所爭亦是君子之爭，人人接受透明公平

的遊戲規則，格調不能失，風骨不能無，畢竟德才兼備的候選人日後才能成為親師生的好榜樣。

　　回首來路，自覺校長在學校發展中猶如一個闖入者，也猶如一個過客，但其短暫的數年，對學校文化影響不可小覷，校長是龍頭，龍頭抓穩了，龍尾怎麼甩都甩不到哪兒去，但那龍頭要放下尊貴感，要蹲得夠低，看得夠遠，在難為的現實條件下，本諸理想做可做與想做的事，為學校歷史寫下精彩的一頁，方不虛此行。一路行來，體會校長是「樹立教育重點，創造教育價值」的工作，感恩一切忘不了的人與事，豐富了我的教育生涯，實踐了真生命的價值，有此福報乃生命之幸！

尤玉莞校長小檔案

　　我出生於彰化縣鹿港鎮，在家排行老么，上有五位兄姐，他們經歷困苦的家境，而我集全家寵愛於一身，沒吃過苦，只有滿滿的愛。在家我從不必承擔任何責任，除了天天向菩薩、祖先上香，或許是有拜有保佑，我一路順風。窮人家的孩子特別懂得團結與立志，誠實、善良、守分、自律的核心價值自小滋長於心中。選擇國立臺灣師範大學是知道要自立，進入教育學系是分數排序使然。大學時代，沒特別努力、沒特別志向，也沒展現領導長才，只因所學科系，1976 年分發到臺中市四育國中就被當做行政人員培育，1979 年因結婚介聘到臺北市北投國中，擔任輔導教師及組長，1991 年調回住家附近的天母國中，期間擔任七年的教務主任。

　　我的行政生涯以踏入天母國中為分水嶺，那年天中新創，我追隨余霖校長，在他的啟蒙下，開啟了行政潛能，深化了教育思維及熱情，篳路藍縷的日子，投注心力甚多，是成長最快速的時期。1996 年追隨黃淑馨校長，見識到一位優秀女校長的典範。由於我性較安逸胸無大志，然而余師父不斷鼓勵我要攀向人生的高峰，在不忍拂逆他的美意，我勉為參加校長甄試，第二次落榜，感受到師父深深的失望，加上那年母親往生，我秉著她的遺願，真正下了決心，於 1999 年第三次終於上榜，同年通過民生國中校長遴選，2006 年轉任至蘭雅國中。校長之路，原非我志向，只能說是在良師的帶領下水到渠成吧！而十一年間如詩人覃子豪所云：「活得如此愉悅，如此苦惱，如此奇特。」在圓滿身退之際，備覺歡喜與感恩；感謝啟蒙余師父及所有曾與我為伴的人，成就了我的教育生涯。

7. 紫蝶飛舞茂林情

高雄縣燕巢國中校長　簡貴金
（榮獲 2007 年教育部「校長領導卓越獎」）

茂林之光

靈氣在山嵐層峰中　濃郁芬芳
山勢於雄壯威武裡　浩瀚偉大
打開紫蝶飛舞的茂林山窗
那是我們學習的好地方
魯凱子弟身體壯
知書達禮展才華
不忘茂林傳承薪
展翅飛翔築希望

細說前緣

　　不一樣的畢業典禮，這是我在茂林國中擔任六年校長，首次在畢業典禮上由我寫詞，亞州唱片公司的董事長王俊雄先生以吉他、笛子譜曲，歌詞是六年來我的感受所寫的茂林意境，也是茂林國中建校以來，首次有了校歌。

　　聯合報在 2008 年 6 月 12 日報導：

茂林國中　音樂響宴代驪歌

　　「全校 47 學生，47 個天生『歌手』，吉他與笛子，人手兩把樂器，魯凱語、國語、英語、日語……驚艷來賓」會中首度演唱「茂林之光」，校長簡貴金說，這也是茂林國中創校以來第一次有了屬於自己的校歌，也是她即將調任燕巢國中之前，留給茂林國中的禮物。校長簡貴金說，魯凱族人是天生的「歌手」，且該校學生有不少來自單親家庭，6 年前調任該校時，期望發展學生歌舞的長處，四處募款，不以班級數少也毅然決然禮聘音樂老師到校教授學生吉他與笛子，使學生人手「兩把樂器」，不但落實教育部「一人一樂器」的校園

政策,更讓學生走到那都能展現原民孩子的音樂天賦。

雕琢「原」玉本精彩,小校用心亦可為

擔任校長是榮譽也是責任。我在 2002 年 8 月 1 日初任茂林國中小校長,當時國中部才成立三年,校園硬體、軟體設備不完善,還附帶一個有 86 年歷史的老舊國小部,我知道這將會是我最具挑戰且任重而道遠的責任和使命。

2002 年校長遴選時,原可在平地學校服務,但因緣際會選擇了特偏的原鄉學校,務實的是將軍不選戰場,校長不挑學校,在六年兩任的任職期間,以「雕琢原玉本精彩,小校用心亦可為」而創造茂林山中傳奇。

我認為學校特色的發展應是以行政團隊、教學團隊全力以赴,方能打造特色,為學生找出最適合的教育方法,至於得獎與否是教育附加的價值並非教育的初心,獲得評審肯定和讚賞,為鄉下學校注入活水源流,讓教育充滿喜悅和驚奇。

茂林國中小全校單親與隔代教養比例超過八成,家庭經濟狀況普遍不佳,家長無法提供學生安定、合適的家庭教育環境。而社經地位較高的家長,對於學校為了保留發展原住民文化而認定有礙升學,造成信心不足,以致學生外流。面對此種家庭教育不彰,發展傳統文化與新社會之間的衝突,我新接任校長時想的是:「該如何突破困境、帶動質變、開創新局。」

因為學校規模小,校地也不大,在軟硬體、專科教室皆欠缺下,全校教職員同仁,用永不放棄的教育執著熱忱和愛,要將原住民學校很多不可能的任務,化為可能且亮麗的佳績,締造屬於茂林的山中傳奇。舉凡生活教育、生態教育、網頁製作與競賽、族語演講、族語認證、英語歌唱、舞蹈競賽、科學展覽及童軍的教育推展,我們都全力以赴,並屢獲佳績。我們在坐擁好山好水、紫蝶飛舞、清翠如詩的茂林原鄉,與原鄉的孩子一起踏青築夢,相信他們的未來不是夢,更深信他們將來個個都會是自信昂藏的社會菁英,不再是那弱勢族群的原民。

首先是建立無後顧之憂的學習環境。因此在 2002 年到茂林國中小任職後,踏遍茂林鄉每個角落,親自帶領主任組長到每個學生家中家庭訪問,我們發現全校單親與隔代教養家庭的比例非常高,且經濟狀況也普遍不佳,以致家庭教

育無法提供學生良好的學習環境，於是我利用四處演講的機會，積極向社會慈善團體募款以改善學生的生活學習環境。最後使學生每週有鮮奶可喝，來補充學生營養健康。午餐免費、夜間課輔免費，並提供晚點心。開學前協助經濟高困難的新生準備文具、書籍、書包、服裝等，讓學生可以安心，快樂學習。

近幾年來，由於越冬型紫斑蝶棲息地的報導，讓我非常重視此一生態環境的保育及生命教育的推動。於是我們結合當地的蝴蝶保育人士，帶領全校師生參與蝴蝶的護育工作，訓練師生解說力，使他們個個成為標記蝴蝶的專家。因此在 2003 年帶領全校師生參觀臺灣大學農學院，當時院長是楊平世教授，他是研究紫斑蝶的專家，也是茂林的義務指導老師。加上蝴蝶王子詹家龍，更長期住在茂林原鄉投入指導，讓孩子領悟家鄉之美和身為國家風景區居民的榮耀。

我也不忘傳承母語以延續魯凱文化。語言是人類溝通的主要工具、重要的文化資產，更是民族歸屬認同的重要憑藉。原住民傳統文，也有其優美與獨特之處，並非次等文化，只要重新轉化成為具現代化、生活化的新原住民文化，必可找回民族自信，開創文化新契機。所以我們編寫鄉土語言教材，開設族語課程，推動鄉土教育，並鼓勵學生參加比賽。每年皆以第一名代表縣參加全國族語比賽，皆榮獲第一、二名的佳績，更難能可貴的是全校都通過族語認證（參加考試可獲 35%的加分優勢）。

我更重視學習輔導，來提升學生學習競爭力。原鄉的孩子放學後，常常像斷線的風箏一般難以約束，因此為了提升原住民學生的學習能力，我們實施補救教學（包括夜間自習、識字教育、小組教學、學藝競賽等），寒暑假時以生動的育樂營活動方式，給予學生容易達成的目標並加以鼓勵。我主張關懷教育，每次在送學生回家時，總不忘叮嚀（回家還要唸書喔！），也給參與競賽表現優良的學生頒發獎學金來鼓勵他們。

推動科學教育、資訊教育、開發原住民學生科學潛能。我認為原住民不僅只有文化表演方面的才華，應該開發其多元的潛能，以提升其競爭力。希望藉著科學、資訊教育的推動，打破原住民學生只會唱歌跳舞的刻板印象，協助原住民學生提升自信心，讓他們日後都能展現他們各類優質的天賦，成為社會菁英。

原鄉的孩子不只是會唱歌跳舞，他們也有科學研究的潛能，因我本身是高

師大化學系畢業，所以也鼓勵老師帶領學生以原鄉特色做科學實驗教材，六年來有30件科展（從2002～2007年）皆全壘打，每件科學作品皆獲獎。連續四年是全縣團體獎前三名的學校，其中2007年拿到三項第一為全縣總冠軍，學年代表參加全國賽也榮獲第三名。當時我們茂林國中沒有專科教室，是蹲在地上做實驗，實驗桌也是來自國立高雄師範大學化學系報廢的二張桌子及一張工廠報廢的工作枱，但是師生努力成果是豐盛的，更締造了茂林科展雙冠王，名符山中傳奇。當時聯合報、中國時報、自由時報皆大篇幅報導：「茂林國中，表現令人驚艷的原民學校，校長簡貴金讓學生脫胎換骨」。

在英文歌唱中學習英文。茂林國中能連續三年獲得全縣歌唱比賽冠軍，歸功於英文老師每天利用早自習時間做英語廣播，訓練學生英文聽力及背誦單字，且穿插英文歌曲教學來提升學生的學習興趣。而因為獲獎的激勵，全校瀰漫一股學習英語的風氣。我用募得的善款，為全校每位學生購得一把吉他，每個學生都努力練唱英文歌曲，努力練習彈吉他，因「努力」二字讓本校連續三年獲得全縣英文歌唱冠軍，充分展現了原住民學生的歌唱天份。

參加英文歌唱，茂林的孩子進場時，十幾位學生上台，在諾大的舞臺顯得小小的，看著頭綁原民圖飾的紅色頭巾及有魯凱原味的背心，吉他一彈，全體靜寂，自彈自唱後，全體掌聲如雷，太感動了！因為孩子的歌聲節奏有吉他伴奏，人數雖少但歌聲有如天籟感動了評審，也感動在場的參賽者。當時有評審老師以同樣的口吻問我說：「校長，別校參賽的學生是60人，你們只有16位，是全校的菁英出來比賽嗎？」我說：「茂林國中的孩子都是菁英，我們一個孩子也不能少。」出去參加比賽的是二年級學生，三年級17位學生隨佛光山普門中學併校去參加畢業旅行（當時普門中學的葉明燦校長是我先生，因他們學校的協助，孩子才有第一次的畢旅），所以只有二年級來參加。令人驚訝的是，我們連續三年拿到全縣英文歌唱冠軍。原因是我們除了努力還是努力。

一校二樂器——笛子、吉他演奏沒問題，能力絕對帶得走。原住民的孩子對樂器皆有特殊的天份，一上手便有模有樣的彈、吹自如。加上優秀教師來指導的幫助，透過這種傳統藝術教育的學習，可以培養正當音樂休閒活動，進而建立自信心，成為一種人文藝術。

帶人帶心的行政教學團隊，教師流動率低，為本縣唯一的山地學校零流動率的異數。本校位於偏遠原住民地區，令人驚訝的是，自我於2002年任職茂

林國中小後，六年來每位來自平地的教師皆努力不懈的堅守工作崗位，為學生營造安定學習的情境。最後是行銷茂林風景區，帶動觀光產業。茂林國中身為風景區的一份子，學校積極參與各項行銷茂林風景區的活動，以期讓更多人認識茂林，以帶動觀光人潮，增加就業機會，改善居民的生活環境。

校園環境的規劃

原住民傳統階梯步道工程 ◎◎◦

　　2002 年 8 月接任茂林國中小校長，當時國中與國小之間往來必經捷徑，以往國中生上學需經茂林主要幹道，且有一段往情人谷的下坡路段，十分危險，在鄉公所補助一百萬經費及縣政府補助一百萬經費下，歷時二年完成，期間兩段施工，前半段主體結構，後半段欄杆、磁磚及涼亭，完工後成為國中及國小往來的重要步道，也是遊客進入校園，一覽情人谷美景的景點。而在階梯間的牆面都貼上學生的燒陶，孩子的壁飾被貼上，更提升他們的自信心，因藝術的創意展現原民孩子的潛能。

老舊教室的防水防漏 ◎◎◦

　　2003 年擴大公共建設補助 20 萬，國小校舍老舊，已屆報廢年限，甚至有疊床架屋的現象（一樓教室已超過報廢年限，二樓教室仍無超過報廢年限，無法拆除重建），為延長使用年限，使用鋼骨鐵皮屋頂、防水毯及瀝青，防止校舍頂樓的滲漏，造福莘莘學子免於「外面下大雨，教室裡面下小雨」的痛苦，使教師上課心情也不再被打擾。想想當時心中很難過，爭取經費的過程，公文的往返，車程奔波已不在話下。

排水溝改善工程 ◎◎◦

　　2003 年擴大公共建設補助 40 萬，那年鋼價上漲，水溝蓋被偷，各校均有擴大公共建設工程，廠商幾乎無力承包這塊大餅。偏遠地區的工程乏人問津，經費於 2003 年中預算通過，須於年底執行完畢，教育局原本每月開進度檢討會，後來改為每週開一次，請校長報告為何未執行完畢之原因，為因應發包不出去的問題，縣府請各校自行發包，檢討單價是否偏低，重新設計，改善校園

排水功能，期能於雨季來臨時，迅速排水；增添不鏽鋼隔柵板水溝蓋，防止原本水泥水溝蓋塌陷，並容易清除水溝阻塞，維護學童安全。

廁所整修 ◎◎◎

多年來廁所異味皆未解，且在二樓壁上留下黃色有如鐘乳石條狀，因此也要整修廁所。2003 年擴大公共建設補助 24 萬，國小校舍老舊，連廁所一直以來皆有異味，查不出原因，將整間廁所隔間及管線打掉，才知道原本二樓廁所管線水平嚴重錯誤，以致污水無法順流而下，難怪污水沉積管路之中，滲出管路後，滲入一樓天花板及輕鋼架，令人想來就覺得噁心，完工後，排水順暢又迅速，完全不會有味道，解決多年來的問題。咳！當時心裡想，怎麼這麼多事？難怪偏鄉校長以前沒有任期限制時一、兩年就走人，有任期制時也是一任就閃人。

原住民族資源教室裝修 ◎◎◎

因原住民族委員會補助高雄縣兩所學校，我們是其中之一，原本無多餘教室，在靈機一轉下，視聽教室是在久遠的年代興建（1995 年），兩側還有精神標語及幾何圖形，完全沒有原住民味道，位於國小門口第一間教室，是茂林村少數一個可容納 80 人的大場所，但因老舊及木板腐蝕，無法想像這是茂林鄉集會據點，藉由這一筆經費，將視廳教室裝修成空間更開闊，結合原住民圖騰，尤其是本來堆放雜物的櫥櫃，變成讓學生表演的舞臺。舞臺後面兩支木雕人像的大柱子，四周的壁櫥成列原住民文物，裝飾著原住民圖騰，坐在其中欣賞表演，令人賞心悅目。

2005 年雙語化門牌 ◎◎◎

雙語化的趨勢是世界潮流，茂林國中一直以來沒有大門及運動場，所有的設施皆在國小，基於資源共享，通常是國中學生經由樓梯到國小使用運動場；好不容易在縣府補助下，正式將茂林國中的雙語化門牌建設在校舍的外牆，成為非常醒目的特色，當然後來連班級牌及各辦公室的門牌也都設計出兼顧雙語化及原住民特色的設計。當時想著，學校小，學生數少，但要做的事還真多。但我並未氣餒因為當初選擇山鄉，想的是要以教育的大愛將原鄉的孩子一個一

個帶上來，讓他們未來是平地人的工作夥伴，而不是那群弱勢的原鄉人。

電腦教室成立 ◎◎◎

以往國中生需走大老遠的路到國小，共用國小電腦教室，原本縣府僅補助電腦，在向縣府教網中心積極爭取下，才架設網路，這有如源頭有活水來，偏遠地區的學生藉由網路與世界接軌，才會有日後網頁競賽歷年成績特優及優等，並推廣資訊教育、無線網路及網路電話的應用。後來更與企業接觸，經如義守大學、高師大的二手電腦，讓學生有電腦學習，更做到班班有電腦，也首創原鄉學校電腦的齊全和善加利用。

2005 年大門興建 ◎◎◎

在縣議員呂一平的補助款幫助之下，茂林國中的大門在千呼萬喚之下，這在其他學校很難想像的事，在 1999 年創校的六年後，終於在奔波忙碌、引頸企盼下，誕生了校門。而校門的設計是我設計兩隻紫蝶分立校門兩邊，模型是紫蝶以向上飛翔，也代表茂林國中的學生是蓄勢待發、飛翔築夢更結合生態環境，讓學生不忘家鄉的寶「紫蝶王國」。

2005 年停車棚興建 ◎◎◎

本校原本是茂林鄉的運動場，有司令台及觀眾看台，原本的跑道成為現在國中的校舍，老舊的觀眾看台歷經 2005 年幾次強烈颱風的侵襲下，部分鐵皮屋頂搖搖欲墜，向縣府爭取經費，拆除鐵皮屋頂後，廢物利用，搭建成學校停車棚，當一根根鋼樑倒下時，原民看台雖稱不上是古蹟，對本校日後校園規劃，也跨出了一小步，因為小學校爭取經費不容易，此為日後蓋球場埋下伏筆；颱風過後，能拆除危險鐵皮，維護學生安全，又能搭建教職員停車棚，改善校園任意停車的混亂，且準備蓋球場，讓學生有運動空間，一舉數得。說實在的，當時真的連經費都苦無著落，只能埋著頭，朝著夢想前進。山中校長真是有苦有夢。

2006 年拆除司令台及觀眾看台 ◎◎◎

當經費無著落時，校長勤跑茂林鄉公所，鄉長正是原本茂林國中小的輔導

主任；欲請鄉長幫忙拆除司令台，但經費拮据，因為當年鄉公所也有許多颱風復建工程。還記得3月拆除的廢土，到了6月底才找到另一筆經費幫忙清運廢土，這期間校園有如戰爭過後的廢墟一般。尤其在下雨後的那種泥濘和髒亂，心中百感交集，常令我徹夜難眠。

2006年綜合球場興建 ◎◎◎

　　從2005年8月1日國中小分開後，我們的共識就是以前資源共享，現在國中小分開，最急切重要的是學生的教育不能停，有教室有老師，一般的課程可以進行，但是沒有球場，學生最喜愛的體育課無法進行，一方面寫計畫送縣府，一方面利用學校中庭，用油漆畫出學校第一座羽球場，因此還帶動學生一股學習羽球的旋風，2006年4月縣府來文同意補助50萬予本校興建綜合球場，終於不是一個愚人節的的玩笑，經過一個漫長暑假，趕在9月開學前，有一個嶄新的球場使用，其中過渡期只有短短的一年，可惜的是那年國三學生，參與其中建設過程，卻沒能享受到果實。

2006年校園週邊綠美化 ◎◎◎

　　茂林國中的建設都是從無到有，先求有再求好，一個沒有圍牆的校園，的確相當符合當前學校社區化，打破社區與校園那道圍牆，山上的學校唯一聯外通道就是大門及國中小連接的階梯，其餘不是懸崖峭壁，就是荒煙蔓草，即使打破圍牆的藩籬，校園與週邊仍需有所區隔。寫了不少計畫，終於從茂林國家風景區管理處爭取到30萬校園綠美化經費，實屬不易，在校園週邊利用樹蘭及矮仙丹，作為多層次的綠圍籬，紅白相層景致有加，縣府亦推動百萬植樹計畫，一棵棵的幼苗在師生的細心照顧下，讓本校成為綠色校園，更是播下希望的種子，讓校園蓬勃發展，師生共同努力揮汗也是教育之美。

午餐廚房的興建 ◎◎◎

　　談到午餐廚房的興建，更是讓我絞盡腦汁，因為以往中午時分，學生頂著大太陽，走到國小享用營養午餐，刻苦耐勞的指數百分之百，再怎麼營養的佳餚也食之無味，逢高縣烏林國小校車移撥，因為申請我們有了校車，有了校車載送午餐，學生不再需要舟車勞頓去吃一頓午餐。之後又爭取縣府補助經費

19 萬興建克難廚房，在沒有多餘教室下，將鄉公所廢棄的公共廁所改建成廚房，你的確沒有看錯！要把一個校園內最骯髒的地方改建成最需嚴格衛生標準的廚房，且要花最少的經費，建造可以煮出五十多位師生營養午餐的廚房。除了原本廁所隔間全部打掉，重新鋪設瓷磚，抽乾化糞池，水電管路重新鋪設，營養午餐設備麻雀雖小，五臟俱全，隔年陸續向鄉公所申請經費興建廚房倉庫，中間發包工程接連流標，最後也是當時擔任高雄縣佛光山普門中學校長葉明燦先生協助願意認養，才使協助茂林國中的廠商得以完成美侖實用的廚房，在完工當天心中真是百感交集，不禁潸然淚下。想想之前學生所受的待遇，現在的學生的確幸福多了。

親職教育的推動和社區關懷

　　翻閱學生的資料，我才發現本校隔代教養、單親家庭及低收入學生竟高達半數以上，實在很難想像擁有開朗笑容的學生們，竟高達半數以上都是家庭功能不彰的孩子，這激起了我想親自前往學生家中一探究竟，於是茂林鄉第一次由校長率領老師們前去家訪的歷史開始展開。家訪開始前，當然要有完善的規劃，不僅要熟記學生的家庭資料，還得清楚前往學生家的路線圖、與家長聯繫的電話等，確定家訪的時間後，則須請學生將家訪通知單轉交給家長，讓家長能事先做準備，若有要事，不便在家，則藉由通知單的回函讓我們知曉。茂林鄉說大不大，說小卻也不小，總共分為三個部落：茂林村、萬山村、多納村，每個村落的道路都因沿山建築而彎彎曲曲，沒有任何規則可言，學生所畫的路線圖大多起不了任何作用，若不是當地人，根本就很容易迷路，所幸當時國小部有二位主任是當地人，領著我們前往，不然我可能就得帶著一群教師在茂林鄉迷路了。

　　家訪時，遇到醉倒在路邊的家長，口齒不清地說：「你是校長喔！校長，你來做什麼？」看到這種情形，即不難想像學生的課業或生活情形，又會有幾位家長重視了！與家長說明來意，神智不清的家長只會說：「校長你很好耶！」然後又不當一回事地喝酒聊天，當天晚上並非是週末晚上，也不是三更半夜，約晚上 7 點半左右，正是親子互相交流的最好時機，但這些家長都錯過了，可見得有些家長根本不在意陪小孩一起成長的過程；當時的家長會長羅正

（也是現今的家長會長），也反映鄉內家長因為經濟因素，大多在外地工作，有的晚上到家後，時間已晚，根本無法與小孩溝通聊天，更不用說長年在外地工作的家長了；而且學生家庭大部分是單親家庭，父母交友關係有點複雜，不然就是隔代教養，由（外）祖父母來撫養，學生一年根本見不到親生父母幾次面，這種家庭背景，更令人為學生感到心疼，也希望能發揮學校的力量，協助這些缺乏關愛的學生們，讓他們能在學習階段快樂健康的成長。

家訪過程中，因為本鄉家長大部分社經地位並不高，最大的關切就是以減輕家中的經濟負擔為第一要務！大部分家長都是仰賴打零工過生活，而撫養學生的（外）祖父母們經濟負擔更重，有些學生是低收入戶，甚至有些家長還是無業遊民，由此可知，家長多麼在意學生的學費問題。為了不造成家長的經濟負擔，也為了學生能有正常的受教權，我承諾家長，一定會努力幫學生爭取經費、尋找相關資源，例如：向外界募款、搜尋相關的獎學金，讓學生能花最少的學費，享受到最好的教學品質。我的承諾從說出口後，就積極地去做，一方面勉勵老師偕同尋找可幫學生申請的獎學金，例如：愛心獎學金、富邦獎學金、東森王令麟助學金、家扶中心的助學金、展望會的獎助金，以及急難救助等，來幫助需要的學生；另一方面也不斷的尋求相關協助資源，例如：向鄉公所爭取全額補助學生營養午餐費用，向永和市公所、獅子會、扶輪社、渡苦厄等機構募款，連心海羅盤機構因為知道本校學生的困境也樂捐米、水等。如今，我可以說本校學生在學費問題上，根本不用擔心。

為了提高家長參與本校主辦的親職教育活動的意願，我詢問在地原住民教師的意見，發現教會是社區家長最常聚會的場所。當下立即連絡茂林鄉長老教會的王牧師，說明本校辦裡活動的困境，希望王牧師能予以協助。王牧師是親子溝通的高手，從我的說明中，了解我的誠意，也知道本校辦理活動的艱辛，不但願意擔任親職研習課程的講師，甚至將每週三晚上 7 到 9 點的教會人士定期聚會的時間，空下二樓的禮拜堂讓本校當作研習場所。就因為王牧師的協助，讓我策劃的研習課程能順利推展，家長的參與度也提高不少。

王牧師主講的親職心靈成長課程，內容分別為教養孩子的方法、管教的溝通、建立良好關係，及提升孩子的情緒管理能力等四大主題，王牧師利用聖經的例子，讓對宗教非常虔誠的家長們能進一步了解溝通的重要。因為參與活動的家長約有二十多位，較以往提高不少，研習現場的氣氛也活絡不少，許多家

長不僅對研習內容有疑問，也對學校感興趣，對於家長的疑問，我當然一一解答，滿足家長的求知欲，讓家長在研習中能成長，也能對學校有多一點的了解，更進一步也促進教師與家長間的互動。

但為期四個禮拜週三晚上的研習課程，家長人數從剛開始的二十多位，到最後一次活動人數遞減至十多位，這種情形不僅讓我沮喪，也讓我對家長的參與度感到些許灰心，但當持續參與活動的家長臉上露出收穫滿滿的表情時，我低落的情緒瞬間就飛揚了起來，灰心的愁懷轉變為更加積極努力的意志。我知道為了想學習、想改善親子關係的家長們，即使他們人數不多，我也要更加努力策劃活動課程，讓家長們獲取更多有用的資訊，即使成效有限，但至少有影響到部分的家長，讓他們親子間的關係能向前邁進一步，我相信有一天，只要學校永不放棄，被影響的家長人數一定可以日益增加。

我除了規劃靜態的親職教育研習講座之外，也積極爭取經費，籌劃動態的原住民家庭教育「快樂親子成長團體」。這項動態的成長活動，我考量到本校學生家庭隔代教養問題多，或父母因工作而對子女照顧不足、家庭功能不佳等因素，在規劃活動時，共設計九次的活動歷程，也為了顧及學生家長能夠參與的時間，本校利用週三及週六晚上 7 點半到 9 點半的時間，邀請鄉內家長及其孩子共同參加，在茂林長老教會的活動空地，由我主辦，本校教師協助相關事宜，而讓王牧師來帶領活動課程，活動內容活潑有趣，既可打破親子的藩籬，又可幫助學員了解自己在家庭的角色、認清自己的責任，及培養家庭成員的向心力。

活動開始時，我向家長及學生說明活動進行的方式，讓學員充滿期待，王牧師則以一個完美的祈禱來作為開端。活動進行非常順利，學員快樂學習，增進親子間的關係，學生參與度極高，但最可惜的是家長參加意願仍然低落，我相信家長若能多參加，不僅親子關係能拉近距離，也能增加對學校的認同感，為此，我才規劃九次的晚上活動課程，並在社區實施，讓家長經過活動場所時，能吸引他們駐足，進而參與活動，雖然此項目的並沒有成功達成，但持續努力，有天家長必能體會學校的用心。

我開創了茂林鄉第一次由校長親自率領老師們前去家訪的歷史，希望結合家庭、學校的教育力量，協助這些缺乏關愛的學生們能在學習階段快樂健康的成長。此外還辦理親職教育，利用家長座談會來拉近老師與家長的距離，建立

溝通管道。透過舉辦親職教育活動,如向壓力說再見、體驗式的生命教育、親職心靈成長等,成效顯著。

　　校園環境整體規劃是非常重要,或許有人會疑惑,那麼少的學生人數是否該投入大量的經費來建設?我的答案絕對是「要」的,而且是「值得」這麼做的。因為教育品質不能因為學生數少,就降低他的受教權。原住民學生已是弱勢處境了,若沒有得到正常、應有的教育資源,以後必然出現依舊弱勢、無競爭力的惡性循環。因此,我積極奔走,籌措教育經費、彙整社區資源,並整體規劃校園,提供孩子優質的學習環境。譬如:2003 年原住民傳統階梯步道工程、老舊教室防水防漏、排水溝改善工程、廁所整修、2004 年原住民族資源教室裝修、國中電腦教室成立、2005 年雙語化門牌設立、學校大門的興建、停車棚的興建、2006 年綜合球場興建及校園週邊綠美化、國中廚房的興建等工程。

 ## 學校文化及校園氣氛

　　我希望讓教育相遇於笑語中——激起歡歌的火花,讓孩子們每天上學都有期待和夢想——讓校園充滿樂聲,學習洋溢旋律,讓上學成為充滿驚喜的學習之旅。

　　孩子的亮點是我們努力的動力——經募款而得的吉他,讓孩子人手一把,並規劃英文歌的教唱,學習英文的興趣提升後,同學的夢想就隨之遠大了。有如國畫意境的校園能吸引當地民眾、家長和遊客走入校園,有了賞心悅目的綠校園,因為美麗,所以破壞也就少了。

　　讓師生成為紫斑蝶的守護者和茂林觀光區的解說員——每年的 11 月到隔年 3 月的季節,滿山遍谷的紫蝶紛飛,學生因從小耳濡目染的關係,幾乎每人都能當解說員。以藝術治校,讓學生的陶藝處處可見。學校的空間美學、轉彎角落都可驚鴻一瞥原住民孩子揮灑創意的人文藝術。

　　讓教育活躍於體育跳躍中,原住民的孩子運動細胞特別活躍,學校推展體適能教育,全體師生皆喜運動,慢跑更可加強歌唱的肺活量。縱然體育用品短缺,但大自然沒有放棄我們,站在茂林國中校園「深呼吸」是得天獨厚的一大享受。

茂林山中無歲月，那段看彩虹的日子

　　茂林經常在午後會有陣雨，在雨後的山巒霧茫茫，隨風飄動一朵一朵，空氣之清新不在話下，青翠有如仙境，心曠神怡的感覺細思，人生如此，夫復何求。

　　在茂林六年當中，只有一次雨後出現一道非常壯觀的彩虹，那種驚奇不在話下，而距離是如此接近，當下廣播全校師生停下課表，全校一起觀看這舉世難得一見的大自然奇觀，當時教務主任問我說：「校長要看多少時間？」我回答：「等彩虹自然消失。」在這觀看過程，老師有全程攝影，做為科學講解的素材，學生也有舉筆彩繪、寫短文、寫詩等等，這就是在山中歲月的另一種享福和感動。尤其是在大雨後，山上大小天然瀑布就像嵌織在綠茵中的銀白絲絹，煞是美麗壯觀，在這情境中，我都鼓勵深呼吸。上天賦予原鄉子民的是如此大方、如此清純。

　　為了讓孩子有美的欣賞和視野，邀請高雄縣美濃鄉的大師級藝術大師曾文忠老師到校，現場繪畫茂林龍頭山及茂林谷，因全校學生不多，因此曾老師當場講解與揮筆，學生們看得鴉雀無聲，當圖完成後，好奇的原鄉孩子也展現他們原有的藝術天賦的細胞。因此在校園內，舉凡牆壁的石頭都是孩子展現才華的素材。尤其茂林是全國唯一零中輟的學校，因為我告訴孩子，在學校有美味的午餐，全校的石頭只要你喜歡，都是你繪畫的素材。為學校造景是我們原民的天份，因此我是用特別的愛給特別的他。

　　為了募款接了很多單位邀請到處演講，演講的單位我是不拿鐘點費、車馬費的，但希望他們認養茂林國中。演講的單位包括扶輪社、律師公會、讀書會、藥師公會及一些民間社團，當時我的演講很受歡迎，場場的演說，皆為學生帶來更多的受益，有一次，最感動的是透過當時聯合報記者汪文豪的報導，全校師生在當時永和市長洪一平的善舉之下，茂林的孩子到臺北縣永和市作了一趟文化之旅，受到關懷，在永和志工的愛心引導下，志工中有律師、醫生、老師、家庭主婦。孩子們看到臺北101的壯觀，也嚐到永和豆漿的豐盛早餐及大飯店炭烤美食，孩子們終身難忘，也感受到城市的熱情款待。

因有愛而傳心，因有心而創新；形塑茂林魯凱原民情，感恩惜福智慧行

　　本著一個孩子也不放棄的理念，來教育全體學生，帶人帶心的優質團隊，讓孩子在學習上能如願順心。我們是用「生命力＋努力」，當成志業來經營學校，所以深獲高雄縣政府及教育處長官的肯定和讚賞，不管物換星移的變遷，教好每個原住民的孩子是我心中永遠不變的「愛」，也是永遠刻在我心中的「承諾」。擔任偏遠原鄉校長六年，辛苦不在話下，但深獲肯定，曾榮獲2007年度教育部「校長領導卓越獎」的殊榮、2008年度帶領教學團隊榮獲教育部國中組「教學卓越獎」之「金質獎」，實感榮幸。乘著責任的翅膀，夢想起飛，我常告訴孩子們，你們不能自己選擇父母，但可以決定自己的未來，「讀書受教育」會幫助你們美夢成真，因教育的力量是無遠弗屆的。從校園穿越山峰和雲海送進每個原鄉部落的家庭裡，不僅教導孩子們知書達禮，也開發了孩子們的潛能，更打開他們眺望世界的另一扇窗，最重要的是拉近城市和部落間的距離。因此每當夜間課輔放學時，我總是忍不住告訴孩子們：「回家後，還是要唸書喔！」2008年調任燕巢國中校長，仍堅持教育的理念，鄉下的孩子我不幫誰幫，推動閱讀榮獲教育部2009年閱讀磐石獎，為全縣唯一國中獲獎學校。推動資訊教育，也榮獲教學創新卓越獎。推動環保減碳，也榮獲教育部有功學校。推動體育教育，法式滾球榮獲全國樂活滾球賽第二名。在教育的領域，我還是秉持真善美創新卓越的腳步，帶領燕巢國中全體教職員同仁以教育的真愛繼續前進努力。

簡貴金校長小檔案

　　高雄縣人，1948 年生，國立屏東農專農藝科五年制與國立高雄師範大學化學系畢業，國立高雄師範大學教育行政四十學分班結業。初任校長時服務位於魯凱部落的茂林國中達六年，由於辦學績效卓著，於 2007 年度獲頒教育部「校長領導卓越獎」，2008 年度再度榮獲教育部國中組「教學卓越獎」之「金質獎」，現任高雄縣燕巢國中校長。

　　平地校長擔任原鄉校長六年，辛苦不在話下，只有用永不放棄的執著和愛，才能將原住民學校很多不可能的任務化為可能且亮麗的佳績，締造茂林的山中傳奇。

　　2009 年榮調高雄縣燕巢國中校長，又榮獲 2009 年亞太地區臺灣地區獲獎者女童軍傑出領袖領導獎，2010 年又率領燕巢國中團隊榮獲教育部國中組閱讀磐石獎，為高雄縣至目前為止唯一獲獎的國中，誠屬不易。

8. 驀然回首來時路

高雄市鼎金國中校長　丁文祺

　　智慧是由生活、人事的磨練而得來。從 2003 年 8 月 1 日初任校長，2007 年 8 月 1 日續任，2009 年 8 月 1 日轉任，面對校長生涯，可謂是磨練最佳的位置。驀然回首來時路，以初任、續任、轉任所經歷的酸甜苦辣，以及心境上的轉換，來與讀者共同分享。

 ## 初任校長

興奮、緊張與使命感 ◎◎◎

　　初任校長的交接典禮上，有親朋好友的恭賀，學校同仁、社區仕紳的歡迎與期許。剛開始總是聽到一些恭維的話，心裡不免飄飄然，所謂教育界的光宗耀祖，莫過於此刻。緊接著而來，快速的召開相關會議、拜訪社區仕紳、民代、請益學校意見領袖、蒐集相關資訊，以利縮短適應摸索期。忙的不亦樂乎，早出晚歸，每日工作 12 小時以上，但興奮隨身，故而樂在其中，心中燃起教育使命感，準備實現教育的理念與理想。有個學校讓我主持，去教育所有的學生，實現教育的理想，真是人生重大的驕傲與機運。

　　暑假一個月的奔波與準備，覺得可以有好的開始，終於開學了。但是，艱困也隨之而來，開學第一天，碰巧是颱風天，政府宣布停班停課，所以沒有開學準備的時間。隔天學生上學要正式上課，但是颱風打斷了所有預備的準備工作，而且天還不斷的下著雨。學校內落葉斷枝，散落整個校園。學生心情浮躁，教師也因為沒有開學期初會議的告知，而顯得凌亂。督學也認真督導，一大早就到校了解，看到一團亂，數落一頓，讓我心情盪到谷底。所謂好的開始根本是離我很遠，只能無奈的繼續努力實踐自己的理想。心想小小的挫折算什麼！使命感是最佳前進的動力。

　　【心情寫照：興奮、緊張、使命感……，純粹都是自我感覺而已。】

從擔心、害怕到自豪 ◎◎◎

考驗是一波接一波，才開學一個月，就有一位中年婦人在週末假日，跑到學校教室四樓往下跳（因學校教室隔音工程進行中，故鐵門沒關），緊急送醫急救還是回天乏術。幸經了解，該婦人有精神方面就醫紀錄，且還在服藥中，家屬也了解婦人狀況，最後也入土為安，未生糾紛與見報。本以為事件告一段落，但私下卻耳語四起：說校長沒拜拜，陰魂還留在校園中，校長位置坐不穩……等。回家告訴內人，當然得到一些安慰，但仍然有「你真的可以嗎？」這樣的疑惑。學校事務變成兩個人的擔心。從此，我就很少把學校的事情帶回家裡。但是宗教信仰的問題，眾生各有見解，更時有爭端，深怕處理不當，更突增困擾。心想身為校長，怎麼可以讓這些怪力亂神所主導，但碰到這種民間宗教問題，雖然最後還是不能免俗，但我堅持在假日非學生上課時間才做。於是在發生跳樓事件的地點，委請社區意見領袖，做宗教的法事，以安人心，並杜悠悠之口。

最後，就有人想了解校長的宗教信仰，拜託家長會長問校長的宗教信仰是什麼？宗教問題，最容易有門派之別。所以我很深切、鄭重的說：只要是對於學校發展有利的，校長都會做，但是一定是在學生不在場的非上課時間。透過這樣的方式去安定全校師生與社區的情緒。也因為這事件，讓我納入社區意見領袖成為學校顧問，增加了社區顧問團的設置。事後顧問團出錢、出力，對學校幫助也有莫大的功能。從擔心害怕，進而感到自豪，原來化危機為轉機真的可行，從自己身上得到驗證。

【心情寫照：不是路已到盡頭，而是該轉彎了；轉角就是坦途。】

從棘手、掛心變成欣慰 ◎◎◎

家長有教育選擇權，學區內的家長對於學生升學的期待遠超過一些教育的理念與政策。與鄰近學區學校的比較更是與日俱增。哪一所學校升學率如何？考上第一志願有多少人？這些都是國中校長的壓力，而且是不可迴避的挑戰？可是打破明星學校升學的迷思又是校長必須要執行的教育政策。校長室經常聚集很多家長，告訴校長說學校應該如何加強學業，如何能力編班，如何晚自習，別的學校如何，所以我們學校應該如何，不斷的下指導棋，甚至委託民意

代表到校關心、建議校長該如何做？有任何問題，他們絕對是校長的後盾等。校長教育理念的專業受到挑戰；一些教育政策受到家長的質疑。身為校長，該有的堅持是什麼？教育局長也在校長會議中強調，校長應該要有為政策辯護的能力！至此，讓我最深刻的體會是身為校長自己心中要有一把尺，讓自己有所依循，這把尺不是別人給你的，而是你自己從實際情境中體認出來的。

　　所以，校長在一些場合開始宣導：要走出自己學校的特色，跟隨別人，永遠只能當老二，我們要做出一些特色來，讓別人跟隨與仿效才對。讓自己學區的孩子留在自己學區就讀，免去舟車勞頓才是上策。最後以「升學第一，品德為先」；「達到第一志願的標準，選擇自己理想的學校」變成我辦學最重要的一把尺，既滿足升學的需求，也宣導高中職社區化的政策。兩年後，雖然在學區內設立了一所新的國中（餐旅國中，每個年級招收三班），學校不但沒有減班，且獲得學區家長的認同，還微幅增班。從最棘手、掛心變成最值得欣慰。

　　【心情寫照：堅持理想，勇敢走你的路吧！不必理會別人怎麼說。】

從自省、辛苦到價值重現 ◎◎◎

　　每天早出晚歸，除了學校事務，尚需社區走動，兼顧人情應對進退，並常常承辦上級長官交辦的業務，諸如全高雄市教務主任研習、全高雄市國中聯團大露營、全國教育研討會南區研習（行政院長親臨）；承辦高雄市童軍團體前往花蓮與世界童軍團大露營大會師、高雄市特殊教育教師甄選試務中心學校等。常常捫心自問，接任學校之後，辦學理念實踐多少？還是都在處理人的問題？還是都在處理教育行政業務？承辦這些業務對學生有幫助嗎？學校同仁認同嗎？這是我原先認知的校長作為與生涯嗎？若是這樣，一直到屆齡退休，還要二十幾年，我要一直這樣下去嗎？我不能突破藩籬，自我精進嗎？

　　有人說：「行路需要提起腳步，也需要放下腳步。從自己本身去找尋真正的快樂與滿足的因子。」我聽從好友謝哲光教授的建議，在職進修，參加博士班的入學考試。既可精進自我知能，又能實踐於學校，讓理論與實務並重。有幸考取國立中正大學、國立臺南大學與國立高雄師範大學三所博士班，最後選擇距離服務學校近，自己又熟悉的高雄師大就讀。四年之後，順利取得博士學位。

　　【心情寫照：價值感的創造，純乎一心，在於自我是否親體力行。】

原校續任校長

從承擔、辛苦到成就感 ◎◎◎

學校接受教育局的委任，成立了體育班合球項目。合球這項運動，我以前完全沒有印象，高雄市政府因為承辦 2009 年的世界運動會，希望每個運動項目在各級學校均有學校承擔，負責推廣。在這個機緣下，合球這個項目就在我服務的學校誕生了。就在「高雄的驕傲，臺灣的榮耀」這樣的口號下，一頭栽進去這項活動。為了辦好 2009 世界運動會，高雄市教育局組成了 2005 德國世界運動會觀察團。我當然是其中成員之一。

第一次到歐洲德國，這樣的機緣是承擔，也是福分。更有增進個人視野與國際觀的附加價值。在德國，站在運動場邊，帶領觀眾跳波浪舞，為臺灣加油，更認識了很多外國朋友，有位荷蘭籍的朋友到目前都還用 MSN 保持聯繫，真是天涯若比鄰最佳寫照。回到臺灣經過四年的規劃、準備、預賽，最後正式在高雄舉辦 2009 世界運動會，總共 32 個比賽項目。我擔任合球項目的賽場經理（Venue Manager），來自市政府各局處支援的人員與本校相關同仁共幾十位人員，加入合球這個團隊。校長有幸擔任賽場經理，負責現場總指揮，責任重大，戰戰兢兢，最後終於不辱使命，完成任務，獲得國際的認同，並打破歷屆世界運動會賽場經理都由體育人士擔任的不成文慣例。最後市政府核定賽場經理記大功乙次。服務教育界二十幾年來，能獲記大功，所有承擔、辛苦都值得，成就感油然而生。

【心情寫照：掌握機緣，做事用心；熱情增加行情，付出才會傑出。】

從高興、驕傲到內斂沉潛 ◎◎◎

在續任原校一年之後，拿到博士學位，開始到大專校院兼課，依規定承報教育局核可，覺得既高興又驕傲。自以為在大學任課，既可以貢獻博士專業所學，也可以讓國中孩子知道，成為學生學習的榜樣。很多家長這樣告訴我，很多學生都覺得校長不簡單，要跟校長學習。教育的過程中，我們也常告訴孩子，要找到自己學習的典範，才不會走冤枉路。再加上學校現在還算穩定，升學與學生多元發展也具有成效，社區家長也認同，學生人數陸續增加，也是高

雄市學生總量管制的學校，去大學兼課應該 OK。

　　面前人家告訴你的都是恭維的話，同樣這一件事情，背後卻有孑然不同的耳語。恭維的話是：這校長年輕（續任45歲博士，以校長而言，還算年輕）、肯衝、有績效，很棒。另一種平鋪直述的說法是：校長還年輕，當然要衝。第三種說法卻是讓我改變態度的關鍵說法：校長這麼衝，還不都是為了自己的前途，不要以為他是為了學校。你看，他都跑去大學兼課，不在學校。聽了這個說法，讓我高興、驕傲的心全失，也讓我決定改變態度，從此以後不再主動提到自己擁有博士，也辭去了大學白天的兼課。你沒有自己想像的那麼好，內斂沉潛才是應該要培養與歷練的。

　　【心情寫照：好話一句三冬暖，惡言一語六月寒；謹言、慎行、沉潛。】

最深的感觸 ◎◎◎

　　校長與主任的關係經營，是我感觸最深的事。接觸了十幾個主任，每一個主任個性、能力都不相同，很難用同一個的標準去帶領。所以，帶領的方式皆不相同。有些主任年紀比校長大很多，經驗比你豐富，需要你帶領嗎？有的能力自認比你強，你帶得動嗎？有的主任沒經驗，衝勁十足、EQ 待充實，你能放得下心嗎？有的主任，下情不能上達，上意不能傳達，或者故意扭曲，你要如何處理？這些在在考驗校長的能力與智慧。主任是校長的左右手，再好的校長，沒有主任的幫忙，全都是枉然。主任願意誠心輔佐校長與否，大大決定校長的口碑評價與命運！因此，我有一個概念，在公共場合一定支持主任的作為，不責怪主任的缺失，私下再告知錯誤所在以及校長希望他往哪個方向走。但這樣就夠了嗎？值得存疑。

　　主任上台、下台，考驗著校長的能力與口碑，上台與下台都會影響心情。為歡送一位主任退休，特地包一部遊覽車，外地旅遊恭送，讓他退休之後，仍繼續回校與校長保持聯繫，這是作法之一。政策的實施、決策的歷程，主任的位置最清楚，也在執行的第一線。歸功於校長的有很多，把功說是自己的、過是校長的，也所在多有。所以，主任是幫助校長最佳的位置，反之亦然。不管如何，主任與校長，因公事而傷害情誼、不相往來，是一件划不來的事。所以，多說好話，過了就好。

　　【心情寫照：揚善於公堂，歸過於私室；世事合久必分，分久必合。】

最深刻、感動的友誼 ◎◎◎

　　校長和家長會長暨社區關係的經營，與學校有很大的關聯性。但是，最大的收穫是，當你離開了這所學校的時候，是不是關係就淡化了？沒有了？慶幸要離開這裡了？還是變成人生歷程的好夥伴？因為必要，所以校長必須與家長會長聯繫，家長會長扮演協助學校的功能。關係良好的話，對於學校推動校務有極為正面的協助。在原校續任校長，共接觸了三任會長，對於學校的幫助都非常正面，但是交情總是深淺不一。更有趣的是，最令我感到深刻、感動的不是會長本人，而是會長的老公──王先生。他常常代替他的老婆會長，在檯面下幫學校處理很多的事情，比如校園美綠化、樹木修剪、工程收尾、社區走動募款、人的問題的處理等。但是，重大場合、風光的場面都是會長出面，如校慶、畢業典禮、校內重大會議等。王大哥（大我五歲）是學校往前進的動力與推手，但是事後卻謙虛不居功，把功勞歸功於大家的努力。

　　如果只是這樣，好像很多會長都做得到，沒有什麼了不起。可貴的是，從別人的耳中聽到說：王大哥常說，丁校長在這個學校服務，要讓他順暢發揮，誰找丁校長麻煩，就是找他麻煩。相挺的義氣，不是在我面前說，這是令人感動的真感情。他常常幫我化解、澄清一些不必要的麻煩與誤解。另外一方面是，我們兩個很談得來。常常一聊，公事只花不到幾分鐘就談完，接下來不知不覺，可以話匣子一開，從下午聊到晚上 10 點，連晚餐都沒吃，有相知恨晚的感覺。雖然，他離開了會長的位置，我們仍保持聯繫。後來我離開了原校，到目前為止，仍然熱線聯絡。俗謂，一個人的人際關係可以這個標準來判斷：當你離開那個位置，你還剩下幾個朋友？我很慶幸，我們兩個都因這個位置認識，都離開了這個位置多年，仍保持友誼。著實感動，也感謝校長這個位置，讓我有這樣一位知音好友。

　　【心情寫照：友誼之光像燐火，當四周漆黑之際，最為顯露。】

 轉任他校校長

從痛苦、心酸到難得與值得 ◎◎◎

　　法院？直覺不是好地方。第一次踏進法院是我公證結婚那一天，當初的感

覺是法院很肅穆，但因為是公證結婚，所以當天的出入人員都還是滿臉喜悅與笑容。其他的事情，上法院在傳統的觀念上大概是沒有好事，滿臉愁容。因為轉任到新學校，卻馬上面臨必須要上法院，心裡真是五味雜陳。若我不是校長，不是法定代理人，就不用出現在法院。沒辦法，還是調適一下心情，當作是歷練，一輩子沒有上過法院，經歷也不算是精彩。更何況這是公事，再壞的結果，也不會抓去關。

　　轉任新學校之後，馬上傳承到學校占用省農會土地案，積壓了四十幾年，誰知道一接任就會輪到你。總務主任也沒有上過法院，大家都覺得穢氣。捨不得讓總務主任單獨在法院孤軍奮鬥，所以每一場都一起出現在法庭。可是對方幾乎每次都只有委託律師出庭，法律用語咄咄逼人，跟我們學教育的愛心關懷用語，幾乎是天壤之別。心想不知道可不可以告他語言暴力？但是經過一年的訴訟、調解，終於落幕，有了圓滿的解決。大家都知道校長應該做校務經營，但有誰會知道上法院當被告也是校長的任務之一？沒有律師的預算，還要自己充當律師，自己寫訴狀。覺得自己原來也可以這麼神，什麼都可以做。但是校內沒有很多人知道你的內心煎熬，反而覺得校長到底在忙什麼？覺得很無奈，也很辛酸。這是教育的政策嗎？是辦學理念的實踐嗎？好像關聯性不高。不過，最後的結果圓滿，讓我覺得這個歷程非常值得。也因為這樣，多了一位律師朋友。

　　【心情寫照：能解決的事，不必去擔心；不能解決的事，擔心也沒用。】

從無奈、兩難到感動、驕傲 ◉◎◦

　　學校因為學區內藍領階級勞工眾多，經濟弱勢造成學習弱勢。弱勢團體中繳不出學雜費、營養午餐費者，每年都高達三百人左右，高關懷學生的照顧是學校重大的任務。學生中輟率也是學校頭痛的問題，學生偏差行為也所在多有。了解學生背景之後，發現這些學生大都家庭功能不彰，最後卻都是學校無法推卸的重擔。處理這些偏差行為的學生，常常有家長與民意代表的關說，雖有改過銷過的機制，彈性的作為與標準，但是卻有老師質疑放水、姑息學生、沒有原則、沒有一致的標準、走後門、不公平。為什麼別的學校不收，我們卻要收，為何不能叫他轉學？所謂因材施教的概念，這個時候好像不存在，覺得很痛心。學校沒有容納他的環境與溫馨氣氛，將他留在學校又影響大多數學生

的學習。既無奈又兩難。

所謂可恨之人，必有可憐之處。少數的學生，就是這類型的人物，在校搞破壞、嗆老師、欺負同學、校園遊蕩、抽菸、嚼檳榔，常讓老師頭痛，甚至恨的牙癢癢。每次出事，總是連絡不上家長。或是家長回嗆老師，管教孩子是把他關在家裡的狗籠裡，或是無父母、被父母遺棄，放其自生自滅。這些都是問題背後的問題。從這個角度出發，我發現到有很多默默奉獻的人，也體驗了人在公門好修行的概念。舉一個我轉任學校才遇到的林淑美主任為例：他一天24小時全天開機，隨時等候這些高關懷的孩子，除了學校的照顧之外，也兼任起這些高關懷孩子家庭的功能，他真的是孩子的避風港。很感動能遇到這樣的同仁，這是我服務學校的福氣。從他高關懷的學生中，無意中發現有一位孩子默默的努力，也很樂意幫助同學，更難能可貴的是功課一直名列前茅。我們本以為他家境應該不錯，但深入了解才知道他父母親已經離異，監護權是父親的，可是父親卻是重刑犯目前在監獄服刑，他只能跟著祖母寄住在已經結婚的姑姑家。這樣的實例，讓教職員工能於孩子的努力稍微改觀，也因為這樣，在大家的鼓勵之下，這孩子在 2010 年榮獲總統教育獎。這是他個人、也是學校的光榮與驕傲，更是其他同學逆境向上學習的典範。

【心情寫照：道德能弭補智慧的缺陷；智慧卻永遠填補不了道德的空白。】

最沉默的批評 ◎◎◎

校長的口碑與評價，總是很多人想了解的，也是很多人津津樂道的，尤其是喜歡把前後任校長做比較。這些評價，身為校長自己都無法打分數，或是做任何評論與發言，只能微笑，默默的承受。或是用共通的語言與原則說：每個校長都有自己的風格與特色。但是，面臨校長卸任、新任的交接，社區民代上台講話，有很多的交代。他說卸任校長任內表現認真，對學校建樹良多，值得肯定，唯一需要加強的是升學，升學不佳，所以班級數不斷的下降，希望新接任的校長，能夠提升學校的升學率。不知道這樣的話，是褒？還是貶？前任校長一直是我最尊敬的校長、奉為師父的校長、大家公認最認真的校長，這樣的評價對一個早出晚歸、戮力從公的校長公平嗎？

升學率高，辦學就好嗎？升學率只看第一志願的人數嗎？當場我保持沉默，刻意忽略社區民代所言。但是，心中有自己的一把尺，尊重前任校長，所

有成果歸功於前任校長打好的基礎。在這裡，也奉勸現在或未來走校長這一條路的人，一定要記得，絕對不要批評前任校長的作為，因為你的下一任校長，也可能會批評你。今年升學成績出來了，第一志願人數增加，公立高中職人數增加，壓力頓然減輕不少。但是捫心自問，其他的績效不如前任校長。這樣的辦學是升學迷思的家長要的，But，是教育理念要的嗎？不盡然。這樣的教育現象是正常的嗎？你要隨著家長起舞，還是堅持教育理想？所有的教育理想與改革，是不是在十幾年之後又走回頭路了？各位校長，您的做法會是如何？一樣默默的埋頭苦幹嗎？還是應該抬頭看看？我認為：方向是比努力還重要的。

【心情寫照：我觀看，但我保持沉默；沉默有時是最嚴厲的批評。】

最被動的體悟 ◎◎◎

　　這兩年擔任高雄市校長協會理事的職務，因為沒有續任、轉任的問題，所以就獲聘為國中校長遴選委員會的遴選委員，親身體驗到遴選委員會細節的運作。也了解到各出缺學校，為了遴選適合自己學校發展的校長，其參與的程度、用力之深淺，雖然各校不一，奧妙都在不言中。出缺學校原來聲望的好壞、地理位置在都會或偏遠地區，所受到的注意程度落差相當大。聲望好、都會區的學校，較多校長競爭，家長會、教師會參與程度也深，就會針對台面上有意願的校長，作正式與非正式的訪談，也私下做很多的打聽。為遴選合適的校長，不遺餘力。聲望平平、地處偏遠的學校，常常是單一校長人選，家長會、教師會的選擇性少，或是現場表達希望有校長能願意到校任職，共同奮鬥。

　　校長遴選就像選舉一樣，耳語很多。正反面都有，正面的很受歡迎，所有委員全數通過。負面的當然也包括黑函與未經求證的流言，這些都還不及澄清，或多或少就已經對校長本身造成某種程度的傷害。委員會投票時，有反對、有贊成，有的比過半數多一點而已。對委員會運作熟悉的人，見到最後票數，都可以猜測：這些反對票數是多少，就知道是來自哪些團體的反對。反對的票數與代表該團體的總數是很雷同的。有時候就感覺到好像是這些不同團體的拔河戰。

　　選舉就是要「選」，遴選也是要「選」，只要選，就會燙。未來校長的遴選，還是一樣燙，選的方式仍然會存在，方法可能會推陳出新，合縱連橫的情

形也會存在。這真正是為學生著想嗎？當然可以說是！另外一問：是百分之百的為學生著想嗎？還是各遴選委員會、各團體代表的立場表達？我的答案還是YES。所以，想進廚房就不要怕燙。但是你一定要找到自己可以接受的理由，讓自己快樂的付出。

【心情寫照：你能找到理由當校長，一定找得到理由快樂。】

 結語

驀然回首，教育環境如此，教育理想還能夠堅持多久？調適腳步，理想與現實兼顧，是我現在最想說的話、最想走的路。因為，校長畢竟還是學校學生注目的焦點，學生家長寄望的對象，教育政策執行的水手，教育還是要繼續用力划，繼續往前走。驀然回首的這些心情故事，只是校長生涯酸甜苦辣的一部分。可以敘述的事件還很多，這些心情寫照只是提醒自己：莫忘初衷，看清方向，找到方法。俗話說：不用牽掛過去，不必擔心未來，踏實於現在，就與過去與未來同在。教育如斯，校長亦如是。

【心情寫照：這就是校長生活！That's the way. It is.】

丁文祺校長小檔案

　　我喜歡強調我是雲林縣台西人（雖然現在那裡有台塑六輕，空氣污染嚴重）。因為我說台語時，還保有海口音的腔調，很容易讓人認出來，我是本土的。

　　高雄師大念了 19 年，好像可以當作校長終身學習的特質。高師大工教系 74 級。擔任國中工藝老師，感受升學主義下，藝能科不受重視。所以 1988 年當兵退伍後，重考進入國立高雄師範大學夜間部英語系。畢業後改教英語，同事挪揄，夜間部的也來教英語。不服輸，所以再念英語研究所（四十學分班）。碰到學校減班超額，為留原校服務，接任生活教育組長一職。同仁鼓勵，敢接生教組長，就應該去考主任。所以，隔年就去考主任、當主任了。

　　當主任就是要考校長，要不然幹嘛那麼辛苦？有人說：考校長沒有念教育不會中，因為考題與主考官都是學教育的多，所以就去念第一屆的學校行政碩士。果真，一畢業當年就考上校長了。39 歲考上，41 歲當校長要當多久？為了不要自己理念僵化、停滯，所以去念成人教育博士班，2008 年拿到博士學位。很高興卻是瓶頸，是加分還是減分？有待評估。校長年資在中山國中六年，鼎金國中一年多了。初任、續任、轉任都歷練過了。再來呢？

9. 校長的考驗

臺北縣中平國中校長　許淑貞

楔子

　　故事要從 2003 年談起，有一次參觀臺北縣一所濱海的國小，很美很小的學校，學生只有二百多人，學校的走廊到處是學生的作品，有書法、有美術作品，也有工藝作品，頗引人注意，不過說真的，這些作品雖充滿童趣可是水準不高，但是該校的校長卻很有自信的解說及介紹：「這是毅鈞的畫畫，他很得意這幅畫，常拉著同學來欣賞呢！這是學生做的各式各樣的風車，很有創意。牆面上是每個孩子的手印陶版畫，每個都是獨一無二的。你瞧！那是一個自閉症孩子的手，多有力量啊！我的學校每個孩子都有屬於他自己的位置。」突然間我的淚水在眼中打轉，從事教育工作十多年了，當過導師、組長及主任，我的學生是否有屬於自己的位置呢？我暗自告訴自己：如果我擔任校長，我一定要幫忙每個孩子都找到自己的位置，讓學生能發揮自己的潛能，開展自己的多元智能。

幫孩子找到他的位置

> 喜歡畫圖的孩子，給他畫筆；喜歡跳舞的孩子，給他舞鞋；
> 喜歡飛揚的孩子，給他一對翅膀。

　　在國中學校的行事常以升學主題為重要考量，加強課業，上輔導課，大部分的家長和老師的觀念都是升學掛帥，功課第一。成績好的學生得到更多的關照；學習成績低落的學生無法得到適性化的學習，自我放棄，這似乎是一種宿命。身為領導者，我期待國中學習生涯不是只有課業的學習；音樂、美術、體育表現好的孩子一樣得到照顧。如何使每個孩子的潛能得到發展，讓家長和老師認同這樣的想法呢？要完成自己的教育理念不是一件容易的事，於是利用校

務會議讓全校老師了解我的想法；在家長日時，跟全校家長說明我的辦學理念，但這些理念如何落實在孩子身上呢？

想做事的人，總找得到方法，在了解學校的環境及資源之後，我選擇從多元化的社團開始，也許上天懂得我的心，學區內國小有舞蹈團、直笛團、管絃樂團；我順勢而為，同一年成立了舞蹈團、直笛團，不但延續學生國小的專長學習，又可讓學生多元發展，形塑學校的特色，更何況前任校長已打好管樂團、絃樂團的基礎，這是很值得做的事。然而這麼多社團的成立容易，運作難。首先成立家長後援會，出席的家長並不踴躍；再來並不是每個導師都支持；還有樂器經費、練習經費等等瑣事一籮筐，這麼多問題都有待解決。校長如何扮演領航者，考驗校長的智慧，找出解決方案。

任何社團團隊的經營，家長扮演非常重要的角色，學校的舞蹈團或直笛團，剛開始參與的家長並不多，但我仍親自出席後援會說明，讓家長了解校長的決心。領導者的態度很重要，得到家長的認同，資源就會源源不絕。我安慰主任、組長不必氣餒，因為熱心的家長只要幾個就夠了，找對後援會的會長，人力不足的問題就可迎刃而解了。事實如此，例如直笛團的會長全心投入，舉凡經費、師資種種皆用心良苦，剛開始的兩年，學校人手不足，並沒有直笛帶團老師，多虧他協助團練工作；工欲善其事必先利其器，一般直笛由學生自備，但倍倍低音直笛一支就要十幾萬，只好找民意代表補助，我、後援會會長和學校家長會一一拜訪熱心的議員及市民代表，利用三年時間才將樂器補齊，雖然過程很辛苦，但很有成就感，尤其學校行政、後援會與家長會合作愉快，在團隊之中，人和及善用家長人力資源非常重要。

經費問題困難，但人的問題更難；雖有外聘老師，可是校內沒有帶團的老師，家長覺得長久如此不會有好成績，直笛團的孩子也希望有一個專業老師可以多指導，學校已有管樂團、絃樂團、合唱團，音樂老師人力吃緊。但辦法是人想出來的，我和主任及音樂老師商量，建立一個制度：每個音樂老師都要帶團，於是協調出一位音樂老師來帶直笛團，果然水到渠成，我們直笛團拿到了夢寐以求的全縣西區第一名，代表參加全國賽；從 2006 年起一連四年，我們都維持如此優異的成績，表現亮眼。

　　其中有一年剛開始參加直笛團的學生不夠多，學校招募幾次都沒人報名，組長希望放棄比賽，我覺得好不容易經營起來有績效的社團就此放棄，太可惜了。我常常去看他們練習，鼓勵直笛團的孩子主動去邀請其他同學加入，沒想到這招很有效，激勵孩子的榮譽感，讓大家覺得團隊的事也是他的事，結果不但湊足比賽人數，大家同甘共苦，同學鬥志十足，我看到因為熱愛音樂，持續堅持的一群孩子，即使社團占去他很多時間來練習，也很快樂。賞識孩子，信任孩子，他的表現會比你預期的更好，行政同仁因此學到學生資源也是一種秘密武器，為成功找方法，行政工作要有鍥而不捨的精神。

　　經營社團另一個難題是得到老師的認同，組織成員若沒有共識，團隊無法運作順暢。遇到以升學課業為主的導師，怕早上練習學生無法考試，影響課業，故要求學生退出社團。幾乎每個團的指導老師都向我訴苦，早上團練時，學生很難到齊，無法練出好成績。這些事很煩，但不能不處理，校長要做個讓行政可以倚靠的支持者；我總是先請指導老師和導師溝通，再請組長、主任傾聽老師的困難，有的團隊配合改變早上團練時間，但很難兩全其美；有的導師慫恿家長，希望孩子以功課為主，造成家長兩難，最後我親自和老師個別談話，也和家長聯絡，請導師和家長要尊重孩子的意願，只要孩子有興趣想學，我們就該支持他，一個又一個的傾聽他們意見，談談我的想法，跟家長與老師的溝通協調，占去我不少時間，但為了讓孩子的興趣得到發展，我覺得值得。尤其看到孩子寧願利用下課時間補考，也不退出社團，孩子的努力與堅持終於感動了家長，而有的老師在參加學生的音樂舞蹈社團成果發表會後，看到孩子的另一面成長，從反對轉而支持，令人欣慰。但認為校長好大喜功，為個人績效經營社團的老師還是大有人在，團隊中很難使每個人都有共同的理念，身為領導者，毀譽不必太在意，只要是該做的事，對協助孩子成長有幫助的事，都應盡力去做。

　　每個孩子都有特有的天賦，給他表演的舞臺，他就會表現精采，舞蹈團的孩子也是如此，這些孩子很獨立，每天早上 6 點半集合練習，拉筋、練基本功，舞臺化妝樣樣自己來，練習場地整理的有條不紊，舞蹈老師不只要求他們舞蹈要練好，課業也要維持一定水準，我常常在朝會公開表揚這些孩子，積極主動，為自己夢想而努力，值得同學學習。舞蹈團經過辛苦耕耘，我們在2009年開出最亮麗的花朵，古典舞得到全國特優第一，現代舞得到全國優等第二，

令人欣喜若狂。尤其難得的是，受邀到 2010 年上海世界博覽會表演，雖然募款非常辛苦，但看到孩子在各國觀光客前，快樂地跳著臺灣的民族舞蹈，介紹給遊客認識，成功展現自信氣質，清楚地教導遊客舞步，這一刻我好驕傲，學校就是要不斷給孩子嘗試的機會，讓他勇於接受挑戰、承擔責任，才能建立自信。舞蹈團的孩子們，我以你們為榮！

我一直覺得教育的可貴在於相信每個人都有無限發展的可能，只要提供學生豐富多元的學習機會，讓孩子得到適性教育，學生就會有好表現。當孩子們在運動場上留下汗水，在舞臺上展現曼妙的舞姿、悅耳的樂音、快樂的歌唱，就是我最高興的時候，孩子可以找到他自己的位置，發揮他的才能，身為教育領導者，帶領團隊，完成孩子的夢想，真有成就感。

擺盪在老師和家長之間

學校行政、教師和家長是校園的金三角，彼此和諧共處，目標相同，則有加成效果，若是有任二方意見相左，校長常左右為難，無法專心辦學。

話說當教育局詢問我：「有沒有意願成立音樂班？」我喜形於色，毫不考慮就回答：「當然好。」能夠有機會創造學校的特色，當然是一件好事，更何況學校的管絃樂團已有基礎，學區內國小的管樂團、絃樂團都赫赫有名，學生來源沒有問題，學校的音樂老師也樂見學校音樂班的成立。音樂班各項籌設工作千頭萬緒，各處室分工合作大家動起來，希望打響中平音樂班的知名度。舉凡設計招生海報、製作文宣、小紀念品和宣導招生、設計課程、招募師資等等，大家投入很大的心力，校長也沒有閒著，統籌各項事務，每項都參與，忙著帶領學校團隊到臺北縣其他三所國中音樂班取經，從無到有，對我們是一大挑戰，雖事情繁雜，只要大家有共識，就不怕辛苦。

領導者找到適當的人，讓老師發揮專長，激發教師的熱情，容易有績效。很慶幸音樂班有一位老師，她熱心不計較，只要是對學校或學生有利的事，她二話不說，全力以赴，所以我非常重用她，請她擔任音樂班召集人及第一屆音樂班的術科老師，而她不負所託，總是盡力做到最好，音樂班相關事項在她用心參與規劃及所有行政人員的配合下，我們如願的招到第一屆 30 個可愛的音樂小天使，錄取分數在全縣四所音樂班中排行第三。萬事起頭難，我們音樂班

各項設備還沒就緒，沒有墊底，我們已經很滿意，音樂班的成立，種種事情好像都很順利，但世界上沒有那麼美好的事，老天爺給我們的考驗才剛開始呢！

　　首先是琴房設備。以往成立音樂班，教育局會逐年撥付經費，結果教育局只能補助我們第一年，無法後續補助，真是晴天霹靂，一台平臺式鋼琴就要三、四十萬，一架普通鋼琴也要十幾萬，音樂班不能沒有鋼琴，經費從哪裡來呢？能尋求補助的地方，我一個也不漏掉，但終究鋼琴的量還是不夠，音樂老師埋怨，說著停辦音樂班之類的氣話，當他們心情低潮時，我安慰他們，慢慢來，我來想辦法，積極跟教育局反映問題，最後以兩種途徑解決琴荒的困窘，一方面請教育局移撥舊鋼琴給我們，一方面跟樂器公司租賃鋼琴，租金請家長負擔，還好家長能諒解，總算解決問題，哪知這只是小考驗，是大餐的前菜而已。

　　接著，家長和學校音樂老師都指出學校沒有音樂表演場所，音樂班規定每學期要辦實習音樂會，給學生練習上台的經驗，並展現學習成果。因為學校沒有適當場地，所以第一年的實習音樂會，家長要求在新莊市藝術文化中心辦理，音樂老師認為學生程度不夠，在那麼大的演藝廳表演，沒有好表現會丟學生和老師的臉，怎奈學校沒有好的表演場所，家長求好心切，當然希望場面大，熱鬧一些，幾經溝通，我請老師轉念往正向思考，學生有上台的經驗是最可貴的，成果如何，盡力而為就好，不必給自己太大壓力，老師才同意配合，當時音樂班家長後援會的會長出力最多，這小小的不同意見種下三年後衝突的遠因。

　　音樂表演場所在音樂班有實際需求，經跟教育局反映，結論都是沒有經費，只好求助教育部，家長會長動用立委關係，終於教育部國教司科長親自到校勘查環境，雖認為學校確有需求，但因提供的場地不當，無法補助，這一擱置又是一年。我不斷思索適當位置，集大家智慧，改變場地，再一次動用立委關係，終於得到教育部首肯補助二百萬，但要求教育局要相對補助二百萬，才肯撥款，可是教育局一直沒有經費，事情再次陷於膠著，眼見好不容易爭取來的二百萬又要落空，我很心急，後來跟家長會商量，以二百萬要由家長會全部負擔之理由，請教育部盡快核撥，終於有了一間小具規模的演藝廳，算是了卻一樁心願。這其中家長會長著力甚多，會長本來就非常關心學校事務，再加上會長千金就讀音樂班，所以更是關切，而且會長和音樂班召集人是多年的好朋

友，搭配起來，相得益彰，哪知二年後會因為理念不同，幾近決裂。

　　雖然學校有音樂班建立特色是件喜悅的事，但校內有一些老師不以為然，他們認為音樂班學生上個別課，可以吹冷氣，享受各種特殊待遇是天之驕子；音樂班學生可以帶手機以利家長接送；學校資源投入太多在音樂班上，這種種的聲音造成校內老師不同調，音樂老師頗感委屈，我只能透過導師會報和校務會議一次又一次溝通宣導，慢慢建立共識，音樂班成立至今五年，大家漸漸接受這種種權宜措施。領導者真誠相待，終能得到諒解。

　　也許上天希望我學習更多，才會不斷考驗我的能力，就在音樂班成立的第三年，出現了第一次危機。因為音樂班首創，大家期許很高，家長很支持也很關心，我們一直希望比賽有好成績，可以打出中平品牌。本來家長和學校及老師互動很好，沒想到遇到升學問題竟意外產生衝突。有幾位學生因為學科成績優異，有把握可以上前三志願，故放棄考高中音樂班，要全力衝刺普通學科，但音樂班樂器必修，視唱聽寫合奏都要上，這些要考普通班的家長要求不上術科課程，再來音樂班三月參加全國比賽，離五月基測時間太近，恐影響學生準備考試，所以家長希望九年級學生可以不要參加全國賽。但音樂班老師非常堅持，認為家長非專業，怎能因個人孩子需求，違反音樂班的課程規定，又參加比賽應為學生之義務，不能讓學生自由選擇，兩方意見不同，造成家長與老師嚴重的衝突。因為九年級學生不參加，人員不齊，樂器不足，可能無法參加比賽，而且七、八年級學生程度較差，比賽成績一定不理想，又順家長意，爾後效應堪慮。為了此事，家長與術科老師僵持不下，家長要求校長出面處理，我要支持老師，又要符應家長的需求，尤其前家長會長的孩子也是不參加比賽的，我的壓力很大。為此我十分苦惱，一個老師和一群家長之爭，許多人等著看校長如何解決，組織成員間的衝突，若沒有妥善處理，無法建立大家對校長的信任感。

　　校長常常要做決定，遇到這樣的難題，不要輕率做決定，我先了解家長和老師堅持的衝突要素，分析事件背景，提出解決策略。幾經思索，召開家長說明會，而且邀請當時的家長會長一起參與，此時術科老師執意不出席，我想想也好，免得當場引起衝突，或是家長的話太傷老師的心。雖然我私下跟幾位比較友善的家長溝通，也請會長多幫學校說話，可惜會長理念雖和學校一致，但囿於和前任會長是好朋友，不能得罪的情況下，他不能為學校多說什麼；另

外，支持老師的家長雖有，但當天他們都不敢表達支持的意見，怕成為全民公敵，最後我只好採取部分妥協。有關術科部分，該上的課一定要上，這是學校的課程，不能自由選擇，但請老師對不考高中音樂班的學生，要求標準可以降低，讓他們樂器的學習不必花那麼多的時間練習；至於參加全國賽部分，尊重學生的意願，九年級採自由參加，若學生參加比賽，只要常態練習就好，加練部分可以不參加，希望緩和家長反對聲浪。因為家長一口咬定，術科老師曾答應他們只要參加縣賽就好，哪知該年取消縣賽，直接進入全國賽，本來縣賽在11月比賽，影響基測考試不大，但全國賽在3月份，家長就無法接受，這些曾經要求學校要有亮麗比賽成績的家長，一個個都要求不要參加比賽，這是術科老師最傷心的地方，尤其反對最激烈的幾個家長都是她的好朋友，更令她寒心。事後術科老師雖不滿意我的決定，但勉強接受，最後音樂班管樂團的學生全數參加，得到優等第一名；音樂班絃樂團有六個學生沒參加，只得到甲等而已，事情暫告一段落，沒想到更大的危機還在後面呢！

　　畢業音樂會是音樂班學生大事，為了有高水準演出，也限於音樂會時間壓力，老師訂定演出原則，各種樂器獨奏的同學，以該樂器的指導老師評分選出最優的三名，其他由同學自由組成重奏，每個同學都可以上台，和實習音樂會的模式差不多，只是多了協奏曲，由學校的管絃樂團協助演出；另外音樂班學生甄試在四、五月，所以老師將畢業音樂會的地點選在新莊藝術文化中心，日期訂在6月12日，大家可以輕鬆準備，沒有考試壓力，這兩點初期公告，家長都沒有意見，一切照計畫進行，但就在第一次基測結束之後，事情起了變化。學生開始全心準備音樂會，家長也全力介入，才注意到不是全部學生都有獨奏的機會，學校公告時大家沒有意見，現在學生之間斤斤計較，誰演出獨奏，誰有資格協奏，家長更是反應激烈，質疑老師的選擇標準；再來因有幾位學生第一次基測考不理想，要再拼二次基測，要準備音樂會的節目，會影響他們的考試，真是人算不如天算，原本的美意變成他們的負擔。整個音樂班每個人都有自己的想法，再一次撕裂大家的情誼，家長又開始攻擊術科老師，規劃事情不周詳，甚至到縣長信箱抨擊學校，弄得人心惶惶，沸沸揚揚，本是美事一樁，怎會如此呢？有家長質疑第一年實習音樂會就是人人上台獨奏，為何現在不是？家長無情的言語，令老師心力交瘁，澈底寒心，她請辭音樂班召集人，沒想到花最多心血的音樂班竟傷自己最深，我很心疼老師，卻束手無策。

事情雖棘手，畢業音樂會不能不辦，我走到音樂班上和學生對談，決定加演一場畢業音樂會，日期在6月5日，地點在學校演藝廳，既可以做公演前的準備，也可以滿足部分沒有獨奏同學的要求，籌備部分曲目完全由同學自選，老師不干涉，這個決議得到當時音樂班家長後援會會長的支持，術科老師沒有意見。我們有兩場音樂會，一由音樂老師主導，按原計畫進行，一由學生和家長負責所有相關事宜，雖然我召開家長說明會，說明學校一切應變措施，但還是有一些家長有不同意見，因為很難滿足所有人需求，事情至此，老師和部分家長的裂痕很難修補，老師覺得我太聽家長意見，不夠挺她，為此很不諒解我，其實她誤會我事小，我在意的是在這個事件上她失去了對教育的熱誠與信心。曾經用心對待的孩子竟然不支持老師，相交多年的家長雖肯定她的付出，為了私心，還是無情的打擊她，這件事對她傷害太大了。幸好我們的感情夠深厚，事後我不斷跟她深談，我們曾經相擁而泣，我寫信說明我的心意，請她諒解，也同意其暫時離開音樂班療傷，所幸經過兩年，我又看到她燦爛的笑容，談起音樂事眉飛色舞，重要的是她又回到音樂班了。不經一事，不長一智，因為這些風風雨雨，我們也建立一些原則，畢業音樂會在上學期末辦理，以每個學生都能上台為規劃原則，至於全國音樂比賽，全部音樂班的學生都要參加，因為這是學校的活動，學生沒有選擇的權利。這幾年音樂班愈來愈好，人總是要遭遇一些挫折，才會更加成長，周旋在家長和老師之間的矛盾，曾令我痛苦萬分，還好這個領導危機總算度過。

📚 其實你不懂我的心

教育局為增進學生對文化藝術方面的認識，連結當地資源，凝聚社區意識，了解在地文化資產，規劃學校與文化場館策略聯盟，中平國中因靠近新莊市藝術文化中心，所以被邀請是否加入此方案。我一直期待利用社區資源，辦理「社區有教室」方案，藉此激發老師教學的生命力，讓自信的孩子走出去。對學生有益的事，何樂而不為？哪知這是我一廂情願的看法，因為實施這方案，教務處需要規劃課程，要有老師配合設計；學務處需成立服務學習社團，訓練學生解說新莊市藝術文化中心的能力，而且從學校走到文化中心的路途，要有人指揮交通；導師也要全程參與，這些都是額外負擔，增加大家的工作。

大家覺得新校長一來，就搞得大家人仰馬翻，其實大家不是很想參加，我雖知道大家不是很樂意，但是做為校長，不能只做討好老師的事，更何況此方案有經費補助，又很有教育意義，可以培養學生服務學習的人生觀，喚起師生對文化的尊重與認同。況且文化中心主任允諾全力支持，不但提供訓練學生解說員的師資；而且進行參觀時會全程導覽，直到我們學生有能力解說才交棒，我覺得這是一個機會，將此方案結合「社區有教室」課程計畫進行，兩全其美，所以我執意一定要做。

學校團隊要有共同的願景，團隊合作方有默契，更何況教育是夥伴關係，大家信念相同，方向才會一致。

為了要實施此方案，我先跟負責的處室教務處溝通，希望得到主任的支持，我曾於某一天從下午 5 點和教務主任懇談到晚上 9 點，長達四小時的時間，極力說明我的用心，但還是沒有辦法讓他認同。妥協之道，老師我來找，課程小組我請當時學校的總務主任來帶領；至於學務處的工作交通指揮之事，我請學校的志工來幫忙，一切盡可能減輕行政同仁的負擔，我自認為已經很體貼主任。至於老師部分，經我觀察找了兩位比較熱心的校內老師來設計課程，經與他們溝通，雖提出一些問題，但都可以解決，我也說明相對解決策略；另外利用主管會報，再一次詢問主任意見，溝通觀念，大家都沒有反對意見；而且利用學校行事時間，從學校到文化中心只要十分鐘，兩節課一定夠，這本來就是導師的課，不影響學生和老師的權益，反而可以趁機會多了解新莊市的文化及舞臺劇場的設計，我自認為一切沒問題，所有的障礙都移除。

為了課程實施，召開課發會，討論參觀文化中心場館聯盟相關事宜，讓大家知道整個方案的設計，實施的細節溝通協調，沒料到兩位老師還是提出之前討論過的問題；教務主任說：「課程實施應由下而上，應尊重老師意見，不要增加負擔。」學務主任也提出意見：「參觀新莊市藝文中心意義不大。」沒想到前兩天才溝通好的事，結果今天在會議上通通再把一樣的問題提出來，我覺得四面楚歌，看起來一片反彈聲，我之前的一切努力好像都白費了，在會議上我只好再把提出的問題一一解答，我的態度堅決，結論還是要實施，我勉強主持完會議。待會議結束後，留下兩位老師再聊聊為何如此？因自己的情緒已緊繃到盡頭，一時無限的委屈湧上心頭，我崩潰了，實在不方便在老師面前落淚，我迅速奔回校長室，躲起來痛哭，淚不知為什麼止不住，我一直告訴自己

不要哭，我已盡力了，但是不聽話的淚一直掉落下來，唉！我何苦呢？我傷心主任在重要時刻跟自己不同調，難道自己竟是如此失敗的領導者？

其實檢討此事，自己不無改進之處，領導者要建立願景，如何讓組織成員找到工作的價值，將此方案成為他成長的動力，而不是領導者一意孤行，難怪我嘗到苦果。我應該在主管會報詳細討論此事，激勵士氣，訂定明確的工作目標，不是流於校長意志主導，好像只有校長想做，如果我讓主任自己提出分工實施策略，想法充分溝通也許會更好；還有我自認為減輕主任負擔，自己出面找老師，沒有會同主任一起討論課程方案，自己跳到第一線去，自以為幫忙主任，結果主任認為校長愛做事，讓他自己做就好了。現在想想，若時光倒流，我還是會做自己認為對的事，只是領導統御的方式可以改變！

 ## 結語

回首前塵往事，校長生涯一路走來，點點滴滴在心頭，有苦有樂，有機會實現自己的理想，營造學生豐富的學習機會，充實學生的學習內涵，激發其學習潛能，讓學生更有自信，找到屬於他自己的位置，是一樂也。遭受老師的批評、誤解，承受上級長官及家長的壓力，忍受校長的孤獨寂寞，這些都是領導者必經的過程。有時覺得教育領導像修行，校長要用微笑來化解工作的煩憂；以愉悅的心情來迎接挑戰；校長像大樹，要幫忙遮陽擋雨，大太陽時校長先曬；下大雨時校長先淋，讓老師得以在大樹底下好乘涼。擔任校長是榮耀也是責任，我相信只要有心，未來之路也許一樣有挫折，但黑暗過去總會天明，教育路上其實並不孤單。

許淑貞校長小檔案

　　許淑貞，臺北縣中平國中的校長，一個來自臺南縣鄉下的農家子弟，因受到小學老師的照顧，從小學四年級就立志要當老師，把老師對我的愛傳承下來，能實現小時候的夢想，是人生樂事。

　　國立臺灣師範大學教育學系畢業，一心認為學教育的人要更有使命感，不能辜負系上老師的栽培；曾經矢志要當一名優秀的輔導老師，卻誤打誤撞走上行政之路，從事輔導工作十年，是最愉快的教育生涯；擔任校長，這是一條不歸路，只能奮力向前走。

　　「誠實做人，認真做事」是父親從小的叮嚀，不敢忘；卻因學不會做人圓融，而吃盡苦頭，其實有時說些善意的謊言是必要的；一個自認哭點很低的人，卻要扮演堅強的領導者，意外發現：「哭」有時是最美的語言，最好的心藥。

　　我是個無可救藥的樂觀者，幸好如此，所有不愉快的事，很快就煙消雲散，不知是優點，還是缺點，至少日子過得還算快樂。如果你問我：「當校長好嗎？」我會說，這是一件充滿挑戰性的工作，個中滋味，等著你去嘗喔！

10. 年年陌上生秋草
日日樓中到夕陽

臺北縣國中　謝校長

> 醉拍春衫惜舊香，天將離恨惱疏狂。年年陌上生秋草，日日樓中到夕陽。
> 雲渺渺，水茫茫，征人歸路許多長。相思本是無憑語，莫向花箋費淚行。
> ～晏幾道《鷓鴣天》

 ## 前言

　　校長的職責在帶動全體教職員工服務熱誠，營造良好的學習環境，為國家培育德術兼備的棟樑之才。惟現今教育環境急遽變化，傳統「天地君親師」的崇高地位已不復存在，教師的定位更從廣義的公務員往勞工身分轉移，尊師重道的觀念面臨嚴苛挑戰。以往犧牲奉獻是教育工作者最偉大的情操，也獲得各界的敬重。但現在由於各級教師會組織的成立，積極爭取教師各項權利之際，往往忽略了該盡的義務和提升專業。於是，校園間教師自主意識抬頭，意見轉趨多元，部分教師不再配合學校行事安排，溝通、協調、拜託成為校長很重要的工作。另外，受到新聞媒體不斷報導校園疑似管教不當案例，也讓部分家長對學校充滿負面想法，一旦親師生有不同意見或管教衝突，往往造成校方處理的難度，管教問題也讓校長「頭很大」！而升學好壞更直接衝擊國中校長的領導和教育理念，不少家長的教育選擇常以升學（尤其是第一或前三志願錄取人數）作為主要標的，即使學校各方面均表現優異但升學未見提升，在少子化趨勢下，所面臨的衝擊將讓校長「難以承受」！

　　校長的心情和學校事務息息相關，每天面對的人、事、物都在變化之中，情緒管理成為相當重要的一環，情緒必須適度的壓抑和克制。我常期許自己，樂觀面對校務，凡事都會有好結果。即使教育生態改變，校長若能處處留心，啟迪學生智能，還是可以發揮影響力，成為孩子成長階段重要的貴人，也會獲

得更多的尊重。北宋詞人晏幾道的詞句「年年陌上生秋草，日日樓中到夕陽」之意境，可以比擬校長複雜的情緒，校長日復一日、年復一年的守護學校，歷經人事更迭、學生畢業，也會想起一起努力過的同仁和學生，以及處理複雜事務的深刻印象，看到秋草、夕陽年年日日出現眼前，心中蘊含的情愫將緩緩揚起，也算是一種抒發吧！

📚 校長的角色

有位資深校長談管理時說到：「校長的管理學很無奈，常常必須管不想管的事和理不想理的人。」這或許是校長的無助，面對多元價值的校園，校長必須包容、整合不同想法的人。我的體會是「天助自助者」，若能圓滿管好該管的事和理好該理的人，就是領導力充分的發揮。在校長的處世哲學中，要有權威也要有威信，須有關懷也要有倡導，要平易近人也要不落俗套，想做到面面俱到卻可能適得其反，有時無心插柳柳成蔭，但有時水到位渠卻不成，所以，當校長要有機運、彈性、方法，但最重要的是自己要很努力、專業、成熟。校園有時像社會的縮影，會有各式各樣的問題等著校長處理、解決，尤其，「人與人」的問題是最複雜和傷神的，能妥善處理，有圓滿的結果，會很有成就感；但如果盡了全力，仍難以處理，導致怨懟不滿，也得概括承受！所以，當校長必須接受人生事務的不圓滿——有些人是活在不同世界的人，同時，也要相信自己有足夠的能力洞悉人性、啟發善念、散播愛的種子，維護校園學習的環境，培育優秀的莘莘學子。堅信校長不必全然依靠法定職權給自己的權責，而要憑器度、專業、能力、理念，讓組織成員樂意領受而全力以赴，這應是校長自我期許、努力的目標。以下藉擔任校長期間所遭遇的事件，闡述心路歷程和心情故事，每個事件都讓我體悟、學習甚多，歷經各種不同事物的考驗後，益發珍惜當校長的福分，以及對教育的責任感。

📚 一位護子心切家長的困擾

現在學校現場是校長責任增多，但權力減小，當校長已經變成是高風險的職務。尤其較大型學校的校長無時無刻不在危機之中，須時時警戒。上、放學時間擔心師生行的安全，上班時間擔心班級突發狀況，擔心師生衝突、學生遭

受欺凌、家長對老師教學或管教有不滿意見，下班後也擔心學生鬥毆鬧事、出入不正當場所。即使盡力預防意外事件的發生，還是會有遺憾；校園事件的處理，更是藝術也是關鍵，能圓滿則皆大歡喜，否則又是痛苦的深淵！想創造多贏局面，還得有機運。所以，自助人助，平安就是福。

　　剛轉任一所大型學校的第一年，由於班級數極多，學校事務繁瑣，在大家通力合作下，校務尚推展順利。不料，有一天，卻發生一位同學疑似遭受同學集體欺負（即所謂霸凌），導致輕微腦震盪現象（經醫療後，已無大礙），該生家長大怒而至派出所備案，後來又上報紙版面並揚言控告該班同學，同時指責導師管教無方，學務處處置不當，未讓參與霸凌同學遭受處分。我知悉後，介入處理。其實，此事件主任已依規定處理，參與霸凌的同學已按校規懲處、列入輔導，也深表悔意，並非未處理。但家長仍認為有些同學未被處分而心生不滿，縱使學校再三說明都充耳不聞。於是到處寫陳情函並寄給教育局、教育部等上級機關，內容都是指責校方不處理，學校則一一寫報告說明。我為此召開多次協調會，參與霸凌同學之家長也表示願意道歉及賠償該生的醫療費用，無奈家長仍不接受。後來依調班程序將該受害同學轉班，轉班後，該位同學各方面均適應良好且正常學習，事件應圓滿落幕了。然而，戲雖落幕但人卻未散！本案因家長堅持提告已由少年法庭受理，許多學生陸續遭到約談，該班家長無不義憤填膺，認為是否太過份了！我極力說明立場，已依規定程序該做的都做了，現在應尊重少年法庭的處理，冷靜面對。期間，該家長仍不斷陳情上級單位控告學校不處理，內容則與之前陳情的完全一樣。我心想：不是都處理了嗎？怎會沒完沒了？學校盡心盡力輔導與安撫該班同學情緒，班上好不容易安定下來，且少年法庭持續處理中，怎能一口咬定學校不處理？我決定為校譽清白挺身而出。於是親自電告各上級單位承辦人，充分告知本案處理情形。後來，上級單位掌握了資訊，未要求學校再寫一樣的報告，一致尊重學校的處理和少年法庭的審理。最後，少年法庭的判決相當符合教育意義，本案終於結案，學生可安心準備基測，也都順利畢業了。一年多來的煎熬，始告結束。

　　那段期間所承受的苦悶和煎熬，如非身歷其境，實難體會。我不斷告訴自己：已經依規定程序盡心盡力去做，無愧於心，烏雲終會過去，光亮必將到來，一切都將美好。如同詩人雪萊說的：「若冬天已來，春天還會遙遠嗎？」果然，本案都往好的方向走，呈現好的結果，令人欣慰。

面對不平的自處之道

學校是兼具行政科層結構和教師鬆散結構的組織，組織成員（包括教職員工）的自我約束力，不若行政機關或私人企業般的嚴謹，在教師職務分配方面，得花更多心力溝通和協調。在新年度職務安排前，校方通常會諮詢教師意願，盼能適才適所，但因職務分配無法滿足所有人的需求，就會產生困擾。於是，透過溝通方式，請求某些教師特別幫忙，共體時艱、為校奉獻，以讓每位教師發揮最大的才華，成為很重要的事。

在常態編班下，每班的導師安排，無疑是家長最重視的。家長都希望導師是最優秀、好溝通的，能讓孩子在功課、品德、生活習性等方面有良好的發展，這就是所謂的「良師」。以校長觀點觀之，每班都要照顧，每位教師都要具備教育素養，做好班級經營，提升各班教學水準，讓家長放心，亦即，期許每位導師都是良師，也是努力的目標。有一次，一位教師自願選擇擔任某種職務，但該師並不確定是否如願，又怕學校另有安排。於是，透過管道找校長溝通，表明想擔任該職務的意願，惟其溝通方式，實在令人不敢恭維。因受其委託人士在未確定學校人事安排的情況下，竟向上級機關指控，毀謗主任專權、校方辦學不佳、缺乏制度等等，讓校方承受不白之冤，當我掌握整個指控內容和原委後，始了解該請託人之舉動可謂「項莊舞劍，意在沛公」，即意圖藉上級之力向學校施壓，以遂其所願。一件單純的事，卻演變成如此難堪局面，感到些許氣餒。後來，依校內職務輪替辦法，確定該師如願擔任那職務時，整件事卻又峰迴路轉，該請託人主動表示，所陳情的事不重要了，上級也不會再追究，事情已結束，感謝幫忙。

我納悶的是，為什麼有人為達成個人的目的，可以胡亂編織罪名，毀謗別人名譽；達成目的後，又可堂而皇之的當作什麼事都沒發生？人事安排以學校整體發展及對學生學習最好的方式處理，沒有校長個人的私心，也無特權，本良知辦學，這是我一貫的理念。歷經這件事的風波，讓我體會到校長面對不平的無力感。事後，我以嚴正的態度向該請託人表達對這件事的看法，望其支持學校，勿再做傷害學校之事。這事件就當作是個人專業成長的歷程，讓我上了一課。

基測的迷思與效應

　　國中校長最大的挑戰就是每年基測的成績表現，尤其是指標型學校，更是眾所矚目的焦點。基測考得好是理所當然，若沒考好將造成莫大的壓力。校長重視的是整體成績表現，可是，若整體成績表現優異但第一志願人數沒往上衝，則會被視為挫敗，校長的處境堪憐。

　　有一年，鄰近學校第一次基測成績出奇的好，PR 99 人數創新高，該校網站、跑馬燈大放送並放起鞭炮慶祝，我校則是整體成績優異，但原預估可達 PR 99 人數有許多人失常，掉至 PR 98、97，PR 99 人數首度被友校超越。即便 PR 97 以上仍遙遙領先，現實呈現的卻是大挫敗，家長也感到相當失望，校園氣氛異常詭譎。我面臨辦學理念的衝突和價值的矛盾，教務主任心情指數降到冰點，所有負面的想法全部出籠，難以接受殘酷的事實。基測成績不如預期所導致的巨大壓力，深深打擊同仁的信心。當時的現象是：都會區中上程度考生的前端部分都往前擠，擠到天花板而上不去了，即所謂「天花板效應」，明星高中錄取分數大幅提高，「鑑別度」遭受質疑；基測命題也面臨考驗，因已實施多年，題型與內容易遭複製，學生反覆解題即有好成績，被批評為「欠缺創造力」，有通盤檢討的必要性。即便升學環境如此，校長還是必須面對現實。當時腦際想起派瑞‧史密斯在《領導的 24 堂必修課》書中處理低潮時的一句話：「一個好的領導者應具備的重要特質之一，就是能夠以建設性的態度面對挫折和失敗。」在低迷的氛圍下，我仍須鼓舞士氣，肯定全校同仁的付出。我發表「基測尚未結束，師生仍須努力」的宣示，繼續開放學校閱覽室供考生「K 書」，並拜託相關教師義務輪值為學生適時解惑，鼓勵衝刺第二次基測的同學，務必全力以赴，將實力充分發揮，期待二次基測後能「扳回一城」。

　　一個自期以開展學生多元智能為理念的校長，在基測上所面臨的窘境、無助和失落感，實在難受，當時的心情可以「椎心泣血」之痛形容！二次基測前的一個月，天天以「臥薪嚐膽」的心情惕勵自己和勉勵同仁必須振作，也祈禱上天相助。所幸二次基測成績出爐，PR 99 人數大幅增加，整體成績大躍進，之前的陰霾總算「一掃而空」。歷經一個多月的煎熬，終於放下沉重的負擔，

真要感謝「眾人之集力」保佑學生，發揮實力！我再次為文，勉勵同學：「人生是一連串努力的過程，高中職階段只是人生中的一小階段而已，未來無論求學或就業，都要更盡心盡力，成功來自於謙卑自省的修養和努力不懈的態度。不管就讀哪一所學校，只要努力學習，每個同學都是學校的驕傲！」在家長迷信於明星學校的觀念無法解除前，國中教育很難擺脫基測、升學的迷思。雖然，許多人士一直呼籲，應回歸教育本質，讓學生快樂學習；但是，現實呈現的卻是「殘酷的競爭」，尤其是「高分群」。經過那次震撼教育後，讓我深深體會到校長面對壓力時的「難言之痛」！

辛勤耕耘，歡喜收割

很多人對國中教育批評意見很多，大致上以升學主義、考試領導教學、管理僵化、不重視才藝社團、缺乏弱勢關懷等等，許多家長選擇學校是以「升學好」為考量。在國小學很多才藝，如管樂、絃樂、國樂、合唱、舞蹈等，升上國中後，有的家長選擇讓孩子退出音樂社團，專心於升學科目的強化，實在可惜；也有體育表現優異的國小學生，升上國中後選擇退出，全力為升學做準備，也令人惋惜。我的教育理念始終認為，提供與培育學生專長的發揮和表現的舞臺，是校長相當重要的職責，但在實務上卻可能遇上理想的矛盾。因此，我常與家長溝通，不必擔心練習才藝會影響功課，兩者可以相輔相成。練習才藝是興趣的發揮，能有好表現，可以展現價值，培養自信，對未來的人生發展必有助益。大部分家長選擇讓孩子繼續參加社團，但也有家長仍認為練習才藝花費太多時間會影響功課而割愛。我則選擇尊重家長的決定。

才藝社團的招生，還得靠國小積極籌組團隊，才有來源，但因少子化影響，未來恐難樂觀。我堅持持續讓音樂、體育社團蓬勃發展，學務處同仁也全力促成樂團、體育團隊能順利組團、培訓與參賽。行政團隊全力遊說、招生、培訓，讓團隊得以持續發展。所幸，在極為困難的環境下，家長後援會以實際行動支持學校，而音樂、體育團隊表現優異，管樂團榮獲全國特優殊榮，絃樂團、口琴團也獲全國優等，直笛團和合唱團獲全縣優等；女子手球隊獲全國冠軍而遠赴西班牙參加巴塞隆納．聖伊斯提錦標賽並獲 16 歲組冠軍；桌球、籃球、撞球、田徑也有優異表現，學生傑出的表現讓大力支持的家長，感到無比

的光榮，優異的成績，深獲各界好評。猶記得參加西班牙手球錦標賽連勝六場奪冠的興奮之情，冠軍頒獎時的熱烈場面，滿場觀眾大聲高喊：「TAIWAN、TAIWAN、TAIWAN、TAIWAN……」，我舉起獎盃，同學撐起我國梅花旗及校旗，和各國選手及熱情觀眾合影，讓我深切感受到身為臺灣的國中校長是多麼的「光榮」！

　　每個團隊參賽獲獎，都是努力後的成果，無論縣賽、全國賽或國際賽，沒有不勞而獲的。當樂團指揮鉅細靡遺的指導學生合奏技巧，體育教練揮汗如雨的指導比賽技能，家長在比賽前後的搬運樂器和熱切支持時，我看到的是教師的光芒和教育的希望！深受感動。

校園生態變化的危機 ◉◎◉

　　學校行政主管（主任），以及各處組長、各班導師人選，往往在新學年度時會成為校長困擾的問題。一個穩定的學校，行政部門各司其職，人員安定，問題不大。但行政當久了之後，若有人想轉換跑道，或不想再兼任行政職務，則在長期穩定的學校裡，即會造成用人的困擾。

　　在大型學校裡，行政工作是極其繁雜的，每天要處理的事務不勝枚舉。由於優良傳統與明星學校的光環，行政同仁不敢稍有懈怠，每天戰戰兢兢的恪守職責，大部分教師嚴格教學，因此，尚能維繫傳統優質學校的光芒。

　　但是，時移勢易，整個教育大環境也在變化之中，行政工作有增無減，與擔任導師或專任教師相比，實在辛苦的多。龐大的工作量常會影響家庭，有的教師婚後生子，要兼顧行政工作和家庭有困難，會請辭兼職；有的因身體健康因素請辭；有的因生涯規劃不想兼職；有的已付出過，希望回歸專任等，教師兼職問題困擾著校長。校長手中並無太多籌碼，只能道德勸說並動之以情，面對校園生態的嚴重勞逸不均，行政喊累、導師喊苦，專任相對較輕鬆，許多教師將專任列為「第一志願」的情況，著實令人沮喪。學校的職務分配是固定的，每個職務都必須要有人做，沒有逃避的空間。試想老師常常教導學生要勇往直前，積極接受各種挑戰，培養良好的做事態度等，而教師本身卻做不到也不想做，那怎能成功教育學生呢？何況，外面有很多流浪教師爭破頭想擠進學校而不可得，少數現職教師卻連基本的導師和行政都不想擔任，是否太不可思議了呢？

幸好，學校常有許許多多無怨無悔不計較付出的默默耕耘教師，也常有熱誠奉獻教育的兼職行政夥伴，他（她）們是穩定學校的中流砥柱！這些有形、無形的力量，是最可貴的和令人尊敬的。我在大型學校裡，看到各處主任、組長、導師早出晚歸，犧牲家庭為校奉獻，有時還會遭受各種流言之污衊，實在心疼！行政推動免不了會得罪人，這是很難避免的。我會私下勸工作夥伴，推動工作之餘也要注意圓融，畢竟，言人人殊，很難面面俱到，至少要降低「樹敵」之風險。校長本身也動見觀瞻，當有心人士想抹黑時，往往暗箭難防。我常反省自己，要有道德觀、以誠待人、以勤處事、外圓內方、公私分明，以學生學習為念，本良知辦學，做個令人尊敬的校長。

感激與心疼

剛遴選到一所曾服務過的學校當校長時，當時學校的行政人員、教師士氣低落，家長會組織鬆散，組織成員向心力普遍不足，學區國小學生外流嚴重，學校風評不佳，當時可謂「動盪不安」！我接任時做了一番 SWOT 分析並理出頭緒，「慎選主任」成為極重要的一環，尤其是教務主任。我詢問多位昔日同事，大家一致推薦當時的教師會會長林老師可擔任教務主任，經一番思考後決定重用。三顧茅廬後，林會長從毫無意願到願意考慮，最後再請教務處諸位組長一起發聲，林會長成了林主任。林主任從未擔任過行政職務，對教務更是毫無淵源，但她具有虔誠基督徒的信仰，和母親般的特質，能與不同性格的人溝通並取得信任，非常有執行力。即使有人對其有意見，但我用人不疑，全力支持她。我們訂定「振興計畫」，全方位提升學生學習成效及開展學生自信心，她襄助我共同撐起校務四年，績效卓著！我校以二十多班的規模，曾經獲得區賽語文競賽國中組團體第一名佳績，並在各項競賽屢屢得獎，升學方面也創新高，奠定學校穩固的基礎，深受社區肯定，班級數開始增加。我調離該校那一年，她也退休，成為一段佳話。

但當時學務處張主任的遭遇卻讓我至今仍遺憾不已！

張主任與我共事多年，是位「名師級」教師！擔任過生教組長，我也拜託他擔任學務主任，他全力推動學務各項工作，風評極佳，校譽日隆。無奈有一天遭一位八年級特殊學生意外揮拳擊中眼睛周圍，造成眼睛附近紅腫。該生疑

似罹患「亞斯伯格症」，有時好動，有時沉靜，作業幾乎不交、上課常睡覺，好動時隨意走動，和同學時有爭執，若任其睡覺不處理又怕影響班級學習。該班導師無力管教他，求助於學務處。張主任只好安撫該生在學務處讀書，有一次，該生情緒突然不穩定，想離開學務處，張主任抓不住他（因該生體型魁梧），又怕發生意外，情急之下擋住門口，該生卻不由自主的揮拳擊中主任右臉頰。這事造成張主任極大的挫折感！雖然後來經我處理之後，該生家長充分了解學生之錯誤和行為需要矯治，也當面向張主任誠心道歉，張主任很有教師風範的表示原諒該生的行為。可是，傷害已造成，該年度結束，他堅決請辭，當時我的心情極度低落！眼看著一個意外，傷害一個熱血的青年，竟無力挽回，至今想起張主任，仍然百味雜陳，成為我的遺憾。

帶來快樂的可愛天使

　　我所服務的學校都設有特教班，只要看到這群無憂無慮的快樂天使，就神情愉悅。政府對身心障礙類特教班的照顧，可說是無微不至，特教班的孩子在生活、食用、交通、學習等方面的費用，都由縣府編列預算支付，讓家長只要在上學期間，完全不必擔心，可以安心工作。這點要衷心感謝縣府的人道關懷，廣種福田。

　　相較於普通班學生的升學壓力，特教班的孩子相對較為幸福。如果特教班家長能夠換個角度看事情，就不會感到痛苦。有一次，召開校內特教班會議時，我說到：特教班孩子是上天降臨的天使，是老天爺要送給最具愛心的家庭，所以，家長一定要悅納孩子，勇敢承擔孩子成長的責任，並珍惜與孩子的情感，學校一定會給孩子最好的教育。家長千萬不要以為是自己做錯事或基因有問題而生了這樣的孩子，而自我否定，只要盡心教養孩子，就是全世界最值得肯定的好家長。散會後，一位媽媽到我面前哽咽說到：校長，感謝您說出我的疑惑，十幾年來，我承受極大的壓力和異樣的眼光，我常想是否因為我做錯事，老天爺給我的懲罰，才讓我這樣，聽到校長的談話，讓我輕鬆許多……。可見，社會上還有不正確觀念，面對這些壓力，有的家長選擇默默承受。如果我們能給他們支持、力量、協助，幫助她們站起來，那是不是非常有意義呢？我很慶幸無意間解開這位媽媽多年來的鬱悶，感覺真好。

近年來，政府為照顧弱勢孩童而推出「攜手計畫」，讓各類經濟弱勢學生能提升課業水準，立意非常好也獲得非常高的滿意度。我秉持「對弱勢族群的關懷就是最高道德表現」的理念，全力推動，校內教師發揮專業與愛心，依學生程度自編教材、評量卷，進行小組教學，啟發學習動力，學生進步甚多，獲得極高的肯定。因此，榮獲教育部評選為全國國中「推動攜手計畫績優學校」。當接受教育部頒發獎座時，內心相當激動，感謝政府重視弱勢學童的課業，也欣喜校內努力，獲得殊榮。看到攜手班的學生，從無力向學到滿懷希望，心中滿是感恩。

過年過節時，當特教班孩子手捧著親手做的蛋糕、鳳梨酥、素粽，以及小點心、綜合飲料送給我時，用不順暢的話語、誠摯說出：「祝福校長，快樂、吉祥、如意，永遠愛你的學生○○○。」那種感動，真是筆墨難以形容！有時我回辦公室，會有攜手班孩子留言：「送給校長的生日蛋糕，是我們的心意喔！」真是一群「帶來快樂的可愛天使」啊！

看到學生的亮光

銘哲（化名）是一個熱情而欠缺自信的孩子，常給班導師帶來不少困擾。他常常作業不交、上課不用心，和班上同學相處也不融洽，同學不太喜歡和他打交道，因他會有作弄同學的行為，導致他的人緣不太好。他身體高壯，有點肉肉的，從體型看，倒是有點可愛。雖然同儕認為他有威脅性，也讓導師傷透腦筋，但他也有榮譽心和正義感，渴望被肯定。

有一次，我正在巡堂，親眼目睹銘哲將好幾個寶特瓶，在樓梯窗戶前往下丟。他以為沒人看見而沾沾自喜，轉身看到我而滿臉通紅。當下，他嚇傻了，立刻說，校長，我錯了，請不要跟導師說，我會將寶特瓶撿好回收。我當下表示同意，相信他的話，叫他先進教室上課，下課再回收，這是我們兩個人的「默契」。後來，我好奇的到樓下看看東西是否還在，很高興的是，樓下變得很乾淨，不僅寶特瓶回收，連附近的紙屑也都不見了。可見銘哲真的說話算話，是可造之材。幾天後，我將此事告訴班導師，並肯定銘哲的行為表現，請班導師多鼓勵、讚美他，他一定會愈來愈好。果然，銘哲從此判若兩人，積極求表現，不僅服務班上同學，並成為學校環保志工，受到全校師生的歡迎。畢

業典禮結束後，他到校長室找我，並送我一罐「星星紙」，這一罐星星紙至少有數千個之多，是他花很多時間摺成的，要祝福校長永遠平安。我感動不已，緊緊抱住他，這孩子將來一定會很有成就的！至今這罐「星星紙」跟隨我調校，成為校長室裡最有紀念價值的「無價之寶」。

　　一個無意間的舉動，看到銘哲善良的一面，相信他並肯定他，從此改變了他的心智。我深信，孩子都是可以教導的，教育工作者是學生成長中的重要貴人，校長的影響力是深遠的。

📚 結語

　　南宋詩人陸游詩句：「山重水複疑無路，柳暗花明又一村」的心境，與校長處理校務的心情頗為契合。當人處在地形複雜、山水變化無窮的環境時，眼前似乎無路可走，看到的景物都是灰暗的，心情必然閉塞悲觀；但是，當奮力度過險峻山水，突然看見前面花明柳暗，幾間農家茅舍隱現於花木扶疏之間，就會心曠神怡，心情轉為豁然開朗。其實，一切都沒改變，只是心境調整罷了！所以，否極就會泰來，危機就是轉機。

　　當校長不僅是職務的改變，也是服務層面的提升，更是責任的擴大。處理校務，有苦有樂，懂得調適、欣然處之，就能勝任愉快；面對低潮與挫折，能以建設性的思維和堅毅的心境勇敢處置，常會有意想不到的好結果。人生不可能都是順利的，常保樂觀、笑臉迎人、坦然面對各種事物、正向思考問題，多關心周遭變化，以學生學習為念，營造良好的校園環境，則校長就能「常保安康」，而無愧於心了。

　　今年的秋草又綠滿羊腸小徑，今天的夕照又溫暖校園角落，而我依然滿懷理想和希望，默默的漫步在校園，享受忙裡偷閒的快樂，這就是校長的「浪漫」吧！

謝校長小檔案

　　謝校長從小自彰化鄉下長大，一路從師專、國立臺灣師範大學國文系、國研所、教研所畢業，可謂「純種」的師範體系出身。一直服務於臺北縣，歷經國小、國中教師、教育局以及各種學校行政職務歷練，擔任過兩校校長，校長年資逾六年，目前擔任臺北縣某國中校長。

　　一生以教育為志業，抱持著「開展學生多元智能，提供良好學習環境」為校長重要職責，本著「關懷並照顧弱勢學童，為教育的最高道德表現」為職志，希望經營學校為「具有人文氣息、關懷民生、勤奮向學、兼具鄉土情與國際觀的優質學園」；自期「以勤處事，則天下無不可做的事；以誠待人，則天下無不可待的人」為座右銘。人格特質：謙沖有禮、樂觀進取、豁達有情、樸實踏實、恬淡閒適。

　　常以說故事的方式和學生勗勉，心中抱持著成為學生（包括自家一對就讀國中和小學的子女）成長中重要貴人的理想，是位平易近人、實事求是、力求簡單生活的教育工作者。

11. 心懸教育　再造風華

澎湖縣中正國中校長　吳國裕

　　教育決定人才，人才決定國家的大未來，主導學校教育成效的校長，更是新世紀人才教育的掌舵者。記得剛考上校長的時候，一則以喜、一則以憂，喜的是得償宿願，可以充分發揮自己的抱負與教育理想，憂的是可否披荊斬棘、勝任愉快，真正造福莘莘學子，興奮與忐忑的心情夾雜，筆墨難以形容。為了加強自己的本職學能，及做好出任校長的準備，還蒐集了許多資料，閱讀甚多訊息，更把何福田教授的大作——《初任校長》，徹底閱讀一次，受益良多。

　　當年在眾人的期許、父親大人的勉勵下，參加縣內國中校長甄試，以第一名的高分獲得錄取，旋即於菁莪山莊受訓，並以超過 90 分的成績，結業於臺灣省校長儲訓班。由於當時縣內國中校長缺額甚多，隨即參加遴選，順利獲聘出任良思國中（化名）校長；之所以選任這間學校的主要原因，乃前任校長力邀之故。雖然在上任前，針對這所學校亦做了一些功課，但主要訊息來源，還是來自於前校長。上任後，發覺與自己的認知及所獲得的訊息，有蠻大的出入，因此，趕緊再次努力蒐集學校資料（此時才後悔沒把《初任校長》一書內容聽進去），諮詢相關人員，徹底將校內、學區內的重要單位、風俗民情及其他相關資訊做一徹底了解，並將各種資料及個人筆記，運用 SWOT 分析，對學校做更深入的了解。

　　良思國中是一所離島偏遠的小學校（含六個教師、一名幹事、一位工友），剛接良思國中之初，首先面對的是行之有年的觀念及運作模式難以改變。教導主任是一位任滿 25 年、熱情、慷慨而又認真的資深主任，但也因如此，教導處遂成為一強勢而又難以改變的正式和非正式組織；幹事雖然工作繁重，但任事卻不積極，導致工作時常延宕，令急性子的我，十分頭大〔他亦認為我十分「硬斗」（台語）〕，而工友修養雖好，但跟社區派系結合甚深，亦造成學校許多困擾，「人」的煩惱接踵而至，十分棘手。因此工作步調忙碌，不得鬆懈，工作內容要同時兼顧多樣、多面性且零散，每天都有應接不暇的活動和事情要處理。活動繁多且零散，活動中常被打斷，溝通交談不易連貫，重

要的活動常被瑣碎的事影響，所以必須快速的調適或調整負面情緒（現在想想，對當時而言，確實十分重要）。很多活動都是被動參與的，並不斷出現許多必須處理的事，真正花在規劃思考的時間並不多，且苦不堪言。在這互動過程中，通常包含同儕和圈外人，其中很多時間花在外界人士身上，像是：家長、教育行政官員、社區重要人物、民意代表，或其他組織的領導人等。人際關係網絡的運作持久不斷，舊關係要維持，而新關係在重要職務、組織和外部環境改變時也不斷的建立。透過這些互動和溝通，而獲得許多的新資訊（有些即使是非正式的閒談或謠言，多是包含最近事情和最新發展的詳細資訊）。經過上述種種的努力及推心置腹，終於贏得教導主任絕對的尊重與支持，幹事亦調整作息且工作態度轉趨積極（他的私人糾紛甚至債務，我還透過各種管道及人脈，幫他處理，使其無後顧之憂；公事我則指導他，包含電腦操作技巧，讓其熟捻業務、信心倍增，幹事後來逢人常道，我是最「硬斗」的校長，但卻也是令人最感佩與尊敬的校長，他的夫人亦感謝我幫她找回一位先生，這話成為我後來繼續任職校長工作，最好的正增強）。工友部分，其本人及社區不同派系人士，也能體諒我的立場而糾紛漸減（即確立一個原則，我在的場合，絕對不提派系糾紛及選舉問題），年輕的老師更是努力學習與認真教學，全校教職員工士氣與績效，遂大幅提升。

另外，在學生部分，有許多特殊的景況令我記憶深刻；剛接良思國中第一年的9月份，時值盛暑，天氣早晴而炎熱，學生很早到校，奔跑嬉戲，未見任何師長督導或進行晨讀等工作，心裡十分納悶；只見教導主任早早起床，忙著為同仁煮早餐（純義務性的），學生上下學亦不背書包，我個人本不欲急著出手，但實在看不下去，著令全校同仁開會，研商解決之道，所幸同仁十分配合，短時間內就解決此一亂象，這是第一個特殊景況。接著發現，學生的品行不差，服裝儀容也十分得體，學校的規範也十分得宜，但同儕言談之間卻經常出現不雅的字眼，且不稱呼父母親為爸媽，而直接叫喚父母親的綽號，極不尊重亦缺乏倫理（老師認為這是家庭因素使然，耳濡目染，難以更正），後經推行有禮貌運動及加強品德教育，情況獲得180度的改觀，間接也使得同仁士氣大振，相信校長的話，沒有做不到的事，只有不願意做的人。第三個缺憾是，學生沒有閱讀習慣，讀書風氣很差，學生成績低落，家長亦不重視教育問題（老師們很認真，卻苦無著力點）；我個人遂決定自己逐戶家庭訪問，對每個

學生家庭做最充分的了解與溝通，過程中最令我驚訝的是，所有學生家庭中，只有一家有書桌。因此，所有家訪結束後，我就跟所有的家長報告，由我個人親自主持，學校晚上免費施行晚自習，幫家長們照顧小孩（家長們可以放心去捕魚或娛樂），提升閱讀風氣及解決學生們的疑難雜症；施行之初，教師們都持觀望態度，等成效逐漸展現，鼓舞了教師的士氣與信心，所有教師全數陸續加入（變成校長最閒，這種感動是無法形容的），學生整體的讀書風氣與成績皆大幅提升，學生的品行、氣質與企圖心，更不惶多讓，社區人士及家長均深刻感受到此一轉變，對學校及各項教育作為，變成十二萬分的支持，從此校園風平浪靜，小而美的優質校園文化，充分展現。

　　學校一些重要的決策，通常都是由許多小行動或累積的選擇所形成的，並不見得和大格局的策略有關。決策過程有時可能比較混亂或失序及感情用事，而非充滿理性來討論。有些行動方案已有了先入為主的看法，也未針對預設目標的可能結果真正進行謹慎的分析，多數的重大策略性決策多不是在正式的決策過程裡完成的，策略往往是我個人在人際接觸網絡中，和相關人士進行有效率的、非特定形式接觸或短暫互動，以累積、彈性、直覺的方式形成的。正式的年度計畫通常也是透過非正式協商後，經行政或校務會議對策略性決策的結果，做正式的確認罷了，但結果多是齊心且令人滿意的。

　　經過少數的風風雨雨，在既有的基礎之下，全校教職員工生的齊心合作，戮力求新求變下，良思國中整個辦學的績效陸續展現，從學生、老師、學校所獲得的獎項不計其數（如春暉專案全國績優學校、《天下雜誌》品格教育典範學校、品德教育全國績優學校、校務統合視導全縣第二名……等），以一所三班的小學校而言，著實難能可貴。也因為如此，獲得多數家長與教育同仁的肯定與支持，在長官的提攜與期許下，遴選榮調市郊的成功國中（化名）。

　　遴選結果發布後，即耳聞成功國中存在著許許多多的問題亟待解決，諸如學生管理不善、親師關係不佳、與社區缺乏互動、校園文化低落、學生大量流失等，種種傳聞甚囂塵上。經多方管道了解和查證，才知傳聞非空穴來風。未上任前，心理已有將接受重大考驗與挑戰的準備。

　　8月1日正式接任成功國中，即發現校園氣氛詭異，校長室只來了一位組長幫忙接待賓客，等我把主任們請到辦公室時，才發現同儕互動真的很差，彼此也少有交集與共識，前兩、三任校長均無法帶動老師、領導學校；而觀察暑

期課業輔導的上課情形，發現竟然有學生躺著上課，多數老師教室管理不易，學生有如「翻江龍」時常爬牆溜出校門，此時才真正感覺到事態嚴重，畢生功力盡出，恐也未必能扭轉乾坤，心情沉重。

但本著校長「歡喜做、甘願受」的精神，只能如同過河卒子、逢山開路、遇水搭橋，勇往直前，而學校氣氛、組織文化以及教學品質的提升，校長具有決定性的影響力，如何打通關鍵，是當下最重要課題。因此，積極蒐集情資，並將學校教職員工生的資料，快速的翻閱一遍，其中卻有驚人的發現：教職員工部分，多是「皇親國戚」，來頭不小；學生部分，家庭社經背景不佳，成績普遍低落，令人頹喪。

緊接著和同仁面談，菸、酒、水與各項娛樂盡出，從一對一、小組活動到全校全員參與，化解尷尬氣氛及減輕同仁間彼此心結，效果十分良好，且各項支出均由我個人負擔（非常值得）。在這些活動或聚會中，大多數同仁均漸能敞開心胸，侃侃而談並指出，前任校長不太愛說話、沉默寡言，不太注重對外的關係；好脾氣但不太和同仁及社區朋友間交往，感覺認識的人不多，人脈不豐；內向、不喜歡溝通、固執、主觀性強與人保持距離，少主動接觸，造成人際關係疏離，和同仁間不信任感重，且表達方式直接，溝通技巧欠缺圓融，不易為人所接受；偏好書面溝通形式，曠日費時，行政效率差，少傾聽同仁聲音；主導角色強，容易一意孤行，不善交際，未營造公共關係，學校奧援少，資源運用困窘，同仁消極抵弭，常陷入成果導向與人和之兩難困境；不願得罪人，凡事息事寧人，錯誤未改進，績效難顯現，只聽長官的話；忽視課程與教學領導，間接導致教師教學效果不彰。以上種種言論，雖離事實不遠，但獨缺教職同仁，對自己的批判及反省能力，因此惡性循環，終究養成因循怠惰的習性，遇事推諉、得過且過，老師和學校都不太管學生，學校環境衛生髒亂，學生精神散漫，行政效率與效能不佳，教學效果不彰，學生大量流失，超額教師問題浮現，優秀老師轉校，劣幣驅逐良幣。學校組織氣氛不佳，和諧度差，遇事推諉，易猜疑，耳語眾多，信任度不足，感情疏離，陽奉陰違，勞逸不均，效率不彰，與社區及家長感情關係平淡，學校組織氣氛僵化，前兩任校長幾乎無法領導，令我震驚不已。透過與全校教職員工生的深度會談，及資料蒐集與探索的歷程，對學校組織氣氛之現況，及校務推展的有關事項，進行深入的分析，最後經由各種現況分析所得資料，提出成功國中學校經營的可行策略，並

將之轉化成簡明扼要的學校經營理念，並將經營理念轉化為全校同仁的共同信念，進而逐漸影響學校成員具有共同的價值觀，塑造優質的學校文化與氛圍。另透過學校行政協助教師主動與家長聯繫，善用學校網頁、親師交流站、親職文宣等各項溝通管道，與家長及社區做良性互動，對家長及社區所反映的意見或相關建議事項，加以列管並切實予以回應，增進家長及社區對學校辦學之滿意度。

至於學生部分，更是利用多元的影響技巧，動員所有相關人員的支持及策劃塑造事件，從正向管教方式開始（學生只有沒有成功的機會，才會變壞），到各種獎勵措施的運用（例如：獎助學金），終究使學生的規範導入正軌。現就以本校畢業生蔡○○為例，敘述其浪子回頭的感人事蹟，及顏○○同學，逆境奮發向上的故事，充分展現出本校輔導與管教的卓越成果。

蔡○○同學誕生於學校附近社區，父親經商，母親操持家務，家境富裕，家庭幸福美滿。但好景不常，父親交友廣闊，應酬眾多，加上開銷頗鉅，家庭經濟每況愈下，夫妻時生齟齬，終至離婚收場。蔡生自述從小跟隨父親，見多識廣，不喜讀書，亦交友廣闊，於同儕間常以老大自居，加上父親無暇亦無力管教，終因耳濡目染，從小即養成抽菸、飲酒習性，呼朋引類，甚而糾眾鬧事，不服師長管教，令父親及校方頭痛不已。父親再婚，後母雖對其疼愛有加，亦無法改變此一事實，更遑論管教問題。

蔡生進入本校就讀時，偏差行為及不良習性已養成許久，甚難管教，再加上適逢青春叛逆期，心理無法調適、情緒難以控制，輔以體格益形魁梧，偏差行為變本加厲，甚而霸凌同儕、欺負弱小、恐嚇勒索、頂撞師長，令父親及校方頭痛不已，學生及社區人士，人人惡之，避之唯恐不及，該生表面看似甚為得意，其實內心受傷更深，老師們苦口婆心，亦無良策。此時，適逢我個人到任，本著不到黃河心不死，不信春風喚不回，帶好每一位學生的精神，齊聚師長，集思廣益，除了課間及課餘給予心理及課業輔導，並培養師生良好的感情與默契外，令其擔任幹部，賦予重任，培養榮譽心與責任感，發揮領袖氣質；另鼓勵蔡生參與運動團隊，發洩精力、鍛鍊身體、凝聚合作精神；並以資訊教育及藝能課程，探索其性向並訓練其基本技能；更以認養花木方式，培養其綠美化能力與愛學校、愛社區精神。在全體師長們的努力及上述種種教育方式與作為下，終使浪子回頭，除了學科成就尚不及同儕外，不僅改掉多年的抽菸、

喝酒、霸凌劣習，其他方面皆可為同儕表率。

　　蔡生不僅對學校環境有所貢獻外，回家更規勸其父親減少應酬，戒除酗酒習性，專心經營民宿，父親感動之餘，照單全收，家庭經濟益形穩固，家庭生活幸福美滿。為了感謝上蒼庇佑，感念學校教育有功，蔡爸爸還願廟宇，捐贈本校營養午餐平安米一千斤，我個人亦回贈家長厚禮，並以此例，懇請社區支持學校教育，獲得十分熱烈的迴響。

　　顏○○同學家住偏遠三級離島，父母以捕魚為生，個人於離島國中任職校長時即與其熟識，並曾協請小女為其伴奏，榮獲國小組直笛獨奏第一名佳績。顏生畢業後獨自離開家鄉（村落只有小學）求學，寄住在阿姨家中，由於缺乏家人的陪伴，生活上難免不便與孤單。顏生屬於生長遲緩兒，身高與同年齡孩子相比顯得不足，但在師長們的鼓勵下，面對生活不便與體質差異，顏生並未因此屈服自卑，相反地，顏生表現出樂觀積極、努力求學、禮貌周到、工作盡職，課業成績一直保持在全班前五名，殊堪典範；因此，榮獲教育部 97 學年度「3Q VERY MUCH 系列活動」AQ 達人獎項之表揚。

　　眼見不一定為憑，更何況是道聽塗說，成功國中是一所具有風華歷史的學校，如今卻落得急速減班及不被肯定的地步，這其中一定存有諸多問題，如教學怠惰、行政互相推諉責任、校園不和諧，以及一些不可抗拒因素（如市中心新學校成立、少子化等）。雖然這都不是短時間可以改變的，但無可否認的是，教師既然是屬於這個組織的成員，每個人就有責任義務去改變自己，凝聚向心力，從事組織改造，創新教學，找回學校往日風華。就任成功國中校長一段時日後，才發現本校大部分的教職員工，能力是強的、操守是好的、耐心是足的、用心是夠的、愛心更是一極棒（學生獎學金的捐助就是其中一例），只是缺乏激勵與尊重；我常說責備容易引起對立與仇恨，讚美則能使人發揮人性的光輝，維持校園和諧是校務運作順暢成功的第一要務，我彎下腰來，戮力與師共舞，調整學校教育在社區中的角色、地位與功能，重做系統化的定位與安排，並規劃中長期之校務發展目標與計畫。台積電董事長張忠謀先生曾經說：「領袖是願景的容物，領袖最重要的任務是承載願景！」建構團隊共享的核心價值體系，塑造學校的願景，建立個人的領導權威，凝聚團隊的向心力，共創團隊核心價值及共享與共榮的校園風氣，這就是我的作法。

　　如今，成功國中在全體教職員工生的齊心努力之下，漸漸奏出篇篇美好的

教育樂章（兩年來，師、生、學校所獲得的獎項無數，例如：正向管教全國績優學校、課後扶助全國縣市績優學校、校務評鑑全縣第二名、全國音樂決賽直笛合奏團體組優等、縣教師命題競賽特優等），校園和諧，親師生感情融洽，在少子化的氛圍下，學生非但未再流失，全校學生人數更增加了 30%，充分獲得社區、家長、學生的支持與肯定。因此，我堅信愛心可以感動每一個孩子，耐心可以教會每一位學生，用心可以成就每一個學生，誠心則可影響每一位孩子。人不一定能勝天，我也無法移山，但我相信，只要我持續不斷的努力，我將是學生邁向成功的一盞明燈，我能讓孩子的生命發光。

吳國裕校長小檔案

吳國裕、男性、50 歲，工學士、教育領導與管理碩士。長相和藹可親、保育級人類。歷任私人企業主管、公立學校導師、組長、主任，借調縣網中心主任兩年、校長。

12. 艷陽天

南投縣明潭國中校長　張梅鳳

　　記得三國演義中，諸葛亮智取漢中，曹阿瞞兵退斜谷一回中：「正沉吟間，夏侯惇入帳，稟請夜間口號。」操隨口曰：「雞肋！雞肋！」惇傳令眾官，都稱「雞肋」。行軍主簿楊脩，見傳「雞肋」二字，便教隨行軍士，各收拾行裝，準備歸程。有人報知夏侯惇。惇大驚，遂請楊脩至帳中問曰：「公何收拾行裝？」脩曰：「以今夜號令，便知魏王不日將退兵歸也。雞肋者，食之無肉，棄之有味。今進不能勝，退恐人笑，在此無益，不如早歸。來日魏王必班師矣，故先收拾行裝，免得臨行慌亂。」夏侯惇曰：「公真知魏王肺腑也！」遂亦收拾行裝。

　　每個人的背景、修養、知識、經驗、智慧及人格特質皆有所不同，因此當大家在對某項事務進行探討時，差異性往往因人而異，同樣地，考量點也一定不同，所以，以眼見為憑的事實，產生了令人擔憂情況，因為是否會因不夠客觀而流於主觀層面，這點就要好好思考，故很多時候，如能回到原點思考，或許會有令人滿意的答覆。

　　擔任校長滿四年，明年滿50歲，最近常常想著曹操的「雞肋！雞肋！」，常想當初考校長的趨因到底是啥？回想起2006年1月期末校務會議，服務學校的校長跟我說，明年童軍服務和數學輔導團最好只能選一項，當時的感覺是有能力的人當然要多服務人群，為何要限制教師發展，甚至把教師當工具，當初校長之所以能夠考上校長，一定也是表現優良，把握住任何成長與成功的機會，才可能從國小校長晉升國中校長後，再擔任縣立完全中學校長，因此心中就想，不能再如此，被綁手綁腳很令人心煩，必須自己想想辦法，找出自己的出路。果然老天爺眷顧我，2006年3月果然以榜首甄選上國中校長，並遴選至美麗的玉山腳下——同富國中。

　　因為親身體驗，故擔任校長以來，一直鼓勵教師自我成長，推薦參加考試及擔任輔導員，同時也積極爭取外界資源，只要是對學生、教師及學校有益的事，一定全力以赴、勇往直前；可是因為只想著服務，同時學校的主任及組織

運作非常卓越，因此充分授權，雖然只要有機會一定跟全校師生分享所見所聞。

但是對於某些不能體會用心的家長會委員來說，他們覺得校長喜歡往外跑，不常待在學校，因為他們不了解我在外界一直在推薦學校的優質與卓越，歡迎外界常到學校參訪，只要讓學生、教師常與外界接觸、互動及分享表演，學生必能更有視野，更能成長與卓越。所以即使揹黑鍋也不去解釋，因此好像更激怒他們，不過，心中天平很正，不為所動，因此博得「特立獨行」稱號。

同富國中是一個充滿教育奇蹟的卓越學校，基本來說學生好教，為何好教，因為他們開朗、善良、配合度高且又非常知足，所以加上優質的教師及好的家長，同富國中令梅鳳覺得在同富非常幸福與榮幸，光是比賽、表演及表現都令人眼睛為之一亮，學生長的漂亮，表現也亮眼，跟孩子他們在一起，覺得天使都站在我這邊，幸福與快樂他人無法體會。

從同富國中得到教育部「教學卓越獎」開始，榮耀一直跟著同富國中，成立棒球隊，得到臺北悠遊卡 1,333,333 元贊助，大黑松小倆口曾董及邱總捐助興建「健民球場」，青年企業家郭董贊助經費及國手級教練，棒球界坡哥及吳課長協助，同富棒球隊令人激賞，當然拔河隊及田徑隊表現不遑多讓，森巴鼓隊遠征宜蘭羅東、內湖、中正紀念堂、凱達格蘭大道，合唱團更是製作紀念專輯，巡迴表演到愛情博物館、夢想社區、桃園高鐵、臺南高鐵。

同富除了社團及運動團隊的傑出表現外，學業成績可令人刮目相看，申請科學教育計畫數學工作坊，學測成績數學及英文皆有滿分成績，更有學生考上臺中一中、臺中二中及文華高中，學習護照讓學生必須具備基本能力，週四晨間抽背英文及國文，讓學生勇於上臺展現學習成果，週五週考以檢驗學習成就，同時教師也進行週五教師進修成長工作坊。

可是同富國中唯一美中不足的是，暑假的日子充滿危險與令人不安的因素，不是人，是老天爺。每到下大雨或颱風的季節，我會擔心學校沒水、沒電，會害怕學生、教師或家長發生危險或意外，甚至於發生令人遺憾的事情。恐懼與不安會使人考慮要不要再待在同富，雖然學生與家長令人不捨，但是如果生命不再，不知高齡老母如何接受已失去丈夫及二位兒子下，再聽見女兒的任何意外發生，會是如何處境？不知？不知？

2009 年調派至日月潭明潭國中，從同富國中三百多位學生到 64 位學生的

明潭，心情獲得沉澱，因為申請學校中並沒有填明潭，為何會到明潭，原來是強而有力的議員力挺回任原住民校長，同富是原住民學校，校務運作卓越，因此列為第一優先，日月潭明月清風、潭影山光，因此梅鳳因禍得福來到日月潭。

　　對於一個對生命充滿希望的鬥士而言，待在日月潭是再好也不過，有智慧的人將梅鳳安插在日月潭是對的，只有理性與感性的校長才能將日月潭的特色遊學推展觀光與學習的聯集而非交集，學生的學習潛力是無可限量，所以接下來的挑戰與成果且拭目以待。

　　回到原點思考，梅鳳一直覺得個人的教育理念簡潔有力，且讓梅鳳說明。

教育理念（The Educational Ethos）：A+4A ◉◉◎

Action	對自己決定的事，付諸行動，全力以赴
Achievement（not only ability）	努力的代價：成就
Activity（learning by doing）	活動中，做中學
Acceptance	接納自己與團隊
Adventure	探索，冒險

◎強調每個孩子依法有權利得到最適性的教育。
◎實施生活教育與美學教育，培養學生成為有教養的世界公民。
◎強化課程領導與教學領導，協助教師有效教學，提升學生學習成就。
◎重視學生多元智能與潛能，提供其活動、接納與探索的機會。
◎成功是留給有準備且樂於服務的人。

辦學方針（The Educational Policy）◉◉◎

◎依法行事，重視人性化的行政領導。
◎營造民主、和諧、優質的校園文化。
◎重視親職教育，促進社區和諧。
◎結合行政系統、家長會、教師會力量，以學生為中心，共同達成學校教育目標。
◎重視教師在職進修，增進教師專業能力，使知識管理的學習型組織發揮最大功效，建構專業學校文化。

以上的教育理念及辦學方針，應可看到梅鳳「特立獨行」的內涵，其實，嚴格說起來，梅鳳個人非常喜歡羅貫中在三國演義中形容諸葛孔明在空城記中的「談笑風生」，梅鳳把它視為個人應修養及學習的功課，因為：

談者表達溝通、教育行銷、時時準備
笑者自信滿足、幽默風趣、感恩惜福
風者風範風骨、形象建立、特色重點
生者自強不息、熱情開朗、永不放棄
所以看起來梅鳳充滿陽光
的確如此

但是，有些事是無法全盤兼顧，事是盡如人意，比如親情與友情，梅鳳希望常與親人聚會，老友促膝常談，尤其最照顧的好友皆在基隆，即使來到南投已十幾年了，還是無法割捨那份情感，非常思念基隆好友而自嘆為何來到南投，孤孤單單，因此常常陷於困惑中，到底要不要就此打住，告老還鄉，與三五好友相聚話話家常，聽聽建議與鼓勵，遠離競爭場所，讓自己還有更多餘力服務學習，為童軍教育盡一番心力。人生苦短，應在有限歲月中，只要錢夠用，讓自己安適些、自在些。

童軍說來是梅鳳的最愛，因為在服務中學習、學習中服務，沒有童軍，充其量梅鳳會是一個教數學的無情冷酷之教書匠，因為童軍讓梅鳳反思、感恩與珍惜，梅鳳將一些參加童軍活動的心得，分享如下。

中華民國女童軍 2003 奧地利 Free Life Jamboree 代表團團日誌
日期：8月7日　星期四　　　　撰寫者：張梅鳳

今天是 workshop 分站活動的第一天，我分配到身體律動，主要目標是感覺身體的旋律。到了分站點，二位美麗熱情的站主似乎還未就緒，好像很緊張，但是她們還是教了我們藍色多瑙河的華爾滋，很多童軍都不會，所以我就客串助教教華爾茲舞步，有個幼童軍似乎很苦惱，所以我特別帶他跳了華爾茲，增進小小的信心，眼看著場地愈來愈冷淡，我終於忍不住自告奮勇教她們帶動唱，從一切歌頌帶動唱到

原住民舞蹈，以及臺灣女童軍的歌唱帶動，整整玩了近三十分鐘，看來她們也累壞了，她們一定想臺灣女童軍太厲害了，因為那二位站長居然告訴我，奧地利童軍很少帶動唱，邊唱邊跳對她們來說是一個難得的體驗，而她們居然拜託我下午再去支援，當然，我一口就答應了，這麼大的榮耀可遇而不可求，又能建立國民外交，其實我滿腦子都是想著建立臺灣高形象，所以或許有人認為不必過度表現，但想到責任重大，為國爭光是我參加世界大露營的最大動力支柱，想著做著，就會發現自己精力充沛，愈戰愈勇，中國人臺灣人就是這麼有韌性，禁得起各種考驗與試探。

　　下午仍舊是幫忙二位美麗的站長支援身體律動，同樣地結束後她們又要我再支援第二天的活動，太爽了，求之不得，當然非常榮幸的答應，想想真棒！結束支援後跟采連團長一起逛逛營區，看看到底work-shop 在玩些什麼，果然應有盡有，包括體能、感覺、體驗、遊戲及各種技能與手工藝，其中有個海盜吹管令我印象深刻，好想回臺灣與其他團長分享，想著學著，哈！滿懷期待！！

　　對了！早上起來時，學生告訴我佩穎在哭，原來她的相機不見了，大滴淚小滴淚滿面，趕緊安慰並打國際電話請其母親安慰，還好經母親安慰好一些，才又去攻站，下午團長會議時請求協助，其實早上已經告訴分營區主任，但為了學生權益，還是要再說一次（好消息！第二天一大早有人歸還相機，因為是佩穎亂放，而外國童軍以為是其他童軍的而收了起來，還好我又報告一次，失而復得。東西遺失能找到，實在是好消息，對吧）！

　　晚上到餐廳與外國團長聊天互動，感覺真好！好有意思：「因為我發覺我在奧地利很快樂很自在，尤其語文能力又更進步，說聽自如，太美妙了！！」

日期：8月9日　星期六　　　　　撰寫者：張梅鳳

今日是國際日，也是開放參觀日，所以所有童軍團無不卯足全力，期望能好好表現，可是一大早起床就發現前一晚布置的世界旗與中華民國女童軍總會會旗居然不翼而飛，一個堂堂的世界大露營，會發生此種令人遺憾的事，太不可思議，除了向分營區報告外，梅鳳也到總營本部表達深深的遺憾，後來雖然當地警方找回了失物，但營地的安全還是要列為第一目標。

因為布置的東西被偷，還好從臺灣帶了非常多的文物與宣導品，所以還是很快的準備就緒，既然是國際日，因此準備幫外國人寫中國名字，我帶了毛筆及印台、二個印章，開始了一個早上翻譯中國名字，一個早上下來約寫了三百五十多位，看他們有秩序的排隊，還有為爸爸、媽媽及兄弟姐妹要中文名字，真令人欣慰，尤其我準備了二個漂亮的印章讓它們選一個蓋印，看他們認真的模樣，好可愛！

12點時再去總營本部借 CD 收錄音機，因為很早就與其國際組建立良好關係，結果出乎意料之外，他們居然用專業的大型電腦音響為臺灣女童軍準備妥當，下午安排3點、4點、5點各表演一場，共計三場，每一場人山人海，第三場大陸營國際主委還在梅鳳邀請下觀看中華舞蹈——「燈籠舞」，可想而知，掌聲不絕於耳，學生也覺得好驕傲。國民外交成功，Ya！！

其實學生表演的燈籠舞，練習的時間只有短短幾小時，可是女童軍聰明，記性又好，所以預習時，她們還會討論，因此事半功倍，除了引起大家掌聲鼓勵外，其實學生個人才是最大受益者，因為她們贏得了最大的榮譽與尊敬，每個人盡其本分在自己的工作中發揮，對個人自我成長與自我實現，都是最好地激勵，看著學生自信愉悅的與外國童軍交流、swap 交換童軍布章及文物，心裡覺得好喜悅，只要孩子過得充實，團長再怎麼累，都是值得的！教育的目的就是生活，做中學、學中做，童軍運動的最終目標就是世界良好公民，參加世界大露

營是最直接的作法，希望學生也能感恩其父母讓她們如此幸福，謝謝父母及女童軍總會為她們安排的活動。

日期：8月11日　星期一　　　　撰寫者：張梅鳳

　　今天是 undertaking，Branau 的二位團長安排學生到一個湖邊露營，還特地交代我與采蓮副團長不能跟，因為她們想讓學生獨立完成探涉及露營，所以我與采蓮副團長搭 bus 到 Salzburg 進行兩天一夜自助旅行，因為二年前曾到過此地，所以帶著采蓮走走，也由於要挑個好旅館，走到後來，發現采蓮好像被我虐待似得累壞了，趕緊放慢腳步，稍作休息。

　　Salzburg 是莫札特的故鄉，我們參觀了莫札特博物館、真善美大花園、大教堂與修道院，收穫滿滿。尤其採購了不少物品，真是過癮。

　　中午在一家餐廳吃大沙拉牛排，喔！真好吃！令人回味無窮。逛著逛著，我們竟然與高張理事長與高立委意外相逢，其實在營地時因為要建設營地，我打理一切營地建設，因為太用力，造成肌肉過度疲勞，整晚睡不了覺，後來求助醫療站，吃了自費付的藥，總算第二天就沒再痛，可是啊，我卻比其他人要曬得黑又醜，有人說一白遮三醜，不過看來是很健康，當理事長看到我時，心中一定在想「怎麼變這麼黑」，為團體，個人的一切要擺一邊，以團體利益為重，想著榮譽是童軍最大本錢，就一點也不會在乎。因為怕打擾理事長，於是匆匆與理事長道別，其實心裡好捨不得，因為理事長是女童軍的大家長，看到時欣喜若狂，好興奮喔！理事長溫柔的問候更是溫暖了我的心，辛苦沒有白費，有人了解我的心！！

　　晚上因為白天采蓮走太累，所以在下塌的旅館用餐，我們選擇露天式，很悠哉悠哉！晚飯後散步一小段就警覺到安全問題，而返回旅館休息。因為奧地利人重休閒及個人權益，所以商店只營業到6點或6點半，晚餐約在7點以後，吃完晚餐約晚上8點半，休息是為了走更

長的路，所以我們約 9 點半就回旅館整理休息，打算第二天要好好的再逛一逛。

再回原點思考，人有悲觀一面，也有其生命韌度與強度，所以人的生命力量可是因人而異，因為有反思，自我檢討，才知道自己要什麼，該做什麼。因此基本上，梅鳳對未來寄予無限希望，正像王陽明先生在成道前的心情一樣，內心充滿著一種不可言喻的熱烈追求，毫不放鬆地往前趕著，也像一種不可抑遏地自我擴展的理想，蘊結在內心深處，隱隱地驅策著奮發努力，鼓舞著前進，執著地做自認超俗拔群的事業。

當然地，梅鳳在做人做事觀念上以為，凡個人所作所為必出於至誠，而且必須要有耐心、毅力、同理心與通達順暢邏輯的推理能力，隨時隨地對需要關懷與輔導著，付出無條件的愛心，並以合理的表達溝通，在人生舞臺的各式角色中，均能勝任愉快。因此梅鳳常滿懷信心地盡一己之力，充分表現出積極、進取、奮發、誠懇的行為。在思想方式每記取笛卡兒的「我思故我在」，因此思考也幾乎占據了梅鳳整個思緒，而且經不斷地充實自我，思想愈發純正清明，尤其本身所學的數理分析，愈發在認知、分析、綜合、評鑑上展現獨到的見解，且梅鳳更抱著負責人生觀，期後有所長進、有所作為，方能仰不愧於天，俯而不怍於地，常想「不經一番寒徹骨，焉得梅花撲鼻香！」就如同梭羅曾說：「雖然我不富有，但我擁有整個艷陽天。」

張梅鳳校長小檔案

梅鳳祖籍福建安溪，同安堂張氏，世襲河南府台，自祖父輩來臺經營茶園，寄籍基隆。梅鳳幼時常隨家父造訪大自然間，涉足於田野山林中，故培育了開闊、達觀、隨的胸襟。

求學期間，鄒美香老師、康豐裕老師、黃政憲老師、陳金雄老師、楊國勝教授與林輝龍教授給予的指導，更使自己期許能更上一層樓。在教學的過程中深感教學相長，因而不僅修習國小師資班學分、國中師資班學分，同時至國立彰化師範大學修習科學教育研究所碩士班學分，因對特殊教育有了一種解不開的緣，故至國立臺灣師範大學特殊教育學系研修特教三十學分及國立彰化師範大學特殊教育研究所，以服務身心障礙學生，給他們更多的關懷、愛與支援及服務。

經歷方面，淡江畢業後曾任職宜蘭南澳及南安國中、基隆中山、建德、百福、正濱國中、南投旭光國中，推動中部五縣市特教童軍運動，為擴展國際視野，曾帶領臺灣童軍至日本、丹麥、瑞典與奧地利世界大露營，現為中華民國臺灣女童軍總會監事並擔任國家訓練營組訓委員，熱情推展童軍教育。曾擔任教育部深耕種子數學領域教師，也擔任南投縣國中數學輔導員、副召集人、召集人，為數學盡一番心力，在數學世界悠遊實在是人生一大樂事；2006年參加南投縣國中校長甄選高中榜首，經儲訓、結業、遴選，初任南投縣同富國中校長後，現為南投縣日月潭明潭國中校長，並積極推動教育部「校園整合特色遊學」專案。

13. 新手校長的關懷行與教育愛

臺北縣瑞芳國中校長　游玉英

　　個人擔任校長只有短短三年，是個新手校長，過程中有些問題要面對，但也有很多感動令人回味的。在平溪三年，使我更相信教育的可能性，尤其在面對大部分是需要關懷的學生，能穩定就學，願意上學，已經是多令人感謝的事情，校務評鑑委員對於本校學生表現的評語是學生純樸活潑，有禮貌，能主動問好，家長反應搭車會讓位給老者，喜愛學校、認同學校、喜歡上學、喜歡老師，喜歡學校午餐，表達能力佳。對外各項比賽成績表現良好。

　　喜歡學校、認同學校、喜歡上學，多不容易呀！本校學生數不多，近110人，慈輝生是在地生的兩倍，慈輝班在教育部、北縣教育局補助下，主要任務是輔導就讀大臺北地區家庭遭遇不幸有失學之虞，以及家庭教養功能無法發揮且有中輟之虞的學生。與在地生採融入式教學，兩者之間的學生背景與學習狀況差異性不大，但兩者之間家長期望不同，也因為如此經營起來有不同的面向，有一些難度，慈輝生家長較無法關懷，本地生是無力關懷卻想關心，有些也無能關懷，在平溪老師們不但要有教育愛，也要有關懷的行動，才能符應學生與家長的需求與期望，使能達到教育目的，這是我們團隊努力做的事。

　　從學生的觀點，我們的教育策略步驟是：找回他的人、留住他的人、穩住他的心、教他感恩與感謝、願意服務他人、點燃他的希望。從教師團隊的方向來引發教師教育愛及行政團隊的效能。至於家長部分不只要顧及他們的期望，以導引家長關照能之發揮為要。

🔖 找回他的人

　　首先是找回他的人，平溪慈輝生在過去家庭背景因素影響之下，上學極為不穩定，學習成就相當不佳，有些孩子智力正常但卻是不識字，學習對於這些孩子是需要培養與努力的，故讓孩子穩定就學為首要目標。教育作為就是要讓學生願意上學、主動上學，然平溪國中位於北縣東北角較為偏遠，交通工具雖

有火車及公車，但班次不多，能於週一早上 8 點以前上學對於某些學生是相當困難，而孩子多棒！這是多令人感動的事。大部分孩子知道我們愛他，但極少部分學生遊蕩網咖、街頭或車站等，這些都要老師及社工尋尋覓覓與家訪，有的甚至幾次到家裡、網咖去載孩子返校。孩子生病住院了老師們輪流日夜的照顧，個人也載送學生上學達三年之久，我是沿路把孩子接到平溪的，教育是讓人感動的事，讓孩子感動的。也感謝孩子願意上學，有些甚至要換三、四班車從三芝、從三峽、從臺北某個地區出發到校，通常孩子週一上學必須搭當地第一班公車，幾乎清晨 5 點多就要起床出發，尤其在冬天那麼冷的天氣也是一樣。我們也為學生準備三、四種豐盛早餐讓孩子選擇，整月全勤除頒獎外，也提供豐富的生活必需品獎勵學生，孩子是多了不起呀！應該為他們鼓鼓掌。個人三年任職期間學生流失率相當低，有好幾個月全校全勤，全校就來照個全「校」福，在平溪這是一件多大的喜事呀！

留住他的人

留住他的人，留住學生穩定就學，對於有中輟經驗的學生而言，教育是需要不同面向的吸引孩子願意留校就讀。伙食是一重要因素外，從課程與活動中是吸引孩子的重要因素。

課程部分限於「九年一貫課程綱要」，採因材施教，從授課的教師、課程的內容調整與改變。運用退休教師、建國中學資優生、北一女中畢業生、大學服務學習社團、教育部提升基測等人力，於課間、課後或夜間實施，針對學生起點能力採分組教學，有些組甚至只有二、三位學生就開課，教育是不計成本的，只要有助於孩子。平溪本是小班，每班約計二十多位學生，雖小班彼此干擾大，每個學生學習能力不同，個別內差異大、個別間差異亦大，又有多位身心障礙、過動、情緒障礙，甚至品性疾患的孩子，於上課時採個別化、適性化教學方式實施，這些方式對於基本學力測驗分數的提升可能不大，但對於個別孩子的助益深受肯定，孩子國文程度可以從小三提升到小六，數學從不會乘除到會做四則運算呢。這種過程與方式的教學模式，榮獲教育部、臺北縣教育局於攜手計畫課後扶助方案評選為績優學校。

教育是提供與建構學生展演平臺的，在活動部分，學生數雖少，社團卻是

多元，每個學生至少可以選擇二、三項社團，包括：街舞、十鼓、北管、魔術、皮雕、陶笛、吉他、自行車、拼布、戲劇等，有的社團甚至只有二、三個學生，只要學生願意學習就開設，只要孩子可展演、可以表現，就提供訓練與展演的機會。每年北縣舉辦詩詞吟唱、戲劇賽等本校必參賽，學生表現相當良好，常有特優、優選的佳績，班際的大隊接力，本校也是全縣前五名，不管成績如何，就是給予孩子舞臺。

十鼓隊是每年北縣國際天燈節開幕表演節目，十鼓隊的展演不只在迎賓、活動、募款、藝術秀及社區節慶等活動，只要想表演就給予舞臺。學生各項社團活動，透過期末才藝賽、成果展、歲末圍爐、校慶等，讓學生自己規劃、自己主持與展演，常會有令人感動的展演表現呢！

寒暑假是最好玩教育的好機會，沒有課綱、課程的限制，上午仍實施補救式教學活動，亦實施分組教學，下午則是活動與社團課程。寒暑假要留住孩子是有些難度的，讓學校成為有吸引力的地方，讓上學不只是學生的責任感，將學校成為成長學習的好地方，在平溪一週中總安排一日遊、探索課程或露營活動，參訪故宮博物院、歷史博物館、植物園或其他特色場域，讓學生視野打開，這些活動經費除教育部固定補助外，其餘有教育局或民間企業團體贊助，在地生是完全免費參加的。並不是所有的孩子都願意出席，何況部分學生是自由慣了，他的一群好友寒暑假是不上課業輔導的，總是向他招手呢。這樣的現象學校與孩子間的拉鋸一再發生，我們也獲勝過，我們曾暑假期間全校全勤過呢！孩子多棒、多厲害呀！

穩住他的心

穩住孩子的心，要創造成就感的教學活動，重塑孩子內在的尊嚴與價值。孩子是需要教育的，尤其是家庭功能不彰的孩子，在成長的過程中，總是有些大大小小的問題，有些甚至未被好好的對待、關懷，有些孩子身上有很多的瘀青，有個孩子腳底甚至用釘有鐵釘的竹板拍打數百的釘痕，多令人心疼。有些被老師關懷卻懷疑老師的目的為何，多令人心酸。有些孩子從未過生日，當然不知道要如何過生日或感謝他人；我們每個月為孩子慶生，為個別孩子做不一樣的生日驚喜。曾有個孩子睡覺時我們特別安排為他慶生，當他被叫醒時，卻

告訴老師不要打他，他今天沒有做錯事，今天很乖，我掉下眼淚，孩子要學會信任、學會關懷、學會被愛，這是正常孩子應該有的，我告訴孩子你值得被愛，因為是你，是值得被愛的。曾經有善心大使贊助一筆經費，就是要我們規劃「孩子的第一次」，第一次的活動或第一次的餐廳等就是要「第一次」，我們規劃參觀路線是故宮博物院、鼎泰豐小籠包、臺北101大樓觀景樓、誠品書店及蒙古烤肉餐館，那是寒假的一日遊活動，我們也將多餘的經費讓平溪鄉三所小學的孩子參加。感謝那位善心大使，孩子問我為什麼可以到那些那麼貴的地方呢？我說：「因為你們值得。」

學校常辦理各項活動讓孩子體驗，讓孩子發現自己的想法跟行為與他人是有多麼不同，讓孩子學習與別人合作，讓孩子學習與別人相處，體會他人的善意，書上學的，自己口裡說出來的，腦袋想的，自己的行為與別人為什麼有那麼大的差異。有時候要孩子轉個彎、換個角度看事情，是多麼不容易，只有透過活動中讓孩子體會到，讓孩子記得。

曾經發生於辦活動中，外聘教師（企業老闆）打完電話後將高價的手機隨手一放，活動結束時手機不見了，手機的主人相當焦急，因手機內很多聯絡通訊錄，將會造成業務上的延誤，這件事的發生對於學校是很尷尬的。如作全校大搜查是可以查到，但我不願意，不願意讓孩子受到傷害與恥辱，雖然孩子做錯，我告訴自己要相信孩子：孩子一時受物慾的誘惑，是無偷竊之心，是臨時起意的。當天我們集合學生精神喊話，也打電話、打簡訊告訴這孩子（手機）：是一時迷惑，且這手機對於主人是何等重要，相信你是善良，是懂事的，且本校一直受到很多企業的照顧與贊助等，你一定不會希望學校受到傷害，這是挑戰、是關卡，但一定可以跨過的。第二天早上手機完好放在校長室的門口，我掉下眼淚，多令人感動。我打電話告訴對方手機孩子已送回，這位老闆非常感動而後對於本校贊助更多，感謝孩子你真棒！做錯了懂得改過，也非常感謝這位善心大老闆，相信教育的價值，相信老師們為孩子的努力。

教他感恩與感謝

每次辦活動均會要求學生要對於幫助我們的人感恩感謝，用言語、用行動、用表演、用卡片感謝這項活動辦理的人、贊助的人。即使這是團隊同仁必

須做的事情，總不厭其煩要孩子說出來，用行動表達出來。感謝廚工阿姨、感謝修理廁所的工人等，也常為贊助的善心大使辦理感恩活動，否則孩子是不知道如何感謝他人的付出的。

就曾經發生學生想感謝不會感謝，造成誤會的事情。學生於教師節送各顏各色「敬師卡」，就有幾位老師得到黑（顏色）心的卡片；也曾經發生過學生好意將唱過生日歌、切片的生日蛋糕及吹過的蠟燭（蠟燭還掉到地上），順便為我慶生，我也難過半天。為什麼會發生這樣呢？因為我們教的不夠多，學生是需要教導的，老師是不與學生計較的，但校長要計較的是「我們要教孩子什麼？學生要學什麼？」這就是生活教育，該教未教的空白課程，在教室中難以周全，需要實際的生活中去體驗，因為體驗才會有感覺，有感覺才會有感動，感動後才能內化於孩子的心中，成為做人處事的原則，這就是品德教育。因此，個人辦學花很多時間辦理生命教育與體驗的活動，為一棵老榕樹送行、一生（學生）一樹、為四川災變種百合祈福、節慶敬老、畢旅四天三夜自行車挑戰等。於平溪國中的替代性親職教育，是讓孩子體驗正常的生活，從生活中學習負責任、學習尊重別人與尊重生命。以下就用孩子所書寫的感恩卡片之一段話，就是要讓孩子學會感恩與感謝。莊董事長是合普公司董事長，贊助本校25輛自行車。

莊董事長，您好

　　真的很感謝您，在我們最需要幫助的時候，來幫助我們。讓我們的畢業旅行能夠順利的完成，因為有您們的愛心，捐助我們腳踏車，讓我們騎的每一步都不必擔心，讓我們能騎得那麼的安心，真的很感謝您們。包括我們的戶外教學也有您們的贊助，真的很感謝您，我們的感謝，真的用言語也說不完，也寫不清。

　　所以我們用行動來表現我們的感激，不只畢業旅行的那二百多公里，未來我們將面臨更多挑戰、更多路程，因為有您們的幫助，我們也會勇敢的走下去。

　　感謝您們

　　祝福您一切順利。

平溪國中　九忠：王○瑋

親愛的莊董事長，您好～

　　謝謝您們對我們的付出，我們很感謝您們。謝謝您們捐助我們校外教學和自行車的錢，我代表平溪國中所有人，校長、老師、同學還有很多人，我在這裡代表他們跟您們說聲謝謝，我們大家一定不會讓您們失望的，還有我想跟您說莊董事長謝謝您，將來我希望能夠像您一樣，您對我們的關心，我也不知道要說什麼，但還是想說聲謝謝，感謝您們對我們的幫助。

平溪國中　九孝：呂○豪

 ## 願意服務他人

　　我常告訴孩子，很多善心大使一再贊助本校，這些善心大使一再關懷與付出，我們現在除認真學習外，要謝謝這些善心人士的最好方式，就是做跟那善心大使一樣的事，一起做讓這世界更美好的事情吧！也就是服務他人。

　　服務是將自己的專長、時間或體力無條件幫助他人，這是極為快樂之事，服務學習是本校特色之一，讓孩子學會回饋，在步道導覽、社區掃街、節慶敬老、社區天燈教作、迎賓導覽等等，都是孩子展現服務的機會，本校每年都有學生獲服務學習的「楷模王」，98學年度「愛在平溪服務小隊」獲績優團隊，本校亦獲績優學校之佳績。

　　有件事是孩子津津樂道的，就是受考試院邀請參加其院慶活動——教作小天燈飾品。學生在攤位上專注的指導小孩，我們的攤位最多人也最熱絡，獲得民眾迴響，直誇讚學生細心又貼心，因為被肯定而獲得成就感，當天還遇到前教育部長現銓敘部長楊朝祥的激賞，答應到平溪關懷，楊部長參訪時帶著教育部長官到校，還應允改善活動中心隔音設備修繕費二百多萬元，孩子至今還說「錢是他們服務賺來的」，好得意呢！

 ## 點燃他的希望

　　每個孩子都有對未來的期盼，也有對未來的困惑。不要說孩子，就連很多大人都不知道自己未來該何去何從呢！更何況這群孩子，起跑點就輸了！但是他們仍舊應該有夢想，有權利去作夢！並且勇敢的去圓夢！因此，我們選擇站

在他們未來光榮的時刻，在這個角度跟出發點去看他們。我們有信心看到孩子未來發展的可能性。的確，就是因為我們深信孩子未來的可能性，所以更努力！我們要點燃孩子的希望。

點燃孩子的希望，讓學生發現自己也有能力、有未來，也能做夢，並能實現夢想。現實生活中，一般人常以學生的學業表現為能力評斷，讓他們充滿挫折。我們的策略是運用社會達人到本校為學生講演，現身說法他們是怎麼成功，他們是如何迎接困難、面對挑戰的，這要感謝 MOXA 心源教育基金會的贊助，邀請咖啡達人侯國全、氣球達人陳奕偉、麵包達人吳寶春、挑戰極地的陳彥博、自行車環球達人 VICKY、美髮達人李奇等，每學期兩場演講打開孩子的心。孩子多讚歎佩服陳奕偉大哥的手藝，不到幾分鐘就能捏出複雜的圖案，就像施了魔法一樣。就像侯國全比賽調咖啡經過四千多次的努力，才得第一，這些對於孩子都是很有激勵作用的。這些人的成功是經過一再失敗、不斷努力，才能成功，就是要讓學生讚歎，讓學生體會成功可能要幾千次失敗的。學校辦理多類技藝課程，有美容美髮、烘焙、中餐、園藝、廣告設計等等，只要孩子想要學習的就開設，在技藝競賽中屢屢有佳績；畢業後很多學生就讀高職該類科系，未來孩子不一定可以揚名立萬，但孩子未來希望之燈已經點燃了。

導引家長關照能

平溪國中的很多家長親職功能未開發，不會教育孩子，有些因孩子不斷犯錯，就放任孩子不管孩子了，因為住校，減弱親子的緊張關係，但父母不能不要孩子的，終究要回到那個「家」。曾經有個孩子於暑假中犯案了，警察通知監護人，孩子的爸爸服監、媽媽說那是阿嬤的事，阿嬤住院，叔叔說他已經不管他的事了，親人中沒人保他，結果老師深夜到警局保他，孩子一再被拋棄；有的家長甚至希望孩子每天住校不要回家。但家長就是家長，孩子在校表現好，我們會讓家長知道，讓家長知道孩子已經進步了。孩子在校有狀況，我們也會不厭其煩通知家長或監護人，就是要他的家人到校，大家一起來商榷孩子的問題，讓孩子感受到家人有人在關心他，沒有放棄他，而後孩子才能回到那可能「不像家的家」。藉著到校處理事情，導引家長建立良性的親子關係、親

職教育能力，教育父母要父母理解他有能力，也有責任，孩子是他的，教育孩子是父母的事。如此，在雙向軟化過程中，漸漸孩子與他家人的關係熱絡了，孩子也穩定多了，因為有人關心他。

引發教師教育愛及行政效能

　　平溪國中屬偏遠小型學校，人力有限，加上是慈輝班，學生問題複雜，特殊個案多，學生食宿、彈性課程，以及必要的輔導措施等，均使學校同仁負擔沉重，教師流動率高，全校共 19 位老師，個人初接任校長時就有 12 位新老師，這是偏遠小型學校的宿命。個人朝向健全典章制度，建立知識分享平臺，讓業務銜接及經驗傳承，就這樣行政工作有效能多了。我們團隊多人住校，夜間八、九點我們燈火仍然通明，我們的方式、各項活動計畫都透過多次深度匯談後，具教育意義大家有共識才定案，而後期大家的默契相當好，團隊真是認真又用心，具教育愛的。行政團隊 97、98 學年度完全穩定，沒有人下行政工作，雖然每個人都說很累，但累得有價值，累得值得。我總透過每週的主管會報、每月的行政會報，將行政作法、教育作法與理念和同仁溝通，我也將個人教育讀書的心得分享予同仁，同仁將主管會報資料整理約三百頁，出版了《新手校長執行力》一書，這本書是個人三年中在平溪與團隊們努力的紀錄，有教育哲學、對於孩子教育愛，引發教師積極正向的教育作為。

　　校務評鑑時，委員對於本校教師團隊的評語是：

> 　　教師間感情融洽，工作士氣佳，積極參與校務，教學認真投入，願意付出，充分掌握學生狀況並適時予以協助，深獲學生信賴。關懷弱勢學生，進行補救教學。組織氣氛溫馨和諧。

　　對於個人的評語是（校長領導）：

> 　　辦學認真，具親和力、務實、不居功、有活力，積極任事，溫和關懷，校務座談會做專業分享，具輔導專業能力，落實學生輔導工作，且以輔導專業知識教育關愛學生，受到學生的認同與喜愛。熱情參與並依自身專長規劃活動帶領學校團隊。
>
> 　　能積極創造安全、信任、溫馨、專業的學校環境及校園文化。尊

重與接納學生，鼓勵學生多元學習，主動接近學生。

　　簡報內容詳實，所呈現的資料照片，可看出校長具正確教育理念，辦學很用心。且能充分掌握慈輝生回原校的適應狀況，積極爭取社會資源，落實經費掌控，有助整體校務發展及對學生的照護。

　　這樣的評語，團隊非常感動，也非常欣慰，我們就是要做，做對於學生有助益的事。個人具輔導及特教背景，深愛平溪，對於學校經營以建立積極措施為要，除持續增進輔導專業知能外，並協助教師紓解壓力，激發同仁自我超越的潛在動能及對學校與個人職涯發展的承諾，就在平溪的職涯中，為平溪的孩子、平溪鄉的學子而努力，營養午餐支援平溪國小、為鄉內國小學童免費課業輔導，都是我們的孩子，就是教育嘛！通通都是我們的學生。個人在平溪最用力的部分是在輔導方面，雖然輔導不是萬能的，而我們深信每一個孩子都有發展的可能性，每個人都可以發揮影響力，我們什麼都不怕，只怕錯放學生的手。平溪國中慈輝班是屬中介教育，從平溪中輟的孩子幾乎都會到法治機構，我們不忍，就是要孩子來上學。平溪孩子要的是陪他過關的人，給他溫暖的雙手，而我們需要可靠的肩膀，幸運的是我們並不孤單，我們感受到四面八方的溫暖與關懷，就是教育部、臺北縣教育局的不斷支持與指導，社會上很多的企業團體及基金會時時的鼓勵與贊助，以及家長的肯定與放心。這些種種讓我們更有能量向前進，扮演好教育人員應有的角色，盡到教育人員應有的職責。

　　我常說：看到孩子的需要時，就發現自己的責任。看到孩子的改變、進步與成長，就發現自己的貢獻。這是很多老師在平溪服務的價值感。

　　成功領導需要使命、才智、熱情、好奇心、勇氣等決心與態度，以及最重要的——團隊的智慧。感謝平溪團隊在平溪的付出，陪伴這些孩子度過人生的轉彎處，感謝很多企業團體在工作忙碌之餘，出錢、出力，持續關懷平溪的學子，因為他們願意無怨的付出，我們要更努力。教育是我們本分的工作，這些教育作為本來就是我們該做的，關懷學生就是我們的責任，我們責無旁貸。

　　如今個人在平溪國中的階段性任務告一段落了，到另一個教育場域繼續努力。在平溪三年是一生中最精采的時刻，最珍貴的付出。在平溪的各種事物、每個事件，都有它的意義性。平溪的點點滴滴，平溪的事事物物，平溪的學生歡笑與生氣，讓我想起教育發展的四大支柱，就是學會認知、學會做事、學會

與人相處、學會發展。我常反問自己：我們為平溪的孩子建構了嗎？我們是否負起這重責大任了呢？我們朝這方面努力了嗎？我們是否提供了一個溫馨、激勵的校園環境，給予師生一個良好的教學和學習的環境了嗎？我們是否運用優質的領導，知人善任外，對人還要有人性化關懷、差異化對待和多元化包容，在提升效能方面實施目標管理，了解師生需求來提升行政效益了嗎？我們做事是否一再強調計畫、績效，也重視目標的精緻教育了嗎？我要說「我們已經盡心了」。

平溪國中的人事總是多變的，三、五年就會大換血，有些人因個人職涯離開到下一站努力，有些人願意留下繼續為孩子奮鬥，就以個人的教育哲學基礎、教育專業、愛心及良性教育策略與方式，再去做有教育意義的事情。只要對的事，就去做，只要對孩子有幫助作為，就付出我的關懷行與教育愛，這在平溪國中我深深的體會到。

游玉英校長小檔案

　　個人是臺東師專畢業，畢業後服務於臺北縣大同國小。因思維家庭經濟因素，家人長期受人扶助之感念，故希望能以專業服務他人，而申請保送國立臺灣師範大學心理與輔導學系。而後接受國立臺灣師範大學特殊教育研究所與教育行政研究所四十學分班，及教育行政碩士班等專業教育素養之訓練，先後服務於臺北縣三重地區之三重、明志及鷺江國中。

　　因職志於輔導工作，擔任臺北縣輔導工作、特教及家庭教育輔導團團員。曾獲教育部「執行青少年輔導計畫」、「執行技藝教育」、「學生事務與輔導工作」及「縮短數位落差傑出貢獻人員」等績優及有功人員之獎勵。

　　個人在編輯出版方面，曾於 1991 年編輯出版《輔導活動》、1995 年主編出版《輔導活動》及 2000 年主編《輔導活動》修正版，此三套《輔導活動》國中學生課本及教師手冊分別各 16 冊，均經國立編譯館審查通過，且通行於全國各國中於學生上課時使用。

　　另於臺北縣教育局擔任輔導員時，草創與規劃臺北縣「心理師到校服務」之機制，目前此機制除通行於臺北縣外，且為他縣市規劃與實施之參考。

　　校長遴選時的志願是到以輔導工作為主軸的臺北縣平溪國中服務，為慈輝及弱勢學生做專業性教育服務，規劃、建立與執行慈輝生轉銜、鑑輔及與他校合作之機制，任職期間曾獲慈輝班評鑑全國特優、主題課程績優及輔導工作臺北縣特優等佳績，於學生輔導、學生學習方面亦有卓越之績效。

14. 燃燒光與熱，引爆光榮的豪氣與熱情

臺北縣光榮國中校長　楊尚青

> 當校長就是得帶頭向前衝。
> 像熾熱燃燒的火把，有光有熱。
> 有光，照亮未來的希望。
> 有熱，帶動沸騰的熱情。

　　學校要能與時俱進的進步，要靠奮鬥不懈的熱情。當校長有一個很大的挑戰就是要學會點火放火，點火引燃教師初始的教育熱誠，放火燃爆孩子自我接納、自我期待、追求成功的熱情。對於光榮國中，我期待能讓火花飛揚、激盪熱情、創造成就，讓校園洋溢著精力旺盛的積極進取。

　　以下我從點火放火的觀點來說明光榮國中紅紅火火的七把希望之火。

🔥 第一把火：薪傳之火～敬重學校優秀傳統，老枝新芽發揚光大

　　每個學校一定都有它既有的優秀傳統或眾所週知的強勢專長，講到這個領域大家就會聯想到這所學校。對新校長而言，這是重要資產也是相當沉重的壓力，如何維護延續這個重要傳統而不要成為歷史罪人，並且在現有成績中再想辦法突破超越，這是個大挑戰。

外行不要想領導內行 ◎◉◎

　　對我而言，便是敬重光榮國中各項體育團隊的領導人；體育領導是很專業的，尤其三十幾年的傳承無可替代，尊重既有的運作模式，絕對不要亂出主意，別以為官大學問大，亂出意見外行領導內行才是發展的絆腳石，校長只要努力找資源協助配合，應該就是延續傳統績效的最佳策略。

多聽老前輩的話就對了 ◎◎◎

光榮國中有個熱愛田徑的劉富福總教練,在光榮國中服務 30 年退休,退休後還是每天早上 6 點半就到學校指導田徑隊訓練,這就是國寶級人物,光榮國中的田徑隊也因此全國聞名,就像是秀朗國小的游泳隊、榮富國小的管樂隊、修德國小的國語文連霸三重區 27 年、漁光國小的遊學課程、有木國小的特色學校、和美國小的浮潛和海洋教育。面對這麼有規模有歷史傳統的田徑隊,雖然制度穩定但是隨時還是會有新的衝擊,例如:學校資源分配權重的雜音,人員調度的優先順位,當校長要謹慎評估各項衝擊,協調說服各方爭議,以敬重尊重傳統為優先,不要大膽躍進,反而會成為校園危機的製造者(trouble maker)。

想辦法讓辛苦的人獲得掌聲 ◎◎◎

在第一年有感於劉富福總教練和其夫人林秋華體育組長對學校的貢獻,我就協調體育組各團隊在活動中心辦理一個「教師節金牌師母敬師恩」的活動,以歐式自助餐讓所有體育班的孩子同樂,並且表達對所有體育教練的感謝,粗略估計光榮國中三十幾年來至少有縣級以上至少上千面的獎牌成績,當時邀請三重市長李乾龍到場祝賀,市長還要求機要秘書陳清貴馬上去買一大塊金牌祝福。當年同時推薦林秋華組長參選三重市公所魔力教師獲獎。

讓辛勞付出的同仁獲得鼓勵和肯定,這是校長的責任。

掌握機會讓績效更上層樓 ◎◎◎

光榮國中的體育成績在前任陳水冰校長的努力下,在 2005 年曾經獲得全國績優體育學校,早已奠定牛耳地位。接任校長必須從守成中再突破。

在 2009 年得知教育部將創辦區域運動人才訓練中心的方案,拼啊。努力寫計畫,拜會長官和教授,找出學校最符合計畫的優勢,終於獲得教育部核定成立第一批的區域運動人才訓練中心。

利用這項國家級的資源挹注在各隊的選訓,2010 年除了田徑成績維持全國水準,更多找一些資源讓訓練器材更豐沛、訓練競賽更豐富、教練人手更充裕,網球隊終於突破隊史,囊括全中運國女單打、雙打、團體三面金牌,跆拳

隊也拿下第一面金牌，籃球隊拼下全國第三佳績，擊劍隊也全掃軍刀組全國國
中高中個人團體八面金牌。

創造優勢，立下差距門檻 ◎◎◎

　　善用資源開風氣之先，讓師生覺得資源有用在孩子身上。光榮國中率先成
立全國中小學中第一座運動傷害防護室，讓訓練完或受傷的孩子得到復健保養
的協助。

　　另外針對孩子受傷的醫療復原，我們也嘗試首創學校聘任運動防護員，例
行協助學生並於全中運隨隊協助運動傷害防護。要讓孩子知道光榮就是要比別
校用心，照顧選手期待孩子生涯發展可長可久，絕不為短期成績扼殺運動生
涯，光榮真光榮。

📖 第二把火：熊熊聖火～創造師生互動契機，營造欣賞讚美氛圍

　　第一次當校長，開學時站在校門口和學生打招呼，學生好奇害羞的眼神其
實讓我自己也很尷尬，ㄍㄧㄥ了幾個禮拜，學生和我都彼此熟悉了，有了認識
與默契，微笑的互相道早，打個招呼反倒變成不可或缺的生活習慣。

　　青春期的少年少女其實像外星來的陌生人，變化的情緒像晴時多雲偶陣雨
的捉摸不定，逞強叛逆的態度其實透露著不安與期待被肯定。在光榮，我覺得
如何讓孩子覺得被關懷、被鼓勵、被肯定，讓孩子有自我概念的自信心是一個
大功課。

　　我在想，一個學校如果隨時充滿彼此微笑、彼此問好，善意互信互動，每
個人一定都能生活得很快樂。

擴大師生有禮的問好活動 ◎◎◎

　　青春期的國中生愈長大愈自我隱藏感情表露，因此學校每學期辦理「光榮
有禮」的問好活動，透過闖關拿獎品和班級競賽，加上「大聲公問好」競賽，
甚至結合英語領域問好，贏造一個師生互動，讓老師被學生包圍著熱情問好，
義工爸爸媽媽享受學生問好的尊榮，孩子也能陶醉在競賽的熱血沸騰中。

　　功不唐捐，有做，肯做就會有進步。活動完，師生快樂互動的甜美會餘波

盪漾。如果淡了，下一巡迴再來，教育的功能就是逐步增溫。

創造孩子勇敢秀自我的躍躍欲試 ◉◉◉

為了讓孩子敢表達自己，我們做了以下安排，首先每週抽背國文和英語，讓大家習慣上台露臉，再來徵選有才藝的同學在朝會時上台演出，再透過聯絡簿書寫「我很棒」的策略，挑選孩子上台讚美同學、讚美老師，形塑欣賞讚美的氣氛，最後在校門口效法英國海德公園肥皂箱的精神設置的才藝肥皂箱，讓孩子在放學時登臺演出。

人群圍在周遭，站在小講台面對馬路侃侃而談、吹薩克斯風、吹橫笛、跳街舞，這是要有高度的自信，衝過這一關，上了臺的孩子自信滿滿，站在旁邊看的孩子也能引發心嚮往之的激動，不然也能學會欣賞。

我一直相信，被鼓勵讚美的孩子不會變壞。如何欣賞、讚美孩子，讓孩子有自信，這是一個好課題。

讓孩子懷抱感恩畢業 ◉◉◉

君子絕交不出惡言。如果帶了三年、朝夕相處的孩子在畢業時不是滿懷感恩懷念而是充滿怨氣，弄得畢業典禮完大人要躲起來，那真是遺憾。因此我相信光榮的師生互動是真誠無欺，是非公道清清楚楚。因此畢業典禮結束時我會邀請會長、各班導師在校門口一一和學生握手道別，然後將畢業證書親手交給孩子，祝福孩子有個美麗的回憶和幸福的未來。

看到孩子哭的西哩嘩啦，老師也紅著眼眶，這就是真情。相信孩子，人心都是肉做的。孩子的眼睛雪亮，大人怎麼做事孩子是懂得的。永遠要留給孩子一個被信任、接納浪子回頭的安全感和期待，孩子會懂的。

創造師生真情交流的平臺，感情愈真愈濃，學校會愈順利愈可愛。

📖 第三把火：燎原星火～放軟身段努力找錢，建築翻新觀感創新

光榮是個老學校，建築需要補強翻新。老老舊舊的建築會給社區暮氣沉沉的觀感，要變動要努力找錢，也要兼顧同仁的感受和對老建築的感情，怎麼改造都要花心思。

義工的一句話帶來一連串改變 ◎◎◎

　　早上上學時我都會站在後校門。有一天張金發義工爸爸跟我說：「校長啊！你看看，後校門鐵門太低，孩子都會爬鐵門，難看又危險，應該把鐵門墊高比較好。」外部觀點一語驚醒夢中人，習慣會讓人怠惰而因陋就簡忽略細節。想想也對，和總務處林明強主任商量後就把後校門欄杆加高。

　　幾天後，另外一位義工媽媽林欣怡笑笑的說：「校長啊！後門欄杆加高後很新很漂亮很安全，有進步，可是門柱髒髒舊舊的是否也應該換一換？」。好問題。有人願意提建議就代表大家關心，有人關心就代表參與期待的增加，所以我們就去拜託鄰近鄭德興里長和鄭金隆議員支持，真的成功的讓後門也煥然一新。

　　特別的是，從這時候開始，就開始察覺學校各棟大樓的門面都很舊，掉磁磚很醜，樓梯的小窗戶鐵欄杆像監獄沒氣質，游泳池廣場地面太滑怕孩子危險，樓梯銅條毀損會有危險……好多事可以做，真好玩，改變實在是種挑戰的樂趣。

肯做事肯找錢、老天爺會幫你 ◎◎◎

　　當起心動念想為學校硬體建築做提升時，好像老天爺會聆聽到學校的渴望，只要定下目標，教育局或教育部就碰巧會有專案出現，抓準時機送計畫書，成功的機會都很高。漏水大樓斜屋頂的建置、老舊電源抽換、紅土球場興建、看台整修、耐震補強專案。我都覺得天公疼好人，傻傻的做事，傻人會有傻福，老天爺會暗中把經費做準備。

老建築翻新社區讚美 ◎◎◎

　　學校是社區的資產，學校弄得美美的，社區人士進校園運動時就會感受到美麗與舒服。因此每一項工程變革成功與否，社區的人都在品頭論足，就因為這也是他們的生活環境。學校有沒有進步，三姑六婆好清楚。

學校建築要為社區美感負責 ◎◎◎

　　從另外的角度思考，政府對學校建築的規劃應該要能有更宏觀的經費分

配。臺灣官員總是怕部屬浪費錢，為了標榜經費運用的精準，精算的功夫獨到，總想用最低的預算分配創造最大的工程量體，只期待做完，先蓋好有得用再說。

這個思維要調整。真的是一分錢一分貨，一個建築工程有沒有設計美感，會留下影響這個區域和學生 50 年的視覺涵養。成本和效能的計算真的需要不同的價值判斷。

如果可能，我期待臺灣應該以經濟開發國家的胸襟，對於學校建築要有社會責任與文化薰陶的概念，不急著用最少的錢蓋最多棟房子，而是用最合理的錢創造校園建築更高的美育與文化價值。

第四把火：赴湯蹈火～全力善待偶發事件，念茲在茲師生安全

偶發意外是組織運作無可迴避的痛，沒有人喜歡碰到不愉快的偶發事件，但是領導者就必須要有堅強的肩膀，以師生安全為第一考量，冷靜平穩的帶領同仁將傷害降到最低，讓一切生活回歸常態，因為常態就是平安幸福。

2009 年 H1N1 流感猖獗時，政府立意良善的提供學生疫苗注射，不解的事，光榮國中是第一批施打疫苗的單位，當日一切布置就緒，下午竟然有許多學生發生暈針、頭暈、肌肉緊繃不舒服的現象。當時學校就緊急啟動危機處理機制，送醫、通知家長、安撫學生多管齊下。剎時救護車警鈴大作，總共來了六車次救護車分送 21 位學生到三間醫院。當時我巡迴三間醫院安撫學生，並對家長致歉，直到晚上 9 點多，才陪家長帶最後一位孩子離開醫院。

這件事隨後引起兩個後遺症：一是隔天媒體平鋪式新聞性的報導這個事件，並沒有批判學校處置是否不當，然而還是接到長官開玩笑式的詢問為何需要大陣仗送醫的關心？第二件是有兩名同學腳部肢體無力延宕持續快半年，求救無門抱怨連連的遺憾。這起事件、我冷靜反省如下。

以孩子安全為優先，我絕不後悔叫救護車而引來關注

事後諸葛大家都會，當時誰能判斷疫苗的傷害性。雖然送醫人數有點誇張，但是孩子的安全不能忽視，雖然到醫院打打點滴觀察就沒事回家。但是事後聊起來，所有家長還是多支持這一項安全維護，贊成絕不能輕忽冒險。

偶發意外學校一定要全程作陪

整個事件，家長埋怨疫苗的風險不明確，政府對暈針學生後遺症的支援官腔官調不關心，但是絕對認可學校的負責與用心協助。除了全程的陪伴，肢體無力孩子的家長十分恐慌，怕的是「孩子的腳好不了怎麼辦？」那幾個月，很感謝護士小姐余明玲每天關心孩子狀況並做成記錄，學校也動員家長會所有關係，遍尋北部名醫進行轉診。當孩子跛著腳到學校讀書，馬上調整教室到一樓方便行動。所以家長完全認同學校處置，即便日後有媒體詢問，甚至其他學校類似症狀孩子召開記者會抨擊政府漠視，家長都認為學校有努力了。

政府高層應體察關心民眾憂慮

整個孩子醫療復健過程，其實我和家長感受一樣不滿，對有關單位處理態度的高傲敷衍十分憤怒。除了臺北縣政府陳怡帆科長、秦嘉督學親臨家屬家裡慰問，讓家長感到稍有慰藉外，其他依通報程序的結果就是高層會打電話問狀況，請家屬協助靜養等待，誇張的是竟然在病痛無法解決的前期，居然建議提出可以有醫療傷害救濟的說明。有理性、有程序，卻沒有讓當事人滿意的溫暖和安心。

官僚誤國以此為鏡。家長要的是一個健康的孩子，期待的是政府能否整合醫療專業救救孩子，而不是補償救濟，不是讓家屬盲目求醫、無助哭訴。孩子的痛不該只是醫療研究的案例，父母的痛不該只是政府誇耀與國際相比成功比例算很高的微小統計數字。「民之所欲常在我心」、「得民心者得天下」。我覺得應該還可以為老百姓多想想，多一點體貼。

 ## 第五把火：搧風點火～把媒體當做好朋友，榮耀讓大家都知道

三年來，光榮國中各式各樣的新聞報導不論是質與量，都可以說是全國第一，平均一個月都至少有一則新聞報導，如果換算成媒體行銷採購，應該為政府節省不少行銷公帑。歸納其原因不只是因為個人在教育局擔任新聞聯絡人三年的經歷幫了大忙，知道媒體要什麼內容。我覺得最重要的成功因素，在於要清楚掌握教育核心價值和對媒體朋友的誠懇態度，這才是重點。

要清楚區隔教育價值的新聞觀點 ◎◎◎

媒體有天生的超然獨立與批判性，媒體報導絕不是為當權者表彰功勳的傳聲筒。一般學校在得到好成績時，總是期待媒體能為學校大書特書、昭告天下，而衣錦還鄉，但是媒體就是不愛。媒體不喜歡報導某某學校得到什麼獎的豐功偉業，甚至是校長沾沾自喜的臭屁，而是喜歡得獎過程中孩子的喜悅心得或者是老師的辛苦付出。

因此在光榮國中獲得教育部藝術人文續優標竿學校的新聞裡，呈現的是洪育蔓老師、郭名慧老師指導孩子彩繪牆壁時，孩子的欣奮，鍾淑敏老師苦心勞力讓孩子學會欣賞表演藝術和校慶創意進場演出的辛苦，簡明玲老師、王昱婷老師指導合唱團辦卡拉 OK 賽的趣味，以及王昱婷老師自費買了 20 副鐵琴讓孩子練習的苦心。老師的辛苦和孩子的成就才是學校得獎的真諦。

記得有一次，學校推出「才藝肥皂箱」的活動，那天各大報的彩色照片版面好大，縣長剪綵活動的照片比例反而小小的，其實這就是教育的主體在於孩子成長而不在大人績效的最好驗證。

誠懇細膩的和媒體交朋友 ◎◎◎

光榮國中的新聞成就多虧了一位才女黃玟玟組長，對於學校優良事蹟的積極發掘，透過訪談才能掌握重點，清楚的讓媒體朋友知道，當媒體朋友需要資料協助時，要能有耐煩、迅速、積極的服務。要能和媒體真誠的交朋友，不是機關算計的利用，是真真實實誠誠懇懇的朋友互助。

媒體報導真的能增強民眾口碑 ◎◎◎

平面報紙報導、電視報導、廣播、網路等無遠弗屆的穿透力真的很難想像，傳播的力量讓光榮國中的好事悄悄的在社區的口耳相傳中流動，每天會有家長、義工媽媽跟我說：「校長，恭喜，學校又得獎了，孩子表現很好。」多上媒體真的能為學校提升形象，建立信心，提升正向的力量。

第六把火：連天烽火～努力發掘好人好事，校園氣運喜事連連

　　光榮國中在三重，相對三重其他學區是一個經濟較為弱勢、文化較為貧乏的學區。交通便利鄰近臺北市，又有私立學校，越區就讀情形還滿嚴重，教師的認真付出相對於學生基礎薄弱的學業成就，對老師是有點不公平。臺北縣大部分人對光榮國中的印象都是由運動選手堆砌出來的體育金牌王國，外界人是這樣看，那內部觀點呢？除了體育強項，光榮人還有哪些驕傲的豪情自信？三年來，學校努力發掘好人好事，努力上媒體廣為週知，也努力參加縣府各項獎項競賽，希望創造學校活力並彰顯全面多元的學習成就。

　　要參與每一項競賽就努力統整準備，沒準備沒落實就不該參與，重要的是得獎不是為個人，而是為光榮國中。

　　得獎是為了讓學校更具知名度，是要讓社區看到光榮的美，讓每一位師生覺得成功是一件努力就可以完成的夢想。成功就在身邊，奮鬥就會有收穫。優秀的老師、優秀的學生、卓越的成就就在光榮的呼吸之間。只要在光榮就會有成功勝利的未來。

拜託優秀的老師扛起得獎的壓力 ◎◎◎

　　臺灣人都很謙虛，明明表現很好就是怕得獎，怕其他人閒言閒語。臺北縣前莒光國小退休校長謝蕙如視導教過我：「要跟老師說，得獎不是為了你個人，是讓大家看到這個學校有好老師，讓教育界的同仁知道老師可以做哪些好事，得獎是一種犧牲的承擔。」

　　三年來，拜託了余素華老師因為發願創辦耕心蓮苑，奉獻貧苦孩子的社會教育和品德教育，因此得到全國師鐸獎殊榮；退休的李金川老師推動清貧孩子的夜間課輔及退休老師聯誼並定時返校服務，榮獲全國服務奉獻獎；吳鉉能主任對高關懷孩子的疼惜，耐心耐煩的整合爭取外部資源協助清寒學生，勇奪全國輔導績優人員。

　　還有黃瀚揚老師獲臺北縣優秀體育教師，李悄君老師獲輔導績優教師，王先聲老師得技藝教育有功人員，梁玉足小姐得優秀特教人員，許秀鳳老師獲臺北縣師鐸獎。除了深深的祝福，身為校長的我誠摯感謝，感謝所有老師為光榮

孩子的辛苦，也感謝這些老師願意挺身而出為學校犧牲與承擔。

拜託優秀老師承擔獲獎的壓力，除了展現金光閃閃的喜事，也透過好人好事的傳播，建立了教育標竿和典範。

多方位開創學校經營特色，振奮人心 ◎◎◎

除了優秀教師得個人獎項，找出學校特色加以整合參賽，讓所有同仁也能動起來參與校務特色也非常重要。學務處小護士社團因為進行為師生量血壓，衛生教育宣導工作獲得臺北縣學生服務學習楷模；因為總務處李清祥先生、潘蓬輝先生發揮巧思，利用儉約經費整理花圃有成，創造了一個林木扶疏、清風徐來的雅致綠校園，榮獲臺北縣永續校園經營管理特優；輔導室蔡國威、龐凱馨兩位組長細心規劃家庭教育，榮獲臺北縣家庭教育績優學校；體育組林秋華組長推動體育卓然有成，2010 年獲得臺北縣體育績優學校。

最令人感動的是教務處蔡明真主任將藝術人文領域推動各項藝文活動與課程整合，千辛萬苦的獲得教育部藝術人文績優學校的肯定。

得獎代表這個項目我們有紮實的推動教育工作，也代表孩子學到該有的教育內涵，很辛苦但是值得。

得獎絕不造假也不是為了校長績效 ◎◎◎

參與競賽要靠一點一滴的平日積累，不要造假，儘量不要為了競賽勞師動眾整理資料，因為日久見人心，戳破了，難堪。得獎也不是要給校長錦上添花，多一個或少一個獎項，Who cares? 我跟同仁說過：「校長生涯發展與調校異動憑的是機運和努力，冥冥之中自有天命，請別為我擔心，小型學校反而樂趣多。務實的讓孩子多學一點才是我們的責任。」

📕 第七把火：真金烈火～親師校合作三位一體，和諧創造教育真諦

一切都是為了孩子，孩子的成長才是教育的本質。學校為孩子而設，教師為孩子而教，家長為孩子而努力。三者應該互信合作才能順利為孩子打造優質的學習情境。

天下之大非一人所能獨治，校長一個人能做多少事？一個學校要能成功順

利絕對是要靠團隊的努力，在光榮國中三年，深刻感受到分工與合作的重要性。行政人員、家長和教師群體的互信合作真的非常重要。

行政同仁要能體諒互補 ⊙⊙⊙

就行政體系而言，教訓總輔四大支柱一定要能就其本位各司其職，隨時補位相互合作，不能有本位思考的侷限。

打前鋒的學務處戴智源主任帶領同仁們能扛起孩子生活教育的安定和平順，先整頓喜歡作怪的孩子，接著強硬的排除會干擾學校的外界危險因子，營造出安全安定的環境。坐鎮核心的教務處蔡明真主任能帶著教務團隊及教師群依課程目標盡心教學，讓孩子每天開心的吸收養分、日日茁壯，升學和各項成績年年翻新躍升。遇到掉隊適應不良的孩子，輔導室吳鉉能主任能陪同輔導夥伴適時介入，支援提供個別化的協助，讓孩子不會被放棄。而後勤部隊總務處林明強主任則率領夥伴，積極提供師生和氣善意的支援服務，無私的對學校硬體建設長遠思考。補校蔡俊穎主任就補校領域，也適時提供安置適應不良孩子的過渡性支持。

互助合作，學校才能形成正面積極的力量。

爭取教師會善意信任與溝通 ⊙⊙⊙

教師會的許百合會長、陳宗智會長和資深教師們對於教師同仁的諮詢服務與意見溝通統整，營造了和諧的互信，支持學校變革，並對新進或適應不良同仁提供同儕協助。我一直相信，學校是屬於全校師生所共有，學校和諧大家都受益，紊亂的校園，吃虧的還是師生全體，正直無私的教師會真是學校之福。

建立家長會正向參與和協助 ⊙⊙⊙

光榮國中家長會應酬少，喝酒少，能不吃飯就減少餐會，將錢省下來給孩子用。

家長會周美月、廖醇子會長信任學校，積極參與而不干預，對於孩子的需要能提供實際的支援。光榮國中家長會的經費和捐款主要都用在教師和學生的

協助和獎補助費，例如：在九年級基測看考場時，就會拜託家長會動用經費派遊覽車帶孩子們集體去看考場，主要的目的是為了安全和節省時間，避免幾百個學生在路上走的紊亂和安全顧慮，也讓孩子看完考場早一點回家打理明天的備戰事宜，學校對於經費調度的態度會讓大家安心，知道學校為孩子的設想，家長自然也安心支持學校。

一切都是為了孩子

這是前年參觀北京一所國小的穿堂標語，簡潔有力。學校因孩子而存在，教師為孩子而教。魯迅說：「橫眉冷對千夫指，俯首甘為孺子牛。」當校長就有職責面對一切壓力，扛起所有人因為本位立場、私人利益而對組織產生的價值衝突，被罵只好被罵，一切的思考要回歸教育本質，抗衡壓力做下決策，呼應孩子的真實需求。

臺北縣教育局劉和然局長在我考校長時勉勵過我：「當校長是過客的命，但是要有歸人的心。」當校長一定隨時間遷移必須離開這所學校，但是在服務的過程一定要全心全力，當下，要用「家」的關懷來經營學校。當校長真是一種福報，有這麼一個舞臺職場讓我為孩子、教師、同仁、社區鄉親服務，是服務也是修練。

面對孩子和學校，我期待能點燃師生熊熊熱情，讓每一位師生能夠欣賞自己、喜歡自己，建立「習慣卓越」的態度，肯定自己、肯定學校，讓「成功為成功之母」。

期待光榮的每位師生都能為自己的人生創造無限光榮。

就像燃燒的火把，讓自己充滿光與熱。讓所有人激發熱情與希望。

楊尚青校長小檔案

　　楊尚青，臺北縣光榮國中校長。第一任滿三年的菜鳥，每天逛校園喜歡和老師、學生微笑打招呼，希望學校師生間充滿溫馨善意的互動。期待學校常常有新的想法、新的改變，能有欣欣向榮的茂盛。雙子座的特質明顯。思緒像風迅速流動。喜歡挑戰。堅信沒有私心的變革一定會得到老天爺的協助護佑。

　　從小就喜歡看武俠小說，畢業當兵第一次領薪水，就到光華商場買了一箱子武俠小說，扛一把劍回彰化的老家收藏，讓自己的童年幻想美夢成真。知道自己學不來令狐沖狂歌痛飲的瀟灑，只能乖乖學郭靖「為國為民死守襄陽」的駑鈍堅持，讚嘆譚嗣同「我自橫刀向天笑，去留肝膽兩崑崙」的豪情悲壯，恨不得能與喬峰比肩齊步，豪邁無畏的在少林寺前大戰群雄。

　　當老師期間興趣多元開展，把各項競賽當作是創作玩耍的挑戰。從教具製作競賽、教材研發競賽、閩南語演講比賽曾經一度無役不與，酣戰而返。與同事、學生相處融洽，相信唯有和諧互信互助的氛圍，才能提升組織整體士氣。快樂積極才能帶來好運與鬥志。

　　仰望杜甫「安得廣廈千萬間，大庇天下寒士俱歡顏」的悲憫，期待能為孩子、社區、教師同仁務實的做一點事，解決一些困擾，開闢一個溫暖生活環境，留下一些以光榮為榮的幸福感。

15. 一位國中女校長經營偏遠學校的心情故事

臺北縣忠孝國中校長　劉淑芬

（本篇敘寫曾服務於臺北縣尖山國中的心情故事）

> 若自己從未有至偏遠學校服務的機會，或許就無法對經營偏遠學校，
> 產生如此「震撼我心」與「永難忘懷」刻骨銘心的感受……

　　以過往服務市區中大型學校的經驗，認為臺灣在推動教育普及和改善教育品質上已有不錯的成績，尤其在保障學生入學機會、促進教育普及方面，均已展現不錯的成果。由於個人先前服務於市區大型學校，也歷練大型學校不同處室主任之工作，因此，以過往行政經驗想當然耳，學校就應有齊全的師資、設施、設備、資源、經費、課程、教學與活動等現況。然而在 2007 年個人初任臺北縣立尖山國中校長，當時滿懷著憧憬與希望到小鎮這所偏遠學校服務，才真正體驗何謂「城鄉差距」？深刻感受經營偏遠學校所面臨的問題與困境？原來還有這麼多偏鄉孩子與家長老師的問題？該如何突圍經營偏遠學校之困境與思索解決策略，讓偏遠學校師生都能獲得妥適照顧呢？因此，在 2007～2010 年這三年中盡己所能激發行政與教師團隊──「我們以愛為出發點，以專業與熱忱為動力，共同打造一所充滿『愛與希望』的校園，讓孩子發揮潛能，盡情展現歡顏！」因此透過這些年在尖山國中服務經驗的反省與再現，來敘說經營一所偏遠學校的心情故事……。

📚 「鎮代伯您好！」──鼓起勇氣，拋頭露面找資源

　　上任前幾天，前任校長約我拜訪小鎮，當時我想真棒，可趁機一探鶯歌小鎮風光，了解當地風俗民情。沿途中前校長一邊開車一邊熱心的告訴我：「此王鎮代一年可補助學校二萬元，這家葉鎮代可補助二萬元，此家鄭鎮代也答應一年補助學校五萬元，至於這家是里長伯家，其也答應補助學校路燈照明設備

及校門前維修工程，記得開學後要向其爭取。另此位議員對學校甚關心，一年能補助學校十萬元……。」初到小鎮心中除了感覺興奮異常外，都還來不及認路，怎會記得地方代表住在何處呢？尤其自己也認為學校並不需要急著與地方民意代表密切互動，爭取學校相關補助款。因此一面佯裝應答前校長，一面只能做筆記記下路線圖及門牌號碼，而留在心中的卻是此鎮風光明媚，人情味濃厚的印象。

就任不久，參加全縣縣議會學校預算經費會議時才驚醒夢中人！當議員詢問關心本校今年預算編列為何資本門設備經費是「零」時，此語震撼老神在在的我，回校後開始擔心學校經費用度的捉襟見肘。所謂「巧婦難為無米之炊」，為了本校四百多位學生的學習權益，及提供更優質的教學環境，於是開始用心鑽研了解學校往年經費預算使用情形，並再度翻閱當日與前校長拜訪小鎮的筆記，開始思索如何與社區人士建立良善溝通管道，為的就是要解決學校設備經費問題。

幾天後，學務主任告知我校慶運動會在即，但學校卻苦無經費租借任何器材，我才知事態嚴重，決定鼓起勇氣走出校門，開始爭取學校補助經費。首先規劃拜會學校附近的鄭代表家，當日鄭代表雖熱情招待，但準備向其爭取補助經費的話語卻多次在自己嘴裡咀嚼打結，因一路走來，自己從未有過向代表爭取經費的經驗，坐了半天，還真是開不了口要補助款。但一想到學校師生的教學品質與環境設備，最終還是吞吐表達希望鎮代表能幫助補助學校經費之意。不料，鄭代表的爽快答應讓我暫時放下忐忑不安的心情，除深深感謝鎮代的慷慨解囊外，更增強自己必須用心辦學的信念來造福鄉親子弟，告訴自己要珍惜好不容易爭取到的補助經費，並將爭取經費善用在每位學生的教學資源上，讓每位學生的學習表現更加亮麗。

此後積極開拓人脈，願意搭起一座學校與社區的良善互惠溝通橋樑，無論在人力物力引進、學習進修、設備使用、場地借用、活動參與、社區服務、資源共享等，讓學校能扮演「社區學習中心」的角色，使「學校社區化」、「社區學校化」的概念在本校生根、發芽、茁壯、結果。

「我的學生在哪哩？」──繳不起註冊費的經濟弱勢學生

開學典禮第一天，站在台下放眼望去，發現竟有八十幾位學生未到校上課，此人數幾占全校總學生數的五分之一，比例頗高。逐一了解學生缺席原因後，得知是學生繳不出註冊費無法如期到校上課。為此請導師協助調查班級學生家庭背景，並先請學生返校上課，再設法募款「自強工坊」基金，提供學生在校工讀機會，解決學生繳費問題。於是和幾位主任輪番至企業界、鄰近自營商募款學校「自強工坊工讀基金」，此作法一方面能顧及學生自尊，亦即需要被照顧的學生每月為自己賺取助學金；一方面也教導學生正確使用金錢觀念態度，以珍惜憑一己之力賺取的經費。

每天中午可看見許多學生在校園內穿梭工讀的景象，因學校各處室均提供學生工讀服務機會：從打掃公共區域、提領便當、校園服務、整理圖書等，讓學生憑勞力付出來賺取工讀費，以樂在服務、感恩學習。

記得有位利用午休時間負責打掃校長室的學生，有次領取自強基金工讀費時興奮的告訴我：「這個月不需再讓母親為其學費傷腦筋，終於可以如願以償購買所需學用品了。」此話聽在耳裡卻是疼在心裡，但實施自強工坊工讀基金，卻是教導學生從中學習「感恩惜福」的最佳寫照。實施期間能讓同學正常參與班級學習活動，也於下學期註冊繳費時，解決了學生繳不出學費而不來上學的窘境，此時真心為學生的自食其力感到高興與驕傲。我們的理念是，學校能教出自立自強，不畏眼前艱辛困苦的學生，只要有心，我們一樣可以自食其力、活得應有尊嚴。看見學生辛勤打掃的模樣，還是忍不住關懷學生累不累？然而從孩子堅毅的神情，爽朗的笑聲中，我看見了他們璀璨的未來與無窮的希望！

 ## 「親師生一家親」──走入學生的內心世界

我心中的學校圖像，應是學生快樂學習的園地，學生每天應熱切期盼能早點到校進行一天愉快充實的學習。

然開學不久後卻發現有幾位中輟學生未到校上課，除了擔心孩子的安全外，開始在心中思考該如何讓學生能順利返校就學？如何精進學、輔行政人員

專業能力，輔導中輟學生向上學習？如何增強導師班級經營能力，接納不同類型學生給予適當的引導？又該如何結合相關資源幫助需要幫忙的學生？讓孩子們覺得學校是值得學習留戀的地方。

初始，學校導師習慣將學生問題交由學、輔二處室處理，似乎學生問題無法獨自面對。然我認為導師若能扮演好第一線輔導角色，相信更能有效處理學生問題。於是常利用導師會報時間與老師溝通輔導與管教理念，並積極辦理導師班級經營研習、個案研討會議、教師專業研討會議等，無非期盼提升教師專業能力，善盡教師角色。並請輔導處每月固定召開「中輟生輔導會議」，邀請相關行政人員及中輟班導師出席了解學校中輟情形及掌握追蹤輔導狀況。我們秉持著「不放棄任何一位學生」及「找回他的人，喚回他的心，點燃他生命的希望」的信念，希望協助學生順利就學，正常學習。

在學校服務多年，深刻體認「家訪」是洞察學生學習背景，拉近師生彼此距離的好方法。於是利用到校後第一次期末校務會議與老師溝通家訪學生的必要性，甚至請大家於下學年開學後，老師能協同校長一起進行家訪班級個案，期勉各班導師平日做好班級輔導工作外，也要對班級個案瞭如指掌。於是在與老師溝通理念建立共識後，學校推動的「親師生一家親」家訪工作正式啟航。

陳同學在家嗎？第一次和701班導師家訪該班學生，結果卻讓我既難過又不捨，因家長原本答應要在家等候我們到訪，然卻讓我們撲了空。原因是當天家長臨時接到工作出勤任務，必須外出工作賺錢補貼家用，到訪後發現迎面而來的確是該生滿臉的抱歉、愧疚與氣憤……。看見此場景，學生的反應著實令我心疼不已，也感受到該生家長為家中經濟奔波的辛苦與無奈。

當下，學生熱心邀約我們進屋喝茶，我也想趁機了解該生家庭狀況。進屋後，赫然發現客廳只鋪了一張草蓆供我們席地而坐，視線所在幾乎空無一物，家中並無置物桌椅，更遑論讀書場所了，與導師彼此對望一眼，才知該生學習環境有多窘困，此場景真可謂「家徒四壁」。由於學習環境欠佳，單親的爸爸常需為生活經濟壓力打拼，親子互動時間真的少之又少……。在回校的路上，與導師開始討論該如何協助該生日後正常學習，老師也開始回憶為何該生總是無法如期繳交完成作業？並說明以後應指導學生完成作業後再返家，回校後請總務同仁將堪用桌椅送至該生家中供其寫作使用。從那天起，在校園中若遠遠望見該生，陳生都和我會心一笑。然能肯定的是，導師從此與該生更加心手相

連，並彼此多了一點同理、體諒與包容……。

在學校與各班導師常利用放學後時間走訪各班學生家庭，除能與導師建立濃厚的班級情誼、與家長溝通教養子女觀念，及拉近與學生的心靈距離外，也擴大了學校的大家族力量。對於學生的貼心回饋表現、導師的同理及願意深入傾聽學生的聲音、家長和善的回應、行政同仁的協助陪同與共同面對，更是實施「親師生一家親」的意外收穫。

📖 敬愛的家長會會長──感謝全校的「劉爸爸」提供溫暖的寄養家庭

「家」，是人類生命的根源，是兒童和青少年生活與成長的重要場所。日積月累的家庭生活經驗，自然會對兒童和青少年的道德價值、行為取向、情緒和認知發展產生重大影響。Sullivan 曾說：「人格的形成與兒童早期的人際互動有關，個體從小與家庭成員互動關係，會不知不覺出現在成長後的人際關係中。」然而，隨著社會快速變遷與開放，雙親家庭的結構與我國傳統家庭的倫理道德和責任義務已明顯鬆動。婚姻關係已呈現劇烈改變，不再能強而有力地束縛個人道德、感情與家庭責任。林顯宗於 2002 年指出，雖然單親家庭、隔代教養家庭不一定是問題家庭，但是其本身所面臨的生活問題與教養壓力較一般雙親家庭為多，卻為不爭的事實。

從學生的基本資料中，發現本校有三分之一學生來自需高度關心的家庭，包括單親家庭、隔代教養與新移民子女。面對如此高比例（特殊）家庭的學生，多次與主任及導師們開會研討對策，希望能幫助學生解決家庭問題及關心學習狀況，使學生能順利就學。

得知學校有二位兄弟，父親因值牢獄，母親又患有精神病，家中經濟困頓，幾個月以來都無法按時繳交水電費，不但家中被斷水斷電造成三餐不繼，更駭人聽聞是母親發病後甚至會拿菜刀追砍學生……。為此，不但擔心學生的安危處境，也立即召開個案會議討論該如何協助此二位兄弟脫離不利環境，與研討妥適的安置策略。

打聽到該兄弟的外公住在中部，於是決定請外公北上了解是否能伸出援手幫助該兄弟繼續就學，以彌補缺乏父母之教養功能。哥哥最後由外公帶回中部

撫養，此時學校家長會長之子因與弟弟是同班同學，會長強力表示願意提供弟弟的免費住宿環境，讓其能順利完成學業。雖不忍兩兄弟的被迫分離，但也不得不面對此決議。

每天早上在校門口，我們會看見會長載著其子與該弟穿梭在校門口的身影，傍晚會長也會開車接二位回家，該名學生也因有了穩定的學習環境及家長會長爸爸的關愛，其表現比以往出色許多。例如：此間該名學生曾代表學校參加數學奧林匹亞競賽榮獲佳績，從此發掘出其有驚人的數學天賦；另，主動報名學校啦啦隊競賽，代表學校參加全國啦啦隊比賽也有傲人成績展現；也願意主動擔任班上數學小老師，協助班上同學學習數學等。於此，我不得不為其優異的表現及進步感到驕傲，更感激會長劉爸爸將該生視如己出的關懷與教導，能包容、接納、同理、鼓勵該生的各方面學習，並提供溫暖的家庭照護。終於，我看見弟弟的臉上綻放出難得的笑顏。這驚人的表現不得不感謝家長會長劉爸爸適時伸出援手幫忙與偉大的教養作為。

後來該生告訴我：「將來我一定要考補校高中！」「為什麼呢？」「因為白天可以一方面打工自食其力，一方面得以利用晚上時間兼顧讀書進修。如此除能照顧生病的媽媽外，也能對會長爸爸盡收養之恩。」

說著說著，對於該生的際遇與早熟表現，及會長爸爸的大我展現與無私奉獻，感動鼓勵著我未來更要為學生的學習全力以赴辦學，此時此刻發現我的眼眶已被淚水占滿，視線也逐漸模糊……。

📚 後院的巨龍——國中基本學力測驗的衝擊

學校校齡僅15年，曾在創校初期出現學校升學表現亮眼成績。然在中期，學校卻在各方表現逐漸走下坡，造成學校面臨逐漸減班的壓力，甚至地方人士與社區家長均無法諒解。後來，聽聞前校長辦學認真，欲扭轉乾坤力往狂瀾，為了解決學校減班情形，過程著實相當辛苦，但起碼已止住減班現象。例如：前任校長曾為找尋新生回校報到，和教務主任經常晚上流連街頭，挨家挨戶拜訪家長，請學生能到學校就讀，教務主任每提及過往經驗，就會激動落淚。

當個人接任校長後，心想自己應扮演好接棒者角色，接續前任校長辛苦奠定的基礎，珍惜好不容易起死回生的局面，期勉自己能將前校長所留下的好制

度繼續發揚光大，以不負眾望與託付。因此，雖然接任當年學生基測成績表現並非異常亮麗，但思考未來應如何扮演好「課程領導者」角色，主動參與學校行政同仁、導師及領域召集人專業對話，了解教學問題所在，以共謀提升學生學習成效對策。希望藉由課程領導的新思考、新作法，重塑新的學校組織文化，以支持團隊專業合作探究精神，鼓勵老師實施有效教學，加強批判反省能力，以提高學生學習品質。

　　與各領域召集人開會研討提升學生學習效果並解決雙峰現象，凝聚共識後決定於八、九年級實施學科能力分組教學。於是鼓勵各領域教師教學分享、專業對話，以解決英、數、理化雙峰現象，讓學生得以增廣及補救學習。又利用第八節課全面實施補救教學，第九節進行攜手計畫課程，協助學習弱勢學生補強學習。

　　為了提升教師教學專業，就利用校務會議宣導，校長將邀請每位老師參與「校長入班教學觀摩計畫」。透過校長在教室觀察教師教學情形，洞悉全校教師教學狀況，更能利用公開場合表揚教學認真老師，並協助需要改善老師進行教學改進。興奮的是教務主任率先響應校長入班觀察教學計畫，主動邀請我參與其教學觀摩，接著，多位老師陸續響應，願意安排在上課時段讓我進教室觀察，並在課後與我進行討論教學得失。不久發現，除建議少數教師教學改善外，學校多位老師幾乎都是該領域的名師，教起書來如魚得水，而學生在教室內聽課也如沐春風。

　　「校長下節有空嗎？歡迎入班聽課。」此話語在校園間已逐漸傳開，教師們會主動邀約校長參與教學觀摩，願意利用課餘時間到校長室與校長討論該領域教學問題及學生學習狀況。2010 年學生在基本學力測驗成績上表現亮麗，全校師生為這樣的進步感到興奮，並珍惜這難能可貴的表現。我們希望學生畢業後能有自信、有競爭力、迎接未來挑戰，為自己選擇最適合的學習環境繼續就學。因此，在尖山國中服務此三年，學生人數逐漸回流，班級數也逐年增班……，此是最感欣慰之處。這些進步不得不感謝所有同仁、老師們的辛苦努力與用心付出。

向老師致上最敬禮——分享教學卓越獎、SUPER 教師獎、全國 POWER 教師獎得獎喜悅

瑞士教育家裴斯塔洛齊曾說：「問題學生是問題父母或教師所造成的。」教育的最終目標在引導學生健全人格的發展，必須具備正確的教育價值觀及良好的工作態度，因此教師必須先尊重、肯定、接納學生，不但要了解學生，更要承認個別差異的事實，提供學生成功展演的舞臺。亦即，不但要了解學生心理與生理、生活環境、學習狀況、個性發展、興趣能力，更要主動親近學生，發掘學生困難，接納其思想，協助其解決困難問題，並安排有意義的學習活動與教學課程，引導學生潛能開發、發揮潛能、展現自我。

傍晚下課時，走在校園中，你會發現學校有一群師生並未急著回家，反而在學校一角可看見 A 老師認真的指導學生練習啦啦隊表演，B 老師則在教室內熱心指導學生角力練習，而 C 老師身後總跟著一群學生比手畫腳開始練習武術……。其實，學校多位學生家長長期為生計奔走，經常很晚才能回家，此間卻由學校老師主動提供多元活動彌補此空檔期。令我感動的是，由於學校經費有限，這些老師多是發自內心，義務指導學生練習，學生也藉由適當的休閒活動，培養正當的休閒習慣，不難發現，在學生臉上流露出認真練習的堅毅表情與不時聽見練習時傳出的歡樂笑聲。

放學後，常在走廊發現 D 老師仍在辦公室內埋首準備教案或批改學生作業，有時也會看見學生圍繞其左右嘰喳討論個不停，與老師分享今天上課的心得或心事……。當發現學校有如此多認真負責的老師時，腦中立即閃過要鼓勵這些默默付出的教師參加校外比賽，因真的需要讓這些老師有機會展現豐富的教學成果，並在教學方面扮演典範學習的領頭羊作用。

記得第一次看見「教學卓越獎」參賽公文時，我將它影印下來，利用下課時間請 D 老師到校長室討論並鼓勵其參加。幾天後，當其首肯願意一試時，我真是雀躍不已！並協助組成教學團隊，在多次的鼓勵與關懷下，三位老師終於以「品味人生，獨樹一格」為主題組成教學團隊，提出品德教育教學計畫參賽。

比賽當天，陪著三位老師到參賽現場發表教學計畫，訝異的是，竟發現在

會場一角，同學們也趕到現場引領觀望，為這些敬愛的老師們加油打氣！

在腦海中浮現，這些年來，對於這所偏鄉學校的學生們著實難得與難為，在老師的教導下，學生們曾榮獲全國國術比賽團體組冠軍、全國啦啦隊比賽殿軍、全中運角力賽進軍全國第二名佳績的感人畫面……；老師們平日默默付出竭盡心力指導學生，同學們汗流浹背全力以赴的認真練習、參賽時師生們到現場聲嘶力竭的加油聲此起彼落……，從這裡我看見師生間流露出一股愛的暖流與學校未來發展的希望。

初來學校服務時會發現老師士氣低落，因此設法激勵這批默默付出的認真老師，讓其發光發熱、提振士氣的念頭在心中油然而生。當逐年獲得教師教學獎項，如：第一年老師們榮獲「全縣教師教學卓越優等獎」、第二年榮獲「全縣 SUPER 教師人文藝術領航獎」、第三年榮獲「全國 POWER 教師獎」時，全校幾乎是歡欣鼓舞，舉校歡騰，提振了全體老師的教學士氣！家長會也立即製作大海報懸掛在校門口與師生們分享得獎喜訊，此時全體親師生不但能珍惜擁有，為這些優秀老師而感到驕傲，個人更為這些得獎老師而感到無限光采。一路走來，因為有這群優秀教師默默付出認真努力，才能讓學生表現更傑出，學校更能發光發熱。

推動特色課程與精進教學──讓學生有成功的展演舞臺

學校弱勢家庭幾占一半，學習能力弱勢學生也不在少數，因此思考如何讓學生能擴大學習視野、發揮潛能增添自信、並有成就感，於是考量學校現有師資結構，發展開設重點課程與社團。首先加入臺北縣「亞洲教室連結學校」計畫，發展英語特色課程，與英語老師開會討論開設主題教學，規劃每週集會時鼓勵學生上臺背誦英語、開設英語社團、教唱英語歌謠、增進國際視野、強化英語能力、進行英語闖關活動，甚至開始與英國、韓國學生進行文化交流。

記得第一次韓國學生蒞臨本校時，掀起學校學習英語高潮，學生們發現了學習應用英語的重要性，開始主動開口練習說唱英語。來年學校又推派二名學生至韓國參訪時，其中有一名學生是妥瑞氏症學生，大家因為擔心其症狀是否會影響其出國行程，於是老師們與家長認真開會討論是否推派該生代表參加，

欣慰的是大家最後還是以其優異英語表現決議要讓此名學生代表本校出國圓英語夢！印象深刻的是回國後此名學生除了能與全校學生分享其旅遊心得，還興奮的告訴我未來想要當一名外交官，善盡國際文化交流任務……。細心思量，由於當時一念間只想讓本校偏鄉學生享有擴大國際視野的念頭，於是鼓勵英語科教師在如此沉重教學壓力下，還能勇敢接受本計畫挑戰，讓本校學生在此課程規劃下增廣見聞，並增進英語聽說讀寫能力，始料未及，師生在此教學活動中得到許多教學樂趣與增進學習成效。在此讓我向所有投入此計畫的英語科老師們深深致謝，因為有您們的悉心指導與陪伴，學生表現才能如此進步神速。

另學校有部分家庭教養功能不彰的學生，我們安排這些學生參與教育部網路課輔計畫，與私立輔仁大學、國立臺北教育大學師生交流合作，利用放學後夜間輔導教學，透過網路課輔，由大專校院的大哥哥、大姐姐們施行一對一、或一對二英語、數學、國文補救教學。由於有這些大哥哥、大姐姐的關懷指導，這些孩子除了在課業上獲得補強外，另外在生活起居、心情分享、交友情形、家庭現況都獲得許多關心與照護。每學期初與大學的哥哥姐姐們舉行相見歡活動，歡迎孩子們到大學校園參訪，也能宏觀大夥兒的學習視野，另於期末還舉辦成果發表，分享這學期學習的歡笑與收穫。感謝國立臺北教育大學與私立輔仁大學參與師生的付出與關愛，讓這批學生在學習的道路上因有您們的陪伴與及時發現問題，才能與學校老師共同輔導他們及時回到正途，並讓他們在學習路上能更勇敢自信向前行！這確實彌補了孩子們回家後家庭教養功能不彰的問題，為學生開啟另一片學習天地。

在教學專業提升方面，學校也加入臺北縣教育局與國立臺灣師範大學推動的「偏鄉學校全面發展計畫」，由師大教授指導學校行政同仁進行「學校層級」診斷與改善；又與國文、英語老師進行「班級層級」計畫，以增進教師教學專業素養，及補救學生該領域學習低落狀況。感謝這二年來國立臺灣師範大學教授群的指導與督導校長的關心，更謝謝學校老師願意敞開心胸與區域聯盟教師共同專業對話改善教學問題，增進更好的教學品質與成效。

至今想來，在偏鄉學校服務的行政老師們的教學時數偏多又繁重，然卻能在凝聚共識後願意在教學壓力如此繁重下仍願意參與此些專業成長計畫，為的就是提供給學生更好的學習機會及教學品質。幾乎只要覺得能讓學生學習有更好的方案，他們都願意嘗試。不得不讓我敬佩老師們如此用心付出，為的就是

給予孩子們最好的學習與成長。

充實教學設施──讓教學活動風雨無阻

　　學校面向大漢溪口，冬季東北季風吹起風大雨大，經常淋得教室走廊全都濕透，造成學生無法正常步行，更遑論集會活動、體育教學與重要活動能正常進行，常必須受制於天候，師生常感無奈。記得第一天來到尖山國中巡視校園時，學校這位 D 老師突然遠遠跑來陪我一起了解校園風貌。一路上說明曾擔任學校訓育組組長，然每次辦活動時都戰戰兢兢，因為學校多年來一直無室外集合場，因此規劃的活動常受制天候狀況……，希望我能幫忙爭取興建室外集合場，此與前任校長所交代的學校代辦事項不謀而合。從此不僅開始盤算如何爭取風雨操場外，更因該師如此關心學校教學設施，在我到任第一天就為學校教學設備請命而留下深刻印象，原來尖山還是有如此熱愛學校的好老師。最後在縣府教育局補助下，終於整合興建了一棟籃球場兼具集會功能的多功能風雨操場。

　　在等待風雨操場完成期間，學校教學設施也闕如老舊，於是開始爭取經費，增置多項教學設施，提供學生教學使用。如：設置樂活教室，供學生休閒運動場地；增建角力教室，提供角力社學生安全練習場地；改善國術練習場，讓國術社學生有寬敞練武發揮空間；增置多功能藝文教室，免於熱舞社師生練習外借場地奔波之苦；建設無障礙電梯，便利高樓層教學設備使用；新鋪 PU跑道，活化球場與操場使用；爭取經費設置全校視訊教學媒體，提升各領域教學成效；增置固定式與活動式電子白板，讓偏鄉學生學習能與國際接軌……。今年雖離開尖山國中到新學校忠孝國中服務，但回想當時服務於尖山國中三年期間，只因為對教育的一份期許與使命感，並打從心裡心疼偏鄉師生的學習辛苦與弱勢使然，讓我能盡己所能，不畏艱難積極向外爭取經費擴充學校教學設備，為的就是提供師生更周延的教學環境！

帶學生走出小鎮──看看不一樣的學習世界

　　鶯歌鎮是個民風純樸人情味濃厚的小鎮，學校地處偏鄉，多數學生家庭經濟困難，遑論有機會步出小鎮看看不一樣的世界風貌。所以學校有一些熱愛學

生的老師們就千方百計研究該如何帶學生到鎮外參訪或參賽以擴大視野。

學校每屆八年級均舉辦全年級啦啦隊比賽,記得在尖山服務第二年,音樂老師 D 老師在該導師班學生比賽奪魁後,與我商量想讓本屆學生參加全國啦啦隊比賽,並想辦法籌備參賽資金。聽後,我當然舉雙手贊成並設法籌資幫忙這位認真的老師,讓她無後顧之憂教導學生。敬佩的是,當 D 老師知道已獲得資金後援,她並非將該班第一名隊伍直接代表學校參賽,而是重新在該年級招兵買馬組新隊伍參加全國賽,我真的以她能放棄該班代表參賽的機會,而主動重新遴選團員,讓全年級學生有機會參賽的大我風範與做法深深感動!此後會發現同學們認真努力的身影穿梭在校園角落,而 D 老師總是站在背後支持幫忙學生練習與圓夢。

參賽當天是尖山的盛事,幾乎老師們均自願開車接送學生到場為選手們打氣加油,這樣的凝聚力量讓我深表敬佩。這是我們第一次帶學生在臺北小巨蛋比賽,學生們既興奮又期盼,還有學生表示是生平第一次走入小巨蛋場地,真是大開眼界。當天學生賣力參賽,啦啦隊也卯足全力加油,最後不負眾望本校隊伍第一次參賽就榮獲全國第四名佳績。在台下為他們加油的我,看見學生如此棒的演出水準,讓我淚水不禁沾濕衣裳,感動的是在如此艱辛的環境下老師們願意犧牲假期陪著學生辛苦練習,並為學生營造難能可貴的舞臺演出機會,我真的深深以您們為榮、為傲!

又針對八年級生涯發展教育,我們也與老師們討論可行方式,最後大家提議願意帶著學生走出鶯歌鎮參訪優質高中、職,以激勵學生見賢思齊效尤之心。記得帶著大家參訪師大附中、政大附中與大安高工時,學生們幾乎睜大眼睛、用心體會這幾所學校的點點滴滴……。很感謝這三所學校校長均親自接待我們,甚至還用心安排本校畢業學長姊擔任解說員,為我們說明該校特色與重點社團,讓師生們受到極高禮遇。當依依不捨離開參訪學校時,坐在遊覽車上有位學生偷偷告訴我:「校長,我可以更改未來報考高中職的志願學校嗎?我很想試試挑戰師大附中、政大附中,甚或大安高工耶?」我當場應答:「可以呀,但是必須要超級用功喔!」學生當時的燦爛笑容,除了讓我們覺得這趟生涯教育之行頗有收穫外,也激起學生願意今後倍加努力向上的意念與動機,這趟走出小鎮之旅,真是不虛此行呀!

代結語

　　人生本來就是由一連串高低起伏的浪潮與不一樣的體驗所組成，懷念過去三年在尖山國中的服務生活，雖然有歡笑、有淚水、有失敗、有成功，但卻是我教職生涯中一段最值得珍藏的紀錄與追憶，此經驗成為未來推動教育工作的重要資產，也將是我未來為教育服務擴散力量的助力。

　　珍惜在我初任校長時，有服務偏鄉學校的機會，改變了以往在市區學校服務「想當然爾」的教育思維，而能以不同立場與心情體會偏鄉學校的問題與困境，讓我更能貼近不同教育現場，洞悉偏鄉學校親、師、生的心聲與需求。

　　感念這三年來曾經與我一起打拼、一起走過的好夥伴，因為有您們的包容與打氣，讓我能順利推動教育理念；感謝所有家長們與社區人士，因為有您們的支持關懷與良善美意，讓我得以順利實踐教育目標。此時此刻，腦海中不禁浮現尖山孩子們燦爛的歡顏與學習的點點滴滴……，懷念你們的純樸、善良與貼心，你們的用心學習與傑出表現，終將是我在尖山服務期間最值得欣慰與回味的事了。而我更深信──「若能將心敞開，處在愛與希望中，偏鄉學校就不再孤獨了！」

劉淑芬校長小檔案

從小就熱愛教弟弟妹妹們讀書，並立定志向未來要從事教育工作，在面對競爭激烈的教師甄選過程，終於如願考上教職，進入教育界服務。

個人最早服務於臺北縣立溪崑國中，擔任教師與導師工作，深知導師是教育工作第一線的守門人，至今第一次的導師班學生，還會相約來學校看看我喔！再來，於臺北縣立錦和高中服務，擔任教學組長與訓育組長工作，此二組的服務對象，前者以老師為主，後者多是學生，這對於未來從事學校行政工作有很大的助益。考上主任後有機會至臺北縣立三重高中擔任教務主任與輔導主任之職，開始擴大行政服務層面。考上候用校長借調至教育局特教科服務，負責推動友善校園——學生事務與輔導工作，幸運結交了一批極優秀的教育行政同仁與校長朋友，擴大了服務視野與典範學習機會。

初任校長到臺北縣尖山國中服務，偏鄉學校不同的教育風貌與服務思維，讓我能以更寬廣包容的心，體貼親師生的不同需求。如今剛調任第二所學校——臺北縣忠孝國中，仍希望秉持對教育熱愛的初衷與發大願的精神來經營這所充滿「愛與希望」的新學校。

16. 相信可能　就會可能

臺北縣泰山國中校長　李立泰

有人覺得校長如同船舵控制前進的方向，
但我覺得校長也像船帆，必須因應風向的改變，讓船航向既定的目標。

　　來到這所學校即將進入第三年，雖然時間不是很長，但是每一個烙在腦海的故事，都會在深夜沉思時，勾動心緒而會心一笑。今天準備跟大家分享四個小故事，裡頭沒有狂風巨浪，更沒有天雷地火，但是這些故事仍然能撼動人心。

🔖 團隊的力量，來自於成員對領導者的認同

　　我很喜歡運動，不論是忙碌後的跑步或是清早悠閒的晨泳，都能讓我放鬆並感到歡樂。這其中我最喜歡跟學校的夥伴們進行單車團騎，除了獲得身心健康之外，更建立彼此良好的默契與濃厚的感情。

　　三年前單車運動才剛起步，當時也不知道哪裡來的勇氣，以將近二萬台幣購買了一台小折單車。這台單車真的很好騎、網路評價更是沒話說，但是以當時的風氣，旁人知道二萬元買的是單車而不是機車時，引來的通常都是嘩然與笑聲，直到學校成立教職員的單車社團後，可愛的單車竟意外成了「吸睛」小明星。有時候教育工作就像買單車一樣，自己的理念與社會的價值觀無法完全相同時，唯有秉持自己的信心與教育理念，才能在風雨之前避免危險，甚至開創先機。

　　泰中鐵馬團是我們的的團名，創立一年多來出團多次，從入門的十三行路線到社子島 50 公里夜騎；從淡水北岸的明媚風光到新竹海邊的迎風騎踏；從鶯歌陶瓷的文藝到士林夜市的小吃都曾出現我們的輪跡。這麼多次的團騎中，我最難忘的就是社子島 50 公里夜騎，也是跟大家分享的第一則小故事。

　　夜騎是一種挑戰，因為時間愈晚身體會愈疲倦，但是夜騎卻能欣賞白天看不見的景色，而且只要人夠多安全就不是問題，相反的大家更會互相關心與照

應，無形中產生人與人交心的難得機會，這種感覺就像男生當兵一樣，患難中培養的感情常是堅定而持久的。那次的團騎人數超過 30 個，大人小孩都有、老手新生混搭、男生女生各半，完全是常態分布的狀況。出發前工作小組特地籌畫了兩個行程，配合不同的體能可以自行選擇全程或半程，不過如您知道的，計畫永遠趕不上變化。當天是微風徐吹的美好夜晚，一群人浩浩蕩蕩邊騎邊欣賞夜景，其中夾著斷續的笑聲。我喜歡騎在隊伍的第一個或是最後一個，居首當然就是帶領團體迎向目標，但是騎在最後看著團體長長的隊伍，感受夥伴的團結與良性互動，並且成為成員安全的保障，真的也是一種享受。在校園裡校長的工作，如同帶領夥伴夜騎，既是領導先驅，更是保護團體的最後一道防線。

或許當晚天氣太舒服了，因此大家的狀況都很好，很快就到達集合地點：關渡宮。吃晚餐時調查有意願進行全程活動的夥伴，沒想到大家竟然都要騎完全程，當下的士氣難以形容，如同斯巴達三百壯士般，即使知道未來可能艱辛困苦，但是群體力量卻輕易的克服人性弱點，讓團體勇往直前。話雖如此，畢竟我不是寫童話故事，人就是實在的血肉之軀，不會像故事裡的公主與王子永遠幸福美滿。隨著時間的流逝大家慢慢累了，別說小孩哭鬧、新手抱怨，連老手都覺得有點疲憊，畢竟我們是整天辛苦工作後才騎車，大家會累是正常的。只是騎單車跟爬山一樣，在沒有到達終點前，短暫的歇息永遠無法真正放鬆，這樣的情況下負面心緒在團體中慢慢萌芽。開始有人覺得不該參加這個活動、有人責怪夥伴拉他一起騎全程、責備工作小組為何沒有告知騎全程這般辛苦，這些負面的心思其實也是人性，沒有對錯更沒有好壞，差別在於領導者如何改變氛圍重振士氣。當天隊伍中有一位夥伴，會熱心的提醒大家已經騎了多遠，想要鼓勵大家的士氣，沒想到適得其反。於是，我立刻暗示他不要再提里程數，盡量換一個跟騎車無關的話題，那怕聊八卦都無妨。果真效果出現了，沒想到當大家忘了自己在騎車後抱怨不見了，又再度聽到此起彼落的笑聲，當下身體還是很累，奇妙的是心不累之後動力就來了。

您是不是以為後來就順利的騎回終點呢？不，真正的苦難才要開始，而且是我的苦難。當隊伍挺進到後半段時，因為大家的體力相差懸殊，隊伍愈拉愈長後斷成兩截。當時我騎在前端想趕快將大家帶回學校，沒想到接到後方夥伴的電話：我們迷路了，天啊！看看手錶已經快 10 點了，而且離學校還很遠呢！

既然我是個領導者又是保護者，當然要引導夥伴歸隊，不料透過電話聯繫，他們依然無法尋得道路。最後，我只好獨自回騎試圖將脫隊的夥伴帶回來。現在我說的輕鬆，但當時身體真的也很累了，憑藉的就是一股理念跟意志力。經過將近 30 分鐘的搜尋，終於找回失落的夥伴，看見他們高興的臉龐時，讓我覺得再累都是值得的。

領導者真的不好當，好的領導者更不容易！校長不只是發號司令，更是校園的保護者，也因為校園的夥伴有這樣的感受，才會願意跟隨我的領導，展現群體的力量而奮鬥向前。那次的夜騎回到學校已經 11 點半了，夥伴的時速表顯示當晚騎了 50 公里，而我呢？多了 30 公里，在每位夥伴的心中，這 30 公里表示他們對我的信賴，更讓他們知道我的理念與態度。當我回到家裡，家人已經熟睡，沒能陪著心愛的小孩一起入眠讓我有點自責，但我知道只要我願意繼續努力，他們的未來一定也會美好良善。

📖 具有信心與彼此信任，反轉突發危機

親、師、生之間本應是互愛互信、共勉共榮，但來自不同的生長年代、價值觀念迥異的三種人，真能有相同的意念？若有，當然是完美結局；若沒有，難道就一定得悲劇收場？我到學校第一年，就面臨八、九年級將近四成的導師調校，這些沒有導師的班級，如同燙手山芋讓人避之唯恐不及。其實老師們不願意主動擔任後母導師，並不是老師們沒有教育愛，大家都是凡人胎生，不想當後母、不願意讓自己無端的身心俱疲，這本來就是人之常情。但話雖如此，校長可不能坐視不管學生的未來，畢竟導師就像小孩在學校的父母一樣。

經過學務處再三的請託，這些沒有導師的班級，終於有了適當的老師人選，其中某個尚未建立常規的班級，更聘請一位非常有熱忱的老師來擔任。他不只帶班認真嚴謹，更願意多花時間照顧小孩。得到這麼好的協調結果，理當是完美的結局，應該天下太平，沒想到人算不如天算。第二則故事帶點小風浪，請繫好安全帶，讓我慢慢跟大家分享。

開學後一個月，這個班級因為新導師的帶領迅速穩定下來，有許多家長也非常認同新導師的認真與能力，學校同事們也為這群小孩高興，能有這樣的老師疼愛，真的是學生的好福氣。但是各位身經百戰的前輩一定知道，團體中絕

對不會只有一種聲音，有少數的小孩似乎不喜愛這個新導師，比較不懂事的學生甚至認為以前班級開放、無拘無束，但現在處處被要求、被管制，生活的自由度似乎減少了，於是對新導師的反感與日俱增。最後這些小孩，在不知道如何表達內心的感受下，竟然課後暗中以鋼釘刺破老師的輪胎來發洩情緒。如大家所知，汽車的輪胎是高速胎，刺破後不會馬上消氣，所以導師並沒有察覺異狀，也如往常將車子開上高速公路回家。隔天上學前老師才發現輪胎沒氣，於是將愛車送到保養廠進行維修，經過師傅仔細觀察胎痕後發現，這是人為蓄意破壞。當時老師如同遭受晴天霹靂，立刻紅了眼眶！難道將自己幼小的孩兒閒置家中，無怨無悔的為學生付出，結果竟然是這樣？

涉案的學生被查出後，獎懲委員會決議核定大過一次，但是家長認為處分太重提出申訴，在申訴評議會中，也獲得申訴成功的結果。但這樣的結果馬上成為校內的熱門話題，有人開始對教育失望、有人替老師抱屈、有人擔心自己未來的處境。於是在紛亂的耳語中，慢慢出現莫須有的扭曲想法，認為一定是家長極力保護小孩，導致行政處理不公、覺得老師必然是最後的犧牲者、甚至懷疑校長處理的態度。其實領導著在團體中被誤會、甚至被批評，都是必然甚至是必要的，畢竟團體由眾人組成，想法肯定會有差異，因此我認為領導者處理危機的過程，一定要有足夠的自信心。

眼看著這樣的狀況，即將導致三方俱敗！家長認為學校沒有教育愛，不願意給學生機會；受罰的學生無法接受懲處結果，必然對老師產生更大的怨恨；而最糟的莫過於老師對學生的愛與教育熱忱，可能因而完全熄滅。因此校長的當機立斷與正確處置就成了關鍵！當時我分別接見家長、學生甚至老師。經過仔細的說明與分析後，家長終於能夠信任學校，明白這樣的處理過程沒有任何個人情緒，基於教育立場絕對是良善而且可行；學生也能體會這樣的處分，並非將他打入十八層地獄，畢竟犯錯的人能承認錯誤、擔起懲處，進而力求改過，絕對是良善而勇敢的表現。

很快的第二次獎懲會議再度召開，家長完全接受一次大過的處分；學生也認為自己應該為過錯負起責任。故事說到這裡，大家可能覺得這就是完美結局？並不是！真正的完美結局是，這個導師並沒有減少對教育的熱忱、並沒有收回對學生的愛，相反的更用心的照顧他們。這些原本被處分的同學愈來愈乖巧，甚至成了老師的好幫手，班上的任課老師從開始的搖頭，直到對同學豎起

大拇指，才是振奮人心的結果。幾個月前這些學生畢業了，我再次看見導師哭紅了雙眼，同學們也圍著老師哭成一團，我心底竟也莫名的酸了起來，忽然間我體會到這才是完美大結局。

　　故事聽到這裡，您可能覺得我有所隱瞞，怎麼沒有交代當時如何扭轉乾坤？今天來個知無不言、言無不盡。其實人類存活的必須要件，除了生理上的需求之外，我認為心理層面更為重要，內心當然需要被尊重、被愛，但是也需要信任感，因為信任才會帶來安全感。所謂的信任不只是相信別人，更包含別人對自己的信任。很多事在無法明白對方的想法時，可能出現不必要的遐想，進而延伸出彼此的猜忌與互相攻擊。因此當下我做的第一件事，就是建立大家的信任感，其中包含老師與行政之間、老師與家長之間以及行政與家長之間的互信。但我如何建立大家的信任感呢？答案就是：真誠與同理心！唯有真誠的態度與為對方設想的同理心，才能在溝通的過程得到良性的互動。若我們為了說服對方，只是不斷尋找理由來壓制對方，這時候聽者產生的一定是防衛的情緒。若我們能以同理心替對方設身處地的著想，並且真誠的跟對方一起解決所遇到的困難，我們會發現人類真的很善良，人們會慢慢覺得自己其實也有錯、會覺得自己也過於執著、甚至開始產生為對方思考的情緒。也就因為這樣，一個良性的互動造就了一個完美的結局。

凡事樂觀與充滿盼望，建立和樂校園

　　剛擔任校長時，我訂下一個目標，就是要建立一個和諧歡樂的校園，因為和諧與歡樂會產生良性互動。有樂觀的行政同仁才能應付繁瑣的工作壓力，進而協助老師的教學工作；在教學順利的狀況下，小孩才能學得更多元、更深入、更紮實，教育的未來才會充滿盼望。

　　話雖這麼說，畢竟學校不是遊樂園，不可能如童話般只有歡樂。行政每天處理的事務都很繁雜；老師的教學過程更是耗費體力；學生的學習測驗亦是充滿壓力，如何每天都快快樂樂呢？其實快樂是一種心境、一個必須學習的課題、更是人生的重要元素，因此「產生快樂的能力」是需要培養的，甚至需要有人示範。校長如何帶給校園歡樂又不傷及威嚴？就成為我要求自己的重要功課。接下來跟大家分享的故事，充滿歡樂的氛圍，輕鬆點，故事來囉！

記得去年冬天某個早晨，我依慣例站在校門口，迎接來上課的老師與同學們。或許那天真的太冷了，我不自覺來回搓動手掌，試圖尋覓一些溫暖。不料一個經過的學生，忽然問我：「校長您也會跳舞喔，太厲害了！」我回問：「跳舞？跳什麼舞？」學生回答：「就是 Sorry Sorry，Super Junior 很紅的啊。」當下我才知道，原來他誤會了，不過我並沒有潑他冷水，只笑笑的問他：「那你覺得校長跳得好不好？」沒想到小孩回答：「老師教我要誠實，所以我不想傷校長的心。」我回答：「沒關係，你可以說的委婉一點啊！」小孩楞了一下，略彎著頭回答：「您跳得跟歌名有點像喔！」

那天回到辦公室，我馬上查誰是 Super Junior，後來才知道原來是韓國的偶像團體，而 Sorry Sorry 的招牌動作就是一直搓手。恰巧主任這時來跟我討論歲末聯歡的事宜，其中一項就是各處室的表演節目，我忽然靈機一動跟主任說：「今天中午請各處室主任到表演教室集合，我有很重要的事私下跟大家說。」中午時主任們全員到齊，每個的表情都是一臉迷惘也帶點焦慮，如同等待大刑判決一樣。看到這樣的場面，我立刻笑笑的說：「今年的歲末聯歡，校長室也要表演，除了我之外各處室主任也一起參加，我們就跳開場舞，來個全校士氣大激勵。」沒想到此話一落，主任們一陣大笑，全然沒有排斥的感受之外，竟開始熱烈的討論舞蹈的曲目。

女性主任覺得為了演出效果，應該跳 Wonder Girls 的 Nobody，然後男生戴爆炸頭、穿旗袍開高衩，來個性別大反串，晚會時肯定驚豔四射、魅力無法擋。不料，男主任緊接詭異的笑著說：「跳 Nobody 是可以，不過當大家用餐時，猛然抬頭看見一群男生在台上露大腿、拋媚眼，會不會還沒喝醉就有人吐了？」一陣笑聲後，莫約五分鐘大家有了決議，就是跳 Super Junior 的 Sorry Sorry！您若看過原版表演就知道不好學，要跳出每一個動作的韻味著實困難，更遑論我們這群不會跳舞的行政人員。於是我們商請學校熱舞社的指導老師，來矯正大家的動作，我更在網路上找了一個 Sorry Sorry 的山寨版，只希望我們這群 LKK 能夠順利練成。

現在回想起來，當時的練習過程讓我很感動，因為行政業務真的很繁瑣，主任們個個都很忙碌，除了每天得應付的基本工作之外，還得犧牲午休時間來排舞，即使這樣，我還是看見大家願意為了和樂校園跟我一起往前衝。練習過程雖然大家鬥志高昂，但是卻也不順利，畢竟我們沒有舞蹈底子，唯一安慰的

是我們練得很開心。印象最深刻的一次，就是指導老師示範一個雙手斜舉彈指，然後雙腳滑步的動作。老師示範得很優美、做起來更是帥氣，只是輪到我們跳時卻不是這樣。大伙面對諾大的鏡子不斷的練習，我忽然聽見後方的主任們輕聲交談：「我覺得自己的動作很像中風耶！」另一個回答：「我倒覺得自己跳起來像『秘雕』！」不料另一個緊接著說：「你們都還好啦，我簡直就是中風後的秘雕，而且還復健失敗！」這時候我的腦海忽然出現的一個可怕的畫面，請您想像一下，歲末聯歡晚會的舞臺上，忽然出現一個秘雕，那可能叫做「醜」，但若同時出現七個秘雕，那真的就是「恐怖」了。

　　經過幾次的排練已經有個模樣，時間也過得很快，馬上到了演出當天。因為事前我們保密的很好，因此沒有人知道我們要上台跳舞。那天會場上，主任們依舊在各個角落忙著自己分配的工作，但我卻看見大家不自主的搓起手來，我知道大家在內心裡都不斷的在排練，只希望等一下有完美的演出。那時我心想，有這般一心團結的工作夥伴，教育的未來真的充滿盼望。

　　聯歡會場一如往常的熱鬧吵雜，沒想到當司儀宣布校長帶領各處室主任，為大家帶來開場舞之後忽然鴉雀無聲，或許他們以為自己聽錯了，但緊接的表演卻是不爭的事實。排練時說好其中有一段音樂大家各自想動作，盡情的秀出自己的風格。我秀的是右手高舉、單出食指指向天際，左手插腰後扭臀轉圈，沒想到立刻引來滿堂熱烈的掌聲。緊接著我看見各位主任賣力的演出，連體位頗大的主任都奮力扭起腰來、甚至表情嚴肅的主任也裝起可愛動作。表演的過程，會場上所有來賓莫不聚精會神、鴉雀無聲，穿插其中的只有笑聲與掌聲。表演總會結束，但是掌聲卻依然繞樑、久久不停。我回頭看看主任們滿臉的笑容，跟眼前來賓的熱情回應，我真的覺得這是一個歡樂的學園，也確信未來必定會引發更多的良性互動。

達成共識與良好溝通，完成教育大愛

　　我個人認為國中的教育環境充滿挑戰，因為國中階段除了肩負國民教育的責任之外，更要成為學生下階段的學習跳板。學生完成九年國教後的畢業證書，並非現今社會所接納的基本學歷。換句話說，每個國中學生幾乎都得升學。只要談到升學，相信大家都非常關心，因為小孩考上心中的理想高中

（職），是所有人的共同心願，但如何達成這個目標，並沒有固定的指標與準則，不像學校教育擁有課程綱要般的明確。此外，學校的教職成員來自不同的成長環境；各自都有獨立的成長過程，如何建立共識完成教育大愛？

剛來到這所學校就發現，學區的住戶有種質樸良善的特質。這裡看不見工商發達；也沒有絡繹不絕的遊客；更嗅不到任何新穎的流行風。大家都是工作認真、腳踏實地的好鄰居。不過，因為工作的關係，家長大多忙碌，相對之下，花在小孩的心思與時間相形減少。雖然如此，我們的學生沒有因而被犧牲。長久以來，泰中以「品德教育與優質禮貌」為教育目標，在如此校風的陶冶之下，同學們幾乎都能學會以禮貌待人，著實可愛貼心。但我們並不為此滿足，雖然良好的品德是為人的基礎，謙恭的禮貌是待人的條件，但紮實的知能更是立身處事的根本。所以在這樣的學區中，如何替小孩的未來鋪路，讓他們考上自己心中的理想學校？就成為我經常思考的課題。

此外，我也注意到學校的老師們都很熱忱。學校課後輔導結束後，很多家長們因為工作的關係尚未返家，不少老師擔心這段時間學生無所事事、虛擲光陰，特地將學生留在學校義務關懷課業、輔導人格。這些老師的額外付出，我真的深獲感動，更為泰中的莘莘學子感到高興。但是老實說：我其實不希望老師以犧牲自己的方式，來完成教育工作。因為老師們若沒有良好的健康與穩定的家庭關係，是無法做好教育工作的。

今年升學輔導會議中，有老師想更廣角的照顧九年級學生，於是提出全新的升學複習模式，希望將參加複習的人數比例，由往年四成提升到九成以上，這個議題立刻引起熱烈討論。有些老師覺得原本的複習方式，雖然只有四成的學生參加，但施行多年來並無不妥，若貿然改變得承擔其它風險，不得不小心謹慎。部分老師認為九年國民義務教育，是針對所有學齡小孩設計的教學活動，教育對象當然是多數的普羅大眾，而且這樣的改變，是為了造福更多的學生，立意並無不對。其實我個人認為，只要是對學生有正面效益，而且出自於老師愛心的方式，都是值得肯定的作法。我擔心的是雖然大家的出發點都是好的，但是站在不同的角度看一件事，就會有不同的解讀，若沒有良好的溝通來建立共識，很容易會形成誤會，甚至造成彼此的傷害。為了避免發生這樣的悲

劇，我要求教務處一定要完善溝通，建立大家的共識。

　　經過許多事前的努力，九年級的導師們近乎全數表決通過，決定施行新的複習方案。導師們除了暑期輔導及開學後每天願意無償多加一節課，安排班級學生進行全年級的複習測驗之外，更願意在開學後義務輪流到校督導學生晚自習，為的就是讓每位有心唸書的學生，都有機會實現自己的夢想。為了因應這個改變，教務處特地舉辦家長說明會，並且發放家長問卷，可喜的是問卷統計之後，全年級真的有九成的學生，願意一起進行升學複習活動。這樣的變革真的是空前的，更是老師們擁有教育愛的實在證明。

　　暑假至今，每天都有九成的學生一起參加複習工作，我看見的不只有學生的努力，更有老師的犧牲與付出。課堂上老師除了奮力複習觀念之外，還得檢討複習試卷。此外，教務處每週也會公布成績優良以及進步卓越的同學名單，我也邀請這些學生到校長室來授獎。雖然我給他們的紅包獎金不多，但是我相信經由校長的親自鼓勵，能讓他們產生更大的動力。前幾天獨自回想當時的溝通過程，真的也很辛苦，還好兩年來校園的團結氛圍儼然建立；互信機制也逐漸深植人心，在和樂的校園中，也開始展現團隊力量。雖然現在我不敢打包票，明年考上前三志願的人數一定會大量的增加。但是我敢肯定，能考上心目中理想學校的學生比例，絕對無法限量！

　　最後一個故事說到這裡，想請大家想想，現今新聞標榜的大多是：滿分的高材生是誰？第一志願有多少人？前三志願有幾位？當然！優秀的楷模是必然需要的，畢竟團體中成功的案例不只是指標，更是可以讓同儕仿效的方式，甚至成為後進者的成功範例，所以這些報導有存在的價值與需求。只是能考上前三志願的小孩，就北北基而言必須要 PR 97 以上，難道社會大眾的小孩都屬於這百分之三？難道國民義務教育的辦學成敗，只建立在百分之三？當然不是！既然不是，我個人認為除了針對學生的多元智能，進行適性培養之外，應該多花心力來關心普羅大眾，在不放棄任何個學生的前提下，讓每個學生都能找到自己亮麗的天空，進而落實國民教育的基本精神！

　　我的故事說完了，最後想跟大家說：能夠成為教育界的其中一員，跟各位前輩與後進齊心為教育努力真的很快樂。只是，以後不管咱們哪裡見面，請您千萬別再跟我要故事聽，因為我想聽您身上更精彩的故事呢！

李立泰校長小檔案

大家好！我是臺北縣立泰山國中校長李立泰，該如何對您自我介紹呢？

說我的名字碰巧跟校名一樣嗎？臺北縣「立泰」山國中，呵呵！

或是說我是臺北縣最年輕的國中校長嗎？不是，這個紀錄只維持了二年，在 2010 年就已經有人打破了！

說我 35 歲那年報考校長甄試，除了一試中第外，也創下臺北縣以最低的年資績分（25 分），加上筆試及口試成績，考上候用校長的資格嗎？

也不是，因為這些不會讓我感到自豪！

還是告訴您，我考上候用校長資格的同一年，也取得國立政治大學的行政碩士學位呢！

更不是，因為這些沒有帶給我多大的成就感！

其實，讓我感到驕傲的是我的學校！

我相信，只要你碰到泰山國中的學生，您問他：「校長的座右銘是什麼？」超過八成的學生都能正確回答。因為我希望同學們在人生的道路上，不論是面臨挑戰或是遭逢挫敗，都能想起校長的座右銘「相信可能、就會可能」，進而燃起信心、重拾希望。

除了友善、歡樂，處處充滿了笑聲與讀書聲，泰山國中更是一所有紀律的學校。所有的集會場合，不管是升旗、週會或是演講，現場都是鴉雀無聲，參與的師生都能聚精會神、認真聆聽。每次當我跟來賓談話告一段落，我都會邀請他們聽聽校長室窗外的聲音，上課時間校園內，您只會聽到老師賣力的上課聲，美麗校園內的鳥叫蟬鳴聲，除此之外，別無雜聲。如果您問我，為何想要當校長？要營造怎樣的學校？上面這些故事就是我的答案。

17. 無限學習機會，個個都是品牌——
「全人發展」的教育理想與實踐

臺北市北政國中校長　高松景

📖 從面臨「廢校」危機，發展為「臺北教育 111 標竿學校」

　　多麼美麗的環境，多麼優美的風景。學校，仿若仙境。真正，在市郊的境地。站在這裡，什麼都不必做。只要聆聽，聆聽風吹，了解風的真諦；聆聽蟲鳴，獲知牠的問題；聆聽溪水，發現它的喜悅；聆聽鳥叫，觀察牠的回應；聆聽讀書聲，聆聽歡樂的學習，以及聆聽北政。北政很小，但是，它很美，一個能和世界對話的地方、一個能和生命對話的地方、一個能和自己對話的地方……。這是本校國八學生在自然寫作課對北政的一段描寫，我覺得很感動！

　　這是我初任校長所服務的學校——臺北市立北政國中，學校就在國立政治大學城內，位於臺北市最南端，貓空山下景美溪旁，是一所座落在大自然的溫馨學校。1968 年成立時，之所以取名為「北政國中」，是由於當年學校是由臺北市政府與國立政治大學教育學系合力規劃完成。目前班級數每年級 4 個班，全校 12 班的小型學校，有 424 名學生，已連續六年是臺北市額滿學校。然而北政國中，曾經是臺北市畢業生最少的國中，一所面臨廢校危機的學校，其如何努力化危機為轉機？一直是臺北市教育界的傳奇故事……

　　北政小校的規模，加上得天獨厚的大自然校園，又在國立政治大學大學城內學術氛圍，北政曾是為國內多項教育改革的實驗場所。其對學校影響最大的是，從 82 學年度起全校試辦「自願就學方案」，當時所招收的新生學生來源主要是貓空茶農子弟，每年大約 50 人左右、由於學生的學業成就普遍低落，缺乏競爭力，以致於就讀本校學生日益減少，甚至因為招生嚴重不足。社區廢校聲浪不斷，學校教職員工可說是人心惶惶。

　　87 學年度起臺北市「自主實驗計畫」在本校進行實驗，預計試辦「三屆

八年」，因為小學校卻進行兩種教育實驗計畫，常因資源分配不均、管教方式等等不同，校園瀰漫著一種非常不安的氣氛。90 學年度自主實驗計畫遷離，92 學年度自願就學方案實驗計畫終止，那一年的畢業生只有一班 26 人，當時學校校譽可說是跌入谷底。雖然自主實驗計畫遷離，校園不再一校兩制，但學區內卻即將於 94 學年度成立新學校——政大附中，這對於本校的招生又是一項艱難的考驗。

2003 年起北政國中把握九年一貫課程改革、學校本位管理、教育局推動「臥龍藏虎」計畫等教育政策，致力發展學校特色，2004 年成為臺北市第一所教育部綠色夥伴學校，2007 年全校教師加入教師專業發展評鑑試辦計畫，2008 年榮獲本市優質學校「資源統整」優質獎，2009 年榮獲本市優質學校「課程發展」優質獎，教育部「攜手計畫課後扶助」全國績優，榮獲本市「一校一特色、一生一專長、一個都不少」教育 111 標竿學校，2010 年榮獲本市優質學校「學生學習」優質獎等，來自外界的高度肯定，獲獎總數在臺北市 59 所國中排名第四。2010 年學生基測 123 位畢業生，一位獲得基測滿分，22 位 PR 90 以上的亮麗成績，更讓外界刮目相看，小型學校在人力及資源皆不足下，能有如此卓越表現，的確令人讚嘆。

偶然機會擔任國中校長，相信一切是最好的安排

「高校長，你是在哪裡擔任校長？」2009 年 8 月遴選擔任北政國中校長，有許多認識我但不確定我在哪裡擔任校長的人，遇到我常會不自覺的問我：「恭喜你，擔任校長，你是在哪所高中擔任校長呢？」我急忙澄清：「我是在國中擔任校長！」朋友們往往又會追問：「為何想到國中擔任校長呢？」一時間，我也不知如何回答！

個人過去 17 年來大多時間在高中擔任學校行政職務，五年學務主任、二年秘書、三年總務主任，能有機會來國中擔任校長，似乎冥冥之中自有安排，我也相信這是最好的安排。2007 年 12 月臺北市國中候用校長甄選考試，突然增加曾任完全中學秘書的年資可採計積分的修定，在當時大理高中謝念慈校長的鼓勵下，個人抱著不妨一試的態度，鼓起勇氣報名參加考試，最後竟能幸運錄取，我真是不敢相信。

經過三個月的候用校長儲訓，又面臨了候用校長人數維持是實際缺額 3 倍的遴選制度，不時會聽到「有校長資格，但不表示有機會擔任校長」的信息。到了遴選時刻，面對「僧多粥少」競爭場面的自我得失心，以及選擇「大校小校」的自我虛榮心，內心不時陷入爭扎，要選擇哪所學校呢？最後真感謝北政國中的教師及家長，由於你們的熱情邀請與支持我來擔任北政國中校長，讓我最終戰勝「自我得失心」與「自我虛榮心」，選擇忠於內心教育理想的追求。

　　就在遴選委員會，從最大校依序排到最小校進行遴選，剩下我一人向遴選委員會做個人北政國中辦學理念五分鐘報告時：我不禁發自內心，有感而發的向遴選委員會表示：「看到各位遴選委員們為了幫學校找一位好校長，今天從早上到晚上這麼用心又辛苦，我期許我自己不要只是為當校長而當校長，要當一位有教育理念的校長！因為國內不缺校長，也不缺教授，但缺乏一位能將教育學術轉化為學校教育課程教學的校長。」此時，我內心也自我警惕：「當我已無法在這所學校實踐教育理想時，便是自己該選擇離開的時刻。」最後，感謝上蒼：心想事成，遴選上我心目中實踐我教育理想的北政國中，開始我的校長生涯。

國中是當前最「艱難」的教育階段，從學生需要激發教育使命

　　搶救國中生、失落的國中三年，「國中老師」無力感遠大於國小及高中老師。是的，國中生是發情小動物；大腦前額葉發展較慢，無法感知行為結果；感性大於理性，爭自由卻不知「合理的自由」；常會用「叛逆」來證明自我。巡堂時看到學生上課不認真、對師長不尊敬等「死沒良心」的行為，我內心真是為老師「叫屈」。回想在高中服務時，問一位我曾在國中時教過他的高二學生，問他為何在國中時，這麼的「叛逆」！他竟然回答說：「我也不知道當時為何會這樣！反正就是要那樣叛逆一下！」

　　確實，就個人過去在國中、高中及大學的教學經驗，加上擔任國中校長一年半深刻體會：當前國內各階段學校教育中，國中教育應是最「艱難」。為了支持辛苦的北政熱血教師同仁，個人在教師節特別給老師們打氣：「過去老師被視為是一個孤獨的工作，但在北政卻是一個溫馨大家庭。在這個屬於我們為

人師表的特別節日，校長要再次感謝北政每位教職員工的付出（導師每天早上7點20分到校陪學生收看大家說英語、用心透過聯絡簿關心學生、午睡講故事只為能儘速讓學生安靜休息……），讓今日的北政已是許多家長心目中的好學校，也要再次宣誓個人要用全校的力量來力挺每位北政熱血教師。」

全球公認最棒的芬蘭教育，其成功的諸多因素之一，是將教育資源用在最關鍵的「國中階段」。至今，我終於了悟：「我為何會想到來國中擔任校長？」因為在我的內心中看到，在「艱難」的國中教育有著「無限的可能」與「教育的使命」，我深信：人性是喚得回，只是我們尚未找到有效的「教育方法」，來教育每位生命中正面臨追求「自我統整」的青少年，引導他們在升學主義籠罩，基測綁架教與學的國中艱困環境下，也能尋找到「我是誰？」、「我將來能做什麼？」、「我是一個有價值的人嗎？」等三個生命成長課題。

掌握展開專業對話的切入點，共同思考學校願景

如何讓校長個人的教育理念，能獲得學校教育夥伴的支持呢？單面向聽演式的溝通，恐難獲得教師們的參與討論，我一直在找適當的切入點。就在我擔任校長第一次主持校務會議時，在各處室工作報告，聽到學校教務處蔡來淑主任的報告：有關高中職多元入學方案，教育部已從今年起逐年推動「免試入學」，預計到2021年國中將有80%畢業生，可透過免試入學進入高中職就讀。蔡主任話峰一轉，提問：「當基測不再考時，各位老師：我們要教什麼呢？」

這一問，當場讓所有老師，頓時間進入「省思」！是的，長久以來，國中教育受到聯考與基測的箝制——聯考考什麼，我們就教什麼；老師教什麼，學生就學什麼！老師似乎不必為教什麼而傷腦筋，因一切都是由聯考考什麼來決定，老師缺乏展現教育專業的機會。此外，另一方面我們對於以考試分數來培養未來人才，我們是有許多質疑。當場，我就立刻分享一則笑話：「國內以智育取向的聯考制度已形成一個奇特現象：聯考考好的人是考試之後才忘掉，聯考考不好的人是考試之前就忘掉，不過最後大家都忘掉！」因此，我們要思考要教什麼之前，是否更應先去思考，我們要培養怎樣的人才呢？

心想，這是一個引發大家來共同思考學校教育願景的「切入點」，我就在

臨時動議的時間，趁大家對此議題有濃厚的討論興緻，就立即透過「世界咖啡館」方式與學校的教育夥伴，進行教育專業對話，共同思考北政國中的教育理念與學校願景。教育是什麼呢？幫助學生基測得高分、考上前三志願、將來有份高薪工作……嗎！面對教育改革紛擾不斷，計畫趕不上變化，我們認為應「回歸教育本質」，倡導「全人發展」的教育理念：教育是發揚「人性」，教人成「人」的一種志業；教育的重點不應只是知識，而應是成為一個「人」所要彰顯的「價值」，以及為實踐此價值所需要的「能力」。

進一步，依據「全人發展」的教育理念，共同形塑「無限學習機會、個個都是品牌」的學校願景，該願景清楚說明學校做為一個教育組織的特性：提供學生無限學習機會；同時也清楚說明學校這個組織所要培育的產品：個個都是品牌。我們認為臺灣教育所要培養的人才，應是做研發與創新等高附加價值的上游產業「品牌」的研發，脫離以「代工」為主低價值的產業。因此，我們希望從國中開始培養學生探索自己，找到自己的亮點，發展做自己的品牌。

建立信賴、鼓勵良性衝突，建立行政團隊

信賴是所有團隊同心協力、有效運作的核心。如何建立校長與行政團隊間的互信呢？我是從分享自己的故事，來消除彼此隔閡。在一次主管的行政會報上，我分享校長個人習慣早上 7 點 5 分就到校，最近為何變成在 15 分到校，這是因為家中兩位才就讀國小的女兒，每天上學放學原本是由我丈母娘協助，我才可以一早就到校；然因丈母娘生病住院，我必須負責兩女兒上學的事。導師及兼任學校行政職務的教育夥伴，常會遇到家務與學校工作無法兼顧的困境，我們是一個團隊就像「雁行理論」所說的要彼此自動補位，讓整體飛行速度仍不受影響。沒想到會議中，個人真誠分享家中近況，竟獲得主任們熱烈的迴響，此刻感受到我們是彼此信賴的一個團隊。

健康行政團隊的關係，是少不了建設性的衝突。因為，如果團隊只因為不想傷和氣，刻意避免衝突，結果反而助長了緊張關係和相互猜忌，對團隊傷害更大。因此，如何培養出參與建設性衝突的能力與意願，是初任校長的一大考驗。我個人的作法是：自己扮演「發掘衝突者」，比如說，當我發現：國中生上課鐘響後，較難立刻進教室，進入學習準備狀態，而且國中男生閱讀及語文

普遍較女生發展慢。我就思考如何讓學生鐘響能立刻進入學習專注狀態，又能協助提升男生的語文及閱讀能力，同時提供學生典範學習，進行品格教育。我想要在下學期推動「鐘響朗讀經典格言」的活動，心想如何讓不同意見的教師願意支持，進而積極主動推展呢？除先邀請負責的教務處主任來討論外，更分別利用行政會報、各科教學研究會、學生班聯會、家長會等時間，將此議題提出討論，把所有寶貴的的意見都挖出來，攤在檯面上討論，讓負責該項活動推展的夥伴共同尋求「解決之道」，最後所有的不同意見都轉化為有意義的教育活動而圓滿解決，並順利推展。

　　個人發現一個很棒的校長與主任間的良性互動關係：一位初任校長想要推展新的措施與活動，讓同仁感受到校長的用意是無私與真誠，希望學生能學習更好，主任承受校長推展的新任務，能否主動轉化為是主任個人覺得很有意義，期邀請教學團隊共同來推展的態度，是具有成功關鍵因素。回想起來，我要感謝北政的主任們，當他們在與教師討論規劃此活動時，不會去說：是校長要我們去做！而是說：我們很想這樣做，因為這是學生需要，且有助於學生學習。我好感動！這真是一個彼此信賴、能建設性衝突的行政團隊。

改變心智模式與進行課程發展，發展教師專業社群

　　教師專業學習社群是指由具有共同信念、願景或目標的教師，透過合作方式一起探究和解決問題，互相支援、打氣，以集體智慧和力量，讓學生獲得更佳的學習成效。北政因是小型學校，全校 12 個班級 33 位教師，每個領域的教師人數都不多，甚至有些領域只有一位教師。因此，過去學校教師的思維習慣，總認為我們是小校所以人力不足、因為小校所以師資不足……

　　如何改變教師的心智模式呢？學校雖是個「鬆散組織」，但我發現每位教師都仍是懷抱著教育理想與熱忱，只是長久以來教師是個「被壓迫」者，只是教育政策的配合者、執行者，對於課程發展與創新教學，能發揮的空間不大，特別在受到升學主義箝制下的國中教育。因此，常會聽到學校教師抱怨：研習活動一大堆，到最後遇到升學主義，一切的理想，都會回歸現實考量，消失無蹤，這難道是國中教育的宿命？

　　為了讓本校教師找回教育專業的「主體性」及「問題擁有感」，我們採取

巴西成人教育學家 Freire 於 1970 年所著《受壓迫者教育學》（*Pedagogy of the Oppressed*）一書的觀點，透過「傾聽—對話—實踐」的增能策略，把握每一次對話的機會，不論是在課程發展委員會會議或領域會議，以及非正式溝通會議……由校長實際參與進行課程發展，我們以「正向思維」代替過去的思維，因為小校所以我們可以更貼近孩子的心……善用「教師專業發展評鑑」與「教學輔導教師方案」等教育政策，進行教育行動研究、課程發展（跨領域、學生高層次思考，比如批判性思考、品格教育、創造力），舉辦領域成果發表會，讓學校教師的努力與成就，外界能看到。我發現由於行政團隊積極主動的參與支持，讓老師感受到教學不再是「單打獨鬥」，而是一個「專業社群」。

　　許多的教學難題，我發現往往會在教師的「專業社群」對話中獲得突破性的解決，例如，依據「全人發展」的教育理念：教育的重點不應只是知識，而應是成為一個「人」所要彰顯的「價值」，以及為實踐此價值所需要的「能力」。問題是，在目前國中教學現場，所有時間幾乎是被既有課程填滿了！各科老師如何將學校所認為國中生應培養的「尊重、負責、關懷、正義」等價值教給學生呢？以及把實踐這些價值所需要的「情緒管理、問題解決、批判思考、自我管理」等能力教給學生呢？我們發現倡導兼顧「副學習」「附學習」的教學計畫，各科融入學校所重視的價值與能力教學，是一個可行的解決策略。此乃一個完整的課程教學目標應包含該學科系統知識的「主學習」，及與主學習相關能力的「副學習」，有關學習態度有關價值的「附學習」，例如：為有效確保將學校所強調的「價值」與「能力」學習，倡導各科學期初的課程教學計畫，需將本學習各科教學中，可融入北政全人學習的「價值」與「核心能力」，並在教學過程中注重將「價值觀」導引轉化成「尊重、負責、關懷、正義」的學習態度，以及培養學生各項能力，引導學生朝向「全人均衡發展」。

擺脫「事件」牽絆，專注學校「願景」與「結構」

　　校長一天的行程是忙碌的，從一大早到學校忙碌到下班晚上回家，會感到每天經常需要花很多時間在處理學校每日一些「突發事件」，對於自己所要實踐的教育理想，好像還來不及推展開來，但看到學校教育夥伴，每天都跟我一

樣的忙碌，真擔心任期到了，什麼教育理想也沒做。我就開始思考，該如何做「時間管理」，將心力聚焦放在哪裡呢？如何選擇適當切入點，才能不受「突發事件」的牽絆，朝向當初設定的教育理想目標前進呢？

所謂「事件」，是單一、隨機、不在計畫中、效期短暫的事情。而學校「事件」可分「好事件」與「壞事件」。「好事件」會讓我們今天心情很好，「壞事件」則會讓校長的腦力和心情都卡住，我們花的精神並沒有導致任何「結構」的變化。因此，我發現解決策略，首先是要在對「好事件」與「壞事件」的分別心先放空，讓事件發生時，能以平常心對待，情緒不受太大牽動。再者，多營造一些「好事件」，避免「壞事件」，其有效做法是，校長將心力聚焦在「結構」和「願景」上出招，帶領團隊一起往上爬。如何讓「好事件」自動產生，「壞事件」不再發生，有效方法不是去解決事件本身，而是改變「結構」（組織文化、規章制度、策略、組織、人才、執行力都是結構一部分），以及建立清晰學校「願景」。

校長的責任應是在「願景」與「結構」兩面向，而「事件」處理則是請行政團隊處理。學校要有清楚的策略、有效的組織架構、傑出的人才，和精準的執行力，每日隨機、不在計畫中的壞事就會減少。

📖 教育要能感動人，才能把人教成人

在北政發現幸福，教育是一個生命感動另一個生命，感動的累積就是幸福的人生。在北政一年半的初任校長生涯，最令我感動的是：看到教師無怨無悔的付出，積極尋找有效的教育方式來提升學生學習，增進師生關係。最令我最掛心的是：學生因家庭問題，學校因受制於制式教育，雖已盡最大力量，然仍無法即時導正學生，眼看學生可能走向錯的方向（放棄學習、交壞朋友）。展望未來，學校仍有許多煩人棘手的事要去面對解決，有許多的心酸、無耐、擔心想必不會從此沒有。

但我堅信：人性是喚得回的，教育雖不是「無所不能」，但卻是「無限可能」。校長在學校所播下的教育種子（教育理念的倡導、課程與教學、學校建築設備、學校制度、學校文化等的創新），不論對學生、學校老師、整體學校的發展，都會有開花結果的一天。這是校長的責任，也只有校長是最有機會，

將所學的教育學術理論，轉化為學校教育課程教學實務，也是為學校帶來改變最具關鍵性的靈魂人物。所以，我認為能有機會擔任校長是一種「幸福」。

高松景校長小檔案

　　我名字可以這樣記較深刻：「高」山上、有一棵「松」樹、「景」色很漂亮。樸實的外觀，很難與我所專長的「性教育」做聯想。1965 年次，國立臺灣師範大學衛生教育學系、研究所碩士、博士，曾在臺北市大理國中服務 6 年、臺北市大理高中 11 年，擔任組長、主任及秘書等職務。現任臺北市北政國中校長、臺灣性教育學會理事長、臺北市立教育大學及國立臺灣藝術大學兼任助理教授。

18. 舊瓶新裝——黑杆仔裝醬油，
就是要不一樣！

高雄市旗津國中校長　何瑞枝

 前言

　　旗津為高雄市的離島、四面環海。世世代代都與海洋為伍，塑造出以海洋為主的文化及與海奮鬥的民風。它也是高雄港天然的防波堤，為了因應經濟不斷的發展及國防的需求，在旗津島的南端開闢了第二個港口，使旗津成為孤島。因本島的交通不便及各項建設的落後，使得本區的外移人口非常嚴重。至於學生素質方面，則大部分學生學科學習的家長期望值低，升學壓力小，對於家庭關照程度也較低，因此，生活習慣待加強。惟學生個性較耿直純樸、可塑性大，只要能提供其適性發展機會，則潛力無窮。

　　學生家長的社經背景以捕魚及從事勞工維生者較多，經濟及教育程度偏低。異國婚姻逐漸增加，多元文化衝擊逐年增高。家長常常為了謀生計而容易疏忽家庭教育，導致學生文化刺激較貧乏。就統計數字來看，弱勢家庭學生及高關懷學生人數合計約占全校七成，比例甚高。

　　自從就任以來，每天的要務就是儘快透過觀察、溝通、討論、訪察等等方式，將學校相關的人、事、物以最快的速度讓自己進入狀況。期能以學生為主體，規劃適性課程，提供學生展能的契機，茲就校務經營的二、三事之心得與看法，分享辦學心情！

心情故事一：「境轉心就轉」──營造溫馨學習環境

　　日前監察院王建煊院長南下高雄分享座談時提到，做任何事情如果先以「愛」做為心中的出發點，相信任何事情都會迎刃而解、製造多贏的局面。這讓我想到剛到學校時，環視三十幾年來的老舊校舍、設備簡陋的校園，往往讓

大家覺得學校很髒亂的印象，就是和旗津地區以前讓一般遊客的認知一樣是髒亂、落後的。學生和老師們很無奈、但也只能習以為常。例如：破舊翹起來的PU跑道，在校慶時學生們雖然腳底被摩擦破皮流血，但仍然賣力地跑，全體的拼勁絲毫未減。辦公室和教室內那搖搖欲墜、晃動嚴重、快要脫落的電風扇，以及在市區裡少見的占空間、輻射量又多的舊型電腦螢幕等等。大家都很「認份地」繼續執行自己份內的事，但只能感到無可奈何，就這樣日復一日地送走一批一批的畢業生。

可是在我的認知裡，覺得這對校內的師生，乃至社區人士甚不公平。因為，如果連一處最起碼的運動場所，或工作與求學場域，都不能達到基本「堪用」的水準，這是說不過去的！因此，心中便盤算著該如何寫計畫、張羅經費為學校環境做些改善。說實在地，由於就任時已過了預算編列期，完全只能依照前一年度所爭取的預算執行。但是，真正要將改善計畫納入預算編列，則須等到後年才能列入，實在緩不濟急。正當在思考該如何因應時，忽然，靈機一動，何不先請幾位建築師好友分頭到校參觀評估，參考整修工程的意見與規劃細節。在大家評估完後認為，「境教」是教育中相當重要的一環，應該為社區及學校師生盡一點力量，協助改善校園環境。其次的要務是要積極尋求金援才能啟動整修計畫。大家都了解在教育部門中，年底學校經費的申請不外乎從教育局在年底前由各校收回的剩餘款中申請、或者從民意代表們每年的動二預算額度中爭取。但是，附帶條件是：必須在年度內執行完畢，否則要受到執行不力的懲處。因此，為了讓整修案能順利進行便緊急召開行政團隊幹部會議，說明規劃整建事項及進度，並徵詢總務和會計二位主任，協調好可行性意見之後，擬定計畫、再提出申請。在會議期間，當然有許多不同考量觀點的釋出與猶豫、思考，但是，最終仍透過良性的溝通來達成共識。亦即，大家在時程上盡力配合，共同以讓學生有個良好的學習環境為目標，營造安全、舒適的空間以提升學習成效為目的。

積極奔走爭取幾處計畫的申請、說明、遊說，但仍然音訊全無。可是，不屈不撓「教育大愛」的精神，一直在我身旁加持著力量。終於，在10月份的某一天，接到一通長官的電話，告知在辦理簽文時看到一筆原本應繳回教育部的預算金額，剛好可以適用於我們，也詢問我們團隊是否有能力在期限內完成工程。接著，透過許多相關人士的努力爭取，終於決定將補助款撥給我們。可

是，接著而來的問題是，那時已經是 10 月中旬了，該筆經費約五百萬元。從公告上網到執行完畢必須在 12 月底完成，那時真的很冒險，但也只好硬著頭皮決定執行。當下，以最壞的打算來評估：萬一無法執行任務，則以懲處校長憑辦。還好，皇天不負苦心人，在招標過程非常順利、再加上建築師的細心規劃和愛心督導，終於在 12 月 25 日辦理竣工。這次的操場整修工程是經由大家共同的努力、付出教育愛心，結合眾人團結力量，一起完成一項不可能的任務！感恩！

　　至於那搖搖欲墜的電風扇，及輻射量高的電腦，也都在年底前張羅到經費完成整修。因為心中一直縈繞著一個觀念：如果小地方拖延、不立刻處理改善，對師生來說「破窗理論」的影響層面將會擴大。就好比一面髒的牆面，如再多加上一腳，看起來好像也無所謂一樣。久而久之，很多的「無所謂」，便無法讓大家對學校產生認同感和向心力。因此，營造良好的學校環境對師生的境教功能影響是非常深遠的！

　　另外，社區圖書館的遷建到舊工藝大樓一樓也是一大工程。請總務處利用暑假期間，先清理出歷史悠久、將近 40 年的操作機台，順便辦理報廢。這棟被學生流傳形容成鬼屋的建築，其實是本校最新的一棟建築物，大約將近 30 年的屋齡。但是要整修的工藝教室——破舊生鏽、積水的地面、斑剝脫漆、還發霉的牆面，是名符其實的閒置空間。委請建築師勘察討論，如何將此空間規劃改變，營造成一處可供師生，與社區人士閱讀的溫馨閱讀環境。但是建築師明白地表示，單靠教育局補助的額度絕對不夠用，需要再增加很多預算，才能達到我們所預期的水準。可是只剩二個月就需要結案，時程會來不及。只好親自再找擔任設計師的朋友協助設計較實惠、但可分階段發包方式來施作的規劃設計（經由會計主任同意發包的設計）。其中為了能以較省錢、又能縮短採購時間，我們還設計加入由共同契約採購的設備。之後，再將設計案交給建築師評估認可，此時距離預算執行時限只剩一個半月而已。但是，我們的團隊終於趕在期限內，又完成一項艱辛的任務！謝謝總務與會計同仁們的辛勤努力！

　　等到社區圖書館落成啟用前，我發了一份旗津家書，邀請學生、家長及社區里民到校利用學校閱讀資源。學校除了提供完善及舒適明亮的讀書空間外，並規劃系列的借閱及開放晚自習活動。敦聘社區志工媽媽及課輔老師，在夜間開放場地指導孩子功課，讓孩子增多接觸閱讀書籍及沉靜定心的機會。相信在

潛移默化的環境中，讓旗中孩子的氣質能相對地提升，以奠定一切學習的根基。整體而言，培養學生靜態的閱讀習慣，再加上提供安全舒適的運動環境，可以培養出動靜得宜的健全國民。所以，學校將在明年度積極爭取相關經費整修其他運動場所。例如：空手道及撞球場地等，目前已編列在明年度預算即將可以執行。期能提供多元學習的場域，營造溫馨學習環境，「讓境轉，心也就轉」改變旗中學生的氣質！

心情故事二：海洋之子從「心」出發

尚未就任旗津國中前，對學生所留存的印象和多數人一樣，認為不外乎是狂野、不易受教與馴服、好鬥成性等負面表列的觀感。可是，經過觀察與接觸之後發現，幾年來學校行政團隊與老師們的努力、認真與用心，其成效是不可被抹殺的。雖然，老師們都是默默地在做自己該做的事──不忮不求。但是，外界那種定型式（stereotype）的觀點，不只影響到學生的自信心，甚至連老師們也都會有些許的自我封閉的感覺，這是非常可惜的地方。因此，**如何建立學生和老師的自信心與榮耀感是我的第二要務。**

每逢週二全校性集會升旗時，「頒獎」是例行性的儀式。可是，我從大多數的授獎同學臉上，看不出他們有榮耀光彩的神韻。取而代之的是──低頭、畏縮、不好意思、很尷尬的景象。這種情形和一般市區的學生表現迥然不同！慢慢地和師生接觸探詢後，才知道學生同儕之中流傳著：在眾目睽睽之下上台，是一件很丟臉的事！這現象使學生們漸漸養成他們不願展現自我，即使連私底下很活潑優秀的孩子，都不想表現，進而養成他們不願、也上不了檯面的個性。久而久之，學生不願意嶄露頭角的行事作風就形成整個校風，一屆傳承一屆，很難被扭轉改變。因此，只要遇到全市性的集會場合，當許多學校學生站出來一比較之下，自信心不足的旗中學生，似乎很容易讓人看出其不安與自卑的樣態。其實，他們並不差！只是長久來被自己壓抑的性格表現使然。在我看來，這現象只存在於二十幾年前較鄉下的學校，才有那種淳樸、靦腆的表現。於是心中盤算著該如何突破學生和老師們長久來存在心中的桎梏。恰巧有機會在拜訪附近國小校長及與國小老師們的互動中，由他們和社區人士及里長口中得知：大家對於旗中師生抱著相當大的肯定和期待。等到一有機會，在會

議中和老師們溝通辦學理念時，順便轉達大家對老師們默默付出，讓旗中孩子轉變的肯定與支持，及對未來的期盼等看法，強化老師們對自我的肯定，並鼓勵其參與各項的競賽。因為我知道，他們優秀的表現絕不會輸給市區的老師們！如能由老師們以身作則來帶頭引領風氣，散播老師的自信與魅力，相信很快地能激發感染學生自信心的提升。

　　至於針對學生自信心的強化與鼓舞方面，我常常藉由下課或打掃時間和學生互動。一方面與學生們閒聊家常、協助教導他們打掃技巧。一方面也誇獎學生們的表現，順便建立學生們的自信心。有時，在透過與學生分享當中得知，某學生有哪些專長，便適時地給予其表現機會。等到他的表演得到大家讚賞時，在下一次的表現將會吸引更多人和他合作上台表現。這樣能讓學生的自信心以非常自然的風氣形成及增強，大人只需當個推手就好。漸漸地，學生會在校長室外的走廊上跳街舞給我看、讓我當評審。進而也會對學務處提出希望能給他們有表現的機會，或多辦理一些活動等要求。當學生能主動發起展現自我的慾望時，我們的目的就達到了！只要持續讓他們蔚成風氣，學校行政人員只需要再給於適度的引導，就能漸入佳境。期待能很快地建立師生的自信心與榮耀感！

心情故事三：甜蜜的負擔——「媽咪老師」與「校長媽咪」

　　去年 8 月暑假的某日，在輔導室門前遇見二位學生（一男一女），面黃肌瘦、頭髮都染成金黃色，趨前詢問何事，女學生回說想回校辦理復學。原來該生已中輟流浪到中部多時，她是個單親孩子，父親因無力管教早已放棄她，導致她居無定所。大概是流浪累了、想回家，可是家在哪兒呢？幸好，她想要找導師幫忙，輔導室的老師趕緊連絡導師到校協助。從旁觀察師生二人的互動，導師一邊連絡學生的親戚，並一邊請求社福機構協助相關事宜。忽然聽見學生喊了導師「媽咪老師」！心想：學校老師的角色扮演在現代社會竟然已經等同父母的重要地位了。這對老師來說，一則以喜：因為受到孩子的認同；一則以憂：因為擔任父母的重責大任是何其任重道遠！實在不應該由老師來替代的吧！但是，我觀察到老師雖不能說甘之如飴，但是又何奈？從師生的互動中可看出目前的教育環境中，經師、人師的重要性。相對於在教育職場上，教師會

常常呼籲教師要專業自主，與教學不相干的事務老師可拒絕！但是，若聽到學生喊「媽咪老師」，我相信大多數的老師都會像我們這位默默耕耘老師的做法一樣吧！

開學後，有時在下課或午餐時與該生不期而遇。看到青春洋溢的臉龐已經回復到該有的紅潤，頭髮也恢復原有的髮色並綁起馬尾。正常的生活帶給孩子重新出發的支持力量，足見導師的影響力是多麼重要！但是，其背後的辛勤努力，其實才是擔任教職的老師們需多學習的地方。學校如果能透過班級經營研討的機會，讓有經驗的老師來分享輔導學生過程和使用的輔導模式，這樣比研習教條式的說教理論，會更受老師們的歡迎。畢竟，這是老師們大家都會遇見的共通難題啊！

在旗中，有將近三分之二的老師是初任教職一、二年的資淺教師，他們並無豐富的教學及輔導經驗。因此，在他們任教的生涯中，資深輔導教師的經驗傳承與否，及 teach how to teach，對他們來說益顯得重要。於是教務處就規劃許多由資深教師來分享教學經驗的研習場次，頗受到新進教師的讚賞。其中特別是有關「電子白板資訊融入教學」部分的教學經驗傳承，獲得老師們相當高的評價。由於新進教師的資訊能力普遍較佳，因此，校內主動參加教師專業發展的人數約有三分之二強。我觀察到其中最大的增強點在於我們的老師平時在教學備課部分，幾乎已經做到以學生程度及能力來設計課程的授課方式。他們不使用坊間的參考書和測驗卷。每個老師的教學檔案只要自己花點時間歸納整理，用e化方式建置留存、傳輸即可。至於學校行政部分，只需積極撰寫相關計畫，爭取建置電子白板e化專科教室，提供給老師們使用即可。這種運用資訊融入教學的教授模式，讓教與學活潑、生動化；同時也能讓學校的「小飛俠」（中途翹課的學生）減少甚多，對於文化不利的學生，較易達到教學成效的提升。

至於在教師專業發展的推動中，我深刻體會到，行政單位萬萬不可只以一紙公文告訴老師該如何配合辦理。而是要設身處地去了解老師們的優劣勢與支援需要，讓老師出於自發性的動力才會成功。行政團隊需提前預做準備，適時地提供奧援，協助解決相關難題，最後再推薦他們參與成果發表、展現成效。也可適時地推派他們參與競賽，爭取最高榮譽。讓大家看見師生們的用心與辛苦努力，榮耀歸屬於他們！老實說，在我內心深處，真的為這些師生感到雀躍

與驕傲。因為在這一年中，他們展現實力，辦到了！真的很棒！至於我呢？從推動中也獲得師生口中「校長媽咪」的窩心頭銜。然而，美中不足的事是，旗中老師們的上下班，若從過港隧道開車或騎車，則往來的大卡車較多，相當繁忙又危險。若騎機車坐渡輪，則每天來回需花費 70 元的交通費，長久下來，所費不貲。因此，交通的不方便性因素，導致教師每年的流動率甚高。我常無奈地笑稱旗中堪稱為「高雄市國中教師的新生訓練所」，這是不為過的！

心情故事四：創藝旗津——「鼓」動奇蹟，在地化的呈現與推展

　　旗津國中的孩子接觸藝術的管道明顯不足。本校為 16 個班級的小校，校內從 97 學年度開始雖聘用藝術與人文各項專長的正式師資。但由於是小校的緣故，教師除了教學工作之外，都仍需支援行政業務（例如：擔任組長職務需辦理行政業務外，還要授課十節）。九年一貫課程七大學習領域中，藝術與人文領域是一種情意的教學，課程統整不易，它的影響是內化的，亦是需要長期培養的。在當今升學主義教育當道的現況裡，藝文領域教學要如何突破困境、積極尋找資源是一門學問。因此，經由透過與藝文領域三位老師多次的溝通與協調後，學校擬定一份計畫案，申請藝術深耕四年計畫，積極推展校內藝文活動。

　　對旗津的孩子而言，廟會慶典中的野台戲或藝陣鑼鼓是在地常有的民俗藝術與文化特色之一，也是他們經常可以接觸到的表演活動。因此，老師們決定以孩子生活中熟悉的「鑼鼓聲」出發。藉著傳統的打擊樂器，引發學生對藝術與人文的學習動機。經由藝術深耕四年計畫補助款的挹注，我們邀請到臺灣豫劇團的藝術家進入校園協同教學。結合在地文化素材，以「鑼鼓・戲曲」這項綜合藝術為課程主軸。藉由藝術家的專業，活化教學，豐富孩子的學習，並進而發掘旗津學子在鑼鼓打擊表演方面的長處及優勢。剛開始推動時，學生需要相當辛苦地配合外聘老師的教學。而外聘老師因為是藝術科班出身，其刻苦耐勞的特性對於學生來說，所要求的標準是很難達到的。外聘老師也因為不了解學生的學習背景，且必須在十週的表演課程中教授十個班級（全校一、二年級）的教學活動，並計畫在校慶時，展現成果於社區家長眼前，其壓力可見一

斑。因此,不但學生反彈拒學,老師生氣、充滿無力感,行政部門之間的協調也產生摩擦、不順利。幸好,藝文老師及時發現狀況而請求支援。經過召開幾次行政協調會,安撫學生和外聘教師情緒後,練習才漸入佳境。這段期間,學校也安排學生參加佛光山花燈展演。這是他們第一次跨出旗津島,在許多關注的掌聲中表演,這次的展出機會,帶給學生內心的震撼和影響是相當大的。

值得一提的事是,藝文老師們對此計畫的相關教材、教案及學習成果的合作研提,也成為專案計畫的一大特色。學校積極鼓勵老師們參與相關教學活動競賽,也都獲得亮麗的成績。例如:高雄市2010年「教學卓越獎優等」、2010年GreaTeach全國創意教學獎「藝術與人文領域」全國特優等獎項,這些都能令全校師生非常振奮。接下來,為了獎勵校慶表演藝文活動同學們的努力演出,也順便鼓勵學生走出校園,欣賞藝文活動。學校乃規劃由老師們帶領學生前往高雄市文化中心至德堂,觀賞豫劇國寶大師「王海玲舞臺從藝五十年特別演出——抬花轎戲碼」。許多學生從未進入如此盛大的藝術殿堂,他們真的很像劉佬佬進大觀園一樣的新奇與興奮!看著孩子眼中散發閃亮的光芒、聚精會神的注視著排隊進場的觀眾,口中直呼怎麼有這麼多人來看表演!那種神情讓我永生難忘!還有同學在散場時,馬上跟我說:「校長媽咪,我們還要再來看表演!」看到學生們的喜悅神韻,心中許下宏願:一定要常常協助他們參與多元藝文活動,增進藝術生活饗宴,期能多帶給孩子藝術表演的典範觀摩學習機會。

至於針對在地化的呈現與推展的部分,旗中師生身為旗津島的一份子,有責任及義務,將本區的精華及特色介紹給有意到此一遊的觀光客。希望他(她)們遊玩旗津後,除了對風景、海產留下印象外,更能對旗津的知性之旅產生更深入的認識。因此,學校鼓勵老師們將在地特色融入課程教學,並透過中英文網頁呈現在地特色。由師生利用課餘及假日的時間作現場資料蒐集及社區訪問,一點一滴的將資料建檔,使資料更充實,希望能將旗津的介紹作到盡善盡美。並利用參加2010網際博覽會的網頁製作競賽,讓學生有機會以自己的觀點,將從小生長的生活環境介紹給大家。學生還可藉由資料的蒐集與訪談、深入了解地方的發展及特色,讓學生更加珍惜旗津的每一塊土地、每一個景觀。透過這次專案主題的製作,鼓勵學生擔任旗津發展的小尖兵。專案網頁主題「二輪凸旗津」,用騎腳踏車與鏡頭的方式巡察,針對從小到大生活的地

方，慢慢的體驗這塊區域的情感。其中，除了推展家鄉的觀光外、更進而推動愛護海洋資源的環保概念。例如：關懷地方生態的研究——海沙的流失問題、淨灘、綠蠵龜野放，還有一些沙雕、貝殼雕飾等等活動。也讓地方居民能透過資料的留存與撰寫，更了解在地的環境以及激發需要對這塊土地多加愛護的情懷，這樣的過程是特別有意義的。參與競賽專案的師生經過將近半年的辛勤努力，很榮幸地，其成果也榮獲 2010 國際網界博覽會的金獎。這殊榮又是能讓師生雀躍鼓舞的一劑強心針啊！真的能證明「We Can Make It」的旗中人，加油！！

心情故事五：「給魚吃不如教釣魚」——活化課程的規劃設計與溝通

99 學年度旗津區三所國小畢業班級數為九班，而留在旗津國中就讀的班級只剩五或六個班級。足見仍有約三分之一強、近二分之一弱的學生數外流，而且是家庭背景較優質之學子。透過幾次的聚會與溝通，了解外流家長的想法大都存在既有的成見。他們認為：在國小時，已有很多學生因為家庭及環境緣故，早已對學科學習提不起興趣，又缺乏家庭的關心及照顧而提早放棄學習。這些同學無論在行為表現或學業成就上，已無法在同一標準化課程的框架下與其他同學一起學習國中課程。因此，稍有能力的家長，不願意讓自己的子女，在國中階段的教育期程裡，續留在相同環境的班級中學習。也更害怕孩子學習到不良習慣而提早遷戶籍，規劃越區就讀。基於上述家長們的心態觀之，其擔心的狀況確實存在。因此，如何在大環境的教育體制下，規劃出一套適性課程，讓旗津學子能適性學習，不必再辛苦外流就讀，實是當務之急。

綜觀旗中歷年來選擇就業或就讀職業學校的比例約占七、八成之高。其中大約有三、四成的學生，從國小的學習成就已經落後無法跟上一般學生程度，導致在課程進行時，造成老師的教學與班級經營上的困擾甚大。同時，這種情形也多多少少會影響干擾到想要進一步學習的同學。因此，透過幾次召開課發會的討論與溝通分享，評估旗中在未來的校本課程規劃，是否能朝著適性課程的設計進行。初步共識為先以社團課程加上第八節輔導課來規劃適性課程分組教學模式，因應學生需求強化學生學習能力。行政團隊則透過有效運用各項教

育或社會資源來協助引進師資，實現多元教育。例如：漂流木木雕課程、腳踏車修護、烘焙餐點、旗津導覽學習、海洋探索館導覽課程等社團。與社區共構，提供學生未來能帶著走、營生計的基本素養。讓每個學生能由適性課程中學習、發現自我潛能，並提升自信心，期能開拓學生視野，增進親師生與社區對學校的認同，減少學生的流失及教師的流動率。真正回歸到教育的本質，「給魚吃，不如教釣魚！」，落實因材施教的理念！

結語

　　用最誠摯的心推動教育，以愛、尊重、關懷來協助親師生。經由營造溫馨學習環境，讓「境轉心就轉」。推動「海洋之子從『心』出發」，適時提供舞臺，激發師生展現自我的動力。再透過溫馨的感受、甜蜜的負擔──「媽咪老師」與「校長媽咪」的加持。並藉由創藝旗津──「鼓」動奇蹟，積極融入社區、走讀旗津島，推展在地化的呈現。最後再加上活化課程的規劃設計與溝通，強化「給魚吃不如教釣魚」的實用生活理念的實踐。這一系列親師生共同努力的成果，讓旗津國中「舊瓶新裝──黑杆仔裝醬油，就是要不一樣！」真正落實「以學生為中心」的教育理念，結合行政、教師與家長的力量，讓學生能快樂的成長與學習！

何瑞枝校長小檔案

　　從答應要撰寫《中學校長的心情故事》後，懷著忐忑不安的心中一直有二種迴響聲音在拉鋸拔河。「寫」或「不寫」的抉擇，不斷縈繞在腦中，就好比《哈姆雷特》裡的「To be or not to be, that is the question」。一方面，因為自己才疏學淺，擔任校長年資少；可是另一方面，又很想把自己擔任校長一年來的心情做個整理，並和以後的初任校長分享。最後的決定，是在截稿前一週，才下定主意開工構思。所以，如有文意不順、或詞不達意之處，請各位讀者見諒！對我來說，在教師生涯中有很多職務上的變動，其實都不在我原先的規劃中。在我就任校長的路上，是充滿戲劇性變化的。

　　從國立高雄師範大學英語系畢業後，分發到七賢國中擔任導師16年。又由於搬家的緣故，介聘到英明國中。在校長熱誠的邀請下，開始步入學校行政擔任衛生組長的職務。接著，又擔任訓導主任。期間，在處理許多患有情障和過動孩子的學生行為時，深深覺得所學不足。於是報考國立高雄師範大學特殊教育學系進修特教課程，並順利修畢國立高雄師範大學特教行政碩士學位。因此，經由特殊教育身心障礙類及資優教育的涉獵，讓我見識到不同領域的教育思維，認知到適性課程對學生個別需求的重要及成效。另外，在擔任總務主任時，從中也學到對於校園環境的規劃及境教的影響重要性。透過因緣際會又介聘到瑞豐國中擔任教務主任一職，讓我覺得學校教育如能透過合宜的課程設計，讓老師與學生們在「教與學」的互動中相得益彰，則對校務推動是一大助力！

　　經歷這些職務後，心想，在年滿50歲時就可辦理退休，讓位給流浪教師。但是，在瑞豐林校長的鼓勵下，參加1月中旬的校長甄試，結果在可以退休（2月1日）前又轉換了跑道！真是「計畫趕不上變化」的最佳寫照！因此，只好「認份地」盡力來完成教育大業囉！

附錄
「中小學校長的心情故事」專書邀稿函
（含撰稿要點）

各位尊敬的校長：您好！

　　我是林文律，國立臺北教育大學教育經營與管理學系副教授。寫這封信給您的目的，是想向您邀稿，邀請您參與我的「中小學校長的心情故事」專書出版計畫。

　　繼 2006 年 1 月我主編的《中小學校長談校務經營》（上、下冊）於心理出版社正式出版之後，有鑑於該書在國內學校行政、主任與校長培育與儲訓方面，皆造成極大的迴響，我現在想編輯「中小學校長的心情故事」專書，以滿足華人世界關心校長學廣大讀者的需求，並為各位校長在學校經營與教育領導方面的心得，在華人教育界留下一個見證。

　　有一點很重要的是：基於這本校長學專書的特殊考量，身為主編，我必須事先設定專書的撰稿取向（亦即整篇文章切入的角度以及整本書的風格），因為這樣的一個撰稿取向，關係到整本書的風格（文氣），這在把不同作者的作品要在同一本書之中連成一氣，尤其不容易。在此，有幾點重要提示，要特別拜託各位。

　　一、稿件請不要以回憶錄的型態撰寫，因為回憶錄常常會流於依照年代對於當事人所經歷的各個階段做流水帳式的敘述，比較不符合本專書的要求。變通的辦法是：可以將校長生涯之中，最辛酸、最辛苦、最驕傲（自豪）、最無奈、最痛苦、最擔心害怕、最棘手、最掛心、做完之後覺得最值得（或最不值得）、最感動、最值得安慰、最有價值、最有成就感的事，舉例說明，這些都是撰稿很好的切入點。

　　二、請不要就單一事件做詳盡的報導。本書撰稿的重點是從校長生涯中所經歷的很多事件中，所體會出來的校務經營與教育領導的個中滋味（包含酸甜苦辣），做一動人的敘述，而非僅對單一事件做詳細深入的敘述。

　　三、本書百分之百為實務取向，請勿從理論的角度出發來撰稿。

　　四、請不要提供與《中小學校長談校務經營》（上、下冊）相同或幾乎相似的作品，因為已經有非常多的教育界人士看過或閱讀過《中小學校長談校務經營》一書。為了讓目前這本正在醞釀中的「中小學校長的心情故事」專書提供讀者耳目一新的新鮮感，上一次已經有專文收錄於《中小學校長談校務經營》專書的校長，請在為新書撰稿時，採取不同的角度來撰寫（修正方式：參見以上第一點）。

　　身為主編，我對各位的期望是盡量從感情（或者可以說是感覺、心路歷程）的角度出發，探討學校經營的酸甜苦辣，有時甚至是辛酸（血淚？）。各位學校領導者在帶領著學校同仁、家長或社區成員奮鬥前進，在激勵學校同仁及學生努力獲致成果的歷程之中，一定有許多不足為外人道的感受，也可能有很多挫敗與成功的轉折和可歌可泣的故事。從組織成員對您設定的目標毫無概念或毫無感覺，到漸漸有認識、有感覺，中間可能歷經過許多的冷漠、誤解。在您與組織成員慢慢建立了解與支持的過程中，領導者與組織所有成員的感受，可能從無知、沮喪、困頓，乃至奮起、同心協力，並進而歡欣收割豐碩成果。這些點點滴滴心情起伏的情景，均是極佳的寫作素材。

　　簡言之，我心中想要各位撰寫的是各位校長如何與組織成員交心，在學校經營的路上，領導者與成員如何亦步亦趨。我希望各位盡量把校務經營的人性面與情意面記錄下來，寫成一篇有汗水、有誤解、有衝突、有挫敗、有同心協力、有歡笑、有啜泣等各種心情起伏的感性作品。

　　當然，在經營學校時，各位校長一定有非常好的教育與行政理念、信念、價值觀、激勵或領導策略，在法規依循與突破、學校特色的發展、學生學習成效提升等方面，在與上級單位、各種教師次級團體或社區、媒體互動之中，針對環境中各種有利或不利因素，均可詳加分析，並記錄您如何調整校務經營的策略與心情，如何將各項不利因素轉化成有利因素。以上各方面點點滴滴的考量與發展歷程，均可適度融入文章之中。

　　簡言之，我比較不希望僵硬、平鋪直敘的手法。相反地，我比較期待以寫心情故事的感性手法來撰寫，就好像您是在跟一個知心的老朋友聊天，敘說著學校日常發生的種種，將學校經營點點滴滴的心情寫照融入文章之中，以增加文章的可讀性與趣味性。

　　如果各位校長同意我上面的想法，如果各位校長覺得撰寫一篇這樣的文章

很有趣，也很可行，非常歡迎各位加入此一「中小學校長的心情故事」專書的作家行列。相關細節如下：

文長：5,000 字至 10,000 字

題目：自訂

截止期限：2010 年 8 月 20 日

出版社：（將與知名出版社接洽）

文字權：可能回歸原作者所有，或由出版社買斷，視稿件蒐集情況，再與出版
　　　　社接洽。

預計出版年月：2010 年 12 月

來稿請寄：wenliuh@tea.ntue.edu.tw

聯絡人：林文律（國立臺北教育大學教育經營與管理學系）

電話：（02）27321104 轉 5051（研究室）；傳真：（02）27382081

祝　各位

校務經營愉快！

邀請人　國立臺北教育大學教育經營與管理學系副教授

林文律　敬上

2009 年 8 月 31 日

NOTE 筆記欄

NOTE 筆記欄

NOTE 筆記欄

國家圖書館出版品預行編目（CIP）資料

中學校長的心情故事／孔建國等著；林文律主編.
-- 初版. -- 臺北市：心理，2010.12
　　面；　　公分. --（校長學系列；41705）
　　ISBN 978-986-191-403-9（平裝）

1. 校長　2. 學校行政　3. 中等教育　4. 文集

524.6807　　　　　　　　　　　　　99022610

校長學系列 41705

中學校長的心情故事

主　　編：林文律
作　　者：孔建國等 30 位校長
總 編 輯：林敬堯
發 行 人：洪有義
出 版 者：心理出版社股份有限公司
地　　址：台北市大安區和平東路一段 180 號 7 樓
電　　話：(02) 23671490
傳　　真：(02) 23671457
郵撥帳號：19293172　心理出版社股份有限公司
網　　址：http://www.psy.com.tw
電子信箱：psychoco@ms15.hinet.net
駐美代表：Lisa Wu　（tel: 973 546-5845）
排 版 者：辰皓國際出版製作有限公司
印 刷 者：東縉彩色印刷有限公司
初版一刷：2010 年 12 月
I S B N：978-986-191-403-9
定　　價：新台幣 450 元